谨以此书献给我亲爱的母亲徐畹芬

殊光自显不须催

徐养秋传

赵永青 许文彦 著

南京大学出版社

中文编辑　徐养秋　刘佩宜
　　　　　张成一　陆知行
西文编辑　胡天津　陈义门
　　　　　窦景乾　邹振华
总经理　　虞光德
经理员　　陈容光　吴守铎
　　　　　波旭贞　鹿颂恩
中文书记　李迪祖　王海钧
西文书记　蒚崇俭

《金陵光》杂志的封面,编创人员的照片(前排右二为徐养秋)和名单

在南京郊区六朝墓地（金陵大学文化研究所时期），
从左至右为：徐养秋、赛珍珠、商承祚、李小缘

徐养秋先生（左）与陆志韦（中）和张子高（右）合影
转载自耿云志所编《胡适和他的朋友们（1904—1948）》（中华书局2011年出版）

1942 年在交通部工作时的证件照

抗战胜利前夕的照片

解放前夕的照片

徐养秋先生的夫人吴溦芳

1952年与南京大学教育幼教系师生合影（第二排右起第七位为徐养秋先生）

1965 年于玄武湖与金陵大学同学合影（后排居中为徐养秋先生）

徐养秋夫妇晚年于南京玄武湖公园内

徐养秋夫妇在南京峨嵋路1号的院内

1964年夏,徐养秋先生与三女儿纬英、小女儿畹芬及
外孙女永青摄于北京中国林科院院内

目录　※

徐养秋先生小传

前　言

徐养秋先生小传　※

　　徐养秋(1887—1972),字则陵,江苏金坛人,1887 年农历七月二十日出生。四岁入私塾,十五岁远赴武昌进方言学堂,学习英语、算术等新文化课。1904 年,返乡参加清朝最后一次科举考试,得中秀才,时年十八岁。1905 年清廷宣布废除科举考试,徐养秋先生返回武昌入博文书院。1906 年入南京汇文书院继续学习西学,1910 年入金陵大学,期间与陶行知先生共同创办《金陵光》杂志,被公推为首席中文编辑,发表了多篇针砭民国教育弊病、呼吁改良教育体制的文章。1914 年与陶行知一起以优秀毕业生的身份在毕业典礼上宣读毕业论文,论文的题目是《中国文学之变迁》,获文学学士学位。1917 年赴美留学,先就读于伊利诺伊大学研究院,1918 年获史学硕士学位,之后入芝加哥大学攻读史学及教育学,1919 年入哥伦比亚大学攻读教育学博士学位。1920 年应南京高等师范学校之聘回国,任教授并历史系主任。1921 年在南京高等师范学校的基础上成立东南大学,徐养秋先生仍任该校教授兼历史系主任。1923 年陶行知辞职赴京,徐养秋先生先后接任教育科主任并教育系主任。1927 年离开东南大学,应安徽教育厅厅长韩安之邀,赴安徽任教育厅一科科长。1928 年返回南京,任国民政府外交部条约委员会专任委员,从事不平等条约的研究并参与重新签约工作,同时受聘金陵大学任教授,1930 年创建金陵大学中国文化研究所并任所长。1937 年抗日战争爆发,与李小缘、商承祚、王古鲁等人携带研究所重要图书转移到安徽屯溪,后安放于江西婺源,抗战胜利后该批图书全部运回金陵大学,成为今天南京大学馆藏的重要组成部分,先生为保存宝贵的图书文献做出巨大贡献。1938 年抵成都,复任金陵大学原职。1939 年任重庆南温泉中央政治学校外交系教授。1940 年兼任贸易委员会研究员。1944 年任交通部主任秘书。1946 年重返中央政治学校任外交系教授并教务处副主任。1947 年受中央大学邀请,返回南京任国立中央大学师范学院教育系主任,不久任师范学院院长。1949 年冬辞去师范学院院长职,并推荐陈鹤琴继任,专任南京大学教育系教授。1952 年全国高等院校院系调整,成立南京师范学院,任教育系教授。1972 年 8 月病逝于南京,享年八十六岁。

　　徐养秋先生执教杏坛逾五十载,早期教授西洋文化史及史学方法,是学界公认的"我国真正读通西洋史的少数几个人之一"①,为著名的西洋史学家。其教授的史学方法在国内属开拓性专业,具有权威地位。后专攻教育学、教育史,兼及外交史、条约论。先生学贯中西,国学功底深厚,诗词造诣甚高,又精通教育学及教育史,被时人誉为"中国的孟禄"。

徐养秋先生为民国翻译大家,译著颇丰。与梁启超、王云五、任鸿隽、朱经农、竺可桢等共同校译、由商务印书馆出版的英国大文豪韦尔斯所著《世界史纲》,至今仍然为读者所喜爱。主编翻译的《科学与世界改造》一书作为中华教育改进社丛书,由商务印书馆于 1929 年出版。台湾商务印书馆于 1966 年和 1972 年多次再版,成为长期畅销于市的经典好书。该书的出版,对于普及科学知识、开启国人心智,起到了积极的作用。

徐养秋先生授课内容丰富,逻辑谨严,讲解精辟,重在"授人以渔",教学生以做学问的方法,俾学生能谙其源流,辨其优劣,了然其发展脉络,培养出一大批史学及教育史名家。

徐养秋先生重视教育实践,积极探索教育改革之道,是中华教育改进社的骨干成员,任中华教育改进社历史教学组、教材教法组和美国教学组主任干事;继蒋梦麟、陶行知之后任《新教育》杂志主编;受"新学制课程标准起草委员会"的委托,于 1923 年编制了《高级中学公共必修的文化史学纲要》,由全国教育联合会颁布。《纲要》在教材内容、教学要求、教学方法以及体现的教学思想等方面都具有开创和独到之处,对后世历史教学大纲和历史课程标准的制定产生了深远影响。先生事必躬行,致力于平民教育,陶行知先生创办的晓庄师范之"晓庄"二字即为徐养秋先生所取。他对陈鹤琴先生从事的幼儿教育事业也给予大力支持,不仅在资金和人员上提供帮助,还将自己的三个适龄儿女送进陈先生创办的南京鼓楼幼稚园,让他们成为幼稚园的首批学童。先生还参与了《学衡》杂志的创办,并为《学衡》撰稿。

先生毕生致力于教育史研究,数十年来,所积资料盈筐,晚年以所积汉代教育资料为基础,循科学分析之方法,本严谨治学之态度,著就《汉代教育史》一书,系统

---

① 《郭廷以先生访问纪录》,访问者:张朋园,陈三井,陈存恭,林泉,记录:陈三井,陈存恭,(台湾)"中央研究院"近代史研究所,1987 年 6 月。

阐述汉代教育设施之三个阶段,即书馆、县校郡学、太学教育,并对各个阶段的教育组织、教育内容、教学方法等均据史料进行科学说明,实为一部颇有价值之著作,不仅在研究我国古代教育制度与方法上独树一帜,而且对研究世界教育史亦颇有借鉴。另有《条约论》遗稿一部,约五十万言。

　　徐养秋先生为一代鸿儒,史学与教育名家。终其一生,淡泊名利而潜心治学,谨言慎行而循规蹈矩,学贯中西而不骄矜自傲,桃李满园而甘为老圃。其为人为学之道,治理治事之功,必将与世长存,令后人永受其益。

前言　※

一、

　　我在外公身边生活了将近十年,整个青少年时代都是在外公抑扬顿挫的吟咏声中度过的。顽皮的少男少女,慈祥的智慧老人,任凭窗外雨疏风骤,小楼里永远是欢声笑语。直到史无前例的灾难到来,家被抄,人被斗,我们的欢笑声才戛然而止。

　　我们只知道外公是一位"大教授",有着很大的学问,却对他的过去一无所知——因为他从不对我们"话当年""忆往昔",过去的一切都被他牢牢地尘封于那阅尽沧桑的大脑里。

　　经常看到家里有客人来访,亲戚,朋友,更多的是外公的同事或者学生,但我们忙着玩自己的把戏,才不管他们是哪路神仙。外公的书房里书报垒成墙,字画堆成山,抽屉和箱子里全是各种信件和文稿。当时视而不见的人和事,包括外公堆积如山的"杂物",今天才知道都是宝贵的"史料",但人事有代谢,往来成古今,外公的那些"积蓄"也在"文化大革命"当中有的被抄走,有的被付之一炬。俱往矣!

　　从未想过为这位和蔼宽厚的老人写传,也就没有资料的积累与珍藏。前些年母亲陆续收到南京大学、南京师范大学编写的校史,以及外公好友同事的子女寄来的回忆纪念他们父亲的书籍和文章,也勾起了她对父亲的思念。母亲记忆中的外公,是位沉默寡言的长者,但心地非常的善良,对同事热情敦笃,对学生宽厚慈爱;与陶行知、陈鹤琴是挚友,晚年和郭中一、"罗胡子"(母亲只记得他蓄有长长的胡子,每次到家里来,他都让她们叫'胡子伯伯',经查证,这位'胡子伯伯'就是罗良铸先生)、刘国钧等金陵大学的同学与同事来往最多。至于外公的学问事功,则了解不多,只有模糊的印象。这也引起了她老人家搜集整理有关外公史料的紧迫感。在她和三姨的号召下,散居世界各地的徐氏后人全部动员起来,经过一年多的查找,汇集到一些十分珍贵的文字资料,这其中有三姨徐纬英保存的外公原始档案、几盒备课用的资料卡片、《汉代教育史》和《条约论》手稿等珍贵资料和一些残存的诗稿。其他人有的提供了老照片,有的回忆与外公在一起时的点滴小事。在两位老人的组织下,经过大家的共同努力,《徐养秋追思录》于 2006 年出版了。这本书只局限于家人所掌握的"内部"资料,没有进行更广泛的搜集与访寻,因此更多的是忆念与追思,学术价值有限。此书出版后,在社会上引起一定反响,一些研究教育史的专业人士纷纷写信表示祝贺,还热心地提供徐养秋的教育学术线索,更有青年学者索求更多有研究价值的资料。这也促使我们重新审视外公的人生经历,把视角转移到他所从事的教学与学术研究领域。在母亲的指导与督促下,我们开始了大范围的资料搜索与挖掘,动员一切力量,从外公的童年开始,直到逝世,举凡与其有关的回忆、信件、文章、历史档案、报刊杂志、地方志、图片以及口述记录等等均收集在案。经过四年多的努力,终于积累起一批十分有价值的资料。对这些资料进行分析整理后,我们对"徐养秋"这三个字的符号意义有了新的认识,对外公这个"人"有了比较清晰的概念,一位栩栩如生、神情并茂的民国学者的形象巍然屹立在我们的眼前。

外公以八十六年的坎坷历程,划出了一条优雅而丰满的生命曲线。他的教学业绩、学术成果以及人格魅力,让我们深信他是一位颇有研究价值的教育专家和著名学者。

二、

外公是一位酷爱读书,嗜书如命的人。他终生以读书为最大乐趣,以教书为天赋使命,以著书为不朽盛事。读书、教书、著书,成为他生命中的三大支柱。

四岁启蒙,十六岁远赴武昌方言学堂学习新学,十八岁考中秀才后又在汇文书院和金陵大学学习八年,二十七岁大学毕业,教学三年后赴美留学,三十三岁回国任教。从这段学习履历,我们可以看到一个孜孜不倦、求知不止的青年学人的身影。在那个朝代更迭、动荡不安的年代,他能够坚定地行走在求学的崎岖小路上,且乐此不疲。因为他学习的目的纯正,所以才能内心淡定地沉浸于书香之中,不疾不徐,不浮不躁,尽情享受着读书的乐趣。将近三十年的潜心学习,他已经成为一位该洽经史、精研西学的饱学之士,但是他仍然没有停止在学海中的遨游,手不释卷的习惯保持到生命的最后一刻。即使在十年动乱之中,他仍然坚守书斋,与劫后幸存的几套线装古书朝夕相伴,在古诗之中寻找精神上的慰藉,于吟咏长叹之中抒发内心的郁闷。他始终坚信,读书是进入精神家园的唯一途径,读书是人格养成的最佳手段;读书可以丰满孤独者的内心,可以开拓人类的宏观视野,也可以成为逃避人生烦恼与尘世喧嚣的世外桃源。他更坚信,几千年的文化传承,不会因一时的暴虐摧残而就此烟消云散、万劫不复。他经常教育我们几个后辈,人不可不吃饭,也不可不读书,心灵上的营养比肌体上的营养更重要。一个人如果不读书,便会变得愚蠢野蛮,庸俗狭隘,目光短浅,困顿终生。不论环境多么艰难,他都坚定地相信:国家不会永远这样荒唐地摧残文明、毁灭文化、歧视知识、尊崇愚昧,大学早晚会恢复,教育终究会复兴。因此,他经常监督我们在家中学习英语,背诵古诗,临摹字帖。当我们提出抗议时,他总是耐心地给我们讲解古书中的有趣故事,描绘诗词中的美妙意境,以此引导我们养成对书的亲近感,进而自觉地投入到知识的海洋,去探寻科学领域的奥秘。他使我们懂得了读书是走向成熟与智慧的必由之路。

以是观之,他始终是一介温文尔雅的书生。

三、

外公在郭秉文校长的鼓动下,放弃了博士学位的学习而回到祖国,开始了终其一生的教书生涯。在哥伦比亚大学我们查找到了外公的学生档案,才知道他是以博士研究生的身份在哥大师范学院(Techer's College)注册学习,研究方向是中等教育,并已经开始博士论文的撰写。从专业的选择上,我们可知他学习的目的非常明确,即以教育为己任,将教育作为自己的终生职业。以史学(包括教育史)为学问根基,以教育为职业目标,学问渊博而精通教育,这也许就是郭秉文校长称赞他是"中国的孟禄"的原因吧。因此,一踏入人才济济、高手如云的南高师,他便被委以重任,先是担任历史系主任,后又接替陶行知任教育科主任兼教育系主任。从南高师到东南大学,七年里他在南雍讲坛上充分释放自己的能量,在"讲座风生"中获得最大的满足。除了教育,他还积极参加了中华教育改进社所实行的所有教育改革与创新实验运动,从"平民识字"到开展农村教育,从"三三制"推广到道尔顿法的试验,从陶行知的晓庄学院到陈鹤琴的幼儿教育,他都是重要的支持者和参与者。他起草了《高级中学公共必修的文化史学纲要》,学者评价其:"从理论价值上看,历史教育发展史上第一次将历史教育与科学方法和科学精神紧密联系在一起,徐氏可算第一人。可以说,徐氏为中国学校历史教育的发展指出了一条科学之路。"①

各种内忧外患,甚至炮火纷飞的战争,都没能改变他的人生轨迹。他曾经有过诸多的选择,可以调转前进的航向,驶向为官或发财的轨道,但他却义无反顾地选择了既定的路径——坚守教坛,远离政治,不党不私,洁身自好。

外公从青年时代起就对教师的职业素养即"师德"的重要性有着非常清醒的认识:"师固未必贤于弟子,然必有贤师而后有贤弟了";"盖教育界之清苦非真学子非热心家不能耐也";"愿吾敬爱之青年,本纯粹之志趣以求学,毋糅合以权利思想,则道德日高,学术日精,国家并受其福,岂不懿与"。他认为,"训练彻底,精神纯正,兴趣深厚"方为好教师。

从南高师到安徽省教育厅,从金陵大学到中央政治学校,从交通部到重回中央大学,他职业生涯的主线都系在教学与教学管理工作上。1956年外婆的不幸逝世对他的打击是巨大的,从此他以将近七十岁的高龄彻底告别了大学讲台。他一生心系教育,命托讲坛;以育人为己任,视教育为宿命;以教书开始职业生涯,以教书作为生命的终点。

以是论之,他是一位精神纯粹的教育家。

四、

从外公的同事和学生的回忆中,我们看到了一位年高德劭、品学超群的谦谦君子。他为人谦和,不喜张扬,踏实任事,正直守真。在与同事的合作当中,始终担当坚实的基石,默默付出而不求回报。无论是处理校内的科系业务,还是兼顾中华教

---

① 何成刚《1922年中华教育改进社济南历史教育会议述评》,载《历史教学》2006年第12期。

育改进社、中华平民教育社等社会教育普及工作，他都同做学问一样勤勉细致、一丝不苟。在他任职东南大学教育科主任期间，东大一直是黄炎培、陶行知等人的坚强后盾，为他们所从事的教育改革与文化普及事业提供了巨大的人力与物力上的支持，东南大学也成为中国教育改革实验的中心，人才培训与经验推广的基地。对于陈鹤琴先生所从事的幼儿教育事业，他更是给予了全力的支持，"东南大学鼓楼幼稚园"就是在他的全力支持下才得以建成，成为我国第一所具有现代意义的幼儿教育专业机构。他参与甚至领导了当时几乎所有重大的教育改革、教育实验、教育推广等活动，担当着十分重要的角色，但是当每一项事业获得成功之后，他都退到了幕后，回到了东南大学教授的本位，他从来没有把自己视为社会活动家或者社会名流，他始终清醒地保持着"薪火相传，弦歌不缀"的"教书匠"本色。当人们把鲜花和赞美献给那些获得巨大社会荣誉的朋友或同事时，他总是带着发自内心的微笑向他们表示祝贺。

外公是一位温文尔雅的老人。借用《论语》里一句话，就是"望之俨然，即之也温"，听其言则幽默风趣。

外婆是大家闺秀，却有着典型的"刀子嘴，豆腐心"的性格，说话嗓门不小，外公却从来没有大声说话的习惯，任凭外婆如何吵嚷，外公总是慢声细语，一句幽默风趣的话，就会把外婆逗笑。在外公的"文明"面前，外婆不得不放低音量，和颜悦色地和外公交流。二人感情深笃，一辈子相濡以沫，不弃不离，总有说不完的话，让儿女们敬佩不已。这其中一个最重要的基础就是外公对感情的忠贞不渝，对家庭的精心守护。

他们一生共育有九个儿女，经历了多次战火的摧残，四处逃难，但最后还是全家团聚，不少一人。这全赖外公以一己之力所撑起的擎天大伞，他以顽强的精神和不弃不舍的毅力，保护住全家人，并把他们都培养成出类拔萃的有用之材。

晚年在家，陪伴在他身边的，除五姨一位大人外，都是些"小毛头"——表哥和表姐最大，我居中，表弟最小，都不过十余岁。放学回到家里，我们总是要闹腾一阵才能安静下来。外公在自己的书房里看书，被吵得实在受不了，便高声吟诵，以示警告。他从不对我们发脾气，说话慢声细语，语气温和，即使我们犯了很严重的错误,他也从来没有大声喝斥过,而是在适当的时候,用讲故事的方式来告诉我们什么是对,什么是错。我们第三代人受其恩泽,也已经各尽其能,事业有成。

以是品之,他实在是一个宽厚仁慈的谦谦君子。

五、

每个人都是用言行书写了自己的人生历史。不论帝王将相,抑或贩夫走卒,若以人格为座标,以品性论高低,很多会得出与之地位财富完全相反的人格评价。有的人追求不朽,以轰轰烈烈之壮举青史留名;有的人品德高尚,淡泊名利,以朴真恬淡之风骨被后人铭记;有的人则因不事张扬、低调做事而淡出人们的视野。但是,往事不能如烟。任何一位对人类文化的发展做出过贡献的人,都将为历史所记住。

外公一生始终远离政治,专心教育,不汲汲于功名利禄,不戚戚于荣辱誉毁,平易近人,不狂不傲,全无时下被一些人炒作的"民国名人"的怪僻与绯闻。他视"往来古今,偶然而已",认为人生"醒也偶然,梦也偶然。吾人一生自呱呱而泣,至于一棺附身,无往而非偶然。即身后之名传与否亦偶然,奚暇鳃鳃虑夫后人之知今年今日吾二人凭吊斯楼也哉"。这篇《游清凉山记》所表达的如此达观超然的人生态度,也使他没有为我们留下太多可资傲人、可载史册的煌煌巨著,更没有留下刻意为之而借以留名的"日记全编"。就是这本我们费尽精神而勉力完成的小传,或许也会被外公视为"多余之举"。若如斯,还望外公宽谅。

赵永青

二〇一三年十月于大连

一　河头古镇发新枝　※

古城金坛,地处江苏西南,常州城西,境内地势平坦,河网纵横。主城区东枕太湖,西傍茅山,南濒洮湖,北毗皇塘,全域面积约 976.7 平方千米。凭高俯瞰,但见榉树枝叶苍翠,紫薇花团锦簇;长荡湖风帆点点,乌龙山翠竹簇簇,尽显江南胜地、人杰地灵之气象。金坛在秦时隶属曲阿县,隋代改金山县,唐时因避重名,据"勾曲之山,金坛之陵",更名为金坛县。自古以来,这里文脉绵绵不绝,颖才层出不穷。自唐迄清,本城登进士者 228 人,其中状元 4 人,榜眼 1 人,探花 2 人。至今仍然被当地人引以为傲的著名人物有唐代大诗人储光羲、戴叔伦,明代医学家王肯堂,清代训诂学家、经学家段玉裁,以及一门出了 25 个进士 2 位状元的于氏家族等。

金坛城内有一座著名的戴王府,为太平天国将领黄呈忠所建。黄呈忠原是广西人,生于 1826 年。因率太平军攻克浙江慈溪,击毙侵略军头目华尔,立下头等战功,晋封为戴王。咸丰十年(1851 年),又率兵攻打金坛,遭金坛清军的抵抗,双方死伤惨重。最后戴王攻下县城,并驻守下来。三年后(1854 年)他建起了一座气势恢宏的王府。太平天国失败后,戴王也悄然离去,留下了一座令后人见之唏嘘的文物遗址。正所谓"人事有代谢,往来成古今",随着历史的变迁,围绕戴王府周围形成了一组人烟稠密的建筑群落,县前街、西桥巷、矢前街、徐家弄等,皆为金坛县当时的地标性建筑。

出东城 10 公里,便是具有 1 500 多年历史的河头古镇。

河头镇最早起源于莞塘。《志》云:"梁大同五年(公元 539 年),南台侍御史谢贺之壅水为塘,种莞其中,因名。亦有人考证,莞塘即南北谢塘。"《唐会要》载:"县有南北二塘。武德中,润州刺史谢元超因故塘复置,溉田千顷。"《寰宇记》载:"南北二塘,梁普通中谢德威造,隋废,唐谢元超重筑。"莞塘在集镇的北边,就是今天洪家村委莞塘自然村。

南宋理宗端平年间(公元 1234 年),官府为向京城运送官粮,开凿水道,称为"漕河",也称运河。元时金坛城南河上有一座土坝,名"南坝",此南"霸"当道,截断了漕河,致使南北不能通航。南坝北端称丹金漕河,南端称金溧河,此称呼被当地老百姓沿用至今。民国二十四年,政府"以工代赈",对该河全线进行疏浚,挖除南坝后,始统称丹金溧漕河。丹金溧漕河主干全长 66.5 公里,北起丹阳七里桥,接丹阳大运河,通达长江;南接溧阳芜申运河,与安徽相通,穿金坛而过。金坛境内从丹金闸至金溧边界盖板桥,长 30.7 公里,占了整条河流的近一半里程,是金坛人心目中的"黄金水道",人们亲切地称之为"母亲河"。

在一系列的历史变迁中,莞塘也逐渐由一个小小的自然村落发展为人烟稠密的河头镇。名曰"河头",实则为丹金溧漕河的一个分支细流的尽处。也许是由于大地母亲的偏爱,漕河在进入金坛的途中,河道突然从县城北门外悄然分出一个支流,穿过大中桥、莲珠桥、中塘桥、上塘桥,缓缓流入村中,并至此戛然而止,灌溉着 4 万多亩农耕田地。虽只是一条支流,当地人却不嫌其"瘦",仍然充满感激地尊称其为"河"。有了这条河,便如同有了母亲的呵护,小小的河头镇血脉通畅,精气充沛,具有了勃勃生机和杰灵之气,积淀起丰厚的人文底蕴。自古以来,河头镇才人辈出,名传遐迩者有清末民初的才子李竹溪、薛秉钧等。

金坛第一个赴美留学,后来成为我国著名历史学家和教育家的徐养秋先生就出生在这里。

徐家曾祖徐腊子,太平天国年间带全家二十多口人由安徽徽州逃难到金坛,前期暂居在西门的毛家坊,靠卖些南北货、茶叶、糕饼之类维持生计。经过多年的辛劳经营,渐渐积累起一份不小的产业。除了在河头镇等乡下拥有百亩田地之外,在金坛城内还开有大沿巷的大昌布店、东江思在街的裕隆布店、横街西新桥的晋康布店、县前街西的启昌南北杂货店和南新桥的恒升茶叶店。后来,紧邻戴王府,面对漕河盖起了两排二层楼房,每幢小楼的后面都有五进的平房,形成了一条一米多宽的弄堂,从县前街直通漕河边,名曰徐家弄。

随着产业的增加,徐家人丁也日渐兴旺,到了徐养秋的祖父主事时,徐氏门下已有五支近百口人。一日,祖父把儿女们都叫到身旁,将家产平分五份,各支一份,独立门户。徐养秋的父亲继承了河头镇的田产和开在南新桥西岸的恒升茶叶店。茶叶店与华祥发(即华罗庚的父亲)开的棉花店隔着一条小河,两店中的人站在小河边即可以拉家常。

为打理乡下的水田,徐养秋的父亲带着新婚不久的妻子住到了河头,紧邻河头建起了一个大大的庭院。

2013 年 2 月 6 日,春雨霏霏,时断时续。笔者在如丝的细雨中来到河头镇,寻访徐养秋先生的故居。在村头路人的指引下,我们找到了老街。徐养秋先生的侄子徐勉吾一直住在这里,如今是勉吾的女儿和女婿守着老宅。暗赭色砖墙夹成一条狭长的小巷,宽不足一米,只可容一人通过,石板路面已经凹凸不平。进入巷子大约十米远,右侧有一双开木门,推门进入院子,迎接客人的是一株开得正旺的腊梅,黄灿灿的梅花在濛濛细雨中倍显鲜嫩。一栋三层小楼,是在原来地基上建起。一楼是空旷的厅堂,只有一两样可以算作家具的十分简陋的物什。再往里面走是厨房,依然是烧柴火的土炉灶,并排两个大铁锅,烟囱像一面土墙壁立在灶台前。厨房的左侧有一小屋,里面放着一个书架,一把陈旧的木椅,从书架上陈放的书可以看出这是孩子的书房兼卧室。厨房有一个后门,直通后院。进入小院,右转就可以看到紧邻小楼,有一座薄青砖砌就的老屋。主人说这就是徐养秋出生的老宅。青色的墙砖厚不过两公分,一层层垒砌,如千层薄饼。由于随时都有可能坍塌,门上挂了一把锈迹斑斑的铜锁。透过门缝,可见老房已经破败不堪,院子里瓦砾遍地,一片狼藉,只有残存的雕梁画栋还依稀可见当年的繁盛热闹。

徐家的房子是沿河而建,出门即是流水潺潺的小河,河上小桥如月,徐养秋先生的儿童时代便是在小桥流水的陪伴下度过的。后来在村外开凿了一条宽阔的新河道,这条小河便被填埋,成了一条小街,早些年沿街建起了许多小店,曾经兴旺一时。

站在昔日的古河道处,望着新旧掺杂、逐渐延伸的小巷,遥想当年的情景,一种沧海桑田、物是人非的历史感从心底油然而生。

徐父饱读诗书,能诗善赋,为人善良,且具有非凡的经商才能。在他的苦心经营下,产业不断扩大,水田增加到两百多亩;金坛县城里的产业也由一家小小的茶叶店繁衍成多家批发兼销售茶叶、日用百货、油漆等土特产品的杂货店。随着经营范围的日益扩大,货物的运输成了一件大事,徐父便购进了两艘货船。为自家的货栈进出货物时,大船可以停靠店前码头,直接把货物卸到店后的库房里,平时则兼做运输业务,为城里的商家运送各种货物。

经商之余,徐父常和当地的儒雅之士聚在一起,说文论道,吟诗唱和,结交了许多朋友,其中就有两个成了儿女亲家。

历史的坐标定格在公元 1887 年。

这一年的农历七月二十日,风和日丽,莞草依依。河头镇的人们和往日一样,经商的在小店中吆喝迎客,种地的在田野里挥汗锄禾。

突然,徐家的青石房里传出一声婴儿的啼叫,其声清雅悦耳,宛若天籁。

一个男孩诞生了。在他出生之前,父亲就已经把名字起好了:养秋。

他安静地躺在母亲温暖的怀抱中,睁开眼睛,好奇地环视着这陌生的世界。一缕阳光透过窗子的缝隙斜映在墙壁上。他的目光追随着缓缓移动的光点,在洁白的墙壁上划出一条柔和的曲线,平滑顺畅,没有大起大落的波动和时断时续的跳跃,仿佛一条平淡无奇但流畅贯通的生命曲线,预示着他未来人生的走向。

夜幕徐徐降临。夜空清澈,星光璀璨,深邃的天宇中隐藏着讲不尽的童话故事。

一缕月光轻轻地洒在婴儿的身上。如水的月色下,一盏油灯摇曳出奇妙的光环。妈妈抱着他,舍不得放下,略显苍白的脸上荡漾着幸福甜蜜的微笑。

爸爸站在床头,躬下高大的身躯,用慈爱喜悦的目光抚摸着他娇嫩的小脸。

他被包裹在浓浓的温馨和爱意之中。

"这孩子,天庭饱满,双眸有神,定是个天资聪颖的可造之材。"父亲细细地端详着妻子怀中的婴儿,沉吟道:"乳名就叫肖穆吧,希望他能性格温和,穆如清风。"

"就依你。他能像你一样就好。"妻子随声附和。

"不,我要让他远远超过我!"父亲充满期待地看着襁褓中的儿子。

父母对儿子的美好期望,融入时光之河,缓缓漾淌,伴随儿子成长的脚步,沿着生命的自然路径顺势前行……

清晨,河头镇的小街,幽静清爽。青石板铺就的小路弯弯曲曲,一直通到村头。清凉的露水把小街石径浸润得有些湿滑。

村子四周桑竹婆娑,溪水溅溅。早起的鸟儿在水面欢快地唱着、舞着,迎接缓缓爬升的朝阳。初升的红日像一个富翁,撒下大把大把细碎的金子,把小镇点缀得金碧辉煌。

一个男孩蹦蹦跳跳地从一间青石老屋里跑来,欢快地唱着儿歌,头上的小辫子也随之调皮地一翘一摇。突然脚下一滑,险些摔倒。

"肖穆,你慢一点,当心摔倒。"爸爸一把抓住他的胳膊,"就要读书了,今后要学会守规矩,不可乱跑。"爸爸说完,便挺起胸膛,迈开大步,走上石板桥,男孩调皮地吐了一下舌头,也昂起小脑袋,挺胸腆肚,捣着碎步紧随其后。

乡下的生活乐趣无穷。小肖穆每天除了跟在父亲的后边到田里去察看地里农民干活的进度和庄稼的长势外,便是和村里的小伙伴们一起满街乱跑。莞塘里的莞草茂密时,大孩子经常划条小船在里面寻找鹭鸶窝里的鸟蛋,肖穆则静静地坐在河岸边,等待伙伴们胜利归来。他从不上船入塘,既为安全,也是不打扰大孩子的"战斗"。

肖穆 4 岁那年,便表现出年少早慧、敏而好学的品质。为了给儿子提供良好的教育环境,父亲把家搬回金坛城内,住进了徐家弄 1 号。

二　小巷深深溢书香　※

徐家弄是一条幽长的老街。两边青石青砖砌成的高墙,夹出一条弯弯曲曲的小巷,走在青石板铺就的路面上,仿佛穿行于一条幽深而神秘的历史隧道。青黑相间的墙面,古色斑驳的院门,在诉说着徐家一代代历尽千辛万苦而苦尽甘来的创业故事。

徐养秋的曾祖娶有五房姨太太,每房都生有三四个孩子,繁衍至今,已是枝繁叶茂,人丁兴旺。爷爷辈的有十二位,养秋的爷爷排行第五。伯伯姑姑婶婶三十多位,同辈份的兄弟姐妹更是数不胜数。

千载古城往事悠悠,百年世家源远流长。逐渐成长起来的孩子像一股股清新的泉水,汇入这条绵延不断的小溪,欢快地唱着跳着,荡起层层喜悦的涟漪,延续着家族的血脉。

徐家弄1号位于小巷的起端。推开高大的院门,迎面是一株风姿绰约的金桂树,树势丰满,枝条挺拔。金秋时节,满树金灿灿的桂花,浓烈的香味溢满庭院,飘入房间,令人心脾皆香,神清气爽。

院子的右侧一楼是厅堂,二楼几间屋子分别住着养秋兄弟二人和他们的奶奶和姑姑。养秋的父母和妹妹住左侧的楼上,楼下是家中女佣们的住处。小楼后面是一排四进的平房,依次是厨房和三间炒茶叶的工作间。

奶奶和姑姑都非常疼爱养秋,夸他是个爱读书、懂事理的孩子。姑姑终身未嫁,临终前把自己全部的祖传遗产和积攒的嫁妆都留给了养秋。

养秋的父亲是个精明的商人,管理着几间店铺,每天都要到各个店里走动,监督店里的伙计勤勉工作。母亲则亲自下厨房为店里伙计们做饭。灶台上是一口五尺大锅,每当看到妈妈用一把长长的大炒勺用力在锅里翻炒,额头上挂着晶莹的汗珠,小养秋都会帮妈妈擦拭脸上的汗水,而此时妈妈露出的微笑,是对他最好的赞赏。

小养秋每天出入于这条充满悠远诗意的小巷,从温馨有趣的现实生活走进深奥庄严的圣贤世界,经历一番寻贤问道、释疑解惑之后,再返回到这座炊烟袅袅、饭香四溢的港湾。

养秋启蒙于家塾教育,父亲请了当地最好的私塾先生教他和弟弟铜庚及其他的徐家子弟。初学教材无外乎《三字经》、《百家姓》、《鉴略》之类的蒙学读物。小养秋最感兴趣的是《鉴略》和《幼学琼林》,书中配有生动的插图。先生一边摇头晃脑地吟诵,一边给他们讲解文中的典故。天文地理,神话故事,历史掌故,成语溯源……他虽然似懂非懂,却听得津津有味,脑袋里时时闪现出各种奇妙的图画,很是令他着迷。这种"如坐春风之中,仰沾时雨之化"的读书生活,渐渐养成他文静沉稳、多思少动的性格,他经常在下课后仍然一个人坐在课桌前诵书习字,不论外边的小伙伴们怎样的玩耍打闹、嬉笑喧哗,他都不为所动。

晨钟暮鼓,青灯黄卷,与他共学的兄弟都以此为苦。他们心中惦念的是河边的莺歌燕舞、闾巷的狗盗鸡鸣,身在堂中坐,心儿早已经飞到了郊外野径。他们耿耿于怀的是这枯燥乏味的文字,消磨了多少大好时光。看这老夫子摇头晃脑、哼哼唧唧,哪里比得上街头闾巷的信马出缰、恣意游嬉!因此,他们便经常在课堂上搞些恶作剧,惹得老先生十分恼火。被告状之后,便免不了遭受一顿皮肉之苦。铜庚因为不爱学习,便经常挨打,以至于最后索性逃课,坚决弃学。

养秋则久久沉浸在书香之境,陶醉在与古人先哲以心语交流的快乐之中。三更灯火,五更鸡鸣,焚膏继晷,日夜苦读。他牢记"韶华不再,吾辈须当惜阴;日月其除,志士正宜待旦"的古训,强烈的求知欲望驱使他畅游在知识的海洋,不知不觉之中便度过了快乐的一天。由于他聪颖过人,具有过目成诵的超强识记能力,理解能力也远远超出同龄孩子,老师便为他另设教坛,单独授课。

放学回家,吃罢晚饭,爸爸经常带他去漕河边散步。

出家门右拐,沿巷子步行不到一百米,便是漕河岸边。傍晚的漕河,热闹得很。悠闲散步的、匆匆过路的、吆喝着卖货的,人来车往,嘈嘈杂杂,把漕河水搅得沸沸扬扬。小养秋在人流中兴奋地跑着,跳着,寻找着好玩好看的人和事儿。

玩累了,他就和父亲来到城外的护城河畔,拣一处幽静的水湾,坐在一棵冠盖如伞的榉树下。

这里没有了河边的喧嚣,清净了许多。不远处是一座拱形石桥,弯弯的桥身在水面投下一道弧影,两弧相合,在暮色中勾勒出一个圆润的五彩光环。他一边听父亲讲述徐家先人的往事,一边好奇地环顾着眼前的景色。

河面上舟楫纵横,船桨拍着水面,撩起朵朵浪花。咿咿呀呀的桨声和着哗哗啦啦的水鸣,伴随着父亲的故事缓缓流入他的心里。

"枯藤老树昏鸦,古道西风瘦马,小桥流水人家。夕阳西下,断肠人在天涯。"望着黄昏中的漕河,父亲低声吟诵着,思绪回到了遥远的故乡

……

安徽徽州是一个文化古镇,人文景观十分丰富,虽然由于人多山多农田少,多数人靠种地养蚕仅可以维持生计,但这里出产的茶叶远近闻名,如休宁松萝、黄山毛峰、祁门红茶、屯溪绿茶、顶谷大方、金山时雨等等。徐养秋的曾祖父头脑灵活,且对各种茶叶都颇有研究,便做起了茶叶生意。除了在本城开有茶庄,还向外地销售,有一段时间还和洋人做生意,赚了不少真金白银,过着安定富裕的日子。

可是,自从闹起"长毛之乱",平静安逸的生活便被打破。太平军还没来,清兵及地方兵勇便开始强行索捐,家中财物差不多都被抢光了,生活日益艰难起来。庚申二月的一天,"长毛"突然从天而降,包围了县城。虽然官兵拼死抵抗,但城池几度失守。兵匪厮杀,遭殃的总是城中百姓。一拨一拨的兵来匪往,闯进人家像入无人之境,吃的用的有什么就抢什么,抢光了东西便开始见人就杀、见屋就烧,百姓死伤无数。徐家近百口的人丁,活下来的不足一半。兵匪杀伐过后,村子里又闹起了瘟疫。白天还好好的一个大活人,晚上就成了孤魂野鬼。为了保住剩余家人的性命,曾祖父徐腊子带领全家随着逃难的人一起潜出城外,踏上了背井离乡的逃亡之路。他们从安徽一路走到江苏境内,沿途所见狼烟四起、满目疮痍,许多村庄化为废墟,大片良田变成荒冢。

走到金坛,实在是走不动了,曾祖父便决定就在此地落脚,不再继续逃亡。听当地人说,这里不久前也发生过激战,场面十分的惨烈,城中百姓死伤数万,尸横遍野,血流成河。戴王黄呈忠率兵攻占了县城,在累累白骨之上建起了戴王府。

……

父亲深深地叹了一口气,沉默良久。此时,落日渐入漕河,残余的夕阳把西天烧成一片猩红色,岸边的柳枝在一片朦胧的黄昏暮色中摇曳着,抽搐着。

每次听父亲讲述过去的战乱故事,年幼的养秋都会感到一阵恐惧。战争,杀戮,瘟疫;冲天的火光,杀伐的嘶喊,嗜血的刀枪。金戈铁马,倒下的是无辜的平民

百姓;弹冠相庆,鲜血染红的是屠杀者的顶戴花翎。

"万国尽征戍,烽火被冈峦。积尸草木腥,流血川原丹。何乡为乐土? 安敢尚盘桓? 弃绝蓬室居,塌然摧肺肝。"杜甫凄绝哀婉的诗句,在他耳边久久地萦绕。

天色渐暗。一只黑鸦嘎嘎地叫着在空中盘旋。

"我们回去吧。"爸爸缓缓起身,伸展了一下有些僵硬的腰肢。

养秋跟在爸爸后边,仍然陷于故事之中不能自拔。在他幼小的心灵中,萌发出对战争乱世的恐惧与对争斗杀伐的厌恶。

爸爸经常说"河清海晏,时和岁丰"是黎民百姓的福祉,国泰方能民安。孔子说"乱臣贼子,人人得而诛之",是因为这些人为了权力与私利,不惜打破社会的平衡,挑起祸端,引发战乱,最终受害的还是黎民百姓。这些话小养秋虽然似懂非懂,但在心里却留下了深刻的烙印。

战乱使他们背井离乡,安定给了他们重建家园的机会。如今,徐家已经在金坛站稳脚跟。他生于斯,长于斯,这里已经成为他的故乡。

随着年龄的增长,原来的私塾先生已经不能满足养秋的求知需求,爸爸便把他转入于吉仪先生的门下,跟从吉仪先生学习经史诗赋及科举应试之术。

于吉仪先生是当地名门望族于氏的嫡系子孙。于家自明代于契玄迁居金坛,后世曾有 25 人考中进士,尤其是于振(清雍正元年状元)、于敏中(清乾隆二年状元)的"兄弟状元",成为当地人的骄傲。于敏中在朝四十二年,乾隆二十五年至四十四年时,任军机大臣近二十年,堪称乾隆时力秉钧轴的重臣之一,他一生最大的贡献是促成和亲自领导了《四库全书》的编纂工作。

据《金坛县志》记载:"于醉六(1868.1.13—1956.4.12)名渐逵,字吉仪,自号醉六居士,金坛金城镇人,是清乾隆朝军机大臣于敏中的裔孙。光绪六年(1880)考取秀才,后为岁贡生,在县城教授诸生,门生甚众。"[1]

吉仪先生当时年近而立,同那些发稀齿摇,眉白须垂,鼻梁上架一副老花镜,正襟危坐、不苟言笑的老先生相比,要开明许多。他不仅旧学功底深厚,工诗善文,对新学也颇有兴趣。教学中文行兼修,体用并举。他与当时提倡改良、兴办新式书院

---

① 金坛县地方志编纂委员会《金坛县志》,江苏人民出版社,1993 年,第 790 页。

的维新人士多有联络,对当时朝廷中改良派的主张多有了解,并深表认同。因此,在讲学中经常有意识地穿插介绍"四书""五经"以外的新鲜知识。先生抑扬顿挫地吟咏着千年的道德文章,循循善诱地讲述着为学处世之道,充满激情地指点江山时事,让养秋如沐春风。这"春风"不仅为他吹启了一扇扇通往知识天空的窗口,而且奠定了他未来做人治学的根基。在先生的身上,他学到了对知识必须精益求精,不得马虎;对朋友必须真诚坦荡,不得欺瞒;对名利疏放旷达,不必执着;对得失神闲气定,不必计较。吉仪先生待人谦和宽容,做事认真负责的高尚品格,对徐养秋的人格形成产生了重大影响。

具有强烈求知欲望的青年人,对于新鲜的知识和思想原就怀有本能的好奇与求索。因此,在做好课业后,徐养秋的阅读范围也变得愈加广泛,获取的知识更加丰富,眼界之开阔、思想之活跃,已经远远超出了此前一般只为博取功名而专读"圣贤书"的迂腐儒生。他除了大量阅读经史典籍、诗词歌赋、诸子散文等,还在吉仪先生的引导下,开始接触"致治、治富、治强"之道和"切实易行"的西学。

清朝科举考试内容法定为《大学》《中庸》《论语》和《孟子》,不得涉及秦汉以后内容,应试文章必须用八股文体,因此备考者都只能埋首于此。鸦片战争以后,有识之士倡导改良,对科举制度及八股文取士多有批评。特别是维新派领袖之一的梁启超,在戊戌变法以前就发表了直接抨击八股文的文章,痛陈其弊,促成清政府于 1898 年宣布废除八股文而改为策论。虽后因变法失败恢复旧制,但八股取士也仅维持了两年。

1901 年 7 月 12 日至 20 日,在短短的 8 天之内,湖广总督张之洞与两江总督刘坤一联名三次会奏,拟议变法,"江楚会奏三疏"轰动朝野,引起朝廷重视。"三疏"包括:第一疏关于办学堂、废科举之事,提出设文武学堂、酌改文科、停罢武科、奖励游学等建议;第二疏论致治、致富、致强之道,力主变通中国成法;第三疏介绍西法"切实易行者"。由于他们的奏疏论述精深,言之有理,切中时局要害,具有操作性,因此被朝廷全部采纳,成为当时的改革纲领。

1901 年 8 月 29 日,清政府下诏,彻底改革科举制度及八股程式,变为以策论试士。这种改变,对天下学子的读书倾向产生极大的影响。经师们也打破传统的教学方式,在教授"四书""五经"等基本课程的基础上,向学生传输一些新鲜的时事内容。与此同时，一批全新模式的教学机构——学堂也应运而生。①

其时张之洞在武昌兴办武昌方言学堂，教授实用有效的救国之术，并举办洋务，"习夷长技以自强"，"一时湖楚大地，学校风起，成为当时中国教育之中心"，"湖楚教育之盛，甲于全国。四方求学者，闻风麇集。各省派员调查，以便仿办者，亦络绎于道"。② 武昌城还聚集了一大批有识之士，创办报纸，广开言路，研讨学术，议论时政，成为当时中国的文化重镇。才高志远的于吉仪先生已经不满足于偏安于这江南小城、靠微薄的脩金终了此生。他听闻此事，决定到武昌去一探究竟，并寻机施展自己的经世之才。

他同徐养秋的父亲商量，希望自己最得意的弟子能和他一起前往，到武昌的新式学堂去广见闻、习新学，成为切合时务、融贯中西的通才，以应国家之需。但限于方言学堂的规矩，徐家尚需要在当地找一有身份地位的人具保。

徐父对此建议表现得相当开明，他当即表示支持。儿子和吉仪先生同行，他自是放心，至于找人担保一事，他自然就想到了亲家。

金坛县吴氏乃当地名门。住在司马坊的吴元恺早年跻身行伍，因军功卓著，被张之洞相中，从贵州任上调到山西，后又随张之洞转战两广和湖北，官至从一品记名提督，现任武昌总兵。吴元恺只有一个弟弟，喜欢舞文弄墨，是个读书之人，妻妾各一，膝下无儿，只有三女，吴漱芳为长女，与徐养秋同龄。养秋和漱芳尚未出世时，两人的父亲就是极要好的朋友，时常往来，相互敬重，并成为至交。闲来无事时，二人经常聚在一起把酒小酌，谈诗作赋，尽兴而归。

当年徐吴两家的妻子先后怀有身孕，二人高兴之下约定若各生男女，便结为儿女亲家。后来吴家连生了三个女儿，而徐家则是二男一女，长子养秋就是这指腹的

---

① 朝廷给学堂规定的"教学大纲"为：经学为纲常名教之防，史学为古今得失之鉴。掌故之学，自以本朝会典、律例为大宗，而附以各国条约等，则折冲樽俎亦于是储其选焉。舆地尤为今日之亟务，地球图说实综大要。其次各府州县，以土著之人随时考订其边界、要隘、水道、土宜，言之必能加详，再授以计里开方之法、绘图之说，选成善本，尤能补官书所未备。算学一门，凡天文、地理、格致、制造，无不以此为权舆。译学不独为通事传言，其平日并可翻译西学书籍，以资考证。若夫武备、水师、机器、矿务等学堂，则必于江海冲要之地，都会繁盛之区，统筹大局，以次振兴，固非书院之所能该，而其端实基于此。

② 陆费逵主编《教育杂志》第一卷第十期，商务印书馆出版，1909 年。

女婿了。

养秋和漱芳从小就经常在一起玩耍。有时,他们会躲在角落里,看屋梁上燕巢中一对小燕子欢快地跳来跳去,呢喃细语;有时,他们会站在房檐下,静静地听着风铃在微风的吹拂下,演奏出十分悦耳的乐音。听故事,是小漱芳最高兴的事儿。她经常缠着养秋哥哥给她讲书中看到的各种好听的故事。二人在一起慢慢地长大,朦胧中懂得了一些"男女有别"和"男女授受不亲"的禁忌,虽然见面时变得有些拘谨腼腆,但心中都产生了一种更加亲近的别样的情感。做父母的看在眼里,自然是喜在心中。他们希望这对从小就由父母定下终身的孩子能够有情有意,终生幸福。

如今儿子要出远门求学,自然要先同亲家商量,征得他们的同意方好。而且吴漱芳的伯父吴元恺正好在武昌驻扎,如果吴家支持养秋去武昌读书,他可是最合适的保人。

吴元恺(1843—1907),字虞卿。年轻不喜读书,中途辍学,在一家烟店当小工。一年春节,他无事闲逛,走到一座桥上,看到有人在赌博热闹,便凑上前去,看得兴起,也参与其中。正在喝五吆六、手舞足蹈之时,他的舅舅路过此处,看到他在这里赌博,气得七窍生烟,上去便是一巴掌。吴元恺一怒之下跑到南京,投身到淮军将领吴长庆门下。在剿捕太平军和捻军过程中,他屡建奇功,在众多吴氏嫡系将领中脱颖而出,深得吴长庆赏识,以战功擢举陕西延榆绥镇副将。

1882年,张之洞出任山西巡抚,为建立自己的武装,他上奏朝廷,为国家(朝廷)安危计,亟须培养新式军队,请调一批精兵强将,在山西建立一支全新的军队。朝廷接受了他的请求,从淮军中选调吴元恺赴山西听从张之洞的调遣。

吴元恺于1883年到山西,旋任山西抚标右营游击、管带操练,很快便训练出一支纪律严明、令行禁止、作风顽强的新军。这支部队为张之洞禁种鸦片,整治贪官污吏保驾护航。张之洞也对这支部队甚是满意,对吴元恺的治军能力有了深刻的认识,从此将其视为心腹,并长期倚重。

光绪十年(1884年),张之洞调任两广总督,带吴元恺随行,任命吴元恺为广东水师中营参将,招募2500名土兵,组建了我国第一支初具新军规模的水师——广胜军。水师建成后,吴元恺被调任大鹏协,率部驻守大鹏所城(现深圳),不久又擢升水师副将。

光绪二十年(1894 年)中日甲午战争爆发,北洋水师全军覆没后,辽东便成为最后的主战场。张之洞借机将吴元恺调回武昌,署湖北督中协,重新招募新军,很快便建立起"恺字营"。不久吴元恺奉命率军驻守通州,在通州两年,"约束军人,安戢商旅,军民感德,为立去思碑"。①

这天傍晚,徐父约了吴先生来到城里最好的一家酒馆,选了一间雅净的座位,点了几道可口的清凉小菜,要了一坛当地有名的封缸酒。酒过三巡,徐父道:"亲家,今有一件要紧的事和你商议,不知你意下如何。前些日子醉六先生对我提起,张之洞大人在武昌创办新式书院,一革旧习,教授西学和有一些用的学问。醉六先生自己要去武昌游历,希望养秋一同前去学习。但那个学校需要有人具保,我正为此事踌躇。以兄之见,该如何是好呢?"

吴父听罢连连称好:"养秋这孩子是个读书的好材料,满城的人都夸他是个才子。古人云,读万卷书,行万里路。只要不误了科考,出去开开眼界也是好事。家兄现正在武昌驻守,不久前还有家书,也谈及那里在张文襄大人的治理下,大办新学,还请洋人授课,很有一点意思。我立即修书一封,请家兄在那里联络安排,并做他的保人。"

"如此甚好。这孩子最近也经常念叨,说是外埠多有新式学堂,早有羡慕向往之心,想和恩师一同去武昌呢。有家兄肯于引荐,当是最好。"

徐父回到家中,把去武昌的事情同徐养秋讲过,养秋自是欢喜得很,立即向吉仪先生禀报。吉仪此时已经开始为赴鄂之游做准备,有了弟子同行,也是十分高兴。于是,他关闭了学馆,师徒二人择日启程,前往武昌。

1901 年冬末,徐养秋告别家人,跟随老师踏上了武昌的新学之旅。

---

① 见《民国重修金坛县志·光绪溧水县志》,江苏古籍出版社、上海书店、巴蜀书社,1991 年 6月。

三　负笈荆楚求新学　※

光绪二十八年(1902),武昌。

总兵吴元恺在府中设便宴,欢迎两位从家乡过来的客人。

吴元恺早年投身军旅,戎马倥偬之际,仍手不释卷,始终保持着读书的习惯。除了研究兵书战法,便是阅读经史典籍,以求治兵护国之道。虽出身行伍,但对于有学问的读书人,他始终保持着尊重。家乡于氏家族的后裔于醉六先生,他早有耳闻,如今相见,深感快慰。未来的侄女婿,眉清目秀,举止文雅,虽然年方十五,却表现得沉稳蕴藉,不愧是醉六先生的高徒。

一番盛情款待之后,于醉六先生便先行告辞,开始了湖北之游。他以文会友,广交荆楚名士,诗赋更臻佳境,并广为流传,一稿撰成,武汉各报竞相登载,遂名声大振,湖广总督张之洞及赵尔巽、陈夔龙、瑞徵等当地高官名仕也对其甚为器重。光绪三十三年,赵尔巽委任他巡缉长江上下游。他洁身自好,非义之财一概不纳。张之洞为人虽傲,亦慕名传见醉六,与之秉烛长谈。翌年,醉六先生被调任省公报编辑兼宪政筹备处书记官。宣统二年(1910)历任官书、官报官纸官印刷局编纂科员等职。宣统三年武昌起义,他携眷返乡,住在县城西门大街。民国元年,他出任金坛县第一科科长,提出"为政以安民为先"的主张。凡有利于人民大众的事,尽力至诚服务,秉公办事。闲时,常与文友饮酒赋诗,互相唱和。他对金坛三大绅士陈培为、王均权、王咏梅垄断县政、鱼肉乡民的行为极为不满,也不为他们的威武所屈。三年后,醉六历任山东日照石臼所和利津所分关关长。任职五年间,他政简事少,为官不暴,在中国海关史上尚不多见。民国九年,他卸职回家,设帐授徒,执教二十余年,常以"文官不要钱,武官不怕死"教育诸生,要求学生关心天下大事,将来报效祖国。

再说徐养秋来武昌后暂住吴府,日日准备功课。吴元恺军务之余,经常过来与他聊天,询问家乡亲人的近况,有时还谈诗论赋,讲史说道。吴元恺发现这个年轻人的古文根底厚实,不仅记忆力惊人的好,而且思维敏捷,颇具见识,对这位年轻人愈发欣赏。徐养秋对这位地位显赫的"红顶子"①长辈也逐渐由敬畏而变得亲近

---

① 专指清代二品以上官员亦借指高官。

起来。

徐养秋在吴虞卿的担保下，顺利报名，参加了武昌方言学堂的入学考试。

武昌方言学堂的前身是武昌自强学堂。

湖南、湖北皆茶叶的重要产区，所产茶叶多出口海外。由于茶商不懂外语，与外商贸易多通过中间商进行。中间商赚取一点费用也是情理之中，无可厚非，但可恶的是他们欺负茶商不懂外语，大肆压价，以极低的价格收购，再以很高的价格转卖给外商，从中牟取暴利。到了1893年，两地的茶商不甘受此盘剥，提请张之洞在本由他们出资开办的两湖书院增设外语课程，培养自家子弟学习外语。此时，张之洞也认识到"惟是自强之道，贵乎周知情伪，取人之长"。为了培养"精晓洋文"、"会通博采"的外语人才，他请"洋文案"辜鸿铭精心谋划并草拟文稿，于光绪十九年十月二十二日（1893年11月29日）以《设立自强学堂片》上奏光绪皇帝，设立了中国近代教育史上第一所由中国人自行创办和管理的新式高等专门学堂，即武昌自强学堂，由蔡锡永任总办（即校长）。

自强学堂的招生条件非常严格，1897年颁布的自强学堂章程中明确规定：

每年招收125名学生，分习英、法、德、俄四国语言。

"学生年龄必须在15至24岁之间，要口齿较灵，志趣渐定；必须以华文为根底，以圣道为准绳。儒书既通，再习西文；吸洋烟者断不收录；年齿稍长或已列胶庠者，必须通晓儒书，每日除西学功课外，尽可自温旧业。其年齿稍稚、华文较浅之学生，另于该学堂设立华文教习，于西文之暇，课授儒书华文，并作论说。学生宜专心致志，习学堂讲授诸课，不准在学堂兼作时文试帖，亦不准并应各书院课试，以致两误；凡已入学者准其请假以应乡试，其一切岁科小试，概不准请假；学期五年，留堂以后，即为官学生。其未毕业以前，若非有紧要正事，不得自行请假；若藉端求去，改习卑下之业，甚或不自爱，受洋行雇充翻译，须将其历年薪水伙食及本身一切费用追缴。责成该学堂于学生挑选留堂之日，将其家世考询明确，并须有同乡官员诚实可靠之人出具保结；学生凡在诵堂，听华洋教习约束。凡在斋舍或饭厅，听提调总稽察并馆学约束。如有犯规者，在诵堂即由教习酌量微戒，在斋舍由提调酌量微戒，不率教者斥退。"等等。

学堂还取消膏火费（即伙食费），实行奖学金制。

1902 年，自强学堂由三佛阁迁至东厂口，同时改名为方言学堂。"方言"即"外语"之意。根据 1904 年 1 月颁行的《奏定学堂章程》之《各学堂奖励章程》规定，湖北方言学堂为"程度与高等学堂略同"的"外省方言学堂"。课程设有外语、地理、历史、算术、公法、交涉等。

张之洞规定：方言学堂"目前应从自强学堂旧班生中择其品端文优者留学，将来亦以普通中学堂毕业生升入"。1899 年自强学堂在校生 75 人，1903 年改名为方言学堂后，有在校生 120 人，1904 年 240 人，1905 年 354 人。

1899 年，程万颂由湖北自强学堂总稽察升任为学堂提调（校长），兼管湖北洋务局学堂所，在延聘洋教习、加强教学管理、学堂兼办翻译西书等方面作出了重要贡献。除负责学堂领导工作外，他还兼英、俄、日、德、法五堂的汉文教习。

方言学堂大量延聘洋教习和归国留学生来堂任教，外语师资力量雄厚。1902 年到任洋教习共 15 人，其中日本 11 人，俄、德各 1 人，国籍不明者 3 人。

方言学堂挑取学生，初试华文一次，照定额加倍挑取；再行面试，相器宇端正、口齿灵敏、体质壮实、确无嗜好者，录取入堂；于定额之外，备取三四十名，俟入堂三月以后进行复试，以资甄别，将不堪造就者剔去，仍照旧额留堂学习。

经过严格的资格审查后，徐养秋"过关斩将"，顺利通过笔试、面试和复试，成为正式学生，开始了武昌方言学堂的学习生活。

方言学堂其实就是外语学校，英文由中国教师教授，从 26 个字母认起，然后是单词的识记。学英语单词以汉字注音，始于其时。（如民国时期出版的《新增绘图幼学故事琼林》书中的图片，书眉印有英文单词及汉字注音，与今天一些学生的做法不谋而合，甚是有趣。如将"前门"front door 注为"勿能脱，度鞋"，"单衫"shirt 为"休脱"，"汗衫"sweatshirt 为"史为脱，休脱"，"香蕉"banana 为"白奶奶"，"腿"thigh 为"色挨含"，"咳嗽"cough 为"哭夫"，"手帕"handkerchief 为"喊口启夫"，等等。）

方言学堂的外语教学要规范科学得多，虽然是中国教师，但都有留洋经历或是师从传教士，受过正规的语言训练。徐养秋在老师的带领下，每天坚持学习，无或间断,记单词,练发音,习拼法,诵课文,精雕细琢,一丝不苟,为以后的学习奠定了坚实的基础。在学习语言的同时,他的眼前打开了一扇遥望西方世界的窗户,看到大洋彼岸还有一片不一样的风景,对西方文明有了初步的了解。

除学习英语之外,他还学习算术、教育、人伦道德、公法、交涉、历史、地理等课程,各科学习成绩始终名列前茅,深得程万颂的赏识。

完成正常的规定课程后,他抓紧研习国学,写作时文试贴,准备科举。

1904年,徐养秋返回金坛参加乡试,进学,时年18岁。

乡试结束后,徐养秋便在家闭门苦读,准备"进秋闱"。但到了第二年的9月,清政府下诏宣布:"自丙午科为始,所有乡、会试一律停止。"各省岁科考试亦即停止。在中国实行了1300多年的科举制度从此结束,徐养秋也成了我国最后一届秀才。

没有了科举的压力,徐养秋面临新的抉择。科举既废,作为末科秀才,国学根基已固;新学渐兴,英文修学已有了一定的基础。权衡再三,他决定返回武昌继续学习西学。

但此时的方言学堂已今非昔比。一是由于当初张之洞在方言学堂创办时规定生源"以普通中学堂毕业生升入",但各地中小学开办较晚,生源质量与数量均无法保证,招收来的学生又有很多是富家子弟,生活奢侈,行为浮浪,不思进取,学习敷衍,在这些纨绔子弟的影响下,学风每况愈下。二是学堂负责人频繁调动,管教人员工作懈怠,思想禁锢,学堂教学秩序渐趋混乱,教学质量严重下降。三是张之洞于1904年奉旨入京,"人亡政息",学堂的教育经费也陷入困局。

于是,徐养秋先生决定放弃方言学堂,选择由英国教会创办的武昌博文书院(Bowen College),继续学习英文。

事实证明他此次的选择是正确的。

宣统二年六月二十三日,湖广总督瑞澂向学部具奏:"查湖北方言学堂系自强学堂改办,第一班学生于光绪二十九年十二月入堂肄业,定章五年毕业,至三十四年十二月已满毕业期限。原拟比照京师译学馆章程请奖,嗣因此班学生非由中学升入,详阅试卷,尚非高等程度,照章给奖未免过优。当经臣部核复准照中学堂奖励章程办理。"辛苦学习了五年,到头来却只得到一张中学毕业文凭。朝廷违背当初承诺,学生又不敢维权,只能暗中叫苦。

而博文书院在当时也是比较成功的教会学校,培养出了一批思想先进、学业有成的学生。其中比较著名的有中国共产党创始人之一刘仁静、著名教育家陈友松、民国政界名人关絅之、林伯渠的父亲林鸿仪、我国气象科学的奠基人涂长望等。

经过几个月的学习,徐养秋对基督教会办的新式学校有了较多了解,知道离家很近的南京也有同样的学校,即汇文书院,遂决定返回家乡,转入汇文书院学习。

1906 年 5 月,已经 20 岁的徐养秋与吴漱芳举行了非常隆重的婚礼。

此时,吴元恺已经在浙江定海。据《光绪朝实录》记载,光绪三十年(1904)端方代任两江总督,"以记名提督吴元恺为浙江定海镇总兵官"。侄女大婚,他免不了送来一份厚礼。迎亲那天,吴家的陪嫁队伍排了足有十余里地,是名副其实的"十里红街",成为当地传颂很久的佳话。吴家在"红顶子"光环的笼罩下,虽有不少的房产和土地,但因其为官清廉,无多少真金白银,家族亲戚中更无富商巨贾。吴漱芳母亲的娘家更是家境一般,但为了面子上好看,吴家几乎倾其所有,演出了一场奢华嫁女的大戏。

《诗》云:"桃之夭夭,灼灼其华。之子于归,宜其室家。"虽然出身豪门、地位显赫,但吴家对女儿的教养却很好。吴漱芳知书达理,举止端庄,品性善良,性格开朗。进得徐家门后,孝敬公婆,友爱叔姑,与家族成员相处和睦。一家人和睦相处,其乐融融。过了一段甜蜜的新婚生活后,徐养秋便开始筹划下一步的学习方向。

他决定前往南京,到汇文书院继续学习。

四 金陵光耀日初长 ※

汇文书院坐落在南京市的干河沿（现为金陵中学校园），创办于 1888 年，首任校长福开森。福氏原是加拿大安大略省人，生于 1866 年。1886 年毕业于美国波士顿大学，获文学学士学位，1902 年获博士学位。福开森旅居中国近 60 年，对中国文化颇有研究。他广泛结识各地古玩商贩及文人雅士，与朝野上下各色人等均有交往，收藏了大量的中国文物，编有《历代吉金目》和《历代藏画目》。他曾经将许多珍贵的字画、瓷器及甲骨文、古玩等卖到美国，其中宋人摹顾恺之的《洛神图卷》（摹本之一）是天下闻名的珍品。1897 年福开森辞去汇文书院院长一职，与盛宣怀等共谋创设南洋公学（即上海交通大学、西安交通大学前身），并继续在中国从事传教活动，同时四处搜集文物。他与汇文书院和后来的金陵大学始终保持着很好的关系，经常回学校看望大家，与徐养秋也保持着较密切的联系。

福开森辞职后师图尔（G. A. Stuart）接任汇文校长。师图尔，字书林，美国马里兰州人，生于 1859 年，新布顿大学硕士，哈佛大学医学博士。师图尔于 1888 年偕夫人到南京传教，1896 年调汇文书院任医科总教习。接任院长后，他改良功课，添置仪器，增聘教习，扩充校址，建设校舍，并建立青年会会堂，使汇文"匪特冠绝东南，实侨居中国人士所组织教育事业而首屈一指者也"。师图尔翻译著作甚多，如把《圣经研究》《美以美会教会例文》《贫血病与组织学形态学及血液化学之特别关系》《解剖学名词表》《医科学生之习练法》等书译成中文，并把《本草纲目》翻译成英文，为双向传播中西医文化作出了突出的贡献。

师图尔管理汇文十余年，兢兢业业，无私奉献，成绩也十分显著。但由于对汇文与另外两所基督教书院合并一事持有异议，又无力改变，遂于 1908 年辞职，赴上海创办《兴华》报。

汇文书院第三任院长包文（A. G. Bowen）是美国伊利诺伊州人，毕业于讷克司大学，1897 年来华，是一位热心教育事业的传教士，且勇于任事、见高识远。他本是三院合并的积极支持者，在接掌汇文后，更是积极推动并校事宜，为汇文书院升格为金陵大学做了大量的工作。

1910 年，由益智书院的高年级与基督书院合并而成的宏育书院（The Union Christian College）并入汇文，定名为金陵大学堂（The University of Nanking），包文任学堂监督(校长),副校长由原宏育书院院长文怀恩担任,而原基督学院院长美在中则任大学圣经部主任兼附中校长。

徐养秋于 1904 年考入汇文书院。他利用汇文书院丰富的图书馆资源,大量阅读英文版的西方历史、哲学、宗教、文学、教育等方面的经典著作,广泛了解西方现代文明与科技文化发展状况,大大地开拓了视界,为后来研究西洋文化史与教育史奠定了深厚基础。

正当他全心投入、埋头读书之时,从家乡传过来一个不幸的消息,爱妻吴漱芳的伯父吴元恺在江南狼山镇总兵官任上病逝,终年六十四岁。而这一年(光绪三十三年,公元 1907 年),吴元恺刚从浙江定海总兵的任上调回江苏。

吴元恺病逝后,朝廷下诏,"以战功卓著,予故狼山镇总兵吴元恺,照军营立功后病故例优恤。事迹宣付史馆。从两江总督端方请也。"(清代和民国设国史馆,当时规定凡有特殊功绩或足为后世楷模者,由皇帝或政府将其生平事迹交国史馆立传。)①

吴元恺一生四处征伐,战功卓著,爱兵恤民,为官清廉,虽官至从一品,但家无余蓄,其后人常以其清名为荣。逝后朝廷为旌表其功,追赠其曾祖父吴荣振、祖父吴景昶和父吴怀清为振威将军,记名提督,其夫人为一品夫人②。得到消息,徐养秋悲痛不已,他连夜赶回金坛,陪伴妻子参加了吴元恺的葬礼。办完丧事后,他安慰好爱妻,便赶回学校继续学业。

徐养秋在汇文书院学习四年,不仅英语水平得到极大的提高,听说读写均达到优异标准,还接受了很多美国文化教育,对美国的历史文化、科学技术等西方文明有了较多的了解,眼界大开。为了更深入地研究西方文化,他随校直接进入金陵大学,开始了美国式的大学生活。与他同期升入金陵大学的有陶文濬(后改名为陶知行、陶行知)、洪范五、张信孚、卢颂恩等,后来均成为东南大学同事。

1911 年 4 月 19 日,美国纽约省教育部长暨纽约大学校长联合发文,正式承认

---

① 以上均见《光绪朝实录》。
② 见《中国地方志集成·江苏府县志辑:民国重修金坛县志光绪溧水县志》,第 91 页,江苏古籍出版社、上海书店、巴蜀社,1991 年。

金陵大学为完全大学校。"自承认之后,中国所设立之金陵大学堂,除享泰西凡大学应享之权利。又云:学生凭单向由该校发给,今后改由纽约大学校签发,转致金陵大学堂监发毕业生。据此,则今后凡在本学堂毕业者,即无异在美国大学校毕业也。"根据此决定,金陵大学毕业生可不经考试,直接进入美国任意一所大学或研究院攻读硕士学位。因此,徐养秋与陶文濬等许多同学,一入校便都将赴美继续深造作为努力的目标。

进入大学,徐养秋更加专注学习,心无旁骛。但1911年发生的辛亥革命,还是打破了他的平静生活。反封建反帝制的民主革命浪潮席卷神州大地,处于革命中心的南京自然反应激烈。被革命烈火燃烧起来的激情,感染了每一个青年学生。学校已经无法正常上课,开始放假,许多学生返回家乡组织或参加了当地推翻满清王朝的革命运动。徐养秋先生回到家乡金坛,积极参与并组织了当地的学团。他带头剪掉辫子,并带领一班青年人抢占县衙门,一举驱逐了县知事。

这一年,他的儿子出生。为寄托自己的雄心大志,他为儿子起名为徐壮怀,寓意取自岳飞的《满江红》:"怒发冲冠,凭栏处、潇潇雨歇。抬望眼,仰天长啸,壮怀激烈。三十功名尘与土,八千里路云和月。莫等闲,白了少年头,空悲切。"反映出他励志图强,欲做出一番大事业的远大志向。

革命的热度逐渐消退之后,徐养秋和家人度过了一段平静快乐的日子。渐渐地,他的心里不禁涌起阵阵惆怅和迷惘。大学的学习才刚刚开始,就被这场革命所中断。时下人人谈革命,却无人讲教育。人民学术之幼稚、思想之卑劣、道德之堕落,皆因教育缺失、重武轻文所致。因此,他对国家的教育前途,产生了深深的担忧。继续学习,还是投身到这混乱亢奋的革命浪潮?在这一十字路口,他选择了前者。他清醒地认识到,自己志不在为官致仕,不愿意像吴元恺那样任人驱使而戎马一生,四处征战而"意"不由己。只有读书学习、献身教育才是正道。教育不仅可以正己身,同样可以通过改造国人的基本素质而达到改造国家的目的。"修身,齐家,治国,平天下",当从"修身"始。自此,他决定了自己一生的志向:以"纯粹之志趣以求学,毋糅合以权利思想,则道德日高,学术日精,国家并受其福,岂不懿与?"①

1912年初,徐养秋返回学校。正当他收心静气,展卷读书,重新开始学习的时候,陶文濬兴冲冲地来找他。

陶文濬也是刚刚从老家回来,一到南京,他便去拜见了孙中山先生,亲聆孙先生讲解"三民主义"之要义,此次具有历史意义的会面,对陶行知的一生产生了重大影响,从此"共和"、"民主"思想深入其心,大学的毕业论文《共和精义》即源于此,并成为他一生追求不懈的目标。

陶行知见孙中山,史无记载,无人论及,但其早期强烈的"三民主义"意识则是学界普遍认可的政治态度。陶行知本人从未对外人提及这件事情,只对最要好的同窗密友徐养秋说过。他兴奋地告诉徐养秋,自己去见了孙中山先生,孙先生鼓励他在金大建立国民党组织。他动员徐养秋一起加入。徐养秋认为"求学最要,不必在求学时代参加政治活动"。② 但他和陶文濬等人一起积极筹备出版《The University of Nanking Magazine》的中文版,并起名为《金陵光》。

《The University of Nanking Magazine》是金陵大学的学报,创刊于1909年12月,以英文出版。在徐养秋和陶文濬(此时改名为陶知行)等同学的努力下,1913年4月出版了第一期中英文合刊,刊头"金陵光"三字初为张謇所题,后改用北京政府教育部长范源濂的题字。"篇首语"阐明出版《金陵光》的宗旨有三:"一为推广规模;二为保存国粹;三为灌输学术。"③陶知行在同期的《出版宣言》中阐述了《金陵光》的寓意为"旭日东升之晓光今出矣";"怀有盛世、黎明、嬉游于光天化日之感。由感立志,有志生奋,由奋而扞国,而御侮,戮力同心,使中华放大光明于世界,则金陵光之责尽,始无愧于光之名矣嘻"。

由于《金陵光》为金陵大学全体师生的第一份刊物,初办时,其经理、编辑乃由学校全体师生"公举",组织机构设编辑、经理二部,以主其事。改为中英文合刊后,编辑部复分为中、英两种,以总编辑总其成,顾问员设中西各一位,亦由全体公请,

---

① 徐养秋《改良民国教育私议》,载《金陵光》第六卷第二期,1914年4月。
② 此记载见徐养秋《师范学院思想改造学习思想检查简历表》:"1912春,回汇文书院,求学金大。陶见孙,办国民党,我不参加。求学最要,不必在求学时代参加政治活动。"
③ 载《金陵光》第四卷第一期,1913年。

均一年一任。著述除编辑员担任外,学校备有征文筒,同学可自由投稿,再由主笔评定,被选者按文奖赏,以资鼓励。全报分导论、论说、译著、传记、文苑、记事等专栏。

1913 年《金陵光》第一期编辑部组成人员的情况如下①:

总编辑:刘靖邦

中文编辑:徐养秋,刘佩宜,张枝一,陶知行

西文编辑:胡天津,陈义门,童家炳,都振华

总经理:卢先德

经理员:陈裕光,吴守道,凌旭东,卢颂恩

中文书记:冯武云,王海云

西文书记:黄宗伦,卓景昌

中文顾问员:王东培

西文顾问员:恒　模

徐养秋被公推为中文首席编辑,除了负责编辑其他同学的来稿,还亲自撰写文章在《金陵光》上发表。

在金陵大学的几年可以说是徐养秋和陶行知等同学充满激情的一段学习生活经历。他们一边读书学习,一边思考着祖国的前途命运。面对混乱落后的社会现状,他们有忧愤,有理想,并奋笔疾书,尽情表达他们对国家未来的忧虑和对教育前途的思考。

南京师范大学傅苏老师花费大量时间和精力,从南京高校馆、公共馆和档案馆大量还未数字化的民国文献中搜寻整理出徐养秋先生发表在《金陵光》上的文章,目录如下:

① 载《金陵光》第四卷第一期,1913 年。

（1）原教，1913 年 3 月第四卷第二期

（2）柏拉图乌托邦之大旨（徐养秋编译），1913 年 4 月第四卷第三期

（3）游清凉山记，1913 年 5 月第四卷第四期

（4）民国教育前途之可忧，1913 年 12 月第五卷第七期

（5）改良民国教育私议（上），1914 年 1 月第五卷第八期

（6）犹豫论（英国培根 Francis Bacon 著，徐养秋译），1914 年 3 月第六卷第一期

（7）改良民国教育私议（下），1914 年 4 月第六卷第二期

（8）王阳明理学集书后，1914 年 5 月第六卷第三期

（9）美在中先生传（署名：徐则林），1914 年 8 月临时增刊

（10）文科毕业纪盛（署名：肖穆），1914 年 8 月

（11）To the Junior Class 致大学三年级学生（署名：Tsu Tseh Ling 徐则陵），
1914 年 10 月第六卷第五期

（12）梦痕（德国斯笃氏 Theodor Storm 著，徐养秋译），1915 年 1 月第六卷第
八期

（13）泰戈尔演说辞（India's Message to Japan，徐养秋译），1916 年 12 月第八
卷第一期

（14）六书要恉，1917 年 2 月第八卷第二期

徐养秋先生在《金陵光》发表的文章大致可以分为教育、哲学、文学创作、宗教、文字学、翻译等多个门类。从这些文章中我们可以看出，这个时期的徐养秋已经具备相当深厚的理论基础和渊博的知识储备，对中西文化兼收并蓄，并已经构建起成熟的教育思想体系。在探讨教育问题的文章中，他从体制弊端切入，深刻剖析，直击要害，充分反映出他对中国教育现状有着十分深刻的认识和精辟的见解，对其中存在的诸多问题有着切肤之痛，因此方能于忧患之中发出振聋发聩的呐喊。在其翻译作品的选择方向上，我们可以把摸到他对西方人本主义的认同和内心涌动着的强烈的民主意识。纵观徐养秋先生此时的文章，其古雅朴茂、简洁峻拔的语言和恣意汪洋、挥洒自如的气势，给人以荡气回肠、酣畅淋漓之感，足可消心中之块垒。

（一）对教育问题的思考与主张

《民国教育前途之可忧》先在《东吴》①杂志创刊号发表，后又在《金陵光》1913年12月第五卷第七期上刊载。写这篇文章，徐养秋先生"志在警告国人"，故言辞激越，痛陈教育时弊，表达他对民国教育前途深切的担忧。

晚清政权如日薄西山，列强吞食，国力羸弱，官吏贪腐，民生凋敝。政权尚且难保，哪里还顾得上人民的教育。教育缺失，致使社会道德沦丧，世风江河日下。辛亥革命以后，虽然推翻了清朝统治，但南北抗衡，军阀割据，战争频仍，尚武轻文之势方兴未艾，国家教育无从顾及，"一时学校相率停办，失学之士，比比皆是。里巷辍弦诵之声，阙闾见青衿之子"。民国建立，形势未见好转，"财政不能统一，中央罗掘既穷，继以借债支持，行政尚属不敷，教育经费更非所急矣。地方财政亦属枯窘，革命以后，经官厅之剥蚀，军事之需索，已竭厥非常，加以国税地方税区划不清，地方教育经费遂难指定，维持一二小学校已属剜肉补疮之计，遑论远大规模乎？至于民间元气已伤，在用兵区域者，损失更巨"。教育不受重视，教育工作者更感前途渺茫，于是："昔之教育家强半已成政客，视教育事业为末路生涯，除少数私人创办法政学校而外，更无办学之人。且若彼宗旨暗昧，较之前清激于名誉而办学者，更逊一筹。江河日下，忧患弥天，谁复牺牲可图之权利，退出有为之政界，以中流一壶自伍哉？即此一端，已足令吾国教育沉沦不起，况根本上大患更有甚于此者乎？"原有的师资严重流失，而国家又没有培养教师的专门学校，"小学教员中，以学年较长之师范毕业生而充当教员者，已如凤毛麟角，以大学卒业生而充当小学老师者更不可得矣。盖教育界之清苦，非真学子非热心家不能耐也。而吾国薪水之低，尤为教师所难堪。生活程度日高，教师所得如故，仰事俯畜，无以自赡"。教师素质低下，学生亦良莠不齐，学校纪律松弛，校风败坏，"志在温饱者流，实繁有徒。加以误解学说，不明权限。饮食，细故也，而任意吹求；考试，义务也，而无理要挟。不知荡检逾

---

① 徐养秋先生曾受邀担任东吴大学《东吴》杂志的副编辑长。编辑长为东吴大学本校学生王佩诤，陆志韦等东吴大学的学生任编辑员。王佩诤，1915年毕业，后历任震旦大学、大同大学、上海东吴大学法学院、华东师范大学等校教授，上海文史馆馆员等职。王先生是杨绛的启蒙老师，费孝通、范敬宜、汪庆正、陆泳德等也是他不同时期教过的学生。

闲为耻,而以飞扬跋扈为能,士习之浮嚣至今日,亦云极矣"。

对此局面,徐养秋先生忧心如焚,发出"长夜漫漫,吾国教育前途岂将万古不旦乎?"的浩问。问题如此之多,敢问路在何方?徐养秋先生在文章结尾,还是给人留下一线希望的曙光:"方今内乱粗平,国事大定,吾国人苟能急起直追,共图挽救,吾国教育必有昌明之一日,桑榆之收,未为晚也。记者志在警告国人,故不觉其言之过激,至于如何补救之方,请俟异日商榷之。"这补救之方,便是他随后发表的第二篇文章,即《改良民国教育私议》。

《改良民国教育私议》也曾发表在《东吴》杂志第一卷第二号,后又刊登在《金陵光》1914 年 1 月第五卷第八期和 1914 年 4 月第六卷第二期,但多有修改。

这篇文章反映出徐养秋先生早年便对中国的教育问题有着非常深刻的思考。民国初期"教育界百病丛生,内外交瘁,以言夫元气则经济恐慌,师资缺乏;以言夫外感则校员敷衍,学子浮靡。"对此现状,徐养秋先生"蹙然忧之","深抱悲观",但"忧""悲"之余,他并没有采取弃之如敝帚、避之如瘟疫的消极态度,他认为"忧之而不谋补救之道,教育潮流将愈趋愈下,靡所底止。"教育已病,须标本兼治。为此,他开出六剂"药方",以除教育之疾。

其一:实行默化及严格主义以戢嚣风。

学高为师,行正为范。教师对学生品行的教育,当以平时的和谐相处中,表现出高尚的人格和端正的举止,使受教者在耳濡目染、潜移默化中获得良好的品德修养与行为标准。古时杏坛设教,听者云集。师生执尊卑之礼,学问守切磋之道,教学相长,欢生一室。"师在则礼貌不衰,师殁而心丧三载。师弟之间,其感情有如家人父子焉。"而今日教师学生之间的关系则发生了很大变化。老师不以学生为亲,学生不以老师为尊,师生情谊隔阂,恶感互生,横流一决,不可收拾,罢课学潮驱逐教师之风日盛。究其原因,徐养秋认为"是皆教师平日漠视学生之所致也"。如欲从根本上解决这种师生失合、矛盾丛生、学潮不断、嚣风四起的问题,首先要从教师做起。为人师者如果"言行时时亲近学生,表示诚挚之意,复能言行谨饰,学术精湛,学生有不观感而生敬爱者乎?则默化主义尚矣"。与此同时,学校也应加强管理,建立严格的规章制度,以约束部分学生的散漫放浪行为。

其二：注重实用教育以去积习。

徐养秋先生认为："实用教育非他，即发展学者固有之禀赋，以适应于外界而为生活之智能耳。"徐养秋先生所提倡的"实用教育"，是面向大众的普通教育，与科举教育的本质区别就在于，这种教育目的是开发受教育者的固有潜质，开启心智，激发潜能，使之能够获得劳动和谋生的技能，提高生存能力。扶贫先扶智，治穷先治愚。教育强国，教育益民，以教育振兴民族之精神，以教育改变贫弱之国力，是徐养秋先生早期便建立起的教育理念，也是他终生为之努力的教育信仰。至于"实用教育"的内容，包括道德修养、文史地算等科学知识以及军事体育等健身强体的科目。不同学科的教学方法也各有特色，要正确运用，使之适得其所。"总之教育贵有实用，坐而言不能起而行，于实际诚无补也。国人如有意于促进物质文明乎，请从注重实用教育始。"

其三：立行强迫教育以谋普及。

教育乃立国之本。公民的平均教育水平，决定了一国的文明程度与现代化水平。我国虽然号称五千年文明古国，但两千多年的封建统治，教育权始终掌控在士大夫手中，对于教育的评价长期处于二元割裂状态：一方面是统治阶级和士大夫阶层视教育为博取功名的手段，在孔夫子"学而优则仕"的教育思想驱动下，读书成为出将入仕的阶梯，"万般皆下品，唯有读书高"成为共识，因此，他们对教育的重视远远超出普通民众；而对于广大普通百姓来说，读书是一件十分奢侈且无益的事情。他们温饱尚不能满足，更无力供自己的孩子去接受教育。与生产生活严重脱节的封建教育，也使得他们看不起读书人。肩不能挑、手不能提，四体不勤、五谷不分的书呆子常常成为他们嘲笑的对象。因此，至民国初年，虽然政府大力提倡全民教育，且出台了四年免费教育的政策，仍然不能引起大多数底层民众的兴趣。徐养秋先生据此提出两点建议，一是延长义务教育期限，将现行的四年改为七年；二是延长义务教育年限。这不仅减轻了家长负担，增加了学生接受教育的时间，更重要的是为实行"强迫教育"提供了切实可行的基础。在七年的义务教育阶段，要采取措施以强迫学生完成高等小学教育。在国人普遍不注重教育的形势下，"强迫教育"是国家必须实行的强国之策。欲强国，必行教化。民智不开、科学落后、思想蒙昧、文盲满城的国家，必定落后挨打。因此，徐养秋先生大声疾呼施行七年制（7岁至12岁）的"强迫教育"，并免收学费，以求教育的普及。

以立法的形式强制推行义务教育，是普及教育、提高整个民族文化水准的必要手段。陶行知在安徽推行平民教育时，面对态度消极甚至逃避学习的受教育者，也曾经采取强迫方法。当时有21个夫役不识字，但又不来参加学习。陶行知认为"要解决平民教育这个问题，非使饭碗同读书发生关系不可"，因此他建议厅长发出通知："凡不读书的人，不得在本厅干事。"通知发出不到五分钟，经常不来参加学习的人全部到齐——可见"强迫"之有效。

其四：广译科学书籍以改良教科。

科学教育在我国起步较晚，一是由于长期封建统治下的农业社会，重实践经验的积累而轻理论研究的建设；二是长期不以科学技术为学问，重文轻理。因此，科学课程在封建教育中始终没有立身之地。具有现代意义的"科学"一词，至清末才被提出，官办学校内开设相关课程更迟至1903年后。科学课程当时叫"格致"，教材多译自日文，小学讲授的内容主要有乡土之动物、植物、矿物、寻常物理、化学现象、生理卫生等，但课时不多，不过是蜻蜓点水，浅尝辄止。即使稍高级的学校，所用教材也多译自外文。徐养秋指出了这其中的诸多问题，一是书经重译，出入更多，况译者未必能兼信达雅，而译文名词术语互异，读者难以适从，不明所指，尤为译本通病。二是译著极少佳本，学者苦于无所适从，便宁可舍译本而读原著。但要能读懂原著，学者又先须花费大量的时间和精力学习外语，而后才能直接研究科学，事倍功半，教育进步因之遂迟。三是近世研究外国文字者日众，能直接读科学书者日多，这本应是益教育前途之幸事，但随之而来却是年少趋新，鄙弃国文者有之，或因教科属外国文而研究国文时间遂少者亦有之。重外语而轻国语，若此国粹沦亡，岂不可惧！徐养秋先生针对这些问题，提出"改良教科非广译书籍不可，译书固宜力求信达雅，尤宜统一名词"。他以记者的身份提出建议："教育部宜设译学馆，延揽名宿，专事译书，审定固有名词，并随时译定新名词，由部令公布之，以为当世译者准绳。"

　　徐养秋先生不是指手画脚的批评者,而是一位身体力行的实践者。从美国留学归国后,他便开始大力倡导翻译教材及参考书的译名统一,并亲自担任中华教育改进社史地名词审订委员会主任,组织国内专家对历史地理学科的外来词进行全面审订并制定统一标准,进行规范。

　　翻译作品的科学"定名"是一项非常重要的基础性工作,规范译名,统一释义,对于科学教材的编译非常重要,对科学知识在国内的普及则更为重要。徐养秋先生在这方面做出了巨大贡献。

　　其五:多设师范学校以培养教材。

　　徐养秋先生把教育分为四类,即普通教育、专门教育、职业教育和师范教育,他认为"四者缺一,则教育未完备"。然以实际需要论,他认为与其有少数专门人才,毋宁有多数具普通智识之国民。如此,则当优先发展普通教育。而发展普通教育的基础是要有足量合格的师资,这恰恰是当前最缺乏的。因此,徐养秋提出"欲谋普通教育之发达,须先注重师范教育,以培养师资"。民国初年,师范学校寥若晨星,更遑论女子师范学校。师资的匮乏,使得普通教育难以普及,教学质量更无保证,因此,"多设师范学校,及单级教授学校,尤为当务之急,而女子师范亦宜同时并重。"徐养秋先生在当时就非常重视打破封建意识,提倡妇女教育,尤其是女子师范教育。他认为:"女子性情柔婉,美术专长,使之充当小学教师,于美感教育最有裨益。不独学校可得良师,而家庭复有良母。其于吾国教育前途之影响,顾可以道里计耶?"大力发展师范教育,培养出一批热爱教育、坚守操行、敬业爱生的师资力量,是发展我国普通教育事业的根本保证。"今国家诚能多设男女师范学校,以培养教材,数年之后,教育界可无才难之叹矣。"

　　其六:提倡社会教育以辅学校教育所不及。

　　社会教育是学校教育的重要补充,在道德的修养和习惯的养成方面甚至要优于课堂教育。社会"习俗移人势力颇大,而在神经弹力盛时为尤甚"。徐养秋先生在这里提出一个十分重要的教育环境问题。社会风气与教育大环境对学生情操观念的影响极大,不可不引起教育当局和教育工作者的重视。

　　徐养秋先生最后总结说:改良我国的教育之计,最主要者莫过于以上六端,但此六项并不敢能囊括全部的教育方针。其他如奖励私人办学，检定教师资格，提高教师薪水，禁止人民早婚，督察学校执事，皆教育行政方面所不容轻视。而办教育者的实心任事，除去敷衍，教师之实行专业教育与技能训练，对于我国教育前途，都具有重大影响。更有进者，青年学子要本着纯粹之志趣以求学，不要掺杂以权利功名思想，则道德日高、学术日精，这样培养出来的才是可造之才，于国于家于教育，皆大有裨益。这些建议具体周详，切合实际，在当时无疑属于真知灼见，对于我国从封建教育向现代教育的进化，颇具建设性。

（二）民主意识的启蒙与传播

民国草创，百废待举。尽管有一批政治家致力于民主共和国体的创制，但囿于几千年封建统治，普通民众仍然处在刀耕火种、自给自足的农业生产方式之中，国民的民主意识普遍缺乏。这就为袁世凯称帝，新政权夭折奠定了社会基础。在当时的中国，思想的启蒙显得尤为重要。一批知识分子便以介绍西方民主思想为己任，他们出书办报，奔走呼号，在民众中广泛传播西方先进的思想与理论。徐养秋先生便是他们当中的一位重要成员。

徐养秋先生发表在《金陵光》1913 年 4 月第四卷第三期的《柏拉图乌托邦之大旨》，可以说是我国最早译介柏拉图民主教育思想的重要文章。

在文章的前开头，徐养秋先生自加按语："柏式，希腊哲学家，师事苏格拉底。乌托邦一篇，柏式记其师讲学之言也，繁重不可尽译，兹姑达其要旨如左。"从中可知此篇并非全文直译，而是对柏拉图《理想国》部分内容的提炼与概括，也是译介者本人认为是最精髓的部分。

何谓"理想国"？"以民主为国体，重个人之主义，国民有胞与之怀，社会无诈虞之俗，政府强健，国基巩固。"这就是理想国。

在"理想国"中，通过良好的教育，人民养成"三德"，即无惧、坚忍、学识。此"三德"分隶于"三民"：军人、工人、政客，是之谓三民。军人以捍卫为天职，以死敌为光宠，故不可有畏葸之心。工人四体维勤，匠心独运，而或发明未遂，研究不已，则不可无坚忍之心。若夫从政者流，官守所在，治乱攸关，庶民无识，其影响只及一身。

政客而不学，其影响播之全国，故学识为政客所必需。三德俱备，直道大行，国性于是乎坚定。

在"理想国"里，二十岁以下为接受教育的第一期，此期以体育音乐为主（柏氏所谓音乐，包举文学及一切美术而言）；二十至三十岁为第二期，注重科学数学等。三十至三十五岁为第三期，注重纯粹哲学。学优而仕，为社会服务。五十而致仕，退而重究哲学，国有大故，仍贡献其身。"国家而有坚定之国性，盖非朝夕之故，所以培养之者久矣。培养之奈何？道德非琢磨不成，智识非启迪不发，则教育不可缓矣。"这是徐养秋选译此文的目的。国家的根基在人民，民性决定国性。一个高素质的民族，必将会创造出一个高度文明、高度民主的国家。民性的优劣则取决于教育的成败："学优而仕，蕴蓄有素，措施自当，著政声而洽舆情，庶政何患不举哉。"

柏拉图的《理想国》共分十卷，是一部博大精深的哲学与政治学巨著。它以正义为主线，探讨了哲学、国家、政治、伦理道德、教育、心理、文艺等各方面的问题，对于教育的论述，更是涉及从托儿所、幼儿园到大学研究院的全过程，以及工、农、航海、医学等职业教育。犹如一座百花园，风光旖旎，群芳斗艳，令人目不暇接，叹为观止。徐养秋先生徜徉于这精神的乐园之中，精挑细选，撷取一枝，以赠国人，意在唤醒国人对于教育真谛的认识，以教育塑造民性，以教育培养"三德"，以教育建设民国，以教育振兴国力。面对现实与理想的巨大反差，他禁不住"投笔而叹"："反观吾国现状，曰直道沦亡久矣。俗尚欺诈，民有竞心，持平之道不闻，自营之风日炽，国性不亡者几希。军人之朝气未萌，工人则守故习楷，政府则萎靡不振。国无兴立，其奈之何哉！我国人于国性上加之意焉，庶有豸乎？"焦虑与急切之情，溢于言表。

这段时间，徐养秋先生课余时间还翻译了英国哲学家培根的《犹豫论》，发表在1914年3月《金陵光》第六卷第一期。

毕业前夕，时值寒食节，同学"吴子"邀徐养秋外出踏青，以消"积闷"。于是二人步出校门，过随园遗址，经历乱荒冢，萋菲芳草，至清凉麓，上有亭曰翠微，巍然筑于山巅。二人置身亭中，"穷目千里，见长江如练，荡漾天际，帆影浮沉，况若惊鸥。于斯时也，襟怀超豁，有振衣千仞，陔吐九天之慨。"翠微亭南行数百步，便是梁昭明太子读书处旧址,明末龚贤于此处构扫叶楼以避世。徐养秋与"吴子"登上小楼,有一道人煎茶享客。二人"凭栏远眺,绿野凝烟,远山滴翠,附郭茅舍,炊烟起伏。"面对眼前景色,"吴子"禁不住发思古之幽情:扫叶楼立此数百年间,登斯楼者不计其数,然后人只知有此楼而不知登楼者。今日我二人登楼吊古,数百年后,登斯楼者谁还会知道我二人曾经凭吊斯楼呢?念及此,"吴子"萧然悲叹:"仆诚恨焉,愿子教之。"徐养秋对"吴子"悲观迂腐的人生态度提出了严肃的批评:"子何不达观之甚耶。往来古今,偶然而已。"于是,一篇优美的散文《游清凉山记》出现在《金陵光》1913 年 5 月第四卷第四期上。

这是一篇谈论人生观的散文,以"偶然"引领全文,表达了作者顺天应人,淡泊名利,豁达潇洒的人生态度。全文笔风古朴典雅,寓意深邃超远,具有唐宋散文的遗韵。

徐养秋先生一生达观超俗,光明磊落,不以物喜,不以己悲,不汲汲于虚名,不羁绊于功利。这种洒脱超然的生活态度,也成为先生最突出的品格特征。

1913 年农历 2 月 19 日,他的大女儿出生,取名远晖。远晖 1949 年随丈夫崔书琴远赴台湾,自此一去,渺无音讯,真的成为天边的月亮,"照之有余晖,揽之不盈手"。①

1914 年,徐养秋终于结束了青年阶段的学习生活,并以优异的成绩获得学士学位。在毕业典礼上,他和陶文濬二人作为优秀毕业生代表,分别宣读了各自的毕业论文《中国文学之变迁》和《共和精义》。从论文的内容可以看出,大学毕业时二人的专业兴趣有很大的不同。陶文濬关注的是国家政治,而徐养秋关注的却是纯而又纯的学术问题。两篇不同主题的毕业论文同时被评为优秀,从中也可看出金陵大学崇尚思想独立,学术自由,培养富于创新精神的教育方针。

徐养秋先生在《文科毕业纪盛》(文章署名为肖穆)一文中详细记载了毕业典礼的盛况:

① 见西晋陆机《拟明月以皎皎》。

"此次文科毕业者十二人。陈君义门、陶君文溶、林君泉、朱君尚远、徐君则林、赵君先同、吴君伯奎、卢君先德、郭君琼瑶、谢君家声、杨君宗震、徐君玉稣。本校办毕业以来，未有盛于此者。济济多士，盖不独为本校之宠光，抑亦吾国之幸福也。

毕业游戏会之举，欧美各大学办毕业时均有之，盖毕业生露头角别母校之日也，本校仿行已久。此次毕业生中，长于演说者颇多，岂甘让人专美？爰于六月二十日下午二时半，开毕业游艺会于临时礼堂，由李君敏甫主席。所演共十二项（另有秩序单列后），庄谐杂出，庄则清言霏屑，谐则妙语解颐。来宾时而捧腹，时而鼓掌，散会后，犹啧啧不已。是日气候宜人，江苏将军宠以军乐，本校学生和以琴歌，铙鼓铿锵，歌喉婉转，闻者忘倦。二十二日上午十时，文科毕业仪式开幕。先由文科毕业生陶君文溶、徐君则林宣读毕业论文；次由王正廷先生演说，言论不群，精神焕发，闻者击节。将军巡按使均有代表莅场，各置训词；次由本校代理校长文怀恩发给美国纽约大学承认文科学士文凭。是日来宾二千余人，颇多本地绅袷。文校长与地方各界，素缺联络，外人于本校情形，颇不了然，于是乘此时机，报告本校过去之状况，与将来之规划。报告完毕，已钟鸣十二下矣。遂祈福散会。"

毕业后陶行知踏上了赴美留学之路，徐养秋先生则因学业优秀，留校教授国文，并兼国文部主任[①]，同时在金陵中学兼课。

他本来可以与陶行知一起赴美留学，但当年他的儿子刚刚学会走路，女儿牙牙学语，妻子又有身孕在身。虽在家乡有父母协助照顾，但看着年轻的妻子独自操持着家务，抚养两个年幼的孩子，他心里充满了歉疚和不安。这些年，他一直四处求学，爱妻毫无怨言，始终默默地支持着他。虽然有祖产可以支撑，但家庭生活的负担也在日益加重，他不忍心此时就漂洋过海，继续独自漂泊。遂决定推迟出国，先工作几年，一来可以好好帮助妻子养育儿女，二来积攒一些薪金做留学之资，以减轻家中负担。

金陵大学首届毕业生刚刚离开，美在中（Frank E. Meigs，1851—1915）先生便

---

① 1919年《金陵大学同学录》记载："徐则陵，江苏人，1914年文科卒业，曾充母校国文部主任，现在美国希加哥大学专攻教育学。"

病逝于庐山牯岭。噩耗传来，师生均悲痛不已。为了纪念这位金陵大学的开创者之一，徐养秋先生撰写了《美在中先生传》，刊载于《金陵光》临时增刊《美在中先生记哀录》(1914 年 8 月)，以志纪念。

这篇悼念文章短短一千五百余字，不仅详细记载了美在中先生的生平与事功，基督教会在南京创办学校，于传教的同时进行开启民智、传播文化的历史，还记录了基督书院、汇文书院、益智书院三院合一而设金陵大学的过程，为我们研究基督教文化及金陵大学校史提供了极其珍贵的史料。

徐养秋先生一边在金陵大学授课，一边笔耕不辍，先后翻译了德国著名作家史托谟的名作《茵梦湖》的一部分和印度著名诗人泰戈尔在日本帝国大学的演讲词，分别在《金陵光》刊发。

1915 年 1 月《金陵光》第六卷第八期刊登了一篇翻译小说《梦痕》，署名为：德国斯笃氏 Theodor Storm 著，徐养秋译。《梦痕》即史托谟的《茵梦湖》，此是我国最早的译文，比郭沫若与钱君胥翻译、上海泰东图书局于 1921 年 7 月出版的《茵梦湖》要早六年。译文语言高度凝练，韵味浓郁，描摹形神兼备，画面质感强烈，具有很强的感染力，充分反映出译者的语言功力和翻译水平。虽然目前我们只发现第一章，后续没有看到，但可以据此断定：徐养秋先生是我国第一个翻译这篇著名小说的译者。此篇译文优雅、准确，比后来出版的译本要好看许多。

印度诗圣泰戈尔于 1916 年游历日本，应日本帝国大学之邀，莅临该校发表了著名的演讲，演讲稿发表在《奥脱落》杂志。徐养秋先生在第一时间将此演讲翻译成中文，刊登在《金陵光》1916 年 12 月第八卷第一期，在学界产生了相当大的影响。

结合教学，徐养秋先生撰写了《六书要恉》一文，旨在为初学语文的学生指点迷津，开启途径。此文第一部分发表在《金陵光》1917 年 2 月第八卷第二期，续文无从查找。

徐养秋先生从文字的起源说起，详细探讨了班固与许慎二家对"六书"排列次序的原则与优劣，认为："许氏六书次第虽未允当，其六书之界说则精确绝伦，包举一切义例，后之治小学者莫能轶出范围。""六书精意尽包括于许氏十二句界说之中，赅简详明，一字不可易，本之以究六书，有左右逢源之乐。"本节的结语说："今先标许氏之界说,而后疏证之,或亦初学所乐闻乎?"从中可知作者是以许慎六书为准的进行阐释,当有相当精彩的论述,惜乎不得窥其全貌。

1915年夏季,刘伯明获美国西北大学哲学博士学位后回国,受聘于金陵大学,接任国文部主任。徐养秋先生在钟泰①的介绍下,到江苏法政专门学校任英语教员,并兼任金陵大学的国文教授。

徐养秋先生之所以接此工作,唯一目的就是积攒出国留学的费用,以到美国大学继续深造。因为金陵大学作为教会学校,在薪金待遇上,外籍教师与中国教师有着十分明显的差异,中国教师月薪偏低,养家糊口尚可,结余积蓄却无,靠此份薪金积攒出国费用,实在是渺茫得很。而法政学校开出的薪金条件却十分丰厚,并且允许另兼他职。因此,他一边在法政学校讲授英文课程,一边兼职金陵大学,继续教授国语。

1917年,与哲学家方以智、桐城派始祖方苞有旁系宗亲关系的方东美考入金陵大学预科。由于其有着深厚的家学渊源,从小就受到很好的国学教育,一入学便表现出与众不同的才华,引起了徐养秋和刘伯明两位先生的注意。通过交谈,他们了解到方东美的学习背景,对其格外欣赏与关注。后来,刘伯明受聘为东南大学副校长,徐养秋也将赴美留学,这便引出了一个后来被方东美笑称为"荒唐之至的事"。

他俩都是金大的老校友,爱校情深,唯恐一旦离去,中国文化在这家洋学堂里会被弄得一塌糊涂、不伦不类,于是乎跑去见校长鲍伦博士,郑重建议:"今后若是

---

① 钟泰是江苏南京人,小徐养秋先生一岁,生于1888年,号钟山,别号待庵。肄业于江南格致书院,以庚款留学日本东京大学,学习生物学,归国后任两江师范学堂日文译教。辛亥革命爆发后,曾入皖督柏文蔚幕,后任安徽高等学堂教师。民国元年江苏省临时议会决议成立江苏法政专门学校,校址设在南京府西街原江宁府署,钟泰受聘担任日文教席,并开老庄讲座,兼任《共和》杂志社社长。1924年转任杭州之江大学国学系教授兼系主任,期间曾就陈枢铭之邀任广东省府秘书长、参议等职,不到一年便返回杭州。1937年冬,杭州陷敌,避居建德西乡。1939年任湖南蓝田国立师范学院教授。1943年任贵阳大夏大学文学院长兼中文系主任。1944年入蜀,与熊十力并任书院主讲兼协纂。抗日战争胜利后回上海。1948年任光华大学教授。新中国成立后入华东师范大学,后转入上海文史馆。1962年应长春东北文史研究所礼聘讲学,1966年返回上海文史馆。1973年辞职回南京,1979年病逝于家。

钟泰老先生也是一位鸿学大儒,著有《中国哲学史》、《庄子探微》、《国学概论》等书,在学术史上占有一席之地。

金大想聘请教中文的教员,一定要先经过两个人同意:一个是方东美,一个是黄仲苏。"两位少年,小小年纪,国学修养,不但名震金陵,居然兼任起教授审查委员来了。这位外国校长倒也为人开明,居然接受。偏偏金大的训导长,一位留英的王博士根本没把刘、徐两位先生的话当真。他没经过这两位少年审查委员的同意,就推荐了一位友人到金大当国文教授,开的课是《诗经》。方老师和他那同班的几位顽皮少年,个个都是高材生,当老师在堂上讲《诗经》讲到一个段落,班上马上传出声音:"错了!"先生初不理会,仍然照讲不误。下面又传出声音:"又错了!"如此几番,先生忍不住了,按住性子问全班:"谁说错了? 你来讲!"这时方老师和那位名叫黄仲苏的同学,互相扮个鬼脸,然后既从容不迫又十分顽皮地答道:"我们没有义务替老师代讲。因为我们没有接聘书,也没有受薪水。"这位老师坚持一定要讲。这下方先生才亮出他的看家法宝,把那一段《诗经》讲得头头是道,使全班同学听得津津有味。不久同学们对这位夫子先生所开的课纷纷退选了。但退选之后,改选什么课呢? 大家一想,改选训导长王博士所开的那门"宗教哲学"。因为他所介绍进来的先生既不令同学们满意,他自己便应该负责,赔偿大家损失。不料这位身为训导长、留学英国的王博士亲自所开的课,也不令这批少年气盛但又聪明好学的青年满意。他们禁不住又重施故伎,课堂上"错了!""错了!"之声,此起彼伏。这位王博士是山东人,气得几乎要发山东好汉的脾气,喝令全班:"谁认为讲错了的,到台上来讲!"这批顽皮少年又故意跟老师开玩笑,推说:"我们没有粉笔。"王博士连忙让出粉笔。接着他们又推说:"老师的难题出得不公平。因为国学方面,同学中有的人家学有底子;对这门西洋学问宗教哲学嘛,大家过去没底子,怎能上台代讲呢?"老师一听,分明这批小子示弱了,坚持得越发起劲,非推人上台来讲不可。这下子,"方东美"三字又轰的一声爆了出来。方老师在这种情形之下,被推上了讲台。从他老师王博士的手中接过粉笔,好像接力赛跑似的。没想到,这下子注定了他一生的命运:吃了整整五十多年的粉笔灰!

方老师步上讲台,心里明明知道,这是一场不易得胜的险仗,但又不能临阵脱逃。一想有了! 幼年在家读过的子部里有《孙子》。孙子曰:"将者,智信仁勇严也。"分明提示智为首德;又有"避实击虚"、"出其不意,攻其无备"、"因敌变化以致胜"等作战指导策略。于是,眉头一皱,计上心头,说道:"老师讲的是西洋学问、宗教哲学,学问内容是大家过去毫无基础的,但所用的课本是英文。根据英文的正确了解,老师方才对内容的解释,实在颇有值得商榷的余地。"说着便用粉笔,把书中某段某句用图解法(Diagram)全部画在黑板上。然后再就句子的结构、文义的主从关系等,对全句整段的意义做了一次修正和补充发挥,赢得全班同学由衷的喝彩赞叹。这样一来,使这位王博士也不得不对小小年纪的方东美刮目相看了。①

方东美大学毕业后留学美国,获哲学博士学位,回国后任东南大学哲学教授,与徐养秋先生成为同事。1947 年应邀赴台湾讲学,1948 年 9 月任台湾大学哲学系主任,成为著名哲学家。

这件事让方东美终生难忘,经常对学生们讲起。从这个故事可见刘、徐二位先生识才爱才与"不拘一格降人才"的眼力与胸襟。

徐养秋先生兼职两处,又是不同的学科,无形中备课的时间就占了很多。每天上课归来,总要在灯下工作到深夜。贤惠的妻子看到丈夫如此的辛苦,心中既是心疼又是担忧。虽然这两年他们又增添了二女儿婉若和三女儿纬英,一龙三凤,其乐融融,这是她梦寐以求的,她希望这种安定幸福的家庭生活能够永远保持下去,但是,她对丈夫的志向也心知肚明。她知道,丈夫是个对学习永远不会厌倦的人,他最大的心愿就是要出国留学,获得更多的知识。大学毕业后,他白天四处奔波,授课演讲,晚上还要备课读书,手不释卷。自己帮不上什么忙,只有照顾好四个孩子,操持好家务,不让他再为家里的琐事操心。为了让丈夫早日出国圆梦,她把自己从娘家带来作为陪嫁的金叶子一点点地卖掉,偷偷地积攒起来,暗中为丈夫出国做着准备。

这一天,很快就到来了。

---

① 孙智燊《述小事,怀大哲——东美先生逝世卅周年纪念》,载《传记文学——方东美专号》,(台湾)传记文学出版社,2007 年 6 月。

五　直挂云帆济沧海　※

1917年9月8日，驶往大洋彼岸的邮轮——委内瑞拉号，从上海码头缓缓驶出。

徐养秋站在甲板上，看着送行的亲人渐渐远去，心里不觉涌出浓浓的歉意。四岁延师，至今已有二十六载，所获得的知识已经足够在任何一所学校谋个养家糊口的教职，如今却又一次远离年迈的父母，告别又已怀孕的妻子和四个儿女，踏上了新的求学之旅。

迎着徐徐吹来的海风，遥望一点点消失的船坞码头，徐养秋难以掩饰伤感之情。长亭送别，缠绵悱恻，凭栏处，一股钻心的离愁别绪，令他紧抱双臂，紧闭双眼，强忍住涌上心头的酸楚。

再见了，古老的金陵胜地；再见了，亲爱的父老妻儿。在大洋彼岸，一个全新的世界在向他招手，那是现代文明的中心，也是他人生旅程中新的起点。

一串悠长低沉的汽笛在苍茫的海面上漂荡，巨大的邮轮加足了马力，开始提速行驶。

"一千顷，都镜净，倒碧峰。忽然浪起，掀舞一叶白头翁。堪笑兰台公子，未解庄生天籁，刚道有雌雄。一点浩然气，千里快哉风。"

邮轮劈风斩浪，驶入迷雾重重的公海深处……

徐养秋先生收回心思，振作精神，走进船舱。

与他同舱的是一位年龄相仿的青年，来自南京高等师范学校，名谔，字士一，在学校教授英文。此次赴美，是受学校之派，到哥伦比亚大学进修英语。他的家乡在苏州吴江县，距金坛一百多公里。二人早已相识，一路相伴，开怀畅谈，解除了漫长的旅途烦闷。

经过二十多天的海上漂泊，他们到达了本次航程的终点——旧金山港口。上岸后，张士一转道去纽约的哥伦比亚大学，徐养秋则奔赴双子城的伊利诺伊大学研究院。

距芝加哥市以南一百三十英里的地方，两个风景优美的静谧小城比邻而居，中间只隔着一条莱特街，街东为厄波纳（Urbana），街西为钱宾（Champaign）。伊利诺伊大学就坐落于此。

伊利诺伊大学的前身是伊利诺伊学院。1857 年,伊利诺伊学院的乔纳桑·特纳教授联合佛蒙特州的众议员贾斯廷·莫里尔在国会提出由联邦政府赠地开办农业与机械学院的议案。议案在国会得到了通过,但是为布坎南总统所否决。1861 年,出生于伊利诺伊州的林肯成为美国总统。12 月,莫里尔再次提出同样内容的议案。国会通过后,1862 年林肯总统签署了对美国高等教育产生深远影响的"莫里尔法案"。根据这项法案,1863 年 2 月,伊利诺伊州得到了 48 万英亩的土地,并于 1867 年在厄波纳、钱宾建立了伊利诺伊工业大学。1868 年 3 月 11 日正式开学。1885 年,在学生和校友的强烈要求下,学校改名为"伊利诺伊大学"。经过三十多年的发展,到 21 世纪初期,学校已经声誉远扬,成为美国最好的大学之一。至 1900 年,全校学生已经超过 2 300 人。

伊利诺伊大学提倡为公众服务、为劳动阶级办大学的办学宗旨,大学的校徽上铭刻着"学习、劳动"的校训以及耕地的犁与打铁的锤子和铁砧。学校这种"为公众服务"的精神,和向劳动阶级提供免费的高等教育,既重视智力开发,又重视实践教育,把学习和劳动结合起来,使受教育者在掌握科学知识的同时,运用其来解决实际问题的教育方式,对徐养秋先生产生了极大的影响。

伊利诺伊大学还坚持平等、自由的精神,在男女平等、种族平等上也走在了美国高等教育的前列。1870 年伊利诺伊大学就已经开始招收女生,是全美最早同时招收男女学生的大学。学校于 1883 年开始招收外国学生,我国有不少著名学者和科学家在这里学习过,如先于徐养秋先生而来的竺可桢(1912 年毕业于农科)、陶行知(1915 年获行政管理硕士学位)、钱崇澍、邹树文等人。华罗庚 1950 年回国以前还是这里数学系的客座教授。

徐养秋先生居住在西克拉克街(W. Clark Street)1201 号。这里是商业区,经常有火车从旁边驶过。先他而来的金陵大学校友李道南,在生活上给予了他不小的帮助。

"伊得洛伊大学环境之整洁及生活之井然有序,予我深刻印象。"[1]徐养秋先生

---

① 徐养秋《师范学院思想改造学习思想检查简历表》,1953 年。

于四十年后回忆当时情景,仍然记忆犹新。

根据伊利诺伊大学提供的成绩单,徐养秋先生的专业是历史,辅修社会学及教育。第一学期修完的课程有:史学及史学方法、英国及欧洲大陆历史、欧洲统治和殖民扩张、穆罕默德的世界、职业教育。第二学期主修的课程有:英国及欧洲大陆历史、1789—1848 法国大革命、古代东方与西方、学校卫生、社会进化论;辅修:进化论及教育理论、初级课程。伊利诺伊大学的馆藏图书之丰富,在美国的大学中仅次于耶鲁大学和哈佛大学。徐养秋先生充分利用学校馆藏图书的优势,大量阅读了西方近代史图书及各种史料,系统研究了美国和欧洲近代史、史学理论及史学方法,对风靡欧美的鲁宾逊新史学理论进行了深入研究。在研究历史专业的同时,他还大量阅读西方最新教育理论书籍,深入了解美国初级教育、职业教育、教育心理以及学校卫生等方面的研究成果与实施情况,这些知识的积累,为他回国后的教学与研究提供了充分的理论准备。"欧洲统治和殖民扩张"专题研究,还为他后来在外交部条约委员会的工作奠定了坚实的专业基础。

学习之余,他广泛接触美国各界人士,积极参加各种学术活动。

1918 年 2 月 22 日是华盛顿总统的诞辰日,美国东方研究会中西部地区研究分会于这一天在俄亥俄州的辛辛那提市希伯来大学召开年会,徐养秋先生被学校推荐参加了此次年会,会上他被提名为新会员,并上报全国研究会待批。参会的代表为来自中西部各大学和教会的专家学者五十余人,讨论的中心议题包括希伯来语的发音、时态,希腊语的翻译,《圣经》的编译,耶路撒冷村庄的风貌,早期圣城的考古挖掘,以及对异教徒的战争等。会议期间,徐养秋先生同与会者进行了广泛交流,不仅认真聆听各位专家的学术演讲,而且还积极加入其中,阐述自己在这些问题上的观点与意见,通过交流,他既获得了大量的学术信息,又结识了一批著名的专家学者。

1918 年 4 月 2 日至 4 日,美国东方研究会第 113 次全美大会在耶鲁大学的兰普森会议厅举行,大会由会长芝加哥大学的詹姆斯·布莱斯特主持。徐养秋先生获准以正式会员身份参加了此次大会。他是第一位来自中国的代表,受到了与会者的热烈欢迎。会上,来自世界各地的东方学研究专家,共同研讨东方世界的宗教源流与语言文化,包括有关阿拉伯文化与战争、佛教的起源及佛教文献研究、博物馆中的古圣经文献的翻译、波斯词汇、古俄语等学术问题。参加如此高水平的国际学术会议,与来自世界各地的专家学者共同探讨有关东方世界的宗教、文化、战争、语言文字等学术问题,既看到了东方文化在西方人眼中的魅力,了解到世界学术界对东方文化诸多领域研究的深度与广度,又发现了他们"局外人"的视角缺陷,以西方的文化观评价古老的东方文化,总有一些让他们迷惑不解的神秘现象,这也激起了徐养秋先生强烈的研究兴趣,为他日后积极支持金陵大学中国文化研究所,开展东方学研究埋下了伏笔。

由于基础雄厚、学识渊博,在导师的科学指导下,徐养秋用一个学年修完了所有硕士课程,并完成了《海约翰国务卿任内美国对华政策》(Chinese Policy of the United States During the Secretaryship of John Hay)的论文,获得硕士学位。

学期结束,徐养秋先生于 1918 年秋季转入芝加哥大学研究院研究中古史、古代史及教育学等课程。在这里,他认识了从俄亥俄州奥柏林学院转来不久的韦悫。韦是广东人,出生于 1896 年,15 岁时因参与刺杀清广州将军凤山而被通缉。1914 年远赴英国留学,翌年转来美国,在俄亥俄州奥柏林学院学习,刚刚获得文学学士学位。二人一见如故,相互照应,闲暇时结伴出行,浏览芝加哥周边景区。"亲见芝加哥都市文明,知悉物质文明有优点亦有缺点。"[1]1919 年的春季假期,二人到印第安城观光,夜宿一旅馆,半夜突发枪战,他们在睡梦中惊醒,听到外面一片混乱,不知发生何事,第二天便早早离开了这家旅店。[2]

韦悫于 1920 年获哲学博士学位,1921 年 1 月回国,先后任岭南、复旦、光华等大学教授。民国 14 年(1925)6 月,加入中国共产党。民国 18 年(1929)后,韦历任国民政府教育部社会教育处长、中央大学教育学院院长,复旦、光华、暨南、大夏等大学教授。1931 年 1 月任上海商务印书馆编辑部主任。1949 年 5 月上海市解放,出任上海市副市长兼高等教育处处长。10 月,任政务院文化教育委员会委员、出任中华人民共和国教育部副部长。1950 年 9 月后,韦悫将主要精力投入到文字

---

① 徐养秋《师范学院思想改造学习思想检查简历表》,1953 年。
② 同上。

改革方面,担任中国文字改革委员会常务委员、副主任等职,负责主持日常事务,同时兼任《中国语文》杂志社社长。

1919 年徐养秋先生被录取为哥伦比亚大学研究生院的教育学专业博士生,研究中等教育。

哥伦比亚大学研究生院也是哥伦比亚大学师范学院(又叫教育学院)(Teacher's College, Columbia University,以下简称师院)坐落于纽约繁华的曼哈顿岛上,毗邻全球闻名的多元文化社区哈林姆社区与中央公园。学校附近环境怡人,地理位置优越,东临晨边高地公园,向西濒临哈德逊河,百老汇与阿姆斯特丹两条大街从南到北横贯校园。师院作为哥大的附属教育研究生院,与哥大主校园仅一街之隔。

师院成立于 1887 年,由著名慈善家格雷斯·H. 道奇和哲学家尼古拉斯·M. 巴特勒共同筹划创立,旨在为当时纽约市贫困学生的教师提供新型的培养方式,学校初名为纽约教师培训学校。至 1892 年,正式改名为师范学院,并于 1898 年并入哥伦比亚大学,成为其下的四所附属学院之一。

师院在成立之初便提出了与近代教育思潮迥然不同的观点。在整合人道主义理念与科学方法的基础上,创校者认为,成功的教学除倚赖专业教师在教材教法与专业知识的精通外,还需要专业教师了解学生在何种情况下能进行最为有效的学习。正是基于此种教育理念,师院在 1890 年初便推出了融合心理学、社会学的教育课程项目,成为全美第一所将教育活动推及社会关怀的学校。随后又开设了教育史学、比较教育学、教育管理学、教育经济学、教育政策学、临床与咨询心理学、发展心理学、认知心理学、课程研究等多个专业课程项目,至 1904 年杜威加盟师院时,已在美国教育研究与教师培养领域颇具声望。

徐养秋先生对哥大早就有深入的了解,对于一个立志终生从事教育事业的人来说,哥伦比亚大学是一座丰碑、一个圣地、一个出产优秀教师的摇篮。先他而来的一批同学好友,有的已经学成回国,成为教育界的中坚力量;有的正在这里发愤学习,即将学成归国。如陶行知、张士一等人已经成为南京高等师范学校的骨干,而当时正在在这里学习的还有侯德榜(1918 年就读哥大后获化学博士学位,中国著名化学家,新中国化学工业部副部长),顾维钧(1919 年就读哥大后获法学博士学位,中国现代史上最著名的外交家之一),蒋廷黻(1919 年就读哥大后获历史博士,清华大学历史系主任,驻美大使),徐志摩(1919 年就读哥伦比亚大学经济系,中国著名新月派现代诗人,散文家),冯友兰(1920 年就读哥大,中国哲学家、哲学史家)等人。

徐养秋先生的博士生导师是师范学院院长、著名教育家孟禄教授。孟禄教授是著名的教育史专家,对现代教育史学科的建设和发展,产生了非常广泛和深远的影响,对中小学教育体制、教学方法、教育理论等也有着深入研究,提出了一系列颇有见地并对后世产生重大影响的教育理念与教育方法。徐养秋先生在孟禄的指导下,系统研读教育学及教育史等课程,同时兼修世界近代史。这一年,正是新史学理论创始人,著名历史学家詹姆斯·哈威·鲁宾逊教授(James Harvey Robinson,1863.6~1936.2)在哥大讲授新史学课程的最后一年,徐养秋先生亲聆其精彩的授课,当面向其请教,深受新史学理论的影响,奠定了他后来研治西方史学的理论基础。

徐养秋先生在金陵大学时期就十分关注中小学教育问题,所撰写的文章也多为讨论基础教育问题,而孟禄教授又正是中等教育方面的学术权威,因此,他便将中学教育作为自己博士学位的研究方向。

1920 年 8 月,徐养秋先生尚未完成博士论文,便接到了南京高等师范学校的召唤。

在陶行知和刘伯明两人的推荐下,郭秉文赴美国考察期间,专门约见了徐养秋先生。经过长时间交流,双方均对彼此有了深入了解。郭秉文校长对这位具有深厚国学基础,又正在孟禄门下攻读博士学位的中年才俊极为欣赏,表现出必欲将其揽至旗下的诚意。徐养秋表示拿到博士学位后就回国赴任,郭秉文则力促他学期结束后便回国。郭秉文说,国家正值用人之际,南高师的发展亟须他们这些优秀人才鼎力相助。而且陶行知、张士一、陈鹤琴等人都是放弃了获取博士学位的机会,提前回国,到南高师担任重要职务,对学校的建设与发展起到了举足轻重的作用。目前学校的历史科创立伊始,尚无合适的主任人选,刘伯明与陶行知二人均举荐徐先生您回来担此要务,因此,还希望先生早日归来,共襄祖国教育之大业。郭秉文还向他透露，正积极筹备在南高师的基础上，创办一所综合性大学，这所大学将参考美国的办学模式，集文理工师于一体，必将成为国内第一流的大学。

郭秉文校长的一番游说，在徐养秋原本平静的心里激起层层涟漪。他折服于郭秉文的现代办学理念，被他欲打造一所具有现代教育特色的新式大学的雄心及描述的愿景所吸引。郭校长通才与专才兼顾、人文与科学并举、师资与设备平衡、国内与国际贯通的办学理念，更得到他的深切认同。他深信，在这样一批学贯中西、理念先进、视野开阔、矢志教育的同仁共同努力下，中国的教育事业一定会兴旺发达，国人的文明素质一定会得到提高，他个人的教育理想也一定会得以实现。与此相比，一张博士文凭就显得微不足道了。于是，他答应郭秉文校长，俟本学期结束，便立即返回祖国，到南高师报到。

六　南雍执教育群芳　　※

公元 1920 年。

8 月的南京正是酷暑难耐的季节。南京高等师范学校虽然地处闹市，却不染铅华，质朴静穆。校园里清幽宁静，绝无闲杂人等喧嚣鼓噪。偶有学子往来，也皆是行色匆匆、心无旁骛。偌大的校园里，竟显得空空荡荡。

校舍东可望钟山烟岚，北可览台城风光，引人发"仰高山而怀前哲，过城垣而思故国"之幽思。"吾人学舍，近台城，近玄武，地旷景幽，最饶诗意。弦诵余闲，浸润此间，谦淡中和，自成士性。"（严济慈语）园内一棵六朝古松，苍郁遒劲，已经成为本校师生的精神象征。

此时的南高师，在郭秉文校长的主持下，进入人才济济、蓄势待发的黄金时期。成立东南大学的议案已经报教育部，等待最后的批复。

说到南高师，首先要认识的就是郭秉文校长。

郭秉文，字鸿生，生于 1880 年，江苏江浦人。早年卒业于上海清心书院，1908 年赴美留学，师从著名教育家杜威及罗素等，系统接受了现代教育理论及教育制度的训练，并以《中国教育制度沿革史》（The Chinese System of Public Education）一文，于 1914 年获哥伦比亚大学教育学博士学位，成为我国第一位获得哥伦比亚大学教育学博士的教育家。毕业即应两江师范学校江谦校长的邀请，回国参与"南高"的创办，先任南京高等师范学校教务主任，1919 年 9 月，江谦因病辞职，郭秉文继任校长。

作为近代中国最著名的教育家之一，他实施"训育、智育、体育"的"三育并举"和"四个平衡"的办学方针，大力改革行政机构，取消学监处，成立校长办公处，设立各种委员会，吸收教职员参加学校管理，对学校发展颇多建树。他倡导"严谨求实"的学风，要求学生要养成"钟山之崇高，玄武之深静，大江之雄毅"般的国士风范。

正是他的广延人才、因材施用，一时间南高师名师云集，俊彦齐聚，成为我国高等教育的重镇。

（一）历史系时期

南高师的历史系始建于 1920 年。1919 年秋，南高师将国文部改为文史地部，理化部改为数理化部。次年1月，又合并二部建立文理科，下设国文、英文、哲学、历史、地学、数学、物理和化学等系。历史系主任一职暂时空缺。

徐养秋于1920年9月由美国回来后，即到南高师报到，不久便被聘为教授并历史系主任，月俸200大洋。

经过近三十载的寒窗苦读与潜心研究，徐养秋先生已经成为学贯中西、满腹诗书的博雅之士，"是我国真正读通西洋史的少数几个人之一"①。因此，一站上南高师讲坛，便突显出超凡的学识与功力，受到学生的拥戴。

他把全部的精力都投入到教学、系务管理与教师培训、学生课外学术活动上，包括史地学会及《史地学报》的辅导，还有中华教育改进社的学术研究与交流活动。在历史系的短短三年之间，徐养秋先生凭其深厚的中西史学功底，在教学、著述、学术交流、中学历史课程的建纲立制等诸多方面都多有建树，奠定了他在现代中国史学领域的学术地位，成为著名的历史学家。

徐养秋先生有着深厚的国学修养，这修养不只表现在国学功底深厚、学识渊博，更表现在他从容敦厚的人格修养。南高师"诚朴求实，止于至善"的校风，在他的身上表现得尤为鲜明。他中庸平和，宽容温良。儒家"君子和而不同，小人同而不和"（《论语·子路》）是他恪守的为人之道。在处理繁杂的系务当中，他本着"公平者，听之衡也；中和者，听之绳也"②的原则，很好地协调着教师之间的关系。尽管他是初来乍到，同在两江师范学校时期就已经从事教席的一些元老相比资历稍浅，但却因其出色的才华和"尊德性而道学问"的君子之风而得到了大家的认可。他为人中正，真诚地与教师和学生交流沟通，并能公正得当地处理一些人事纠纷，协调各方关系，并能毫无保留地向青年老师传授学术心得与教学经验，因此，得到大家的信赖和敬重。

1920年12月6日，教育部下文指派郭秉文为东南大学筹备员，这即意味着正式批准成立东南大学。郭秉文遂以南高师骨干教授为主要成员成立了"国立东南

① 《郭廷以先生访问纪录》，访问者：张朋园、陈三井、陈存恭、林泉，记录：陈三井、陈存恭。（台湾）"中央研究院"近代史研究所，1987年6月。

② 见《荀子·王制》。

大学筹备处",自任主任,并任命刘伯明为副主任。下设八个股,经教授委员会推举,徐养秋先生和张士一、柳诒征负责组织系统股,全程参与了东南大学的筹建组织工作。此后徐养秋便一直以系主任的身份担任校政务委员会委员,直接参与学校的民主管理。

在这个时期,徐养秋先生于三个方面着力最多,成果最丰。

1. 教学

郭秉文校长一年中有很大一部分时间游走于美国各大学之间,广泛物色优秀的留学生,发现人才便以高薪和诚意招于麾下。因此,一时间南高的教师队伍名师云集,强手如云,各个科系均由在全国数一数二的泰斗级人物领军。当时的南高师之所以能与北大南北分峙、分庭抗礼,就凭这些学术"牛人"。在这样的氛围下工作,没有真才实学,是很难滥竽充数的。梁实秋曾经到东南大学游学,经过几天听课观察,对这里的学术风气和教学质量以及学生的精神状态深表赞赏,他在《南游杂感》中记道:"东南大学学风之美,师饱学而尽职,生好读而勤业。……东南大学确是有声有色的学校,……但是这里的学生没有上海学生的浮华气,没有北京学生的官僚气,很似清华学生之活泼朴质。"时任燕京大学校长的司徒雷登也对南高师的这班学界翘楚欣羡不已:"郭秉文延揽了五十位留学生,每一位都精通他自己所教的学科。"①南高师借鉴美国的教育模式,采用选科制(即学分制),学生可以自愿选修课程。当时的学生年龄和水平参差不齐,程度好的学生在某些方面甚至可以超过一些教师。一些学生在上大学前就已经跟家乡饱学有识之师学了很多国学知识,并且有了相当的阅读量,对中国的历史典籍和近世传入的新学文化均有不错的学习基础。在这样的起点上开始大学学习,自然眼界高、心气傲,对老师的授课也十分的挑剔。选学制的教学模式对教师的要求极高,学问和讲课都好的老师深受学生追捧,听课的人也多;讲课不好,甚至滥竽充数的老师可就惨了,经常是门庭冷落车马稀,一学期下来,很可能就要卷铺盖走人。即使是名噪一时的"学界名流",如果不用心备课或缺乏讲课的艺术天赋,学生也照样不买账。

---

① 司徒雷登《在华五十年》,周惠民译,二闲堂文库:http:// www. 360doc. com/content/10/1030/18/2755414_65293917. shtml。

例如,刘伯明先生病逝后,郭秉文费尽心思才聘到任鸿隽任校长办公处副主任,他的夫人陈衡哲也随其来到南高师任教,讲西洋中古史。陈衡哲当时名气很大,是中国第一个赴美留学的女性,与胡适、任鸿隽等人在美国相识。此前在北大任教,也教西洋史。她在五四新文化运动中以莎菲为笔名创作的小说和白话诗深受读者的喜爱,被誉为中国第一个用白话文写作的女作家,连胡适都对其顶礼膜拜,称其"身上每一个细胞都充满着文艺气息"。她的到来,颇令东南大学的学子激动了一番。学生们奔走相告,把听她的"首秀"当作荣幸,开课前的许多天都是大家热议的话题,其狂热程度实在是不亚于如今的追星一族。上课的第一天,许多学生慕其大名早早便跑来占位,梅园大教室一时间人满为患,盛况空前。但听过之后,学生们大感失望,第二堂课便少了一半人,第三堂课人就更少,最后只有寥寥数十人为了拿学分而不得不坚持留下听讲。

汤用彤,哈佛大学的高才生,被称为"学贯中西之人文学宗师"。但由于"其貌不扬,口才欠佳",到南高师上第一堂课时,"刘伯明听过后深感失望",学生们也不太买账。可见当时南高师的学生对老师的讲课表现是多么的挑剔。①

徐养秋先生在历史系开三门课程:西洋文化史、西洋教育史和史学方法,这三门在当时都属于新课程。国门初开,在国外学成回国的人并不多,专修西洋文化史和史学方法的就更是凤毛麟角。

著名现代史专家郭廷以回忆:

徐则陵先生以秀才进金陵大学,留美学历史,是我国真正读通西洋史的少数几个人之一。最初他做历史系主任,教欧洲文化史、史学方法,用中国的史料讨论新的史学方法,举一反三,融会贯通。由于他又是教育史权威,郭校长看到孟禄(美国著名教育家)搞教育史而谈教育,认为徐先生是中国的孟禄,陶行知离开教育科后便让他去主持。

"史学方法"是历史系主任徐则陵先生教的。他讲授史学方法课程,用中国的

---

① 《郭廷以先生访问纪录》,访问者:张朋园、陈三井、陈存恭、林泉,记录:陈三井、陈存恭,(台湾)"中央研究院"近代史研究所,1987 年 6 月。

历史作例证,来解释西洋历史的新史学方法,他精通西洋历史及研究方法,中国历史的学问也有极深的根基,讲来融会贯通,使人倾服。徐先生还开了半年的西洋文化史,教中古时代的西洋文化,也讲得很好。很可惜的是到了三年级,他被调去主持教育科,我们集体去求他继续教西洋文化史,他说:"现在如果去开你们的课,教育科这边是不会原谅我的。"请求没有成功。

郭廷以中学就读于南高师的附属中学,学习成绩很优秀,以第一名的成绩毕业。据他自己讲,由于学校在保送东南大学的名单中把他排在第三位,便很不高兴,决定放弃东南大学而转考北京大学。他的好朋友周鸿经劝他说:"我们附中的同学看不起东南大学,其实东南大学很好。我知道你是准备读历史的,徐则陵(养秋)先生的西洋史是很有名的。你喜欢学哲学,刘伯明、汤用彤都是权威。北大西洋史没有人教,我劝你还是不要考了"。正是同学的这番劝告,才使他最后决定进入东南大学。①

后来的学生邵令宣评价老师徐养秋先生讲课"内容丰富,逻辑谨严,讲解精辟,俾学生能谙其源流,辨其优劣,了然其发展脉络"。② 讲课是一门艺术。渊博的知识基础固然重要,但如何把所掌握的知识艺术地表达出来,传授给学生,则需要高超的语言组织与知识输出能力。知识的汲取与输出是两种不同的思维途径。语言简练、表达清楚、肢体语言的恰当配合、富于感染力的语音语调、充满感情的情景再现、课堂节奏的掌控,以及专业的板书等,都是一个优秀教师应该具备的基本素质。而徐养秋先生就是这样的教师。

徐养秋先生平时非常在意自己的着装仪表,上课时必西装革履,一副新式学者风度。这种着装与校园里那些仍然长袍马褂的老先生相比,颇有几分趣味。这也从外观上反映了当时我国教育界中西并举,"土""洋"结合的时代特色。在东南大学的校园里,"西装"与"马褂"比肩而立,国粹与西学包容共处,中西学术思潮在碰

---

① 《郭廷以先生访问纪录》,访问者:张朋园、陈三井、陈存恭、林泉,记录:陈三井、陈存恭,(台湾),"中央研究院"近代史研究所,1987 年 6 月。
② 中央大学南京校友会、中央大学校友文选编纂委员会《南雍骊珠·中央大学名师传略续篇》,南京大学出版社,2006 年,第 188 页。

撞中共同发展，实在是一个不可多得的具有现代意识的学术殿堂。

徐养秋先生在历史系教过的学生有：王锡睿、方培智、仇良虎、向达、张廷休、唐兆祥、杨揩、王学素、陆鸿图、诸葛麒、韦润珊（民国十三年六月历史系毕业），束世澂（民国十四年六月历史系毕业），黄昌鼎、刘启文、龙文彬、赵鉴光、郑鹤声、庄耆璋、曹祥麟、钱涛、陈登元、陈祖源（民国十五年六月毕业），何维科、陈训慈、盛奎修、谭承舜、沈振家、俞兆和、郭廷以、陶官云、蒋恭晟、孙培澍、杭海槎（民国十六年三月历史系毕业），以及张其昀、刘琰黎、胡焕庸、廖凤林等。这些学生后来有许多成为史学界的著名学者。①

徐养秋先生把自己的所学所思以及潜心研究所得的学术成果毫无保留地传授给学生，自己"述而不作"，但鼓励学生大胆发论，著书立说。先生是当时公认的西洋文化史研究的学术权威，但笔者没有找到有关的著作或讲义书稿，这不能不说是一大憾事，但他的学生中却出了许多西洋文化史研究专家，并出版了许多专著。如高维昌于1926年便写出了《西洋文化史大纲》，由商务印书馆出版。作者在自序中说明：本书内分西洋近代文化概论、法兰西大革命、西洋近代民治主义之发展、实业革新潮流、近代科学发达观、西洋近代教育之发展、西洋近代思想述略、俄德之革命等11章。本书第二第四两章中除"法国革命之影响"一节外，俱为编者老师徐养秋先生讲演时编者本人所作的记录。

著名教育家汪懋祖先生在为该书撰写的序言中评价："高君为名史家徐则陵先生的高足，课余则博稽群籍，努力著作，斯编以近代社会诸大变动为大经，而综罗人生各方面之活动，类析而阐发其意义。盖多得自徐先生之学绪，既合科学方法，尤得读史巨眼。余愧未能逮，敢为喤引？特藉此以申我臆，质之徐先生与高君以为何如？"汪先生所论极佳，于寥寥数语中，揭示了高与徐的师生之谊及名师高徒的学术渊源，更对徐养秋先生"名史家"的学术地位给予高度的评价，"既合科学方法，尤得读史巨眼"，可谓切中肯綮。从上述记载，亦可以知此书凝聚着徐养秋先生的学术结晶与无私的给予。支持学生用自己的学术成果出版著作并淡然处之，从未以此

① 此名单根据南京大学梁晨博士整理的《南京高等师范学校国文史地部历届毕业生名录》而来，参见南京大学历史系官方网站：http://history.nju.edu.cn/show.php?id=1799

自居,足见其甘为人梯、奖掖后进的高尚品格。

徐养秋先生从教五十余载,桃李满天下,受到学生们的普遍尊敬与爱戴。即使在退休以后,逢年过节,登门拜访的学生依旧络绎不绝;所到之处,都有学生恭迎接送,师生之谊深厚无比。

2. 史学研究与《史地学报》

1920 年以前,南高师历史系很长时间一段时间内没有主任,历史系的一些学生活动便在竺可桢任主任的地学部中开展,也因此只有地学会而没有史学会。徐养秋先生任历史系主任以后,文史地部在原有地学会的基础上成立了史地研究会。史地学会会员数十人,地学系主任竺可桢、历史系主任徐养秋、历史系教授柳诒徵为首批指导员。后陆续增加白眉初、陈衡哲、梁启超等为指导员。1921 年创办《史地学报》,得到学校的大力支持,被定作学校的正式刊物,由校方出资在商务印书馆正式出版。

作为系主任和学会指导员,徐养秋先生对史地学会及《史地学报》给予了热情的支持,经常参加各项活动并给予具体指导,发表学术演讲,介绍西洋历史及史学研究动态、研究方法以及中国历史教学改革方向等,特别是对鲁宾逊新史学派的传播,不仅极大地影响了史地学会的成员,培养出一批著名的史学专家,而且在中国现代史学发展上贡献巨大。他还邀请来中国游历的美国 Wesleyan 大学副校长兼历史教授 Dutcher 博士到校为学生做了三天的演讲,内容为"美国建国之经过",并亲自任现场翻译。据《史地学报》记载,在他任历史系主任的三年多时间里,一直担任史地学会的指导员,定期参加学会举行的例行会议,作了《历史资料的搜集》、《新史学》、《教育上之国家主义》、《历史教学法》、《中古大学之精神》、《爱尔兰问题》等多场学术演讲。并在《教育汇刊》和《史地学报》上发表了《历史资料的搜集》、《教育上之国家主义》、《历史教学法》、《史之一种解释》、《近今西洋史学之发展》、《历史教学设备问题及其解决方法》、《历史教学上之心理问题》、《历史教学议案》、《编辑教科书之原则》、《高级中学公共必修的文化史学纲要》、《中古大学及其精神》、《爱尔兰问题》等一系列重量级的学术论文。《史地学报》的第二号第二卷上以"特载"专栏刊登了徐养秋先生亲自撰写的"今夏中华教育改进社关于史地教育之提案及历史教育组地理教学组之会议记录",详细记载了中华教育改进社第一次年会中有关历史与地理教学的提案内容及讨论过程。（关于此次会议的详细情况,另有专章介绍）

李孝迁在《美国鲁滨逊学派新史学在中国的回响》一文中说：

《史地学报》创刊于1921年,这个刊物之所以大力传播鲁滨逊新史学,与徐则陵密切相关。徐则陵在芝加哥、哥伦比亚大学研究欧洲史和教育学,可以说是鲁滨逊新史学派的中国学生,而且他又是《史地学报》导师之一,势必影响到该刊的理论取向。1921年11月创刊号登载了王庸的《欧美举要》一文,他向读者推荐的"史学研究"著作,便有鲁滨逊《新史学》,希冀"借他山之石以攻我之璞"。徐则陵写的《史之一种解释》,曾在文中多处引用《新史学》,不同程度上接受了鲁滨逊的史学主张。

《史地学报》不仅介绍鲁滨逊的著作及其学术活动,而且对他的弟子如巴恩斯、海斯、肖特韦尔、桑戴克及其友人比尔德,均有或详或略的绍述,几乎涉及鲁滨逊新史学派的全部重要成员,他们的史学作品和论文部分被译刊于《史地学报》。

鲁滨逊,1887年毕业于哈佛大学,旋赴德国弗莱堡大学留学,1890年获得博士学位。1891年至1919年间,他先后任教于宾夕法尼亚大学和哥伦比亚大学历史系。1929年当选为美国历史学协会主席。他的一生著作宏富,影响巨大。西方新史学运动的起源并非始于鲁滨逊,较早可推至英国史学家巴克尔和格林、社会学家斯宾塞,近则有19世纪末德国史学家兰普雷希特等人。鲁滨逊承前人余绪,发扬光大之,以哥伦比亚大学为中心,培养了一批追随者,其中留校任教、以史学著名的,有巴恩斯、肖特韦尔、海斯和桑戴克等。比尔德就读于哥伦比亚大学,后又留校执教,与鲁滨逊是朋友,两人关系密切,曾一起合著 Outlines of European History、The Development of Modern Europe、History of Europe、Our Own Times。他们以"新史学"观念编著的历史教科书,风行美国历史教育界。在鲁滨逊的影响下,以哥伦比亚大学为大本营,形成了一个带有某种共同治学取向的史学家群体,具有一定的史学派别性质,时人即有"鲁滨逊先生派"、"哥伦比亚史学派"之称。今人论著中多以"鲁滨逊新史学派"名。

五四时期史学界正是除旧布新的年代,《新史学》因其叛旧姿态而深得学人好感,可谓恰逢时会。五四前后大批留学欧美的知识分子归国执教于各地大学,纷纷采用鲁滨逊新史学派编著的教材,从而进一步扩大了这一学派在中国的影响。如何炳松、陈衡哲、蒋廷黻、徐则陵、李飞生、刘英士、黄文山、罗家伦等人,都曾留学美国,受到当时在美国史学界颇有声势的鲁滨逊新史学派的影响,这些学人回国后都在不同程度上传播过该派的理论和学说。①

台湾学者彭明辉也认为:"史地学报派的史学观点与研究内容,主要受徐则陵的启发。由于徐则陵加意提倡史学理论与史学方法,并且以中国材料印证西方的史学理论与方法,对介绍西方史学多所献替,并从而影响了陈训慈和刘掞藜;陈训慈引介西方史学理论,刘掞藜整理传统史学的方法与理论,主要应是受徐则陵的启发。"②

徐养秋先生在《史地学报》上发表的文章,大多具有"筚路蓝缕,以启山林",发凡拓荒,推陈布新之功,成为后人研究相关课题的重要参考资料,至今仍具有重要的学术价值。"在中、西文化的取向上,我们看到胡适所采取的方式主要是西方方法—中国材料的模式,虽然他是著名的全盘西化论者,但显现于论著中的却以中国部分居多;而在五四时期同样主张向西方学习的何炳松,则是一心一意地将西方史学介绍到中国来,他和南京高等师范学校的徐则陵,均为致力西方史学输入中国的重要学者。徐则陵和何炳松所引介的西方史学,大抵从理论入手,而且直指西方近代史学,他们和胡适、梁启超所实行的方式是大异其趣的,胡适和梁启超对西方史学的引介,常常是呼吁大于实践。"③

徐养秋先生在这一时期,著述颇丰,撰写了大量的学术论文,下面择其要者试

---

① 李孝迁《美国鲁滨逊新史学派在中国的回响》,连载于《东方论坛》2005 年第 6 期,2006 年第 1 期。

② 彭明辉《时代变局与史学动向:以历史地理学与现代中国史学为例(1919—1949)》,载(台北)《"国立"政治大学历史学报》,1995 年 12 月。

③ 彭明辉,《五四史学的方法与方法论意识》,载《台湾史学的中国纠结》,(台北)麦田出版社,2002 年,第 1—66 页。

述之。

《史之一种解释》

此文发表在《史地学报》第一卷第一期首版,全面系统地介绍和评析了当时欧美史学研究的几大主要流派,包括海格派的精神史观,孟德斯鸠首创、柏克(巴克尔)及恒丁登(亨廷顿)等继承并发扬的自然解释派以及马克思的物质史观,穆勒、海巴脱、裴其过(白哲特)等所主张的"史的心理解释"即"心理学派",此派又分为两派:一为德国史学家所主张的"人群心理派",一为法国史学家所主张的"个己心理派"。

徐养秋先生在文章中对上述理论进行了精当分析,做出了自己的判断,认为"自然派谓人类活动受自然环境之影响,其言也有至理。然据此一端即可解释人事变更及发展则未免武断。"而马克思主义的唯物史观,也有其不可解释之处,"马氏认为人生物质需要为活动之唯一原因,然埃及人之建石陵,……清之修四库全书,凡此种种之史象其主要原因皆出于人类之意识,唯物史观派将何以解释之?人类活动起于精神需要者不胜枚举,欲求一切人类活动之源于物质需要,其说有不可通之处。"他还详细介绍了德国莱比锡(徐文译为赖普扯些)大学兰普雷希特(徐文译为郎勃雷赫德)教授以及英国社会心理学家骓骝氏(沃拉斯)等人的"史的心理解释"理论。

兰普雷希特、沃拉斯等人作为当时西方新史学的代表人物,影响巨大,而徐养秋先生应是第一批在中国传播该理论的学者中最重要的一位。

兰普雷希特,德国新史学的先驱、实证主义史学家,代表作《日尔曼民族史》。他公然挑战德国传统史学权威兰克,主张历史学借鉴社会—心理学科学的概念和方法,考察群体现象,重视用群体性因素对历史进行分析。格雷厄姆·沃拉斯(Graham Wallas,1858—1932),英国著名的政治学家、心理学家、教育学家。其主要著作有《弗朗西斯·普莱斯的一生》、《政治中的人性》、《伟大的社会》、《我们的社会传统》、《天才的思考》、《思维的艺术》等。其中《政治中的人性》及其姊妹篇《伟大的社会》被认为是现代政治理论的经典著作,奠定了沃拉斯作为现代西方政治心理学创始人的地位。

"赖普扯些（Leipzig，即莱比锡）大学教授郎勃雷赫（Lamprecht，即兰普雷希特）谓史之本体非他，即应用心理学也。赖氏认史学为'人群心理的科学'（Socio-psychological Science），赖氏著《日尔曼民族史》一书，即本此眼光以研究日尔曼民族进化之迹。氏之问题即为文化演进历程中有无一种心灵的机械（Mental Mechanism），如有，其性质如何？一切心灵之总绩如何？氏乃据心理学之公例，如'类似联合'、'经验联合'、'印象与受承力之比较'等律，以求人类活动之意义，以解释史。""骅骝氏（即沃拉斯）著《大社会》一书，其中一章论群众心理，谓群众心理学家以综合的名词误人。并引吕朋（Le Bon）'群众知识特别薄弱'及'群众永远无意识'等语，以证一般群众心理学家思想之疏。氏主张从模仿同情暗示诸方面研究个己处人丛内之心理，故与人群心理二而一也，固无所谓特别一种之群众心理也。""罗稠（Lotze，即洛采）曰'个体心思即历史活动之点'。史之真实曰个己，群众盖玄名耳。史象须从个己心理上求根本的解释。"根据以上诸家的观点，徐养秋先生归纳出心理解释派的史学观，即"常人所共有之心理而演为史象，约而言之，大纲有三：（一）人类一切活动起于需要，需要莫大于保生。（二）人类活动皆起于适应需要，而其适应方法，常向阻力最小方向进行。（三）人类活动以逃痛苦为究竟，为'最多数人求最大幸福'即逃痛苦的伦理化。""史也者，研究个体求生适应之过程，见于保生动作，见于寄生主义，见于造幻境自娱，见于力求真知各方面之学也。"

这篇文章还引进了西方浓厚的人本主义思想，在当时的中国实属吹入一缕新鲜的空气："寄生主义与个己主义互为消长；社会上少一分寄生主义，则社会上增一分个己自由。由西方文化复兴'Renaissance of Western Civilization'至于民本主义之兴起，个己价值逐渐增高，而寄生者之价值逐渐减低。新人格价值之标准，盖人类力争而得之者也，通都大邑皆有革命也，罢工也，皆抗此寄生主义之活动。柏格（Buckle）曰：'学识与自由之间有至密切之关系焉。文化之进，视民本主义为准。'民本主义即抗寄生主义之道，今虽未能尽除寄生主义，然人类已知寄生主义之外，另有更高适应之方法，而力求其现实焉。"这也是受西方现代教育的一代中国知识分子所追求的政治理念。

受其影响,他的学生陈训慈在同期发表的《史学观念之变迁及其趋势》,对兰普雷希特的史学观点也推崇备至,认为"社会心理研究史学者,则殆以莱比锡大学教授兰普雷希特为始。氏著《何谓史》一书,其开卷即曰史乃一种社会心理之科学也。""现代大史家,多隶此派,如 Shotwell, Robinson, Breasted, Turner, 皆是,而信从者不可计焉。"

《近今西洋史学之发展》

此文首刊于《史地学报》第二卷第一号,后又被《学衡》杂志转发。这是徐养秋先生另一篇影响巨大的重量级文章,后人谈论较多,影响深远。该文是最早向国人介绍西方史学方法的力作,经常被后人引用。

文章首先简要评述了"近百年来史学界之发现,及德英美法四国学者之贡献"。

"西洋史学至十九世纪而入批评时代。史家乃揭橥真确二概念以为标鹄。搜集典籍古物以为资料。其方法则始于分析,成于综合,鉴别惟恐其不精,校仇惟恐其不密,辨记录之剿袭,审作家之诚伪,不苟同,无我执,'根据之学'(Documentary 乃 Science)自有其不朽之精神。本此精神以号召史学界者,自德之朗开氏(Ranke 1795—1886)始。史学根据并世之原著(Contemporary Source),内证旁勘等原则,皆自氏所创。自氏以还,西洋史学家始有批评精神与考证方法,史学乃有发展之可言。"

朗开氏即兰克,德国著名历史学家,其史学理论及方法不仅奠定了西方近世史学发展的基础,而且还深刻影响了日本及中国。对其理论的研究,时至今日仍然吸引着各国史家的兴趣。我国对兰克的介绍最早始于清末,多为转译自日本的译著,简略不详。至民国初年,从美国留学归来的学者对其才有较详细的介绍。其中徐养秋先生为少数对此深有研究并做出准确评介者之一。兰克作为西方考古派的始祖,开"批评史学"之先河,影响极大。"朗开而后,德之史学界,力矫轻信苟且之弊,一以批评态度为归,嗜冷事实而恶热感情。"这一概括直抓兰克及其所引导的德国史学一派之精髓,可谓一语中的,准确精到。

"近百年来社会科学勃兴,与史学相关最切者即后进之人种学。"德国史学家充分利用社会科学的研究成果,一方面从人种学家的发掘与发现中获得以资凭据的原始素材,同时也根据人种学家研究所得解释史象。尤其是这个时期,欧洲考古学者大量挖掘古墓,清理古城遗址,出土了一大批珍贵的文物,如古人类化石、人种躯骨、石器、湖上村落、洞中壁画、食余蚌壳、祀神石柱等等,"史学家因得窥见原始人类生活之一斑",并且把人类历史延长了百万年以上。

但是,"此人种学之有造于史学者也,然史学亦有蒙其害者在焉"。德国历史上的种族主义,以及后来希特勒驱逐并大肆屠杀犹太人的理论依据就肇始于以人种学为根基的种族主义史学观。"史学家滥用人种学家研究所得之种族差别,张大其词,扬自己民族而抑其他民族。其流弊乃至于长民族骄矜之气,自视为天纵之资,负促进文化之任,引起国际间猜忌,而下战祸之种子"。他还指出比如过平罗(亦译为葛必诺)所著《人种不齐》(亦译为《论种族的不平等》)一书,张白伦(亦译为张伯伦)的《19世纪之基础》一书,都是史学中鼓吹种族狂热派的代表。"其徒力宣欧洲各种中以洛笛种(Nordic race)为最优,宜执世界人种之牛耳而管辖之。见解褊狭,遗祸无穷。史学家从人种学上所得者只原人生活之片面观,而不善用人种学之发现,乃造成民族谬见,史学界诚得不偿失也。虽然种族关系本足以解释文化进退之故,审慎如麦克陀格(Willian McDougall)者,庶乎可免流弊与。"1853年,葛必诺出版了《论种族的不平等》(Essai sur l'Inégalité des Races Humaines)。这部共有四大册的著作,不出15年,在19世纪末20世纪初时,竟成为历史上种族理论的典型著作。在政治的领域中,葛必诺欲寻求的是创建一崭新的"秀异份子"来取代贵族阶层。他建议以"尊贵的种族"来取代政治上的王公贵族,这个"尊贵的种族"即是亚利安族。由于种族的特优,一种崭新的"秀异阶级"得以被建立起来,它们宣称自己拥有封建贵族的特权,此种宣称使得这些新的"秀异份子"感觉自己宛如贵族一般。它们也因此得到一项结论:一个人假若有了良好的教养,具有"纯净的血统",就可以从其气质、心绪中自然流露出来。

"十九世纪德之史学,有两大变迁",除兰克所开创的批评学派以外,还有另一重要的流派,即国家主义派。此派学说始于普鲁士。"普鲁士因人民爱国思想而统一日耳曼。史学蒙其影响,顿失朗开派精神,而变为鼓吹国家主义之文字,自成为普鲁士史学派。"此派是激进的民族主义者,在他们的眼里,"国家超乎万物,为国而乱真不顾也。视国家为神圣,以爱国为宗教,灭个己之位置,增团体之骄气。其源盖出于海格(Hegel)世界精神(World Spirit)争觉悟求自由之史学哲学,及尼采之强权学说。"

徐养秋先生对这种假借历史科学的名义而大行反人类之道的史学流派表示了极大的不齿与愤慨。不幸的是,这种史学中的"种族狂派"终于在希特勒的疯狂行为中得以践行,给人类造成无法弥补的惨痛损失。

至于英国的史学家则有牛津大学教授、著有《宪法史》的施泰布(Stubb),该书可谓煌煌巨制,"共二千页。字不虚设,论必持平,有法学家精神"。他与费黎门(Freeman)、格林(Green)二人而成牛津派。"费氏之近世欧洲史学地理、比较政治、英国宪法史,俱以历史一贯为主旨。惟其所谓一贯,指行为而言,不及思想。"格林氏所著《英吉利民族史》以研究文化为主旨,略于王侯将相之战功而详于平民生活,反映了作者史学上的民本主义思想。英国另一所著名大学剑桥大学的梅铁兰(Maitland)也是一位著名的史学大家。他所著的《英格兰法律史》于1895年出版。在这本书中,他力证盎格鲁撒克逊民族法律出于日尔曼民族法,而不是罗马法。"其以法律习惯解释国民性之处,尤为别具会心,历史眼光亦广大。尝云'人类所言所行所思皆史也。三者以思为尤要'。以为法律史即思想史。思想者人类行为之动力也。史之注重思想是为剑桥派之特征"。

美国建国时间不足百年,历史时间短暂,引不起人们太大的研究兴趣。美国人自19世纪才开始留意高深学术,史学研究更是起步很晚。美国本土写出第一部国史的人是彭克洛夫(Bancroft),毕业于哈佛大学,后游学于德国,信奉普鲁士学派的史学观念。从德国学成回到美国后写了《美国史》。美国的史学家虽然多留学欧洲大陆,不免深受其影响,但也有自己的特点。如马汉(Mahan)的《17、18两世纪之海权史》,在史学上首次记载了海军史。"以世界眼光论海军关系,马氏盖古今第一人也"。他还指出白拉斯泰之于埃及史,劳宾生之欧洲史,皆能卓然自立。劳佛(Laufer)研究中国古代史,著《土偶考》《玉器考》《植物西来考》,"皆极有研究之作"。

　　法国人素以浪漫著称，浪漫主义浸透于法兰西人的骨髓之中。19 世纪上半期的法国史学家可称为浪漫派。著名的法国史学家笛留（Thieny）谓"过去未死，学者乃恍然于古今无鸿沟之间隔。又谓情感意志古今人无异，古人虽生千载以上，千载不过瞬息，想象中不知有过去"。徐养秋先生对浪漫派史学的评价为："浪漫派长于叙事，其言人情处每能使读者神与古会，不啻'重度过去'。然重情感乃忘事实。其流弊遂为附会臆造。如密锡留（Michelet）之著《世界史》，以历史为人类兴奋之记载，为争自由之戏剧，可谓断章取义矣。"此乃客观公正之论。

　　格伊莎（Guizot）著《法国文化史》，继承了福禄特尔（Voltaire）和李尔（Richl）的史学见解，拓宽了历史研究的范围，使史家知道历史不仅只是记录政治事件及政治人物。"举凡人类一切活动皆属于历史。历史家责任在寻绎之贯通之处耳。"他认为史学有三事："搜集史事辨其真伪，发现其关系，一也；发现社会之组织与生活，求其公例，二也；表白个性史事，以实现其状，三也。"徐养秋先生认为他"其论史学虽未必尽然，然其著作可为史家模范。其整理史实也一以理性为主，条理井然，苛求秩序，因而失实，则未免可惜耳"。

　　至 19 世纪晚期，法国史学界非常活跃，出现了一大批有影响的人物，其中世界一流的史学家就有七人之多，其中以拉弗尔和芒罗为最。芒罗创建了法国最著名的史学杂志《Revue Historique》及学社（Soeiété Historique），聚焦了一大批史学家共同研讨法国及世界史。当时的法国学术团体兴盛，史学研究团体与机构的数量远远超出以前的数十倍（王政时期仅有十余所）。拉弗尔则以谨严见称，持论以史实为据而不以国家主义的名义为法兰西辩护。

　　徐养秋先生十分重视史学研究的"共作"精神，提倡学术上的国际交流与分工合作，"学术无国家界限，有同情者得共求真理，谓之学术共作，此十九世纪特具之精神……近今史学界亦有共作精神。学术固贵通力合作，然国家不可无分别贡献。殊途同归，各竭其力，学术乃进。此作者所以既述近今史学之概况，而复有欧美诸国近今史学演进之分论也。"此前我国尚无全国性的史学研究团体，更遑论参与国际间的学术共作。徐养秋先生目睹欧美诸国的同行早已经跨越国界，共同进行国际间的合作，互通有无，切磋交流，史学研究因能得以高速发展，羡慕之余也积极倡导建立一个全国范围内的学术研究团体，并积极进入世界史学研究舞台，承担起学者应尽的责任，以提高我国史学研究水平。这种国际视野在当时无疑是具有前瞻性的。

在这篇文章最后，徐养秋先生对近百年来西方史学特征进行了总的概括与评价："曰任情，曰崇实。二者皆十九世纪两大思潮之表现"。这二者是浪漫主义与实验主义影响史学研究的结果。"浪漫主义以想象感情本能解释人生，轻将来而重过去。其见于史学者则有法兰西史家之打破古今界限，从今人性情上领会古人；普鲁士史家之爱国若狂，感情浓厚。实验主义惟事实是务，无征不信，其见于史学者则有朗开之倡考订之学，与各国学者之罗掘古物，搜辑典籍（原著）。史学性质与其他科学不同，其适用实验主义也亦有程度之差别。方法虽殊，然精神则　也。惟史学较易于流入浪漫主义，故今日直接方法之科学上，浪漫主义已失去其势力，而在史学界则尚有堕入此道者。使史学家能引以为戒，祛除情感，以事实为归，则史学之有造于研究人事之学术，固未必多让于其他社会科学也。"

《中古大学及其精神》

此文发表在《史地学报》第三卷第五期，是徐养秋先生在校内演讲，学生苏拯根据记录整理。

东南大学的学术活动很多，经常举办各种内容的演讲会和学术讨论会。一般是邀请校内外，包括国外著名专家学者进行专题讲座。徐养秋先生曾发表过多次演讲，演讲内容多发表在《史地学报》、《教育丛刊》以及《教育汇刊》等杂志上。

在这次以"中古大学及其精神"为题的演讲中，徐养秋先生主要向学生介绍了中世纪欧洲大学的起源与发展、中古大学的教学内容与治学方法等，可以说是一篇中古大学简史。

"大学制度为形成西洋近世文化之主要因子。其起缘与发展过程，不惟研究教育史者不当忽略，亦留心文明史者所亟宜知者也。"考察西洋最古老的大学，是设立在希腊亚力山大城的图书馆。这座建筑辉煌、藏书丰富、功能齐全、堪称史上之最大的图书馆，始于托勒密一世（公元前305—282年在位），聚焦了当时欧洲最著名的智者和学人,不仅具有收藏图书和公共阅读的功能,更汇集了大批科学人才进行史料的校勘编辑译著,进行实用技术的研究和各种理论的探讨,形成了浓厚的学术气氛。来自各地的学者在这里充分享受开放包容的气氛,各个学派各执一端,百家争鸣,并公开授徒讲课,王朝为他们提供各种优惠,如王家津贴、减免税捐、官位住宅等。这里已经具备了现代大学的各项功能,"为希腊文化之结晶体。规模宏盛,近世治学之归纳法,彼时已发其凡"。西方有句谚语:我们的政治效法希腊,我们的公共建筑追随罗马,但在心智上,我们都是亚力山大城的孩子。足可证明该大学的教育成效。

可惜好景不长,这座汇聚人类智慧与希腊文明的文化圣殿,建成不久便毁于宗教战争的大火之中,成为人类永远的遗憾。

"自十一世纪之末至十五世纪期间,西欧各邦重要城市大学,逐渐崛起。"徐养秋先生分析其原因主要有五:

公元 10 世纪以后,教会专制势力式微,商品经济日渐发达,资本主义出现萌芽,中产阶级逐渐形成,独立的人生观得以确立。"个己排脱社会的智识的桎梏而求独立资格,始可言研究学问。非然者,个人人格且不存,尚何研究学问之足云?学问乃一己享用之事也。中古人生观之改变,实为大学兴起之一大原因。"

宗教统治松动,人们的精神束缚得以解放,兴趣也日益广泛,对一般知识的渴望与追索冲动便愈加强烈,于是出现了学术大师。有名师开讲,便有听者趋之若鹜。如欧洲最早的大学——意大利博洛尼亚大学的伊勒吕(Irnerius,又译为伊内里奥、伊尔内里奥)和巴黎大学的亚彼拉(Abelard),堪称大师级人物。伊氏讲授罗马法,亚氏讲授哲学,听讲者云集,"户限为穿"。"思想解放之结果,特殊人才应运而生。精研法律潜心哲学之大师,各出心得,以号召青年。……当时有豪杰之士,为大师硕儒,主持教坛。此大学兴起之第二原因。"

古希腊的思想家创立了哲学,古罗马帝国创立了法律,欧洲古老文明的火种在中世纪黑暗时期几乎被残暴的封建势力和教会组织摧残熄灭,"废弃不讲者有六七百年之久。十一世纪而后,始逐渐恢复亚里士多德之哲学。亚氏之著作,至 13 世纪内始有拉丁译本:一自亚拉伯文译出,一自希腊原文译出。亚氏之名学、物理学、生物学与伦理学等，至是始复活而研究。亚氏之学说，遂成中古学者智识威权之一种"。"古学复兴，学者有研究之资料"。"哲学法学而外，七艺之内容，亦渐臻充实。是为大学兴起之第三原因。"

11世纪末以后，学者治学与讲学的方法，与前人相较已有很大进步。当时著名的哲学家和法学家多所采用的是"演绎教学法"。徐养秋评价道："此法最适于研究法律。因法律最重条文，条文即举，再审案情。伊氏自己之研究法律，分析功夫最深。整理法律，分别部居，各如其分，其教人亦然。""亚彼拉氏所用方法，与伊氏同。其教法尤能引人兴趣，激人思想。冲破古代束缚思想樊篱，始于亚氏。讨论事物，以怀疑为出发点，次之以反复发问，最后乃探求真理，彼实为中古解决个己思想之第一人。"在教会威权极盛之时，他大胆提出"上帝是否欺人?""可证其卓识大胆"，产生了振聋发聩的影响。徐养秋先生以亚彼拉的名著《是与非》为例，揭示其写作风格：讨论一个主题，首先提出一个问题，然后并列是非两方面理由，并提供若干证据，让学生根据这些资料独立思考，得出自己认为正确的结论，"可谓循循善诱"，"当时教师不独有真实学识，且有新法以满足学生求知热忱，此大学兴起之原因四也"。

彼时的大学没有固定的校址，多在教堂或者客舍讲课。有大师处便有大学，便有追随其后的大批学生。这些著名学者在教授学生的同时，还可以为当地的政府或教会提供智力与知识的帮助，如应政府的请求帮助制定法律或提供管理上的法律意见；为教会与皇室的争权夺利提供教会法典以为臂助。而成千上万的学生汇聚一地，很快便形成一个个人口稠密的社区，促进了当地经济的发展。如果得不到当地政府和教会的支持，他们就会迁移别处，留下一座"空城"、"死城"。因此，政府多以属地成为讲学中心为荣。为了留住他们，便会出台一些优惠措施，如提供免费的场所，为教师支付薪水，减免一些税费，为外地学生提供低息贷款等。而腓烈赤髯皇(Frederick Barbarossa)(即腓烈特一世神圣罗马帝国皇帝)更于1158年颁布一项法律，以保护博洛尼亚大学师生的权利。因此，"得教皇及国主之提倡，与地方政府之优待，此大学兴起之五因也。"

正是由于以上几个主要因素，自12世纪至16世纪，欧洲大学如火如荼地发展起来。最早的大学有意大利的博洛尼亚大学和法国的巴黎大学,其次便是英国的牛津大学与剑桥大学创建于 12 世纪,西班牙的沙拉蛮卡大学(Salamanca)则成立于 13 世纪,日耳曼各大学稍晚,均成立 14 至 16 三个世纪内。这些大学的课程主要有神学、哲学、罗马法、教会法、文典、修辞学、数学、音乐、几何、天文等,但各大学又各有其专。如博洛尼亚大学以法学见长,巴黎大学则以哲学为胜。而当时的教师并不以一地为终生讲学之所,可随时迁徙。巴黎大学的老师可以跑到牛津大学去讲课,英国的学生也可以随时跑到法国来听课。"封建时代地方主义最盛,而大学则为代表国际主义之机关。大学学生,来自各国各地,学术公开,打破国界。教师多为国际人才,讲学亦不限于一隅,巴黎剑桥任意讲学。大同主义,惟大学中有此精神。"

徐养秋专门重点介绍了中古大学研究学问的方法。"沙朋之洛基(Boger of Sarbonne)所倡修学之法,厥有数端:一曰每日必以一小时专注研读所爱读之课,读时不惟不可轻轻放过,必笔录其中之最精部分。二曰每人每日必记其视为最重要之思想一条,若是则年得三百六十五条,积之既多,终身受用不尽也。书中之思想既为我用,又恐其久而忘,为学者贵乎互相切磋,故其修学之法第三点曰将每日研究所得材料,时与同学共讨论。沙氏亦注重读书时之思考力,庶免学而不思之弊。"

现代科学中的"归纳法",在中古大学的教师中也早有使用。如"十三世纪时牛津大学之培根(Roger Bacon),最重实际之观察。尝谓研究真理之障碍有四:一曰盲从不正确之学说;二曰盲从遗传公认之学说;三曰盲从无经验者之主张;四曰强不知以为知。若此四碍不除,真理终不可见。彼所最反对者,即因袭学说与主观见解。求学重实验,此种治学之态度,中古大学亦不多让后世之大学"。从这些可以看到徐养秋先生希望学生能养成自学和思辨的良好习惯,教师也应从客观实际和实践出发,持以科学的治学态度。

中古大学的学生十分强调自治精神,比较大的学校按国籍分区管理,民主推荐学生代表,间有教师参与其中,负责学生各项事务的管理及与校方或政府打交道。这种民治精神的培养,不仅仅维护了学校正常的教学秩序,对后世的影响也可谓深远。徐养秋先生深谙其中的深意,在文末不禁感叹:"中古大学学生皆中等阶级之子弟,在学校时寝馈于自治精神,对于专制颇不满意。嗣后西欧人民与君主争民治者,由中等阶级发其端,其故可以深长思矣!"

《五十年来世界进化概论》

1922年《申报》创刊50周年,为了纪念过去50年所走过的历程,全面记录过去50年世界所发生的重大事件,申报馆决定编纂一部大型纪念册《最近之五十年》。黄炎培担任主编,张謇、章炳麟、史量才作序,向海内外著名的专家学者征求意见和组稿。经过一年多的努力,于1923年2月完成并正式出版。

全书分为三编。第一编为"五十年来之世界",第二编为"五十年来之中国",第三编为"五十年来之新闻业"。其中第一、二编内容涉及世界的哲学、科学、工业、农业、军事、宗教、妇女运动、财政金融、教育、卫生、交通、中国革命等等,作者有徐养秋先生(文章署名为徐则陵)、胡适、李大钊、马寅初、江亢虎、孙中山、蔡元培、梁启超、郭秉文等国内最著名的专家学者或某一领域的权威人士。该书的出版,可谓当时一件盛事,在国内外均产生重大影响,在中国出版史上也堪称大制作。

徐养秋先生应邀撰写全书的第一篇第一章:《五十年来世界进化概论》。这是一个宏大的题目,文章要以中国的视角看世界,又要以世界的观念衡中国。既要概括世界大事,发现问题,又要总结规律,预测趋势,提供可资借鉴的理论依据。总览全局,统观大势,举凡政治经济科学技术文化教育宗教信仰以及生活方式思维习惯,无所不包,无所不论。50年内的科学发明与发现,都能娓娓道来、如数家珍。足见先生知识的渊博与思维的深刻。没有丰厚的积淀和科学的训练,是很难胜任的。

胡适在接受约稿之后,就备感压力。从他的日记可知其为了完成任务,颇费了一番心思并花费了大量时间。如:

1922年11月2日:"开始做《五十年的中国文学》一文。此文看似容易,其实不容易。平常收集的材料也不多。"

1923年3月3日:"回家,作文,到十二时,居然把《五十年的中国文学》做完了。共 152 页,四万余字。此文费我一个月的工夫,但还不很满意。"这一个的时间里,他的日记里经常记有"作文","作文",可见其断断续续,很是下了一番大工夫的。

3月7日:"《五十年之中国文学》抄成了,又改写一节。"

3月11日:"孑民先生有信,他很赞许我的《五十年的中国文学》,但他说吴稚晖是新旧文学一个过渡人物,似可加入。此意甚是。"

3月14日:"前天动手作《五十年来的世界哲学》一文,起一两个头,都不满意。今天别起一个头,不知何日可完?"

8月10日:"在家,动手续作《五十年世界的哲学》一文。此文起于去年冬间,至今未成。今任之催稿甚急,故续作下去。平时哲学史多不注意达尔文,霍夫丁的《近代哲学史》,始给他一个位置,但赫胥黎竟几乎没有人提起。此我最不平的一点。今此文他们两人占三千多字,也可算是为他们申冤了。"

8月29日:"写成《五十年哲学》一文。"

9月6日:"整理《五十年的世界哲学》,以抄本寄出付印。"①

两篇文章断断续续写了一年多,可见其难度之大。

相比胡适的两篇文章,徐养秋先生接受的题目更加宏大,似乎漫无边际,文章内容要包罗万象,撰写的难度也就可想而知了。好在徐养秋先生在伊利诺伊大学主修"社会进化论",辅修"进化论及教育理论",对这方面的研究颇下过一番专业功夫。回国后,他平时非常关注世界形势的新闻,对国际问题拥有非常丰富的资料,并有着深刻的见解,经常就相关问题进行演讲。为了撰写此文,他又用了将近半年的时间搜集最新资料,核实关键数据,并对所掌握的资料进行筛选、归类、辨别真伪,建立卡片,做足了功课。

从先生的学术实践中我们可以感受到,真正有责任感和使命感的学术大师,把普及科学、开启民智视为义不容辞的分内之事。民国初期,对西方先进文化与民治

① 胡适《胡适日记全编:1923—1927》,曹伯言整理,安徽教育出版社,2001年。

思想的研究与传播,其意义远胜于埋首于故纸堆中的敝帚自珍。

1870 年以来,国际社会动荡不定,战争频仍,纷争不断。工业革命在促进资本主义经济高速发展的同时,也加深了劳资双方的矛盾与斗争。科学在进步,技术在发展,人类社会在曲折前进的同时,也涌现出许许多多的问题。这一时期的世界大势非常复杂与纷乱,何以代表本期之史象,是需要做一番考察与梳理的。徐养秋先生以其专业素养及超强的概括能力,为我们描画出一幅 50 年世界进化之概况,并进行了深入的分析与精辟的论述。

"五十年来世界文化演进之自成一局者是矣。以政治论,本期开始以国际悲剧,其结局也亦然。1870 年有普法之战,1914 年有欧洲大战,期间列强之纵横捭阖,弱国之发奋图存,莫非受侵略国性与主义之驱使。五十年来政治潮流之因果显有线索可寻,主要动机亦始终一贯,政治史象之纯,在历史上殆不数觏。以社会状况论,改善运动以本期为最为活泼。自社会有不均不平之罪恶以还,人类就有改善之思想。惟实行改善之运动至近百年间而实现。""马克思(Marx)倡劳工与资本不两立之说。"马克思主义在此期间得到广泛传播,特别是俄国十月革命,建立了世界上第一个社会主义国家,使马克思主义理论学说得以实践。"改善社会之计划以本期为最详赡,改善社会之行为,亦以本期为最激烈。以科学论,本期可称为科学革新时代。自达尔文(Darwin)《物种由来》行世后,思想界莫不带几分天演原理之臭味。"1859 年,克希荷夫(G. Kirchhoff)与本生(R. Bunson)在研究碱金属和碱土金属的火焰光谱时,发现钠蒸气发出的光通过温度较低的钠蒸气时,会引起钠光的吸收,并且根据钠发射线与暗线在光谱中位置相同这一事实,断定太阳连续光谱中的暗线,正是太阳外围大气圈中的钠原子对太阳光谱中的钠辐射吸收的结果。他们的发现"引起近数十年来物理化学上之重要进步"。徐养秋先生评价进化论与原子吸收现象的发现与科学解释:"二者皆科学界之大革命。前者革新人类对于生物之观念,后者革新人类对于物质之观念"。而赫兹发明电磁波,居里夫妇发现镭与钋,爱因斯坦提出相对论,英国哲学家罗素与韦汉(Whitehead)重组数理哲学,使得"科学界概念大变。五十年间科学革新之速,盖前此所无者也"。"19 世纪上半期,东西洋文化直接接触处甚鲜,即有之其影响亦甚薄。乃自 19 世纪中叶以还,西洋文化侵入远东,东方人震于西洋文化之效能而尽力吸取之,以图适应世界潮流而谋所以自存之道。"

以上诸点,可为近五十年来文化发展之特征。徐养秋先生根据这些特点,以1870 年划分界限,并详细说明此节点前后之不同:"前乎此,东西文化各有分统自成整个,后乎此东西文化相互感应,孰优孰劣,孰操最后胜算,论者各有所见,莫衷一是。然此后世界关系日密,一国之举动不仅为一国自身之事,世界且蒙其影响,此则可断言者也;前乎此,资本劳工区别不显,后乎此二者之阶级觉悟极盛,冲突至于今日而未已;1870 年以前科学畛域自封,彼此深闭固拒,近则科学家知科学孤立之为害而力求沟通,物质之学与生命之学乃有相通之处;前乎此之哲学家意在组织各种学术成一系统,后乎此则但求一公共精神;前此人类活动趋于分,后此人类活动趋于通。凡此种种皆近五十年来共同构成一时代之普通特征也。特征者,一时代之表,其里则有精神在。"那么,这近五十年的时代特征都有哪些?徐养秋先生归纳为八个精神:一曰科学精神;二曰实行精神;三曰进步觉悟;四曰组织精神;五曰团结精神;六曰国性觉悟;七曰世界精神;八曰民治主义。"八种精神见诸人类活动,遂构成本期复杂之文化。吾于叙述本期文化进行状态之前,请先立三大标准以觇本期文化之进退。一曰智识加多,二曰能力增高,三曰人道扩大。"在这三大标准中,徐养秋先生最重"人道"。他认为"以人道统率智识与能力而益求发展谓之进步。本期人群活动合于此者,吾人视为进步,与此背驰者视为退化"。

徐养秋先生认为历史科学研究的对象就是人类全部的社会活动。在《史之一种解释》中他开门见山地指出:"史学有一根本问题,曰人类活动有何意义?哲学的史家所谓'史之哲学',近人所谓'史的解释',名虽不同,实皆学者对人类社会活动之研究也。"18 世纪末至 19 世纪初近五十年中,人类社会活动取得的最大成绩便是科学技术的发明与发现。作为史学家,徐养秋先生对此给予了高度的关注。在这篇文章中,他以很大的篇幅介绍了这一时期的科学成果。他把科学分为"物质科学"和"生命科学"两类。"五十年来二者之趋势益重讨源。物质之源曰原子,生命之源曰细胞。物质科学中之原理在近今最有关系者曰原子论。"五十年来科学家在物理学、化学等领域均取得了重大突破,出现了一大批足以改变人类思维方式与生活方式的伟大的科学家。徐养秋先生如数家珍般——列举，详加讨论：如发现能量守恒与转化定律的英国科学家焦耳（徐译为仇尔），首提原子论的英国物理学家与化学家道尔顿（徐译为达尔登），发现镭与钋的法国科学家居里（徐译为甘黎）夫妇，发现电磁感应定律的英国科学家与化学家法拉第（徐译为法拉豆），发现 X 射线的德国物理学家伦琴（徐译为鸾根）等。

徐养秋先生认为："物质科学以研究原子为极则，原子之性质功用愈透彻，则物理化学之效用愈宏大。生命科学以研究细胞为要旨，细胞之性质功用愈显著，而生物学于人生愈关切。"自英国人虎克首次发现细胞以后，1838 年，德国人施莱登对植物细胞进行了大量的研究，提出了细胞是构成植物体的基本单位的看法；施旺对动物细胞进行了大量的研究后，提出细胞结构是一切动物体共有的结构特征，进一步指出了动物和植物在结构上的统一性，并初步使用了细胞学说一语。细胞学说在 19 世纪 30 年代确立。所谓细胞学说，即一切动物和植物都是由细胞构成的，细胞是生命的单位。既然细胞学说认为生物界动物和植物都是由细胞构成的，这就有力地证明了生物彼此之间存在着亲缘关系，细胞学说的建立对生物进化理论的确立起了很大的作用，因而被恩格斯誉为 19 世纪自然科学的三大发现之一。之后不久，达尔文出版《物种由来》，提出具有革命意义的"天演论"。"不有细胞，焉有天演？此说一出而生物学界有一大统率一切之原则，生物学遂不以描摹生物为能事，而以研究生物之关系为归宿；此说出而吾人对生命之概念而大变；此说出而与人类最有关系之遗传性一大问题亦随之而起"。"以人道统率物理化学，二者进步而人类受福不浅。生物学进步而医学乃有根据。1863 年法人白斯德（Pasteur）发现细菌，迄 1892 年中间提出微生物发酵腐朽致病之原理，英人黎斯德（Lister）同时亦发现外科术上之止痛法。1879 年发现瘟热症微菌，一切危险症之原因皆陆续发现，且各有其相当治疗方法。工程学与医学协作而公共卫生益进。本期医学最发达之国（德）国民年龄平均延长数最多。因医学进步而人类身体上之痛苦大减。此非生物学统率于人道主义而造福人类者乎？"

达尔文的天演论不仅影响着自然科学，而且也被从事社会科学研究的人引以为据。他们"认为不知一制度一思想一习惯之过去者无以明其所以有此现状之理由"。

"科学于近今经济生活关系最大者莫如力学。"18世纪末英国人阿克莱尼(Ark Wright)发明了水轮纺机,加得来(Cort Wright)发明纺机,美国人韦脱尼(Whit-ney)发明了轧棉子机,都是基于力学原理。英国人瓦特(Watt)发明蒸汽机,则推动了英国的工业革命,使人类历史进入一个崭新的时代。从此,"工厂制度始得盛行。从18世纪晚年开端至于今,工厂制度引起一大工业革新潮流"。

工业革新之效果甚多,其重大者有二:"一曰劳工之集中。"其最直接的后果就是产生了新型的阶层——由产业工人组成的工人阶级。"二曰资本之集中。"工业革新带来生产效率的极大提高,资本家的财富快速聚集,出现了大量的剩余资本,形成了一批金融寡头和资本大鳄。这些掌握绝对优势的利益集团,为了不断聚敛财富,占有更多的资源,已经不能满足于本国有限的资源,于是在市场竞争中出现抢夺海外市场的需要,在枪炮的保护下开始了开拓殖民地、掠夺他国资源的侵略战争。同时,工业革新并没有给劳动者带来实际的好处,成本降低但物价没有下降,技术红利只有少数人得以分享,最广大的低层劳工收入微薄,要求加薪的呼声日高。"资本家因加薪而生产价格增高,惟有加高物价耳。劳工界因物价更高,而益要求加薪。辗转煎逼,复加以思想之势力,劳工运动遂至愈演愈烈,成为今日世界亟待解决之一大问题矣。"

徐养秋先生在这里对马克思做了较多的评介:"劳动潮流之成为世界潮流也亦马克思所激起。氏犹太种无国家而有国性者也,惟无国家者世界思想偏浓。当其游英格兰时,目击工业革新时代,资本家之残酷,劳工之痛苦,而又知资本主义根深蒂固,不奋斗不能推倒其势力,于是主张阶级搏击,合世界劳工阶级为一大团体,以战工业界暴君——资本家,于是创国际劳工。马氏生时,'国际劳工'虽一度开会,天末风微,未能立即鼓动壮阔波涛,然其势力再接再厉,至过去一二年间,'第三国际'声势之大,已非'第一国际'所可同日而语矣。""劳动潮流之精神出于马克思之强悍社会主义。"

"马氏思想之影响先及于德意志。德自1869年即有社会民治工党(Social Democratic Workingmen's Party),党势之扩张与德之实业共进。毕斯麦(Bismarok)当国之际(1880—1890)十年之间摧残该党无所不用其极,然国内工团密布,势力日增,毕氏乃转而采用收买手段,颁布工界保险法令,如 1883 年之疾病保险,1884 年之意外保险令,1889 年老恤金等法令是也。法虽未尽善,然各国群起而效之,以买劳工界之欢心。德之工界独强项,并不感激政府。毕氏致仕,反对工党政策亦与之俱去。德皇改用调和方法,尝召集劳工会议,冀以爱国主义化除国内阶级之争,未得要领。自是以还,皇室及中等阶级遂视工界为国仇矣,终帝政期,互相水火,未稍息矣。"

"'社会民治工党'之精神,见于 1891 年在哀尔富脱宣布之党纲,严守马克思学说,以维护阶级觉悟为主旨,采多数专制原则,兼有国际精神。"

义章随后对俄国的十月革命也做了较详细的介绍:

"俄国之社会主义可迳称为马克思之强悍社会主义之化身。20 世纪以来,俄国社会党分为两派:(一)社会急进党(Socialist Revolutionary Party),酷爱俄国古代社会制度,志在推翻地主建设农民共产制。(二)社会民主党(Social Democratic Party),系马克思之遗传,主张与马氏无异。1903 年后分裂为两群,右翼曰少数派(Menshevik),左翼曰多数派(Bolshevik)。少数派以为俄之社会主义化,须从政治经济改革及教育平民入手,主张渐进。多数派则不谓然,严守马氏学理,以为社会主义的政治须以迅雷不及掩耳之国际无产阶级之革命实现之。1917 年 3 月俄国革命时,临时政府中人皆社会急进党,少数派之中坚分子,而多数派不与焉。盖当时中等阶级中人握政权,忌若辈故也。多数派之健将有列宁(Linon)与查志克(Trotsky)起而攻之,以煽动军农工三界为出发点,其宣传之要点如下:(一)三界就地方苏维埃合组进取的政府,指导无产阶级以谋幸福;(二)收没私产,农民组织苏维埃;(三)政府操生产与分佈之权,国有专卖权;(四)否认国债;(五)工人据工厂,与工业专家共同管理之;(六)停战;(七)战时损失由资本家负责。宣传酝酿至 11 月而推倒中等阶级之政府,夺回政权。临时政府提出民族自决及无割地赔款之讲和条件,而协约国拒绝之。俄人不信任其政府,故多数派得乘机倒之。至 11 月 8 日而全俄人民代表参事会(Council of People's Commissioners)开会,多数派之革命至此告一段落。"

当时法、美、英等国也都发生了劳工运动，虽然形式有所不同，但性质都是"自工业革新以来，劳工受经济受经济势力之压制，失其经济的自由，盖自工界觉悟以后，种种运动无非为解决此问题而起"。工业革新带来的直接后果就是列强为占领国际市场，掠夺国际资源而引发了世界大战。徐养秋先生认为："五十年来劳工运动起于工业革新所引起之资本主义，即五十年间世界政治潮流亦何尝不出于是。数十年间举世蒙其祸之政治潮流曰侵略主义，论者谓侵略主义之原因一部分属于思想，其言诚是。然使列强国内无资本剩余，货物过多，储能原料无缺乏之患，则国际何至有竞争商业，垄断市场，攘夺天产之祸？即有侵略举动，其流祸必不至于近数十年来之烈也。"

除经济原因外，徐养秋先生也对侵略主义的思想基础作了分析："资本集中势必至于实行侵略主义，盖以思想界为之推波助澜，而侵略主义之壁垒益坚。资本家之言曰世界人口日庶，一切天产应归人类应用，今世界土地大部分皆不幸落于不善开发天产的民族之手，大足为适应人类需要上之障碍，有发展天产能力之民族应取而有之，使所投资本无恙，实业得自然发展，而不至受土人之损害。英之殖民家曰'劣等民族天生以为优等民族之用，倘其人不受命，是自取灭亡耳'。彼以为天留世界以待优等民族，知识浅道德薄者直应归淘汰。误用天演原理，一至于是。德意志武断哲学家及史学家亦以为惟优秀民族负传播文化之责，必要时得用兵力，自认势力即优适之征象，文化之责惟强者负之。普鲁士人以传播德意志文化之大任自负，英法等国国民亦各可以传播己国之文化为天职。经济利益文化思想互相冲突，构成 20 世纪开幕以还，除侵略史外，无事可记之现象。"

徐养秋先生对列强所行的侵略政策进行了归纳分析："列强实行侵略主义之政策极诡谲，不可一言尽。然其荦荦大者可得而言也。"一曰握海权；二曰筑铁路；三曰开拓殖民地；四曰划定势力范围。而列强之侵略政策引起的反应有三：一曰侵略者之大帝国主义；二曰黩武运动；三曰国性运动。"上所举劳工侵略国性等潮流之总因有一主要部分在。自 10 世纪晚年至于今日……工业革新中等阶级之金钱势力膨胀，遂起而与贵族争政权，为中等阶级争民治。自 1830 年至 1848 年英法比德意奥匈等国皆有争民治之运动，皆在其用工业革新已起之后。

其他世界各民族闻风而起,建设共和,虽未经过工业革新一时代,谓其间接出于工业革新一潮流亦未尝不可。虽然民治精神本含有尊重民权,一切人民享有均等机会及权利,政治的与经济的自由,法律平等种种分子,一国人民有因为特殊势力所制不能享此种权利者,即不得谓之民治。19世纪前叶欧洲各国之民治运动,中等阶级之民治运动而非一切人民之民治运动也。19世纪下半期至于今日始有平民之民治运动,其动力则出于工业革新。盖工业革新劳工始集中,始有同类觉悟,始共争政治的、经济的权利。19世纪晚年俄国工商始发展俄之民治运动,20世纪初年始盛。日本工业革新不过近三十年间事耳,今日日人之民治运动已活泼可观。吾故曰五十年来之民治运动出于工业革新也。尤有进者,工业革新民治益易进步,民治障碍经中等阶级一度奋斗而扫除一层,今日中等阶级之政治势力虽足以为民治进行之一部分障碍,然平民为民治而奋斗,已觉稍易于封建余毒存有之时代矣。且自工业革新以后,报纸及其他之印刷品代价既廉,而交通输运方法又灵便,政治社会之消息易于传播,教育机会上亦较平等,智识愈普及,争民治者益多,此又工业革新促进民治之趋势也。工业革新促进民治运动殆无疑义,然运动者未定之词,五十年来世界民治果有进步乎?"

徐养秋先生对民治运动进退两方面形势进行冷静分析后,本着发展的眼光,对民治的前景持乐观态度。"虽然时代趋势往往有冲突者,数十年来民治亦有退化之征,亦有进步之象。(一)选举权之扩大盖其尤著者也。今日世界各国女子有参政权者有英国、俄国、德国、美国、南澳共和国、芬兰、挪威、丹麦。(二)民主国之加多。欧战以还欧亚新建之国如捷克、奥国、波兰、黎锁厚尼亚、拉脱维亚、爱沙尼亚、芬兰、乔治亚、阿米尼亚、阿实倍顷皆民主国也,俱有宪法。最近十五年间世界民主国其数增多一倍,则世界民族信仰民治者正复不少。(三)教育之采民治主义。个己有机会各自发展天才,在社会一种生活中自用其长以谋群性的幸福者,谓之民治精神。社会之能实现此种精神者,必须有平等机会,人类对于自然之公例与性质,及社会上所有机会之性质,有充分之智识,而又有适用机会之正当态度,方能享受平等机会而不至于滥用。此类知识与态度惟教育能扩大而陶养之,故教育为促进民治之惟一方法。以教育为巩固阶级利益之工具而不与一般国民上达之机会者,是为专制式之教育。五十年间世界各国之教育诚有属于此类者,然世界一二国之教育偏重于民治主义方面之趋势亦甚彰著。"

全文结尾,徐养秋先生对世界近五十年进化形势做出总结:"五十年间世界文化,进退互现,世人未能以人道统率知识与能力,故有资本主义、侵略主义、黩武主义,是皆破坏文化之势力也。科学精神、民治主义、世界主义,皆合于以人道统率知识与能力之标准,是皆建设文化之势力。二者互为感应,造成五十年来之史象,其源则出于人类之理想。人类为创造理想之动物,惟人类造理想,故文化能退步亦能进步。五十年来人类造害群的理想,故有互相残贼之行为;人类亦有造群善的理想,故有促进人道之运动。法人江独库(Condorcet)有言曰'人性之能改善也无止境'。近日教育家亦信良善教育能改进人类之道德观念,对于人类之能进步深信不疑。从事实上论进步,则五十年间世界文化訾议之点极多;从概念上论进步,则五十年来人类何尝一日无求改善之意志,与改善之行为? 一国国民能以实现进步,而享受其效果为究竟,采用进步过程以实现高尚企图,则国家进步,世界进步,此非一二国国民之事也。吾国人其勉旃。"

此文对世界大势的介绍,对五十年间世界科学技术的进步,社会科学的发展,主要思想潮流、政治观念的评介,特别是对工业革新后出现的种种变化所做的梳理与批评,均非常的客观公允,其深邃的见解近乎冷峻,足以令读者于深思中获得教益及感召。此文对尚处于封建与共和转折期的国人,是一次很好的启蒙。

教育上之国家主义

1921 年 11 月,徐养秋先生在南京高等师范学校教育研究会发表题为《教育上之国家主义》的演讲,对学生们十分关心的国家主义及国性教育问题做了深入的阐述。此文发表在《教育汇刊》1921 年第一集上,在当时的学界产生了很大影响。

何为"国性"? "国性(Nationality)蕴蓄甚繁复,有如热带之森林,一时实难下一适当之定义。今试从土地、宗教、语言、人种、文化,各方面言之。"

徐养秋以史家的眼光纵横比较,认为土地、宗教、语言、人种皆不能为"国家"之标准,不能反映"国性"之内涵。能为"国性"之标准者,当为"文化"。

"'文化'该括公共思想,遗训,习惯,风俗,以及希望诸端。"

"至十八世纪,国性自觉心大起,各民族群起而争国性,于是乃悟国性上之两大原则。

"(一)一国'文化',即国性之所以寄托。欲保存国性,须将'文化'由少数贵族传于一般平民。

"(二)'文化'由民族陶铸而成,初以'文化'定现存的国性,即可根据现存的国性,改铸'文化',为将来国性所寄托。"

如何使国性得以实现?徐养秋先生认为"盖除教育无他法也"。他进而从德、法、美等国的历史经验进行探讨,得出的结论是"国性可改铸,改铸之效率最大者,莫若教育。"

反观我国,"兴教二十余年矣,有人人能唱之国歌否乎?除国语外,有提倡联络国内感情之工具否乎?课程上有特别注意公共思想企望之养成者否乎?有提倡大同主义者乎?二十年来办学无广大的宗旨,无通盘筹画的计划,枝枝节节,故有今日之教育现状。教育无宗旨,故教材教法,都无根据。欲教育改良,须即定宗旨,以养成吾国'文化',为国性之寄托。同时并提倡大同主义,以救其偏。宗旨定,则选择教材,遂有标准,如历史资料之取孔子大统一主义,岳飞之激昂报国等事实;国文资料,取文天祥之《正气歌》,郑所南之《心史》,史可法之《答清睿亲王书》等;以地理言,则在可以搜集此类资料。中国自胜清以来,所有赔款割地租港开商埠等,无不可纳之史地范围,以唤起国民之国性自觉心。但根据此等事施教,有激起怀恨之心之流弊,故教者须提倡超出人上之心,以矫正之。工业上,商业上,学术上,如能超出人上,则国势自强,不必处心积虑,以复仇为事也。此则提倡国性教育者所应三致意者也。"

徐养秋先生在演讲中"强调培养学生具有爱国心、共同理想、意识,主张教育应有目的、有计划、有统一的精神。这是对当时平民主义、实用主义教育在实际推行中出现的学生散漫、纪律涣散、管理无序等新问题而进行理论反思的结果,同时,也是对教育救国以及救亡图存理想目标的不懈探求。"①

在提倡进行国性教育，培养爱国情操的同时，徐养秋先生始终提醒国人要把眼光放得更远一些，要站在世界大局的高度，以"大同"思想弥补国性教育之局限，避免因爱国教育而陷入狭隘的民族主义泥淖，这对于今天的爱国教育仍然具有警戒意义。

徐养秋先生还为学生作过《历史资料的搜集》的演讲，惜笔者未见原文。

徐养秋先生于这个时期所撰写的文章，在当时均产生了重大影响。作为研究西洋史学及史学方法的先驱学者，他把西方最新的史学流派、史学家及史学研究方法介绍给国人，为国内的史学界打开了一扇认识世界的窗口。在他的文章著作中，人们知道了史学研究领域另有一番不同于中国传统史观及治史方法的异域风景。他带人们浏览了海格派的精神史观，孟德斯鸠首创、巴克尔及亨廷顿等继承并发扬的自然解释派系，马克思的物质史观，穆勒、海巴脱、裴其过等所主张的心理学派，鲁宾逊新史学以及考古派、国家主义派、牛津派、剑桥派、浪漫派、实验派等多种流派；介绍人们认识了兰普雷希特、沃拉斯、兰克、葛必诺、施泰布、费黎门、格林、彭克洛夫、马汉、笛留、格伊莎、拉弗尔、芒罗等一大批著名史学家。在他的推介下，我们知道了西方史学方法是值得我国史学家们学习与借鉴的。而中古大学的办学方式、教学方法与教育理念，也给我们以深刻的启迪。《近五十年世界进化概论》一文则是一次思想的启蒙，为当时的国人打开了一扇了解世界的窗户，让人看到了外面纷纭复杂、云谲波诡的国际形势。只有深刻全面地认识外面的世界，经过比较，才能知道自己的落后，才能激发奋起直追的斗志进而励精图治，建设起一个强大国家，方能参与国际事务。长期闭关锁国、夜郎自大的封建大国，在西方列强的枪炮逼迫下签订了一系列丧权辱国的不平等条约，其教训是惨痛的。徐养秋先生"吾国人其勉旃！"的呼唤，凝聚了他无限的期待与希望。

徐养秋先生治学素以严谨著称，他教育学生要"笔削严谨"，重"原著"而戒轻信"述著"。他始终主张以史实为据，以事实为归，"揭橥真确二概念以为标鹄"。注重

①　吴洪成《试论近代中国国家主义教育思潮》，载《河北大学学报》（哲社版）2007年第4期。

"搜集典籍古物以为资料"。研究方法要"始于分析,成于综合,鉴别惟恐不精,校仇惟恐不密。辨记录之创袭,审作家之诚伪,不苟同,无我执",批评精神与考证方法并重。他强烈反对史学家拘泥于史书典籍,迷信所谓的"秘籍"而妄下结论。治史却不借助现代科学技术的考古发掘、缜密考证,是泥古不化;著书不求甚解而妄下断语是误人子弟。他自1920年开始教授的"史学方法"课所传播的治学方法对学生们产生重大影响,使他们终生受益。在他的教育下,一代年轻学子受到最新的史学方法训练,掌握了足以改变传统治学观念而以崭新姿态步入史学殿堂的科学理念与现代方法。他的影响皆可见其学生缪凤林、陈训慈、郑鹤声等人的史学研究及著述之中。

3. 历史教育理论研究

徐养秋先生在从事大学教学与研究的同时,始终密切注视着基础教育领域的动向。他认为,教育是强国富国的基础,民智开则民族强,教育盛则国家盛。因此,他对基础教育中历史教学方面存在的问题非常关注,针对历史教学中亟须解决的实际困难,进行了深入考察,撰写了多篇文章进行论述,他从历史教学的目的开始,谈到教学心理问题、教学方法、教材编写的原则,乃至对学校历史教学的设备建设,提出了系统的见解,为从事中小学历史教学的教师提供了科学的建议和权威的指导。这一系列文章,对我国当时尚无设立历史课程的局面,为确立历史必修课的地位奠定了重要的基础。

《学校设历史一科应以何者为目的》——关于历史学科建设

我国古代教育虽然没有专门的历史课程,但"六经皆史也",读经即学史。孔子作《春秋》,被后人认为是一部专门为学生学习历史而编的教材。但春秋大义,目的仍然是为了向学生灌输伦理道德,传授礼教思想。现代学校分科教学,每设一科必有所依。设历史一门,也必须要有充分的理由与明确的宗旨。其旨若何? 徐养秋先生认为,研究历史教学的普通目的,应从三个方面考虑:

"历史一科,大言之,关于世界;小言之,关于一国一人。故吾侪确定历史教学之目的有三大条件。"这"三大条件"即:

　　"一曰个己之群性效能宜增进也。"个体脱离社会则生活无意义,教育的目的就是扩大受教育者的个体能力,使之适应社会。个人的知识与兴趣、习惯、能力、理想有益于社会者,就是有"群性效能"。"学生研究历史,应理会何事,欣赏何物,应发展何种兴趣习惯能力理想,而后群性效能增大。此确定历史教学之目的者所宜注意者也。"

　　"二曰国家需要适应也。"我们国家历史虽长,国性观念却未深入人心。长期的政治分裂,仅属一时之患,精神涣散,实根本之忧。欲立永久统一之基,当用教育涵养国民的公共理想与进取精神。历史一科,责无旁贷。

　　"三曰世界需要兼顾也。"学校有陶养公民人格的责任。"然'国家之上有人道',学校为保障人道计,不独须陶养本国公民,亦须训练国际观念。"

　　教育宗旨既定,那么就要明确教学的目的了。徐养秋先生提出历史教学目的十四条:

　　(1)发展领会人群现状之能力;

　　(2)发展生活贯通文化演进之观念;

　　(3)陶养关心社会之倾向;

　　(4)发展对于过去之同情;

　　(5)涵养公共理想上达企图以激起己群觉心;

　　(6)发展正当国家观念;

　　(7)发展国际正谊之观念与国际同情;

　　(8)涵养知识活动之兴趣使之常在;

　　(9)训练整理事实自下结论之能力;

　　(10)训练解决问题之能力;

　　(11)训练判断力;

　　(12)发展想象力;

　　(13)训练协作精神;

　　(14)培养美感。

　　"凡此十四点,有中小须继续注重者,有可分别注重者,是在教育家及历史教师斟酌而适用之。目的为虚悬,抑能实现,视教师努力之程度及恒久与否为准。历史教师,果视此为应有之目的也,请出其全力以实现之,则历史一科,对于教育有特殊贡献矣。"

《编辑教科书之原则》——关于教材编写

教材是教学的重要工具,也是教育体系中十分重要的基本要素。历史学科的建设,需要有全新的教材与之配套。民国初年的历史教材几乎是一片空白,虽然清末曾经出版过几供书院使用的教本,但皆按传统方法编写,无论是内容还是体例,都与新教育理念相距甚远。因此,编辑出版一批既适合新教育需要,又能贯彻新史学观念,体现现代史学意识的新教材,成为历史教学的当务之急。徐养秋先生对这一问题有着深刻的认识,并进行了深入的理论研究与实践探索。作为中华教育改进社教材与教学法组负责人,他一方面受中华教育改进社委托,编写了《高级中学公共必修的文化史学纲要》,以规范教学与教材内容,一方面在理论上对中外此方面的经验进行总结归纳,提出编写教科书的四项总原则,即编写教科书的"编辑兼选择排次而言,为事极重要,其有待于正确原则以为标准盖毫无疑义。其主要者有四:关于选择方面者二,曰在选择某学程之前须决定该学程之特殊目的;曰在选择某学程前须定该学程应有之至少最要教材。关于排次方面者亦有二,曰排次教材须以少数要点为组织中心,统率一切连类的教材,成为少数大准个;曰排次教材须以学者学习便利为主体,而相传名理的秩序次之"。

教材内容当视教学目的而定,徐养秋先生指出:"一学程有一学程之普通目的与特殊目的。普通目的此学程容可与彼学程共之,如心向习惯理想欣赏是。至于特殊目的则甲学程不得与乙学程共之。编辑某学程教科书,非先认清该学程之特殊目的无从着手。"他以中学国文为例,"文学为人的兴趣与感情之表现,国文应有养成学者用美术解释生活之观念,学者须能领会人生与自然之理想的分子,因以提高企望陶冶情操;此国文学程上应有特殊目的之一也。编辑者此而不知,其所选教材必无当"。

同时,他进而指出"一学程之特殊目的皆根据于该学程社会性作用与心理作用而定。即以历史为例,从本国史社会性作用上说,其特殊目的为(一)领会本国现状;(二)重度古人生活,因以引起己群觉心。从西洋史社会性作用上说,其特殊目的为(一)领会西洋现状;(二)重度西洋古人之生活,因以引起大群觉心。从心理作用上说,小学历史应以激起想象为特殊目的,中学历史应以养成学者寻绎因果能力为特殊目的。不知此类目的,或忽视之者,皆不足与谈选择历史教材。推而至于其他学程,莫不皆然。"

徐养秋先生就教材编写时所面对的内容取舍方面,做了详细要求:

"自斯宾塞氏倡相对价值之论,教育家渐悟教材当以相对价值为取舍多寡之标准。价值愈大分量宜愈多,小者反是。"他指出当时通常选择教材,"应详者略,应略者详,遂成通病"。因学生在校年数有限,编教材者"必通盘筹算某学程在某年限内应含有几何至少之最有价值的教材,通常称为至少精粹。一学程之至少精粹定,而编辑者得免遗重取轻之诮,而收详略中肯之效。不宁惟是,编辑者知一学程之至少精粹,而后得斟酌情形照相对价值之标准,增损本学程至少精粹外之教材。"

他进而提出了根据当时我国的情形定夺一学程之"至少精粹"教材可用的两种方法:"一曰标目发现次数定相对价值法。例如定地理教科书上之至少最要教材,可拟地理教科书上应有之标目若干则,取十余年来数十种较有价值之报纸杂志,检查逐各个标目在各报纸杂志上所发现之次数,发现次数愈多之标目其价值愈大。所有标目可依发现总数而次第之。编辑教科书时得择其尤要者,依年限长短、学生程度高下而支配分量之多少,记载之详略,此一法也。二曰专家同意定相对价值法。将所拟标目送交地理专家(多多益善,在十人以下此法即不适用),请其照己意用数目定各标目之价值,照大小次第之,并指明地理教材内必要之各标目,得最多数专家同意者为至少精粹。用二法所得之结果照理想应相符,如其不符,以从第一法之结果为较稳,总之,非用科学方法则教材之相对价值无从定,非依据用科学法得来之标准而编辑教科书,其内容不适用者必多。"

取舍固应有标准,"排次亦应有标准。学术之须有系统学者所共认,教材组织之宜有纲举目张之妙亦应具之条件,然此中亦有区别焉","设有二教科书于此,一则含无数纲目极简练之致,系统则有之,惜其徒具形式的轮廓耳;一则有少数确定的中心,可附丽无数之小纲子目,成为数大准个,而各大组又有互相联络之妙,是亦有系统者也。具有前之性质者为类书的教科书,嫌简略零碎,应有尽有,而语焉不详,读者苦其枯燥无味;其具有后之性质者以数大中心统率连类的纲目,其于数大问题洪纤毕举,言之有物,足以一矫流行教科书徒具轮廓之弊。子目应选其能以一例余发明主旨者。主旨往往为概括之词,子目须有阐发抽象主旨从实见玄之妙。至少精粹的标目可为组织中心,于是至要的教材得较充分之时论。设学者尚有余力,教者得就兹数大中心加以连类的教材,中人于最要智识可得充分的了解,而颖才亦有驰骋之余地,固不必以至少精粹限制教学自由为诟病也。"

更重要的是,他还提出内容顺序还应顺应学习者心理的观点。"旧式教科书,如几何代数等先卜定义而后举例;如义典上之先举规条而后举实习问题,皆不合学者心理。""一种教材有其学习上特别困难之点,惟教者随时注意,能发现之,非毫无心理学智识闭户著书者所能喻。教材未经试教,其性质与排次方法是否适于学习,概置而不问,由少数编辑人师心自用,编辑成书,标其书曰'新体教科书',新则有之,适用则未必。吾国今日全国教科书由一二公司操纵,该一二公司须设附属学校,聘请受充分训练之教师,用拟出版之'新'教科书试教,用精密方法检查学者对于新教材之反应,准试教结果加以修改,而后出版。既出版后尤当虚怀延纳用为教本者之意见,以为再版时修订张本。近来美国教科书颇多教师与专家合著之作,或由有经验之教师试教后再编辑成书。良以教科书纯以唤起学者适当反应为主旨,非试教无以见教材之适合与否也。"这种观点,在当时是非常有前瞻性的,即使在当今仍有现实意义。反观今日我国出版的各类五花八门的教材,是否都考虑到了以上所述的种种原则了呢?

最后他总结道:"总之,吾国今日教科书在教育上位置极重要,编辑教科书者不可不审慎从事。何种教材为国民必具智识,此社会的标准上之问题也;何种教材,如何排次,方适于学习,此心理的标准上之问题也。有志于解决编辑上之二大问题者,吾知其必能于本篇所举数原则及其适用上更加研究焉。"

徐养秋先生还于1923年撰写了《中国教科书与国际问题》,由郭秉文带到在美国旧金山举行的万国教育会议上,进行国际学术交流。可惜今日无从查找了。

《历史教学法》——关于历史教学方法

我国传统教育向以师徒相授、心口相传为是，注重阅读，以读书万卷、死记硬背为唯一模式，从无教学法的总结与建构，更无历史教学法的概念。当时的南高师，有两位教历史的名师，一为柳诒征先生，一为徐养秋先生。柳先生是世所公认的学问大师，读书无数，学问渊博，其课堂教学为典型的中国传统方式，即给学生开出书目，令学生自己阅读，提出问题，予以解答。郭廷以先生回忆上柳先生的课："中国文化史是柳诒征先生教的，满口的镇江话，还有口头禅，动不动说：'这个，''这个话，''这个话的话'。他重视的是课外阅读，督促我们看课外书，并且要我们提出问题，每个月至少要提十到十三个问题，而他也逐一答复。"①"在我读课外书及研究近代史的兴趣方面固然受他影响很大，但在研究方法方面，我不大赞同他的方法。比如他不重视考证，对历史这门科学不下考证的功夫如何下结论？柳先生的得意弟子要算缪凤林了，有一年暑假胡适来我们学校讲学，缪凤林批评他的哲学大纲，一举成名。缪凤林也像柳先生，书读得不少，但教学方法不行。"②

徐养秋先生则致力于系统研习史学方法及现代教育理论，对历史教学法也用力颇深，并在教学中有意识地向学生传授。所以郭廷以先生说："严格讲起来，柳先生教我看书，徐先生教我方法。"③两位先生对他都很有帮助，是他终生难忘的入门恩师。

徐养秋先生发表在《教育汇刊》第二集上的《历史教学法》一文，是我国教育史上最早一篇专论历史教学法的学术文章，从中可窥其在历史教学法研究领域的造诣之深。

先生一贯主张"历史不是数千年来的陈迹"，历史"是活的"；"吾人既承认现在的生活是活的，那末过去的也必是活的。因为没有过去的文化，哪里会有今日的文化？"如果承认'历史是活的'，那么'教历史的人'，须认定过去是活的。有了活的教

---

① 《郭廷以先生访问纪录》，访问者：张朋园、陈三井、陈存恭、林泉，记录：陈三井、陈存恭，（台湾）"中央研究院"近代史研究所，1987 年 6 月，第 127 页。
② 同上，第 130 页。
③ 同上，第 130 页。

材教法，便有了有生气的希望。倘教材是死的，教法断不能有生气的。"以"活"方法教"死"教材，便徒具了"活"的外壳，是为无源之水，从中可见徐养秋先生对于教学方法的重视。

从历史课的教学内容来讲："历史非专讲爱国主义的，爱国主义固然要提倡，但此不过历史所包含的一种，倘使偏重此端，就有流弊。所以历史应该一方面提倡大同主义，一方面保存爱国主义，两者不能冲突。须知国家乃世界国际团体的一员，a member of the family of nations，即为国际团体的一员，所以一国有一国应尽的责任。世界各国应以人道为公共目的，应设法求达到这个目的，始与大同主义不相背谬。要提倡大同，必须在教历史时养成学生对世界民族的同情，拿国家主义附属在大同主义之内，国史上提倡国家主义，就没有流弊了。"这是徐养秋先生一直强调并坚持始终的世界大同的历史观。

从历史课的教学方法上讲："历史非为激刺或养成想像而设，'历史所以训练想像'一语，此乃因果倒置。想像是教历史的工具，有了想像，而后学生方能领会过去的生活。教历史必须用想像，但却不是因要训练想像而后教历史。"

徐养秋先生认为教授历史有两个目的："1. 要使学生重度本国古人的生活，因而引起己群的觉心，所以要教本国史。2. 要使学生重度外国古人的生活，因而引起大群觉心。有己群觉心而后知爱国，有大群觉心而后能与世界民族表同情。"为实现这两个教学目的，"用想像为主要工具，学生始能心领神会，与古人共同生活，而后能晓得古今生活如大河一般，长流不息。现在的生活上承过去的生活，下起将来的生活，互相继续，绵延不断"。

教学目的与教学内容既已明确，接下来便是教材的选择。徐养秋先生提出三种选择教材的线索："1. 以公共思想为线索，即唯心史观（Psychological interpretation of history）；2. 以经济发展为线索，即唯物史观（Economical interpretation of history）；3. 科学思想为线索，即科学史观（Scientific interpretation of history）。"

大学历史系用这三种方法都能选择教材，有时三者并用也未尝不可。但大学以下学校，则不能三者并用，只可采取最适合学者心理的一种。即用经济发展的线索，组织历史的教材。所以采取此种，有下列三层理由：

"1. 古人经济生活与现在的经济状况，相同之处甚多。以经济的发展组织的中心，则学者可用已有的经济生活经验去领会古人的经济状况，教学上有许多便利。

2. 关于吾国经济状况，有两种生活，最为紧要，即农工是。其余的经济事业，都不过附属而已。此二者在教室内，最能与学生自表（Self-expression）的机会。学生学历史时，可演出古人的生活。如民国三四年级，可用黄河流域古时农民的生活，或汉人造砖的方法，作为教材，学生表而出之，在教历史上可用体动的表白（Motor-expression）。

3. 用经济的史材，则可将校内许多功课与历史联络（Correlation of Subjects），如图画，手工等，都可与历史贯通起来，一例之内，有多数学科目之位置。（麦克麦雷 Mcmarry 说举例教法 Teaching by types）惟经济史料内隅 type 最易觅得，有了隅，学生就可以以一反三了。"

如此选择教材，对历史教员便提出了较高的要求，此时的教师"责任极大，要自己负搜集材料的责任"。"做这种功夫，去搜集经济史材料，为中小学校的参考书。如以经济眼光为中心，所取来的，儿童必能领会，很有兴趣，不似从前读那些盈篇累牍的战争史，毫无兴味了。"

在具体方法的运用上，会遇到很多的困难，如何解决这些困难，是对历史教师的一种考验，需要教师深入研究、不断学习。如："历史教学法中，有许多心理的困难，第一种即唤起想像的困难。想像为读历史的特色，有具体想像，分人与物两种，如古物之想像、古人之想像、人物之自然的社会性的背景之想像，皆教历史时教师所应注意的，使学生有正确的想像尤为紧要。"

（1）时间问题：

徐养秋认为："普通对于时间的观念（time perception）乃由一件一件事体联络起来的，空空洞洞的时间（empty time）非人所能领会的。小孩对于时间观念很短，因为没有长时间的经验，不能推想，所以国民四年级以前，我可说断不能用时间长的教材，如说某某年有某某事发生。换言之，即编年的历史，这是极不适宜的。至少须到国民学校毕业，进了高小，才有较长的时间观念（过学龄者，不在此例）。但亦只能用高小初年时间,亦不宜过于注重,时间宜渐渐引长。"

（2）空间问题：

空间观念"学地理上亦用得到,譬如讲几千里以外的人物,就要用这个观念。此种观念的教法,可以实地练习。到三四里路以外的地方,观察古迹,使学生先有此经验,然后再教以某处为三里或四里之几倍,如此就可以练习空间观念。此外古人的心理状态(mental attitude)最难领会,恐非青年期以下的儿童所能,所以青年期以下的历史,不宜用古人心理态度的教材。古人经济生活的教材,较易领会,因为经济生活,可用最具体的方法表白出来,心理态度却做不到。"

历史教学中,还会经常犯杂乱无序的毛病,"就是没有教材的组织,使学生强记零碎事实(isolated facts)。如每年每月每日有某某事,没有中心点,也没有线索。须知,有组织的有条理的教材,容易记忆；合逻辑秩序(logic order)的教材,比较杂碎的教材,容易记得,历史教材尤宜有中心,现行历史教材犯杂碎的很多。历史教材,有一种情形,与其他学科目不同,算术教材有一定的次序(sequence),学者必须顺序渐进,不能随意超越。而历史则不然,可以分期研究。教历史的,可以用近今为起点,亦可用远古为起点,程度深浅,看教材繁简与学的过程性质之难易为标准,没有次第关系,这也是选教材时候应该要留意的地方"。

至于在课堂中如何激起学生的想像,徐养秋先生重点介绍了两种方法：（一）情境教育。在课堂上叫学生模仿古人的行动,说古人的语言,充分发挥想象,以还原课本知识中的"本来面目","与其正式做戏,毋宁用白描的戏(pageant)。正式的戏太详尽,夺学生想像之机会,白描戏学生有想像的余地"。（二）用图画或模型以激起想像,但要注意防止"学生把图画模型当作原物看,以假作真,容易误会,不复再用想像,那就糟了。譬如讲埃及的金字塔,学生把图中的金字塔,作为真的,以为不过是这么高这么大啊！又如看荆轲刺秦皇图,以为地图与匕首就只有那么大啊！"

"历史教学务使过去活现出来,成了一个真实的事情,到学生的眼前来(make the past real),能使过去事实活泼泼的涌到眼前,有'今朝都到眼前来'之慨,已尽一部分历史的能事了。"

对于历史教学中充分利用教具(即各种课程资源)的问题,徐养秋先生也有具体的介绍:"中学历史,宜用暗射地图。历史而无地图,就无从讲起。故校中宜置有单张暗射地图,叫学生填,且应与学生笔记夹在一处,可以不致散失。又中学教历史,应与学生做历史的文字之机会。譬如出一题目,指点图书馆中某书某书,可以参考。作成纲要,示以应行讨论的事情,叫学生自己去读书,教师随时督促之,不时询以读了多少,笔记如何。读完后就可以做,做的事实须皆有证据,宜注明从某书某页中参考来的,并须有参考书目录,载作者姓氏,及出版时期地点,这也是所以养成研究历史的一种法门。"

对于研究历史的资料,徐养秋先生告诫应本着科学严谨的态度:"历史材料,有原著(source material)及述著(secondary material)的分别。原著如郑所南的《心史》是,述著如司马迁的《五帝本纪》是。述著是采取前人的材料重做一番,间或加以自己的意见,故述著不可信之处,较原著为多。如欲养成学者的'为历史而研究历史'的一种态度,如欲求真正的古人生活(real picture of the past),须从原著中找出来,不得已而借重述著,方免虚假不真(false picture)之病。在中学校做教师的应该介绍学者数种史学原著,叫他们知道什么是原著,什么是述著。"

课堂教学的组织与安排,是决定教学效果好坏的重要环节。徐养秋先生建议教师在"上课的时候,应该温习上次所讲的事实,然后再提起本日所讲的功课。教法可用问答式或报告式,就是先给学生几个题目,叫他们自己去研究,到上课的时候来报告。报告有错,先令其他学生改正之;报告不完,可令其他学生补足之;报告完,可令一个学生总结一下,提出纲目,使全体整理一番,然后可清楚了"。

因材施教和分层教学也是徐养秋先生极力倡导的教学理念,他认为:"指定新课,须分上中下三等次,上等是有天才的,可以任他们尽力研究上去。中等是平常的,下等应该叫他们学到最少的限度。此外尤宜要有纲目,就是下次所欲讲的,用纲目表示之,叫学生去预备本次所讲的,下次又须温习。那么有次序,有头绪,温习自修,均能提纲挈领了。"

历史教学法在当时是一个全新的课题,历史教师很少了解。许多学校连历史课都没有,怎谈得上其教学法? 更很少有人研究如何适应新学制学教材需要,或是利用心理科学改进历史教学方法的问题。徐养秋先生为此不遗余力地宣传呼唤，不但在本校培养出一批掌握科学的历史学科教学方法的学生，更在中华教育改进社第三届年会上提出"史学上之心理问题"的提案，以图在全国历史教学界普及现代教学方法，带动大家对于历史教学法进行广泛的研究与探讨，对现行的历史教材与教学方法进行彻底的改良。他坚信："这个事情，很可以着实去用功夫，好像一个未开的境界，奇遇正多着呢！希望正大着呢！"

《历史教学之设备问题及解决之办法》——关于历史课程资源的开发与利用

针对各学校普遍不太重视历史学科建设、历史教学设备明显不足甚至根本缺失的现状，他写了《历史教学之设备问题及解决之办法》一文，发表在《史地学报》第一卷第三期。

课程资源问题在近 20 年内才真正引起我国教育界的重视与讨论。其实，早在 1921 年，徐养秋先生就认识到此问题在历史教学中的重要性。《历史教学之设备问题及解决之办法》一文就是我国最早提出这一命题并给出具体解决方法的文章，至今仍有很强的现实意义。

在这篇文章中，作者对中学生"视历史为秕糠，而历史教师同感引起兴趣之不易"的教学现状表示了理解与同情，认为造成这一现象的原因可能是多方面的："然学校关于历史一学科设备缺乏，至少亦须为教师分任一部分之咎。试问今日学校，为历史一学科，设历史陈列室，罗致模型标本、图表画片者，举国有几？教历史时可用之原著，各校又有几何部？"时至今日，面对这个问题，又有几所学校能够回答呢？而在那个时候，"教育事业发达之国，通都大邑皆有博物院、美术馆，供众游览。学校老师即可利用陈列品或幻灯片以教历史。即僻在乡里之学校，亦附设历史陈列室以为教学之助"。看来这种差距已经存在有一个世纪了。

那么历史陈列室都需要陈列哪些东西呢？"设备图画模型，以为示教之具。图画如图片信片影片幻灯片；考古书籍之附图者；模型如石膏模型、纸木模型，皆历史设备实物方面之必要者也。"

他认为用实物进行历史教学的好处至少有两点："一曰易得正确之观念。人类领会事物,以观念之原质为根据。缺乏此种原质,即易滋误会。文字之记载史象,即尽文章之能事,使读者无相当观念之原质,则所得之观念有不正确之患。"为此他举了四个例子证明:没有见过汉雁足镫实物或者相关图片的学生,学习了汪容甫《汉雁足镫槃铭文释文》,仍然不会对汉雁足镫有明晰的印象;《西京杂记》记载:广川王去病喜欢聚集一群无赖少年,"游猎毕弋无度",声色犬马也就罢了,还有个特殊而缺德的爱好,就是四处盗掘别人家的祖坟,挖得金银财宝无数。没有见过周秦古物的人,看到文中列举的诸多宝物,便不知都是什么模样,也就很难获得一个正确的观念;读希腊史,在文字描述中是很难感知胜利女神庙所反映出的古希腊爱奥尼亚式建筑特色的,如柱廊雕饰如何精美,整体构造比例如何独特平衡;读罗马史,没有图片的展示,是无论如何也想象不出彭沛石屋是个什么样子。"历史所研究者,时事史而外,大率皆过去人类生活之状态。生活自身过去即无遗迹,后人惟借经于图籍古物得以窥见一二。"耳听为虚,眼见为实。知真才可辨假,睹物方能发古人之幽思。历史遗物及图片标本等可视资料,对于学习历史尤为重要。

二是"易于引起美感"。历史教学中的审美教育,至今仍是一个鲜有人问津的课题。而徐养秋先生早在 20 世纪 20 年代就已经明确了这一命题,可知其对于历史教育问题的前瞻性思考与深刻的认识。"吾国今日教育之不重视审美也,稍有留心者无不知之。教育长此因陋就简,则已,如欲以教育扩大人生,则美育断不容忽视。历史既以研究人类全部生活为主要目的,则美术当然有其相当之位置。此即历史对于审美教育,可贡献之处也。美术之为物,非可以空读了事者。试读吾国古今论画之书,便知斯言之不谬。讨论中外古今美术之变迁,精神之异同,而欲使学生实地领会。非实物示教,其道无由。今日学校历史教学上于古今美术方面,率皆从略;因设备不完,而历史遂不克尽其一部分应尽之责;此事之至可惜者也。学校苟欲希望历史于美育有所贡献,则历史教学上所应有之标本模型等,不可不尽力设备。"中外历史都包括艺术史。古人为后人留下了大量美轮美奂的艺术作品,如雕塑、绘画、陶瓷、建筑、服装等等,都属于艺术范畴。在学习古代历史中,这些艺术作品的创造过程是不可忽略的。而艺术史教学离开了实物的展示与欣赏,是很难进行的。

那么,应该如何解决历史教学中的课程资源这一难题呢? 徐养秋先生提出了几个具体建议:

1. 改变重理轻文的传统观念,适当增加历史学科建设经费。"或者谓教育经费支绌,学校一切设备均不完善。理科仪器尚简陋不堪,遑论其他学科之设备。然今日学校理科尚有所谓设备者,至于历史,除略置书籍及三数地图外,竟无所谓设备。学校既设历史一种学科,当然不应视为点缀粉饰之具。历史与生物理化等学科,于学生之陶养上各有作用,未可偏重。学校支配经费,允宜兼顾。为理科设试验室,即应为历史设陈列室。为前者购仪器材料,即应为后者购模型标本等。况历史设备所需不及理科设备之大乎。兼顾并重,方不失为宏通之教育家。否则,难免于一孔之诮矣。"从这篇文章中,可见先生对中小学历史教学不受重视及设备缺乏之痛切与焦虑之情。

2. 号召国内有关人士团结共作,自力更生,广泛收集整理散失各处的文物古董,为中学历史教学提供更多可利用的资源。"一种学问之成立,必经几许研究,学术共作尤为今日当务之急。吾国应有一考古学社罗致国内外好古积学之士,一方采集古物之已发现者,审定其历史价值;一方赴各处调查史迹,并调查古物之流传于外国者,分途摄影铸型,附设发售部以备学校采用。"

3. 购买外国史可用的资源。并为学校提供了一份详细的国外可购买模型、古物印片、影录片、考古附图书籍的通讯地址及联络方法。细心的他,连价格都详细提供了。

作为一位著名的史学教育专家,徐养秋先生在大学从事西洋文化史及史学方法教学的同时,对中学教育也给予了相当的关注,并进行了深入的调研与考察,对其中存在的阻碍中学历史教学的问题有着深刻的认识。只有经过缜密细致的思考与研究,才能提出如此详细具体的解决方法与建议,足以证明徐养秋先生对我国基础教育的重视与切实有效的努力。

4. 中华教育改进社

20 世纪初期的中国,废帝制、建民国、反封建、御外侮;"孔家店"土崩瓦解,新文化方兴未艾,但旧制既破,新制未建,军阀割据,群雄竞起。孙中山困守广东,几次欲出但无功而返;北洋政府定都北京,虽无力号令天下,却占有中央政府之名。只是这政府的总统如走马灯般换了一茬又一茬,各路军阀如戏台上的小丑你方唱罢我登场,黎(元洪)冯(国璋)徐(世昌)曹(琨),段(祺瑞)吴(佩孚)冯(玉祥)张(作霖),上上下下好不热闹。各路豪强为争夺权力而缠斗在一处,今天直皖对决,明天直奉大战,中原大地狼烟四起,京城周边血流成河。成者为王,暂时占了紫禁城,却无力一统天下以成万世之功,为维持风雨飘摇的政权已经疲于奔命,哪里还有余力顾及其他?于是便出现了许多真空地带。

在此乱世,知识分子获得了相对自由的活动空间。新闻出版可以自由发展,各类报纸杂志如雨后春笋,层出不穷。教育家可以高扬教授办学、学术自由的旗帜,秉持"独立之思想,自由之精神"的理念来经营学术型大学。南高(南京高等师范学校后改名为东南大学)、北大各树一方之标格,既有针锋相对的学术论战,又经常进行交流与协作。大学内部传统与现代共存,图新与守旧兼蓄,信仰理念虽有不同,学术主张南辕北辙,均可在同一讲堂里自由演绎,阐释己见。这一时期,国内出现了大批的党派和社团组织,至 1921 年,仅各种层次的教育社团,全国就已经有 47 个之多,可见民间教育已经形成一些力量雄厚的队伍,只是散于各地,缺少横向的联系与合作,没有形成一股强大的合力。有鉴于此,当时的学界领袖蔡元培、黄炎培、郭秉文、张伯苓等以美国哥伦比亚大学教育学院院长孟禄来华为契机,发起成立了以"调查教育实况,研究教育学术,力谋教育进行为宗旨"的全国性教育组织——中华教育改进社(简称改进社)。

说起成立改进社,可谓水到渠成,势在必行。早在 1918 年 12 月,北京大学、南京高等师范学校、暨南学校、江苏教育学会、中华职业教育社等单位就联合成立了中华新教育社,1919 年获教育部批准时定名为中华新教育共进社,并创办了社刊《新教育》杂志,主要组织者为蒋梦麟、黄炎培、郭秉文、徐甘棠等。1919 年,中国教育代表团赴美学习考察期间,袁观澜、陈筱庄等诚恳邀请美国哥伦比亚大学教育学院院长孟禄博士来华"诊断中国教育之弱点,并示以改良进步的方法",孟禄欣然接受邀请,并定于 1921 年来华。

1921 年 9 月 9 日,孟禄访华,途经南京前往北京,徐养秋与陶行知等孟禄的弟子到车站迎接。据当天的《申报》报道：

"美国大教育家孟罗博士今年游历中国，曾与教育界人士订定十一月到宁，为长期之调查，与多方之演讲。此次坐沪宁火车至宁，其目的在先到北京，因哥伦比亚大学学生与其他在宁教育同志极意劝留，乃勉留一日。计九日上午七时二十分到下关，同行者为博士女公子及郭秉文君等，欢迎者为陶知行、徐养秋、陈鹤琴、郑晓沧、胡天瀎、程湘帆、廖茂如诸君。博士既至北极阁下，乃遍观高等师范、东南大学一切布置，颇加赞美，旋又参观贡院古迹及明孝陵。游毕在高师梅庵午餐。午餐后，博士与诸教育家谈论多时，颇契合，下午三时赴浦口，五时开车北上。"①

孟禄访华，成为当时教育界一件重大事件。为了迎接孟禄的到来，国内教育界人士专门于1921年8月成立了实际教育调查社，主要发起人均为当时教育界的名流，包括江苏教育会的黄炎培、袁观澜，东大南高校长郭秉文，南开大学的范源廉、张伯龄、凌冰、严修，曾作过徐世昌内阁教育部长的张一麟，北京大学的蔡元培、蒋梦麟、胡适，北京高等师范学校前校长陈筱庄及现任校长邓萃英以及梁启超、张骞等，社址初期设在天津的南开大学，后迁至北京高等师范学校。此事引起胡适的极大不满，认为北高师欲画地为牢，独家垄断孟禄博士的所有权，不让其他学校与孟禄接触。为此，在迎接孟禄的会议上胡适与北高师的人发生不愉快的争执。从孟禄本身来说，他希望与北京大学、东南大学等中国的一流大学建立联系，由自己所熟悉的学生陪同，深入各地进行实际考察，广泛接触中国底层的教师与学生，看到真实的社会现状。在与亲授学生的交流过程中，他极力支持并促成将中华教育共进社、《新教育》杂志和实际教育调查社合并重组成一个新的教育社团。

1921年12月中旬，借实际教育调查社为孟禄召开讨论会之机，中华教育改进社正式成立，蔡元培、范源廉、郭秉文、黄炎培、汪精卫、熊秉三、张伯龄、李湘辰、袁希涛当选为首届董事，杜威、孟禄、梁启超、严修、张骞、张一麟、李石曾为名誉董事。董事部的办事机构为总事务所，陶行知为总干事。总事务所下设32个专业委员会，每个专业委员会有正副主任和书记员各一名，负责各学科的学术与实践活动。

---

① 《申报·地方通信·南京》1921年9月12日。

梁启超和徐养秋先生任历史教学委员会正副主任。徐养秋先生还兼任《新教育》杂志教材与教法、美国教育两个编辑组的主要编辑,并于1923年5月第六卷第五期开始接替陶行知任该杂志的"主干"即主编。

东南大学作为孟禄考察的重要基地,相关人员全部动员起来。虽然专为孟禄此次来华而成立的实际教育考察社的办公地址设在了北京高等师范学校,但东大南高一点儿也没有轻松。东大南高有一大批哥伦比亚大学教育学院的毕业生,大多受到孟禄院长的指导并深受其影响,对于他的到来,大家自然非常高兴。特别是陶行知代表学校积极参与筹划安排,在整个活动过程中始终相伴其左右,配合孟禄深入各地进行调查,发表演讲。徐养秋先生在校内做着许多实际的工作。除了直接参与接待、陪同及与孟禄座谈、观听孟禄的演讲等各项活动的组织外,还积极配合新学制的探讨与试验,亲自翻译了孟禄考察结束后所撰写的《论中国新学制草案》,刊登在《新教育》第四卷第二期"学制研究号"。《新教育》第四卷第四期是记录孟禄在华活动的专刊,主要内容包括孟禄的中国教育讨论、孟禄的演讲、孟禄与中国各地人士的谈话等,刊登了徐养秋先生撰写的《孟禄教授古代教育史原著会纂》和《孟禄中等教育之原则》,评介孟禄编著的两本重要教育史著作。

为配合新学制的讨论与推广,徐养秋先生在东南大学教育研究会组织的演讲会上发表了题为《初级中学之功用及其课程》的演讲,并刊登在《教育汇刊》第四集。他首先列表比较中美两国新旧学制下学生就学年数及学龄,然后详细介绍了新学制下初级中学的功用及课程设置与教学方法。他指出,新学制建立的基础是现代教育心理学理论。心理学家研究证明,儿童发育到12岁,"正当青年初期,此时之性情与前期迥殊。第一,自觉心之发达;第二,对于练习之功课,易生厌恶;第三,有理解之能力。"旧学制无视这种变化,把12岁的学生置于小学7年级,教学方法不更变,没有适合此年龄段的特设课程,"是明知不适合于儿童之心理而一意孤行,其不以儿童为主体也明甚。""美国教育家有鉴于旧制之失策,乃迎合儿童之心理,而改为六三三制,创设至今,仅十余年于兹耳。此初级中学制之功用一也"。

美国实行旧学制之时,由于课程设置不适合学生兴趣,学得的知识与社会实际需要严重脱节,影响学生毕业后的就业前景,因而引发大面积退学,而"行六三三制,则在十二岁之时,功课变,教法新,适合学生目前及将来之需要,实足以增加学生入校之吸引力,并免去学生辍学之趋势。此初级中学制之功用二也"。

第三种功用,便利于教课之分门。所谓"分门教课",即每一名教师都根据自己的专业特长只教授一门课,在旧的四四制学校这是不可能实行的。因为一是"学生人数少,教员聘用有困难",二是分科上课,需要相当的设备,一般小学校置办不起。而中学经费相对充足,基本可以满足需要;"学生人数因将第十级学生抽下为初中学生之故而加增,于是教员之聘用亦便,由此可知,教课分门制,在初级中学实能办到"。实行分门教学的好处是:"第一,教员专精,其对于取材及教法,易适应学生之性情;第二,教员分担,则学生所接触之教员多,可于各教师之品德,兼取其长。"分门教学之弊是教帅专一,知识面过于狭窄,不能顾及其他学科的兼通,这是需要注意的。

第四个功用即在适应学生之个性差异。"大凡基本原则成立以后,可以引起许多实施方面之进行。夫初级中学为实施方面,而其根本原则,则在适应学生之个性差。近世经研究心理者调查,始知学生智慧能力实不相等,如照旧制,则分别智慧,殊不便利。"新学制则可以采取跳级,根据已经掌握的知识水平选择年级,或者按学分积累升降年级等,以达到对学生区别对待,因材施教,为社会所用的教育目的。

第五种功用即"七八年级学生,至青年初期时,若强其与未成年之幼儿同处一校,则甚不满意,盖彼等自觉程度较高,易于发愤上进,故当侬心理年龄而区别之"。

"他山之石,可以攻玉"。美国旧学制之中存在的问题,在我国实行多年的壬子—癸丑学制中表现更明显。新学制的许多优点也同样适应我国的学龄儿童,完全可以引以为鉴,经过符合我国国情的改造后,在我国加以施行。

"概括言之,初级中学之目的:(1) 为谋公共教育之发展。夫凡为公民,即当受普通教育。因有学生无机会受公共教育,甚或于七八级逃学者,故特创此法,使其有兴趣。……(2) 学校得发现学生特别兴趣、才干、能力,而施以相当之设备与教育。(3) 学生对于课程,得正当之尝试,尝试功课之经程,必由渐进,非突如其来。旧制小学教法,自成一局,忽至中学,骤行尝试,毫无基础,往往失败。而初级中学,在第七级时即与学生有尝试之机会。"此三个目的与北洋政府教育部颁布的《学校系统改革案》即"壬戌学制"提出的七项标准基本吻合:适应社会进化需要;发扬平民教育精神;谋个性之发展;注意国民经济实力;注意生活教育;使教育易于普及;多留各地伸缩余地。

新学制下的课程设置,美国采用分组制,即:一为普通组,开设本国语、外国语、代数、几何等预备升学的基础课程;二为工业组,主要开设工业数学、图案等,"系从普通科学中抽出者";三为商业组,主要学习财会、贸易论及商业应有的知识;四为农业组,主要学习农业化学、植物学、农业应用技术、农业教育及乡村概况等实用科学;五为家政组,由于是男女同学,所以开设此课。实行学分制,每年 30 学分,三年修满为 90 学分,其中有 54 分为必修,其余学分在 5 组中任选一组课程,学级越高,选修越多。

由于对新学制有深透的研究,徐养秋先生在宣传新学制,培训实行新学制的人才等运动中,发挥了重要的作用,成为推行新学制在我国顺利实施的重要人物之一。

中华教育改进社第一届年会于 1922 年 7 月在山东济南召开。1922 年 7 月 1 日,徐养秋先生和东南大学的一班人马,从下关码头坐渡船到江北,转乘火车去济南参加中华教育改进社第一次年会。

船近江岸,首先映入眼帘的是一座三层高的英式建筑,黄色的墙体,尖尖的红色屋脊,在阳光的照耀下格外醒目。一排排高而窄的窗子,仿佛怪异的眼睛傲慢地斜视着跨江而来的过客。

下船走出码头,在一条长长的拱形雨廊的遮护下,步行十分钟,便到了火车站。

这座由中国人设计的英式风格的火车站,建成于 1914 年,是津浦铁路的终点站,长江以南的人欲去京津,必在此站乘车,是当时重要的铁路交通枢纽站。

站前人来车往,商铺林立,候车室里人头攒动,呼朋唤友之声此起彼伏,十分的嘈杂。徐养秋先生和陈鹤琴、程湘凡等一行人,穿过拥挤的候车大厅,经过检票口,穿过雨廊,进入站台。站台的设计独特而壮美,由单列混凝土浇铸而成的欧式方型立柱,支撑起伞形的穹顶,宛如一只展翅欲飞的大鹏,既轻盈又矫健。站在月台上,给人的感觉是空间通透,视野开阔,不禁会产生一种穿越感。

火车已经停在站内。此次开会,中华教育改进社向交通部申请了专列,乘客皆为江浙沪教育界人士。徐养秋先生和程湘帆站在月台的一边,各自点燃一支香烟,默默地看着那些匆忙奔跑的旅人。

火车像个庞然大物,此时却十分温驯地卧在那里,发出轻轻的喘息,一缕淡淡的白烟袅袅飘升,在空中轻轻地散去。

徐养秋先生想起在留学美国时,自己看到西方在工业革命的推动下所发生的巨大进步时所受到的刺激,在追索深思中所产生的震撼、痛苦、焦虑与欲呼欲鼓,想要唤醒国民的责任感与使命感。当西方列强已经开始轰轰烈烈的大工业生产,颟顸腐化的清政府,却还沉醉在愚昧而又沾沾自喜的"大清帝国"梦中。西方列强侵入,掠夺中国物质资源,带给中国人民半殖民地的精神屈辱与政治斥迫,也带来工业革命的成果。被后人视为笑话的"马拉火车"的历史,不仅反映了清政府的迷信蒙昧与封建落后,更折射出中国农业经济与西方工业文明的巨大差距。曾经被国人视为怪物的蒸汽机车,如今已经疾驰在中华大地。工业资本在枪炮开路下侵入一国之后,为实现其永久的统治,便要开始精神上的与文化上的占领,以摧残被占领地之"国性"。"国性原理与侵略主义势不两立。侵略之国挟其武力以灭人国,或割人地,以破坏一国民族之统一;或攫取一国之经济权,使其失去自由;或以教育强改一民族之文化,皆摧残国性之举动也。受束缚之民族,奋斗而求恢复故国,或至死保守其原有文化,思乘机而发挥光大之,以及用种种方法推倒外力以恢复自由者,皆国性运动也。"自 1840 年鸦片战争以来,"英人因鸦片战役割我香港,取得治外法权。1870 年以后,列强群起而争租借地及势力范围,日本之割我台湾,灭我属国朝鲜,要求特别利益,皆侵犯我国性者也"。而"我国在此五十年间因列强屡侵犯我国而百计保全而始终不懈者,则有戊戌变法、排外运动、立宪运动、辛亥革命、云南护法,最近则有拒绝签约五四运动。国民除少数败类外,稍有知识者无不觉悟而共同致力,以发扬国性为天职。大哉国性!惟自助之,民族能使之历万劫而不灭。"这些思考,后来写进了徐养秋的另一代表作《五十年来世界进化概论》。

他们这批留学美国的知识分子,近距离了解西方现代文明后,倍感自己责任之重大。欲强国，必先育人，成了他们大多数人的共识。不仅要引进西方先进的工业技术，更要用先进的教育理念与方法培养本国国民，从根本上改变愚昧无知和夜郎自大的国民性。徐养秋先生尤其感到自己从事的历史教学在这方面承担着更多的责任。

大家陆续上车，站台上清净了许多。

"我们也该进去了。"程湘帆招呼徐养秋先生，二人进入车厢，找到自己的座位。

9 时整，一声长笛，火车吐着浓浓的黑烟，缓缓驶出站台。

徐养秋先生坐在靠窗的位置，望着外面的景色。7 月的江南，正是莺飞早长、稻田碧绿的时节。出浦口站可见大片绿色的原野，但随着车轮的转动，山峦渐多。过乌衣镇进入安徽境内，逐渐进入山区，环顾左右，四面皆山。远近稀稀落落地横着几处低矮破败的茅屋。经历了多年的军阀混战，四处是凋零残败的景象，令人伤感。

沿途的景色不能让人兴奋，索性闭上眼睛，静下心来想一想此次济南之行的活动计划。

此次济南会议之前几个月，中华教育改进社就向国内教育专家发出邀请，征集各学科相关议案。徐养秋先生一直关注中小学的历史教育情况，前述的《历史教育上之心理问题》和《历史教学之设备问题及解决之办法》就是他对中等教育中历史教学中存在的问题及解决方法的思考。他始终认为："历史一科，关于陶养公民至为重要。""教育之目的不一，以发展学生之社会效能为最大。学科之内容于发展各项效能，有特殊贡献者，首推历史。盖社会效能之教育，含有知识兴趣习惯能力等方面。一切学科，皆可用以养成学生有益于社会之兴趣习惯能力，惟关于社会之知识方面，如社会现状之由来，政治经济学术及其他一切社会状况之相互关系、因果关系，今日文化上之重要问题之性质与原委等，皆历史一门所特有之内容。"通过深入调查他发现，我国中小学历史教学正处于起步阶段，无论是教学宗旨、课程设置、教材建设还是师资力量、教学方法等都"亟宜加以研究，以期改善而收历史一科应有之效果"，"鉴于教育学术所包者广，非罗致国内关心教育人士分门研究无以收专精之效；非开会研究、交换意见无以收贯通之益"。①

徐养秋先生对于中学生教育的思考与探索，早在 1914 年金陵大学读书时就已经开始。发表于同年《东吴》杂志和《金陵光》上的文章《改良民国教育私议》及发表在《金陵光》的《改良民国教育私议（续）》，就对当时的教育问题提出了独具深意的见解与建议。

为了更深入全面地探讨总结出符合中国现实条件的历史教学规律，建立起一套科学完整的历史教学体系，形成切合实际、科学有效的教学方法，编写出一套全新的历史课教材，他提出成立中小学历史教学委员会，以专门研究中小学历史教学问题，以举全国同仁之力，共同推进我国中小学历史教育事业的发展与进步。

列车经过十几个小时的行程，终于到达济南。

济南城聚集了 300 多位来自全国各地的教育界精英。北京以蔡元培为代表，南京由郭秉文领队，天津的范廉源和张伯龄，广东的汪鸿铭，皆为一时之秀。各路名流汇集一堂，共同探讨中国的教育大计。

年会每日上午为社务大会，下午为分组讨论，由各专业组讨论代表所提议案。出席历史教学组的有徐养秋、梁启超、朱经农、何炳松、柳诒徵五人，提出议案五件：徐养秋先生关于成立中小学历史教学专业委员会的议案，梁启超关于中学国史教本改造并目录的议案，何炳松关于历史教科书编写的议案，朱希祖提议、何炳松附议的关于历史教学内容讲授顺序的议案以及陈衡哲关于中学以上历史教学废弃讲义的议案。第一次会议于 7 月 3 日下午 2 时召开，出席会议的有徐养秋先生、梁启超、何炳松和柳诒徵，并有旁听者六人。公推徐养秋先生为本组主席，何炳松记录。经过讨论，徐养秋先生所提议案一致通过，并公推徐养秋与何炳松拟定委员会简章，下次会议提出讨论；陈衡哲所提议案被否决，理由是"（一）中学生笔记能力甚差。大学教法理应自由，未便悬格。（二）中学设备参考书能力甚小；（三）即用印就讲义，学生仍可自动研究，讲义与自动并不相背；（四）以现在情形论，教本有采用之必要。"梁启超、何炳松、朱希祖三人所提议案"因问题重要而复杂，应俟将来历

① 徐养秋：《今夏中华教育改进社关于史地教育之提案及历史教育组地理教学组之会议记录》，载《史地学报》第二卷第一期，1922 年 11 月。

史教学研究委员会成立后，从长讨论，再行决定"。实际上，本组五件议案，只有徐养秋先生的提案获得通过。

7月4日下午2时召开第二次会议，出席者有徐养秋、梁启超、朱经农、柳诒征、何炳松五人，旁听者五人。徐养秋先生将连夜起草的中小学历史教学研究委员会简章的草案提出讨论。大家除了对委员人数、分组多少及经费等三条略有修改外，其余全部一致通过，并决定下次会议对修正草案进行讨论并最后表决。朱经农提议除委员会简章外，本组对于历史教学方面如目的、教材、课程教法等，也应有具体意见的贡献。得到与会者的一致同意。大家商定，下次会议每位出席会议的专家对上述问题都进行思考，并提出简单意见，并报告于大会。

7月5日下午2时，召开第三次小组会议，徐养秋、朱经农、柳诒征、何炳松四人出席，旁听者三人。会议主席徐养秋先生将中学历史教学研究委员会简章修正草案提出讨论，"众无异议，表决通过"。徐养秋先生根据上一次之议决，请会员对于目的一层，提出意见。他首先提出了历史教学目的意见十四条，朱经农提出三条，柳诒征提出意见书一篇，何炳松提出意见两条。"最后公决本组会员五人于委员会成立之前均充委员会筹备员。关于一切筹备进行事务之通信，北京由何炳松负责，南京由徐养秋先生负责。"

对于此次历史专业委员会的讨论情况及成果，教育部基础教育课程教材发展中心的何成刚博士在《1922年中华教育改进社济南历史教育会议述评》一文中有详细论述，现节选如下：

1921年成立的中华教育改进社在民国时期是一个有影响力的教育团体，下设32个专门委员会，历史教育委员会即是其一，亦是历史教育史上最早专门研究中小学历史教育的民间学术组织。

1922年9月，教育部在京召开讨论全国教育联合会第七届年会提出的新学制议案的全国教育会议，10月全国教育联合会在济南召开第八届年会。在该年会前三个月，即1922年7月3日至8日，中华教育改进社在济南召开了第一届年会。其中，历史教学组参与讨论的学者，如梁启超、何炳松、朱希祖、徐则陵、柳诒徵、陈衡哲、朱经农等都是当时学界精英。所提交议案及会议情况刊载在 1922 年《史地学报》第 1 卷第 1 期上。会后徐则陵受"新学制课程标准起草委员会"的委托,起草了《高级中学公共必修的文化史学纲要》。所以,了解这次会议上学者们关于学校历史课程建设的立场与观点,对于我们了解民国二三十年代学校历史教育的发展与转型是非常有必要的。值得关注的是,研讨人员中大半有留美经历,且对国外历史教学现状有相当的了解。何炳松留学美国威斯康星大学和普林斯顿大学,获史学硕士学位。徐则陵取得美国伊利诺大学的史学硕士,并在芝加哥大学和哥伦比亚大学攻读教育学。回国后曾任东南大学历史系和教育系主任。留日专修史学的朱希祖历任清华、北大、辅仁大学、中山大学教授。陈衡哲,留学美国瓦沙女子大学专修西洋史,回国后接受北大校长蔡元培的聘请,成为中国第一位西洋史女教授。当然,梁启超及柳诒征的学问更不必提。可见这个专家阵容还是非常强大的,美中不足的是缺少中小学历史教师的参与。

这里简要对诸位学者的历史教育改革设想做一述评:

1. 徐则陵的议案

在所有议案中,徐氏议案之旨趣可以说是最宏大的,主要围绕历史教育研究体系和解决对策两个问题展开的。

关于学校历史教育的研究体系,依徐氏之意,有历史教学目的、历史课程种类及支配、历史教学内容选择标准、历史教学法体系、历史课程衔接、历史地理公民学之会通、历史师资培养。依今天的研究视野看,徐氏历史教育视野相当开阔,提出的问题中既有宏观问题,又有微观问题,非常全面。

在这些问题中,历史师资问题也是徐氏关注的核心问题。在徐氏看来,历史教育对于发展学生的"社会效能"最大,即培养学生认识、参与及服务社会,及确立对社会及国家的一种义务、责任。尽管别的学科也有这一教育价值,但是,历史教育的功效最为明显。能否实现这一点,主要取决于教师。

徐氏接着把列举的问题又细化出了更为切近教学的问题。比如:如何分别确定中小学历史教学目的,坚持何种标准选择教学内容,历史教学中至少最精的教学内容应如何审定,历史知识排列应该坚持什么原则,历史地理公民各科应分科或综合教学,应如何培养教师等,这些问题,即使放在今天,也是历史教育理论中需要深入思考探讨的问题,反映了徐氏敏锐的问题意识。

针对上述问题,徐氏的解决对策是:(1) 调查历史教学现状,包括历史教学目的、各学程时间分量,分析教科书、参考书、讲义内容,并统计其结果;(2) 参考今日各国试用之历史课程编制的方法;(3) 制定试用的历史课程及教学方法;(4) 设法实验试用的历史课程及教学方法,统计其结果;(5) 确定历史课程应有的内容;(6) 新教科书试教后应用测验方法,考察学生成绩;(7) 将研究结果公示教育界,共同讨论,以便推行。

徐氏的问题解决对策,处处从中国的历史教学实际出发,又具有开放的世界视野,显然与徐氏留美经历有关。其意义在于,必须从中国历史教育实际出发研制适合国情的历史课程研究体系,但也应借鉴世界各国历史课程编制的做法,避免闭门造车。徐氏提倡的调查、分析、实验、试验、测量,再到讨论,然后是实施等过程,非常严谨。从理论价值上看,历史教育发展史上第一次将历史教育与科学方法和科学精神紧密联系在一起,徐氏可算第一人。可以说,徐氏为中国学校历史教育的发展指出了一条科学之路。可惜的是,徐氏设想的闪光点在当时没有被重视,民国学校历史教育正是在缺乏有效、科学的管理与督导下发展的,正因为此,发展的缓慢与低效就成为民国中小学历史教育呈现出来的两大显著特征。

……

余论

1922 年中华教育改进社济南历史教育会议,集合了诸多史学教授,集思广益,脚踏实地,切磋砥砺,"眼光向下"关注中小学历史教育改革,在历史教育发展史上还是第一次,甚至可以说是民国历史教育发展史上唯一的民间学术组织讨论学校历史课程建设的一次会议。会议中提出来的诸多问题、诸多观点包括了学校历史教育的方方面面,非常详细、非常集中地体现了当时国人对学校历史教育理论与实践的前沿性的认识,向我们充分地展示了五四时期学校历史教育发展的新动向。其中不少见解,反映了学者对历史教育深层和多角度的思考,以徐则陵的思考最为深邃。即使以今天的眼光审视,其学术价值都是相当高的。有些观点,我们未必同意,但问题本身的提出很有学术价值。

济南历史教育会议上的若干历史教育观点,可以很清楚地看到新史学的影子。从近期看,这些新的历史教育理念在新学制 1922 年历史课程方案上得到了体现,换言之,济南历史教育会议为 1922 年历史课程方案的制订提供了理论上的准备。如徐氏关于历史教育"社会效能"目标的认识;何氏关于历史教育"应以说明历代社会的进化过程,使学生明白现代社会的由来",及他提议历史教科书应列参考书目以扩大学生阅读视野的认识;梁氏关于历史课程内容应贴近社会生活及历史教育应培养学生爱国主义情怀的认识;朱氏关于东西洋史应统称外国史的主张;陈氏关于历史学习应发挥学生学习的主动性的认识等,都在徐则陵起草的《高级中学公共必修的文化史学纲要》中有充分体现。

……

会后,在徐则陵议案的基础上拟订了"中华教育改进社中小学历史教学研究委员会"简章,决定以研究中小学历史教育为宗旨,由史学和教育领域的学者组成,采取分组研究和共同研究的方式,成立"计划组"、"编辑组"、"实验组"。如果在政府、教育行政部门和历史教育界的同心协力下,按照徐氏拟订的研究计划,切实实施,必将加快中小学历史教育的现代化。遗憾的是,这些科学的教育研究方法、合理的建议设想,并没有得到教育界和政府的重视和支持。尤其在北洋政府时期,就更是一种奢望。不过,在南京国民政府颁布的历史课程方案研制中发挥了积极作用,当然这种作用毕竟有限。民国学校历史课程方案经数次修订,不断臻于完善,但曲高和寡的弊端却没有得以解决,实际上就与缺乏有组织的大规模调查、试验和研究有关,从而也就不能为政府历史教育决策提供有力的支撑,这确实是一个很值得当今学校历史课程改革者认真对待和深入反思的问题。①

在徐养秋先生的主持下,历史教学专业组的讨论圆满结束。而胡适所在的国语教学专业组的讨论可是热闹得多。第一天讨论东南大学张士一教授提出的"小

---

① 何成刚《1922 年中华教育改进社济南历史教育会议述评》,载《历史教学》,2006 年第 12 期。

学校教学标准口语案"。此议案主张"教学上应该拿有教育的北京语作为口语标准",引起热烈讨论。东南大学的代表多支持此议,而北京上海的代表多持反对意见,"不免有小冲突"①。由于当天的会议只有宣读议案,没有表决,所以大家也只争论一阵就过去了。7月5日下午在讨论黎锦熙提出的议案时,胡适与之"辩论甚烈,几乎伤了感情"。黎锦熙当时是北京高等师范学校的教授,他的提案是"国民学校初年级应以注音字母代汉字",主张废除汉字。他认为:"国语的精神在文学,而形质却要依托在直标语音的字母上了。真正有文学价值的国语,或方言,我们若要表示出来,离开汉字,愈远愈好。""我们应该赶这文学革新,白话盛行之后,开始实行汉字改良和改革的运动。"而胡适则坚决反对这样的主张。虽然他是白话文运动的领袖,力主以新文化取代旧文化,不遗余力地推行文学革新,但却不同意彻底废除汉字。"后来此案根本修正了始能通过。"②

7月8日午为全体大会,讨论各组表决通过并提请大会议决的议案。徐养秋先生所提议案得到一致通过。个别小组提上来的议案引起争议,特别是关于取消法政专科学校的议案遭到法政专科代表的强烈反对,会场一度陷入混乱。有代表甚至以"如此议案得以通过,将会造成改进社解体的严重后果"相威胁。主持会议的蔡元培只好与高等教育组的委员商量,搁置争议,保留到下次会议再讨论,才算暂时平息了冲突,"而反对的人还是悻悻不已",对北京大学的一班"学霸"颇有怨言,包括蔡元培和胡适在内的北大人在以后很长一段时间内都遭人忌恨。故胡适感叹道:"总之,旁的事都可以做,夺人饭碗在中国人眼里是大不道德的。"③这种利用手中的话语权拆庙废僧夺人衣钵的勾当确实有些"太不道德"。

7月8日下午会议结束后,改进社安排社员集体游泰山。

徐养秋先生有诗并序记此事:"1922年中华教育改进社在济南开会,会后社员相约游泰山。于是到泰安县。翌日上山,过经石峪,崖上刻《金刚经》全部,字大方七八寸,诚吾国伟大古迹之一也。余与程湘帆登泰山顶,宿于玉皇殿道士舍中。翌

① 胡适《胡适日记全编:1919—1922》,曹伯言整理,安徽教育出版社,2001年,第714页。
② 同上,第717页。
③ 同上,第717页。

日晨,黎明起身到山顶守日出,时时东望,不幸是日云深,未见日出,怅然下山。途中回视山后,峰峦错落,如在海上见波浪起伏。"其诗云:

名篇读罢久神驰,此日攀登慰夙期。

石径凿梯危且坦,高峰穷目窄还低。

终宵风紧吹铜瓦,昧爽云深蔽旭曦。

回首峰峦起伏处,况疑身在碧天池。

徐养秋从"多山多水多才俊"的江南,来到这"一山一水一圣人"的泰山,可是一了多年的夙愿。

泰山是中国文化的发祥地,是教育界的始祖孔圣人的故乡。改进社选山东济南召开第一届年会,颇有深意。此次泰山之旅,亦可视为对祖师的集体朝拜吧。

大队人马到达泰安,便分散行动。有的在泰安暂住,积蓄力量,俟第二天再登山。有的则稍作休息便按捺不住急切的心情,奋然前行。徐养秋先生与程湘帆(程湘帆与徐养秋先生是金陵大学同学,又同在东南大学任教授,二人关系十分密切)选择了夜宿泰安,于第二天早早启程,开始上山。

二人行至斗母宫,往东北又行一公里,进入山谷之内,此处便是闻名世界的经石峪。但见一平坦溪床,上刻1 400多年前摩勒《金刚般若波罗蜜经》的部分经文,青石朱字,字径约50厘米(原有2 500多字,现尚存1 067个,年代与作者不详)。"以径尺之大书,如作小楷,纡徐容与,绝无剑拔弩张之迹,擘窠大书,此为极则"(清人杨守敬语);又"如印泥画沙,草情篆韵,无所不备"(清人冯云鹏语)。经石峪石刻被后人尊为"大字鼻祖"和"榜书之宗",真乃中华文化之瑰宝。徐养秋先生早知有此奇石,憾无缘相识,今日终得一见,驻足细品,激动惊叹之余,不禁神驰意往,不肯离去。

赏罢经石,继续拾级而上。坡度虽十分的陡峭蜿蜒,但沿山径开凿的阶梯结实平坦,沿途遥望中轴天梯,双峰夹道,林荫掩映,石级盘旋,泉溪争流,自有一番美不胜收的景致。

终于攀到山顶,已是傍晚时分。在玉皇顶观日落西山、晚霞夕照,山林苍茫之中,隐约可见一线细流,莫非那就是九曲黄河?

天色渐晚,二人借宿道士舍中,与道士谈天论道,纵论泰山历史佚闻,名人掌故,一天的疲劳为之一扫而净。道士离去,倚枕难眠,但闻风声阵阵,铜瓦叮咚,一夜不得息声。在这风急瓦鸣之夜,宿于东岳泰山之巅,不禁想起元人张志纯的诗句:"岱宗天下秀,霖雨遍人间。高卧今何在,东山似此山。"故乡的茅山,虽然体量与泰山无法相比,但道观四布,道士云集,成为道教名山。与泰山相比,其精致有余,气势不足,南北差异,不止人文之创,尚有天设之别,此乃非人力可为也。

蒙蒙眬眬中,听到程湘帆起身寻烟,一点光亮闪过,便飘来一阵香烟的味道。徐养秋翻身看表,已经 4 点。道士说泰山 7 月份日出的时间是 4 点 45 分。

赶紧起身,洗漱完毕,二人出门,向玉皇顶走出。此时路上已经有了同去看日出的游人,其中多是从济南来的同行。到达日观峰时,已经有人捷足先登,占领了有利地形。他们二人找到一个视野开阔的位置,翘首远眺,静静地等待那令人激动的瞬间。时间一点点地过去,只见雾气缭绕,期待中,时间已过 5 点,浓厚的云层中,不见一线日光。"今天是看不到日出了,下去吧。"旁边有人遗憾地说。

失望怅然之情溢于言表,但天意如此,也只能无功而返。

心有不忍,时时驻足回首顾盼,希望能一瞥云隙中透出的一缕霞光也不虚此行。可是只见"峰峦错落,如在海上见波浪起伏",仿佛置身瑶池之中,却不见峰峦之中旭日东升,霞光辉映,甚是遗憾。

惆怅中,忽听程湘帆高声吟诵:"风云一举到天关,快意平生有此观。万古齐州烟九点,五更沧海日三竿。向来井处方知隘,今后巢居亦觉宽。笑拍洪崖咏新句,满空笙鹤下高寒。"这是元人张养浩咏泰山的诗,气势恢宏,意境深远,表现出旷达乐观的人生态度。于泰山之上,就应有如此胸怀,才会不虚此行。想到此,二人会心一笑,心情也渐渐好了起来。于清晨的下山途中,自有许多可观之处,行行止止,频频回首,依依不舍中但见峰峦起伏,古树参天,云雾缭绕间,如置身碧海瑶池之中,令人魂牵梦萦,不忍离去。

回到南京,徐养秋先生受"新学制课程标准起草委员会"的委托,起草了《高级中学世界文化史学程纲要》,并刊登于《史地学报》第二卷第四期(1922 年 2 月)上。

后经委员会全体讨论修改,定名为《高级中学公共必修的文化史学纲要》(以下简称《文化史纲要》),由全国教育联合会颁布,在全国高级中学实行。《文化史纲要》在教材内容、教学要求、教学方法以及体现的教学思想等方面都具有开创和独到之处,对后世历史教学大纲和课程标准的制定产生深远的影响。这部《文化史纲要》与常乃德起草的《初级中学历史课程纲要》一起,构成中学历史教学的纲领性文件。关于这部《文化史纲要》的学术价值及历史意义,后世学者评论甚多,具有代表性的评述文章有何成刚先生发表在《历史教学》2008 年第三期上的《1923 年〈高级中学公共必修的文化史学纲要〉论析》,摘要如下:

1923 年,全国教育联合会颁布《初级中学历史课程纲要》的同时,还颁布了面向高中历史教学的《高级中学公共必修的文化史学纲要》(徐则陵起草,以下简称《文化史纲要》)。关于这一问题的已有研究,实有继续探讨之必要。

一、

我们可从课程内容、课程目标的角度,对高中《文化史纲要》做一简单的分析:

1. 名副其实的"世界文化史"

实际上《文化史纲要》与其"最初稿",即徐则陵起草并发表在南京高师主办的《史地学报》上的《高级中学世界文化史学程纲要》,在课程内容上有着很大区别。

最大区别就在于,"最初稿"没有"中国文化史"内容,纯粹是一部外国文化史学程纲要。而《文化史纲要》中大量增补了"中国文化史"内容,从而使得《文化史纲要》成为名副其实的"世界文化史"……

2. 关注现代问题

《初级中学历史课程纲要》课程目标之一是"追溯事物的原委,使学生了解现代各项问题的真相"。同时,徐则陵在《文化史纲要》中也指出世界文化史的目标在于"以说明世界文化之性质,及现代文化问题为主旨""本学程以领会现代为归宿"。徐氏由此制订了课程内容的选取标准:一是"凡过去事实能解释现代文化者,可选为教材。选取教材时,目光须注射现代",一是"近世文化史教材,约须占全部教材三分之二"。这自然亦是杜威"实用主义"教育学说的反映。

3. 注重探究

高中"世界文化史"的另一个重要课程目标,也是《文化史纲要》极为出彩的地方,即注重培养学生历史学习的探究精神。正如徐氏在"最终稿"之教学建议中所指出的,历史教师应"指示研究途径,多予学生以自己研究之机会,学校为本,学程应有相当之设备,教员应斟酌学生程度指定必读之参考书",主张"用二种以上之教科书,为研究之始基,教员说明一时期历史局势之概观,为研究引端时得用讲演式,此外当以分纲共同研究式为正轨,参用问题式以维持兴趣"。可以说,这是清末及民初学校历史课程方案中所没有的。与《初级中学历史课程纲要》课程目标之一的"随时以研究历史的方法指导学生,以养成学生读史的兴趣和习惯"相比,似有继承一面,但更是课程目标上的拓展。

4. 注重国情教育,培育爱国主义情感

从《文化史纲要》里的中国文化史内容来看,尤为令人关注的是第99课"列强在中国之侵略政策"和第100课"十九世纪晚年中国抗侵略政策之反动"。如此旗帜鲜明地揭露列强对中国的侵略及中国人民对列强侵华的积极反抗,在学校历史课程中有此内容尚属首次,这说明了徐则陵力图在世界文化史课程内容中对学生渗透国耻教育和民族意识教育。这显然是《初级中学历史课程纲要》中所没有或极不明显的内容。可以说,《文化史纲要》中体现出来的这四条鲜明特点,与徐氏个人的学校历史教育观是一致的。《文化史纲要》起草的当年,徐氏在《史地学报》上发表《学校设历史科应以何为目的》一文,大致从国家、社会、生活、品行及能力等几个方面详细论述了他的学校历史教育目标多元观,基本上包含了《文化史纲要》中提出的历史课程目标。他在文章中指出,学校历史教育目标首先应该包括"培养民族精神""唤起国民自觉""发展爱国观念"。另外还包括"发展领会人群现状之能力""发展生活贯通文化演进之观念""陶养关心社会之倾向""发展对于社会之同情""发展国际正谊之观念与国际同情""涵养知识活动之兴趣使之常在""训练整理事实自下结论之能力""训练问题解决之能力""涵养公共理想""训练协作精神""陶冶品性""磨炼各种心的能力,如发展想象力,增强记忆力,训练判断力"等。在这里,徐氏的历史教育观虽然也有"世界主义"的成分,但在徐氏意识里,"培养民族精神"

"唤起国民自觉""发展爱国观念"等始终是第一位的,而这恰恰与《初级中学历史课程纲要》形成强烈的反差。

《文化史纲要》编写完成后,徐养秋先生又积极参加到由中华教育改进社提倡和推广的教学测验的研究与编制之中。

1922年6月,在孟禄的推荐下,哥伦比亚大学心理学教授、教育心理测量专家麦柯尔(W. MaCall)来中国进行教育心理与测验的培训与推广。当时,我国的教育家们已经认识到测验对于教育的重要作用,但苦于一无设备,二无经验,一切都处于空白阶段,因此对于孟禄的建议当然是非常欢迎,并立即着手准备。首先是南京和北京各成立了一个编制测试委员会,南京以东南大学为基地,徐养秋、麦柯尔、张士一、陈鹤琴、陆志韦、朱斌魁、廖士承、俞子夷为委员会委员;北京则有查良钊、张敬虞、张耀翔、刘廷芳、推孟、麦柯尔等组成委员会,以领导组织南北两地测验活动的开展。

在麦柯尔的直接指导下,我国教育界开始了教育测验科学的研究运动。根据麦柯尔的计划,要从24个方面编制测验,包括无文字的初小智慧测验和高小智慧测验、用言辞的高小智慧测验和中学智慧测验、高小与初中机械技能测验、算学之四则诊断及速度测验、理解式的算学测验、初小高小默读测验、国语朗读测验、书法测验量表、书法练习测验、历史测验、地理测验、标点测验等等。麦柯尔认为,教育测验是教育科学研究方法中最重要的一环。"教育科学研究方法大概可分为四类:即身心测验、统计方法、试验性的研究、求因性的研究。"而智力测验是教育工作者最为重视的一种工具,其对增进教育之效力具有莫大的影响,为组织共同研究之中心点。因此,智力测验和学校测验成为教育科学研究方法中最重要的,也是当时教育界最为关注的焦点。为了在国内广泛运用科学的测验方法,人才培养成为当务之急。因此,中华教育改进社和东南大学及北京高等师范学校共同设计了一套《测验之编造与应用学程》,作为训练教育心理测验助理人才的培训教材,并成立了"道师会",以培训参与测验研究的教师。"道师会"由中华教育改进社教育心理测验研究员与东南大学教育科教育心理测验教授联合组成,麦柯尔任主任,成员有徐养秋、陆志韦、陈鹤琴、廖士承、俞子夷、朱斌魁。在他们的共同努力下,麦柯尔的测验编制计划得以顺利完成,通过举办各种形式的培训与演示活动,对全国范围内的中学教师进行培训,智力测验与学校教育心理测验方法逐渐在全国中小学进行了试验和推广,为推进我国教育实施科学的测试方法的普及与应用起到了十分积极的作用,在我国教育史中书写了重要的一章。

麦柯尔回国以后,我国的教育家继续坚持进行教育心理测验的研究与推广工作,并取得了显著的成绩。东南大学教育科在徐养秋先生的支持与直接参与下,以陈鹤琴、陆志韦、廖世承等人为主体,在测验方法的探索与教材的研发方面取得了辉煌的成果。早在 1921 年 7 月,陈鹤琴与廖世承就合著了《比奈西蒙智力测验法》和《比奈西蒙智力测验材料》,由教育科出版,列为南高师丛书之一。以后他们又编制了中小学各项科目的各种测验,推动教育测验运动的开展。徐养秋先生根据历史教学的学科特点,编制出《中学本国史测验》并作为中华教育改进社丛书由上海商务印书馆出版。这是我国第一个历史学科的测验标准。陈鹤琴对此成果评价为:

历史测验也分世界历史、本国历史两大类,我们现在有徐则陵氏本国历史测验,与东大附中廖氏、苏氏之混合历史测验。兹约略于后。

(一)徐氏中学本国史测验。

徐则陵本是历史专家,他所编的历史测验当有研究的价值。

一、性质

这个测验只有一类,测验的本身已编成出版,但测验的标准成绩已遭火劫,所以徐氏还需费一番手续以获得现今中学生历史知识之常模。

测验的内容分六段,每段 10 个问题,每个问题有 5 个答案,叫学生把对的填在另外一张答案纸条上。

这个测验的例子共有 6 条,每条代表一段的意思,就是代表一种原则的意思。

徐氏所拟定的 6 种原则如下:

(1)历史与其发生的时期之关系;(2)辨别史事发生之先后;(3)史事与其发

生的地点之关系;(4)史事与其人物之关系;(5)史事因果之关系;(6)辨别史事之轻重。

看了下面的例子,就可明白上边所说的原则了。

本国史测验:

1. 在1918年发生的一件事是:(1)中日签订顺济铁路借款约;(2)施琅收复台湾;(3)阿桂平大金川;(4)隋文帝定刑律;(5)太平军政府初成立时英法美三国政府守局外中立。

2. 5件史事中最重发生的一件是:(1)徐州会议;(2)吴三桂传檄讨满廷;(3)长安崇化寺立祆教寺庙;(4)张巡、许远固守睢阳;(5)刘邦入关约法三章。

3. 周平王迁都的地方是:(1)汴梁;(2)洛阳;(3)长安;(4)咸阳;(5)安邑。

4. 元代始创海运的人是:(1)韩山童;(2)王文统;(3)张瑄等;(4)韩林儿;(5)阿哈玛特。

5. 撤退客邮的主要原因是:(1)国际聪明成立;(2)日本退还青岛;(3)履行太平洋会议议决;(4)中国加入万国邮便同盟;(5)邮电加价。

6. 5件史事中重要的一件事:(1)陶潜不为五斗米折腰;(2)建文逊国不知所终;(3)梁武帝舍身同泰寺;(4)洪承畴入贰臣传;(5)汉武帝平百粤。

二、批评

这个测验有几个优点:

(1)具诊断的作用:这个测验既然根据上面所说的6条原则编造的,而且每条原则有10个问题,这10个问题是依据难易排的。从第1题至第10题代表第一个原则,从第11题至第20题代表第二个原则,余可类推。这种排法是很方便的,我们很容易地看出学生的强弱来。所以这个测验是一个很好的历史诊断测验。

(2)做对的机遇只有1/5。有答案的测验是不易做的;每个问题后面5个答案,那是更不容易做的。这个测验的问题都有5个答案,而且统计的时候,那1/5可以做得对的机遇也有相当的公式把它扣除,所以这个测验是可靠的。①

———————————

① 见《陈鹤琴全集》第五卷,江苏教育出版社,2008年8月,第819页。

（二）教育科及教育系时期

1923 年 7 月 3 日,南高师行政会议议决取消高师案。从此,两校并轨,南京高等师范学校全部归并到东南大学,并将南高师校牌撤去,所属中、小学也同时改为东南大学附属中小学。东南大学校长仍由郭秉文担任,师资、校舍、设备等其他情况基本上未有变动,但科系设置进行了较大的调整,共设有五科二十七系:

（1）文理科,设国文、历史、外文（由原西洋文学系、英语系及德、法、日各学程合并改组而成）、政法、经济（由原政法经济系分设）、哲学、数学、物理、化学、地学等十系;

（2）教育科,设教育、体育、心理三系;

（3）工科,设机械工程、土木工程、电机工程等三系;

（4）农科,设动物、植物（由原生物系分设）、农艺、园艺、畜牧、蚕桑、病虫害等七系;

（5）商科,设会计、工商管理、银行等三系。

1923 年 8 月,陶行知为了专心从事中华教育改进社的事务,并在全国范围内实践其平民教育理想,坚辞东南大学的一切职务,只兼任教授,举家搬迁到北京,徐养秋先生调任教育科主任兼教育系主任。历史系主任从此长期空缺,后继无人。

教育科是南高师的核心部门,支撑着南高师在国内同类院校中的翘楚地位,始终处于中国师范教育革新与建制的中心,并作为中华教育共进社的核心会员单位引领着国内新教育运动的开展。东南大学成立后,更使教育科的教学设备和师资力量得以壮大,成为东南大学的品牌专业。1924 年即使在经费十分紧张,不得不裁撤一些科系时,教育科也作为必保专业,不仅没有受到经费的影响,反而加大投入,得到了进一步的充实与提高。

徐养秋先生任教育科主任兼教育系主任,可以说是众望所归。首先,郭秉文校长和刘伯明副校长对他的学问能力十分认可。郭秉文说他是中国的孟禄绝非浪言。三年的工作业绩足以证明这一点。其次,虽然任职历史系,但徐养秋先生一直心系我国普通教育的发展及平民教育的普及,与教育科的同事保持着非常好的互动关系,并共同合作完成了许多影响深远的学术研究课题及教育实践活动。在中华教育改进社组织的全国性活动中,他更是以专家委员会主要成员的身份参与其中,并出色完成了所承担的任务。如接待孟禄及宣传推进新学制实施,提出成立全国中学历史委员会的方案并得到通过,起草《高级中学公共必修的文化史学纲要》并由全国教育学会颁布实施,负责编辑《新教育》杂志的相关栏目,积极支持陶行知开展平民教育活动,在暑期学校中对来自全国的教师进行历史教学方法的培训,积极参加教育心理测验运动的培训与实践等等。在这些活动中,他与教育科的著名教授们建立了深厚的感情,达到了彼此信任、相互支持、配合十分默契的程度。因此,到教育科任职,对他本人和学校来说,都是非常好的选择。

教育科下心理系主任为陆志韦,体育系主任为美籍教师饶冰士。1924 年为培养乡村教师又成立了乡村教育系,教育科便设有四个系。

教育科拥有一大批哥伦比亚大学教育学院的毕业生,博士、硕士云集,名师荟萃。全科教师 34 人,其中曾获国外博、硕士学位的有 13 人,本国教授 17 人,外籍教授 2 人,师资力量十分雄厚。著名教授有陈鹤琴、陶行知(兼)、陆志韦、孟宪承、朱君毅、俞子夷、程湘帆、郑晓沧、廖世承、卢颂恩、张信孚等。其中卢颂恩和张信孚都是徐养秋先生金陵大学同期毕业的同学,二人都于 1915 年入选国家田径队,代表中国参加了在上海举办的第二届远东运动会,并取得了不错的成绩。

徐养秋先生一面全力支持大家继续进行之前已经开展的各个项目,一方面又结合新的形势与需要,带领大家开拓新的研究领域。一时间,教育科的教学科研与教育实践十分活跃,取得了丰硕的成果。徐养秋先生还和陶行知先生密切配合,将东南大学继续作为中华教育改进社的坚强后盾,承办了一系列面向全国的教学及科研活动,成为当时国内最具影响力的教育理论研究与普通教育实践的基地。

徐养秋先生任职期间,东南大学教育科的教学内容十分丰富。凡教育科的学生须依下列学规选择学程。

1. 共同必修之普通学程:(1) 英文,12 学分;(2) 国文,6 学分;(3) 社会学大意,1 学分;(4) 生物学,6 学分;(5) 世界大势,3 学分;(6) 哲学入门,2 学分;(7) 科学发达史,3 学分;(8) 体育,6 学分;(9) 择业指导,无学分,共计 39 学分。

以心理学为主系的学生,除共同必修的普通学程外,须习:(1)数学,4至8学分;以体育为主系的学生,除共同必修的普遍学程外,须习:(1)物理,3学分;(2)无机化学,3学分;(3)有机及生理化学,3学分;(4)细菌学,2学分;(5)社会学,4学分。

2. 共同必修的专修学程:(1)教育通论,6学分;(2)教育心理学大纲,3学分;(3)教育统计,3学分,共计12学分。

3. 选修的主系学程:教育科学生选教育或心理为主系,至少须于主系学程中选习32学分;选体育为主系者,须于体育系所开学程中学习67学分(凡以教育、心理二系之一为主系者,其共同必修的专科学程可以算入)。

4. 选修的辅系学程:凡教育科学生至少须于辅系学程中选习20学分。

5. 任选学程:除上列规定外,凡教育科学生依本科之指导,任选其他学程。

从以上学程可以看出,东南大学的教育理念在于培养专业精,知识博、眼界宽、能力强的综合性师资人才。

在任东南大学教育科主任期间,徐养秋先生主要做了以下一系列工作:

1. 主持东南大学附属中学实施"六三三"新学制的试验

学制改革自1915年便被提出,但囿于时势,未得重视。后经全国教育工作者不断呼吁,更有孟禄和中华教育改进社的积极推动,1922年11月1日,北洋政府徐世昌以大总统令公布了《学校系统改革案》,即"壬戌学制"。新学制立有七项标准:适应社会进化需要;发扬平民教育精神;谋个性之发展;注意国民经济实力;注意生活教育;使教育易于普及;多留各地伸缩余地。其中多与徐养秋先生《初级中学之功用及目的》一文所论相契合。政府通过"改革案",只是在法律层面承认新学制的合法地位,具体实施则还需要各校根据自己的实际情况来落实。以东南大学为依托的东南大学附属中学,由于占有得天独厚的资源,便捷足先登,率先开始了"六三三"学制的试验。

东南大学附属中学的前身是南高师附中,1917年筹备,1919年建成一院,1921年建成二院,1923年南高师正式并入东南大学,附中也改名为东南大学附中,属教育科领导,著名教育家廖世承任主任。

在徐养秋先生亲自主持下,教育科为附中投入巨资,增添先进设备,聘请著名教师,一跃而为当时国内一流中学。外部条件既已成熟,徐养秋先生便和廖世承先生深入调研,反复研究,决定率先实行"六三三"学制的试验。

廖世承(1892—1970),字茂如,上海市嘉定县人。1909 年入南洋公学,1912 年考入清华学校高等科,1915 年毕业后赴美入勃朗大学,专攻教育学、心理学,获硕士、博士学位。1919 年归国,聘为南京高师(东南大学)教育科教授,主讲教育心理学等课。他对美国教育也有着深入的研究,对新学制的本质及内涵认识也颇深。在他的带领下,附中的师生经过科学谨慎的组织筹划,逐步落实每一个细节,"六三三"学制终于得以顺利实行,并获得成功,成为我国落实"六三三"新学制最早的中学之一,为其他学校实施新学制探索出许多成功的经验,起到样板作用,对于"六三三"学制的普遍实行具有重要的意义,廖世承撰写的《实行新学制后之东大附中》也成为当时实行"六三三"学制的重要参考文献。新学制下的东南大学附属中学,培养了大批人才,如刘晓、巴金(李尧棠)、胡风(张光人)、屈伯川、徐克勤、周同庆、李国鼎、余传韬等。

2. 支持并参与陈鹤琴幼儿教育的实践

徐养秋先生对国民教育具有深入的研究,对教育规律的认识也相当的透彻准确。他认为一个人的教育是终生的,从幼儿教育开始,每个阶段都具有同等重要的作用,不可忽视任何一个教育周期,否则不仅会造成教育上的巨大浪费,而且将影响一个人的终生成绩。因此,他对陈鹤琴先生从事的幼儿教育给予了全力支持。

陈鹤琴(1892—1982),中国著名儿童教育家、儿童心理学家、教授。1892 年出生于浙江省上虞县百官镇,早年就读于清华大学,以庚子赔款留学美国五年,1919 年获得哥伦比亚大学硕士学位。陈鹤琴回国后,最初任南京高等师范学校心理学教授。东南大学成立后,任教授兼教务主任。一生致力于研究儿童心理学、家庭教育学和幼儿教育学。1923 年,他在自家创办了一所幼儿园——鼓楼实验幼稚园。由于是新生事物,外界了解者不多,没有人把孩子送来接受早期教育。为了支持这项具有幼儿教育理论研究与教学实践双重意义的开创性事业,徐养秋先生不仅用教育科的经费给予资助,还把自己的三女儿纬英、五女儿鲁还一并送来,成为鼓楼实验幼稚园第一期学生,同期入园的还有陆志韦、陈鹤琴及教育科其他教授的适龄孩子,共计十二名儿童,组成了我国第一所以新式教育模式进行教学的幼稚园。这所幼稚园成为陈鹤琴方法实验与理论研究的实验基地。到 1925 年,鼓楼试验幼稚园已经初具规模,陈鹤琴也探索出一整套的幼儿教育方法,编写出了一系列符合我国儿童成长发育规律,适应儿童心智成长需要的幼儿教育教材,鼓楼幼稚园的教育质量也获得社会的认可,取得了很好的口碑,入园的孩子数量急剧增加。在此形势下,徐养秋先生决定筹建东南大学幼稚师范专修科,由陈鹤琴亲自主持,并把鼓楼幼稚园加以扩大,正式纳入东南大学教育科的教育序列,使之成为教育科一个下属单位,命名为"国立东南大学教育科实验幼稚园——南京鼓楼幼稚园"。由于战事不断,学校经费十分紧张,已经无力给予更多的资金投入,徐养秋先生与陈鹤琴、陆志韦等教授商议后决定自筹一部分资金,以帮助幼稚园把所需园所建起来。在他的带动下,教育科的同事蒋竹庄、陆志韦、涂羽卿、张子高、陈鹤琴、程其保、萧任坚、甘梦丹等共谋发起捐款,以资购地建屋。此事被曾任苏州镇守使的朱琛甫得知,其慨然认捐全部费用的 80%,使得幼稚园得以顺利开工兴建。新建幼稚园用地三亩,建成平房一座。不久,幼稚园建成并正式对外招生。陈鹤琴任园长,邀请东大教育科美籍讲师洛林斯为顾问,张宗麟协助研究工作,陆志韦、张子高、涂羽卿、董任坚和附中音乐教师甘梦丹组成董事会。历年所需费用由东南大学教育科、中华教育改进社、江苏省教育厅及南京市教育局共同承担。鼓楼幼稚园成为我国最早的幼稚教育实验中心,在教具、教材、教法等方面的试验结果成为国民政府教育部 1932 年颁布的《幼稚园课程标准》的基础。

1927 年,陈鹤琴创办了《幼稚教育》月刊并亲任主编。徐养秋先生在创刊号上发表了《谈谈幼稚教育》一文,在表达对幼稚教育的重视与支持的同时,更是阐述了他对幼稚教育师资培养及以此推动全国幼稚教育事业发展的长远考虑。

今日从事于大学教育事业的人往往叹息中等学校毕业生程度不佳,归咎于中等教育之不良;办中学的人说小学毕业生程度'江河日下';初等教育界中人说小学一年级学生的教育最困难,儿童在家庭中,六岁以前未受相当准备入校的教育,突然进学校,经验崭新,不易适应。按成绩说,应当留级的很多,但是因其他关系随便升级教育上就酿成一种浪费。设使将这种浪费计算起来必定着实可惊。由此看来,教育事业应当注意全部,自大学至幼稚园各段教育息息相关;严格说任何一段教育均独立不起,任何一段教育亦不能单独办得特妙。世间不明此理的人往往有侧重某段教育的主张,而该段教育遂呈畸形发展的现象。殊不知全部教育倘有一阶段无适当的办法,其他各阶段必受影响,见于受教育者智识与技能上,或见于理想与态度上,或见于身体上;情状虽不相同,受影响则毫无疑义。我们主张教育建国,更主张以各阶段有适当办法的教育建国。所以东大教育科近来注意到第一段教育,目的在实地研究出幼稚园实施各方面的办法,供国内从事幼稚教育者采用。

求一段教育有办法,谈何容易。实际上的经费问题姑置而不论,即以该段教育本身之设施各方面说,非经过有系统的、有主旨的长时间观察与实验,不能得确实有把握可实施的办法,即使计划详明,可按步进行,教材齐备,完全适用,但没有训练彻底、精神纯正、兴趣深厚的教师活用所有制订的计划,及所备的教材,这一段教育仍是没有办法。所以我们主张将幼稚教育彻底做一番有系统的有主旨的观察与试验,建立一所幼稚师范专修科,招收志愿从源头上建设教育、从根本上建设国家的青年,前来肄业;一方面培养养正便是建国的精神,一方面练习,用引导儿童的手段发展他们的优美天性,观察儿童反应的方法,改善自己教学的能力;一方面学习些能从自然环境及社会环境中随时随地选择教材的基本学识。毕业之后,充当幼稚园教师,期望他们能从教师与儿童共同生活中培养健康及利群习惯的基础,维护儿童的情绪,使其免于愤怒、自尊、猜忌、孤独、冷酷的趋向;而增长其和乐、坚毅、自决、愉快的态度,并养成儿童热烈吸收新经验的嗜好作求学的始基。我们希望这一所未来幼稚师范专修科培养出的人才,能负人格教育的责任,换而言之,真能做养正的功夫。这理想的实现一大部分要依赖实验幼稚园的试验。东大教育科所以在预算中拨一部分经费请心理教授陈鹤琴先生主持试验幼稚教育,便是创办幼稚师范专修科筹备的工作。

吾国幼稚教育极零落可怜,这也是无可讳言的事实;非有大批胜任的幼稚园师资,不能推广及改善。至于需要一层那却不足虑；非受经济压迫的家长,谁不愿意他们儿女自二岁至六岁之期间能得受教育的机会,国内争地杀人的战事息了,国防部人从大梦中醒来,政府知道替人民谋教育普及,国人明白教育全部须注重,不得任何一段教育偏祜的时候,幼稚园无论在城市或有十五个六岁以下的儿童的乡村都应该设立,彼时必感得幼稚师资的缺乏,各省必有在教育科之大学中附设或单独设立幼稚师范学校之举；届时必有有心人提出幼稚师范专修科应当如何办的问题。东大教育科所以拟设幼稚师范专修科,一方面固注目于训练幼稚园之师资,一方面且将实验幼稚师范教育,研究幼稚师范的适当办法,以备将来各处创办幼稚师范学校或专修科者之参考与采用。

总之,我们承认教育问题是全局问题,教育阶段中任何一段枯萎不发达,或办法未妥善,甚而至于办法错误,全局必受其累。这层希望教育界大家觉悟,也希望一般社会人觉悟。大规模的教育事业上轨道与否,全赖有许多专门家放开眼界,收敛精神,悉心研究出办法来供一般人的采用。要免了教育上的虚糜,除用精审的研究专技在实际状况下,搜讨适当的办法,没有第二条路。今日办鼓楼幼稚园重在研究办法,将来办师范专修科亦然。我们的一切计划的最大目标,在增进办学的效能。

文中所阐述的观点,在今天仍然具有重要的指导意义。因为徐养秋先生当年的理想,在今天仍没有得到彻底的实现,特别是"训练彻底、精神纯正、兴趣深厚的教师",仍然是当今幼儿教育中亟须解决的首要问题。今天各幼儿园选聘教师,应该以此三项作为必备条件,只有具备了这三方面的素质,才配做一名幼儿教师,才可避免各种"虐童"事件的发生。

3. 支持并积极参与平民教育的实践

1923 年 6 月 20 日,陶行知(当时名为陶知行)、徐养秋、朱其慧、蒋维桥、王伯秋等在南京成立南京平民教育促进会,由王伯秋任主任,募得经费 15 000 元,起初在南京办两男校一女校三所实验平民学校,每校 50 人。实验女校学生只读了个把月的千字课,就能唱起整齐动听的《尽力中华歌》。至 8 月 5 日,增至 11 所学校,有学生千余人。联合开学时,各地来宾参观者千余人。到 12 月,平民学校达到 126 所,学生超过 5 000 人。拍摄的教学影片发行后震动全国,前来观摩者络绎不绝。

陶行知与南京教育行政当局及教育界人士议定,每一区立学校负责开办一所以上的平民学校,并亲自到金陵大学、东南大学等学校演讲,促进开办平民学校,还召开南京 60 多人私塾教育会议,号召用《平民千字课》代替《百家姓》《三字经》,实行平民教育。江苏 60 多个县共同响应,纷纷开办平民教育学校。东南大学校长郭秉文的夫人,徐养秋、郑晓沧、陆志韦、廖茂如、陈鹤琴、安徽公学副校长姚文采等一批有识之士,带头组织家属仆役学习《平民千字课》。陶行知住成贤学舍,家里有斋夫厨子 8 人也天天学《平民千字课》。徐养秋先生也把弟媳、厨子、杂工及邻居家的佣人组织到一起,以《平民千字课》为教本,亲自给他们上课。一时间,南京成为平民学员最多的城市,学员人数占到总人口的四分之一。陶行知说:"普及平民教育决定着国家的强大。如果使占人口 85% 的文盲都能认识千字,就可使国民精神振作起来。"正是在这种使命感的驱使下,东南大学教育科的教授们自觉地开展了一场轰轰烈烈的全民扫盲运动,在陶行知、徐养秋等人的积极奔走呼号下,很快波及全国,成为影响深远的平民教育大事件。

据《申报》报道:"江苏平民教育促进会为辅助教授千字课起见,特组织教案委员会,从事编辑教案,最近于二十八日开会,计出席者王伯秋、陶行知、徐养秋、王佩珍、陆治余、张明义(陆代)、刘令鑑、萧瑞君、秦念明(萧代)、陈维、李成翠、解尧卿、常道直等十三人,由王伯秋主席,首述编辑教案之原起,继由各人提出编著教案之意见。"①

4. 积极参与国际教育学术交流

中华教育改进社设有"国际教育组"(后改为"国际教育委员会")专事国际教育相关事宜。其中,关于参加"万国教育会议"以及改进社加入世界教育联合会的问题,国际教育委员会进行过专题讨论。

"万国教育会议"(即世界教育联合会)由美国教育会发起,于 1923 年 6 月 27

---

① 见《申报》1924 年 5 月 1 日第十版

日至 7 月 6 日在旧金山俄克兰召开成立大会,此后每两年召开一届年会,各国政府、教育官员、教育会均在被邀请之列。"兹所发起之万国教育会议,欲集合我友邦各教育会各大学校各团体于一堂,共商教育理想之建设,以促成世界之和平而跻人类于幸福之域"。

在其宣言书中,就"万国教育会议"的宗旨作了说明,本会"惟一之宗旨,厥为提倡世界教育事业,期有以造成更明了之了解。更一致之努力";并提出了"万国教育会议"的七项目标,如促进国际的友谊、正义暨好意等,以及达成这七项目标的六条途径。如设立国际公民学校训练青年,并为外国学生设立免费学校等等。权且不论美国教育会发起"万国教育会议"的真实意图如何,显而易见的是,宣言书中所宣布的宗旨、目标以及进行计划,与改进社的事业有不谋而合之处。因此,对于美国教育会发出的倡议,改进社作出了积极的回应。1923 年 4 月 25 日,改进社国际教育委员会联合北京国际教育研究会召开联席会议,就《万国教育会议宣言书》中的提议,以及中国代表的应对方案等问题,进行了详细的讨论。会议"决议推举名人分途担任"具体事项:(1) 推定程湘帆、张仲述、查良钊、凌冰、林砺儒、余天休、陶孟和、付佩青、汪典存研究公民学问题;(2) 推定朱经农、陶行知、郑芝园、刘廷芳、孙世庆、徐则陵、程伯庐研究教科书问题;(3) 推定张伯苓、郭秉文、胡适之、秦景阳研究互换教师及免费学额问题;(4) 推定袁希涛、陈筱庄研究促进义务教育问题;(5) 推定汤爱理、戴志骞、洪有丰、沈祖荣研究交换印刷品问题;(6) 推定王仲达、欧阳祖贻研究世界恳亲会研究办法问题。议决了中国代表的与会提案。

1923 年 6 月,由美国全国教育会发起,万国教育会议在旧金山举行,"这是世界上教育界第一次的大结合","即思运用教育方法,以培养国际之谅解,增进国际之同情,并提倡国际之公道"。当时中华教育改进社推定东南大学校长郭秉文、教育科教授陶行知等 8 人出席,郭秉文面对来自 60 多个国家的 300 多名代表,发表演说,倡导"唯以教育维系共同命运,唯以教育促进世界和平",颇得与会代表赞赏。而在赴会所带的 25 件印刷品中,东南大学更占了 11 件之多,分别是:郭秉文的《中国近年教育之进步》和《中国之高等教育》、刘伯明的《中国近年教育思潮之变迁》、陆志韦的《中国学制改革史略》、陶行知的《中国教育之行政》、廖世承的《中国之中学教育》、郑晓沧的《中国之初等教育》、邹秉文的《中国之农业教育》、朱斌魁的《中国之师范教育》、麦克乐（美国体育专家）的《中国之体育》、徐养秋的《中国教科书与国际问题》。这是中国教育界首次向西方展示本国教育情形，凸显了近代中国成熟的教育交流心态。在这届会议上，郭秉文被推选为世界教育会副会长兼亚洲分会会长，以后又连续两届被选为副会长。也许这便是对东南大学积极融入国际学术交流的最好回报。

5. 主持全国教育展览会

"1924 年 4 月 13 日中华教育改进社年会定于 7 月在南京召开，推定王伯秋为会务主任，任鸿隽、徐则陵为副主任。筹备人员本日在南京秀山公园开会，到会 20 人。陶行知适在南京，出席是次会议，说明历届年会经过情形及本届年会筹备意见。"①此次会议还议定在年会期间举办全国教育展览会，由徐养秋先生任展览会筹备委员会主任，陶行知先生任副主任。

中华教育改进社第三届年会如期召开。在此届年会上，徐养秋先生继续担任历史教学组主席，主持学科组讨论专家提出的议案。此次会议历史组共提出议案八项，徐养秋先生提出的方案为"史学上之心理问题"。关于历史教学中如何运用心理学原理，以提高学习效率和授课效果，是徐养秋先生长期关注并作了深入研究的问题，他在《史地学报》发表《历史教育上之心理问题》一文，专门探讨在中小学历史教学中如何运用心理学原理帮助学生提高学习效果。

在中华教育改进社第三届年会上徐养秋提出这一方案，旨在引起中小学历史教师对这问题的普遍关注，并通过与陆志韦等心理学家共同合作，有计划地对全国中小学历史教师进行心理学知识培训，使心理学与历史教学有机结合，以提高历史教学水平。

会上讨论王郁文提出的"史地名词急宜划一以便教学案"，"讨论结果由本组推举徐养秋、柳冀谋、刘崇本三先生与地学组合作，筹备组建史地名词审查委员会"。并得到大会同意，立为决议案。②

---

① 章洪熙《社务报告》，载《新教育》第八卷第三期，1924 年 4 月。
② 《新教育》第九卷第三期，1924 年 10 月。

　　此次年会期间,中华教育改进社还与东南大学教育科联合,并邀请中华职业教育社、中国科学社和江苏平民教育促进会加入,共同举办了规模宏大的"全国教育展览会","意在使全国到会社员,明瞭国内外教育真相,并使苏省教育界就近获得观摩之益"。徐养秋先生和陶知行(陶先生此时尚未改名为"行知")担任筹备委员会正副主任和展览会总干事。徐养秋先生还兼任美育部鉴别主任,刘海粟任美育部主任。①

　　作为此次活动的主要负责人,徐养秋先生带领东南大学教育科的全体同事全力以赴,做了大量细致而繁杂的筹备工作。展览会共设 30 个小组,各级分别负责联络国内外相关机构、学校征集本部门的展品。经过四个月的努力,共征集到包括美国、日本、菲律宾、马来西亚、新加坡、中国香港等国家和地区提交的各类教学展品四万多件。展览会于 7 月 5 日对外开放,而于 6 日举行了正式开幕仪式,展览一直延续到 9 日结束。

　　参加开幕式的有江苏省省长、实业厅厅长、教育厅长、江苏省督军代表、日本领事及来自全国各地的教育界代表及南京市民共四百余人。会议主席校长郭秉文首先致开幕词,徐养秋先生代表主办单位报告"本会经过情形"。

　　徐养秋先生首先说明举办本次展览的宗旨有三:"(1)征集教育成绩及统计,以觇最近十年来吾国教育之进退。(2)陈列教育现象于一处,俾年会会员于最短时间内,见教育各方面之状况。(3)使江苏人士就近得观摩之益。"

　　徐养秋先生说:"教育事业,兼有实质精神二大方面:以精神言,教育之成效,当在受教育者之技能智识态度理想上觇之。前二者可托实物以表现,后二者则非从言行中求之,未由窥见。以实质言,教育状况,固可用种种方法揭出,以唤起社会之注意,而图教育之发展。教育数量之统计,制度之写实,学校设备之图形,及其他关于设备实物之陈列,学校生活之写真等方法,皆能表现教育现状。由是而定,教育事业之大部分,固可展览。"他详细介绍了本次展览会的筹备组织经过、举办此次展览会宗旨、展览内容的确定、展品的征集过程、展品陈列原则以及展览场所的分

① 《新教育》第九卷第五期,1924 年 12 月。

布等。

徐养秋先生讲话结束后，江苏省省长韩紫石代表来宾讲话，他说："今日全国教育展览会正式开幕之期，而地点适在江苏，实为第一荣幸。其作用之所在，郭校长徐主任，相继说明，鄙人毋庸多赘。第想于短促时间，而能集合范围广大之展览会，是改进社与教育科之热心毅力所致。该会用意为比较研究。吾国新教育，已有年所，各省教育界人，非特不知各省教育之状况，即本省亦恐难详悉，因无比较故也。所以有比较，而后有进化。国外出品，更可比较观摩。以今比昔，当知今日之进化。以今日比较来者，则可知今日之较逊，则来者之进化无穷。有此逐年长时间之比较，则愈比较进化愈多。此次出品，各组能各留一部永久存在，他日继续开会，永久比较，尤为江苏第一荣幸。"

教育厅长蒋竹庄讲话后，陶知行先生起立发言，他说："此次全国教育展览会，徐养秋先生及各组主任干事先生，经营而成。布置井然，成绩可观。知行昨日以会员资格往观，今与诸君述之，步入大门，既有一种欣幸之观念，觉得五花八门、摩肩而行，几如山阴道上。而出品罗列，美不胜收。设使走马观花，则次第观览，如是观如是去已耳。设欲求一心得，则非长时间之审察不可。出品有四万余件，譬如用一分钟研究一件，则须四尤分钟。是决难办到。无已只能以我之所最喜研究者，且以为最有兴味者，详细审察研究，庶不虚次一行。故知行以为有分组详细参观之必要。并望展览会得继续举行，或五年一次，或三年一次，以激起教育界之兴趣。各校于闭会后，留存一部于此，以备组织教育陈列之用，尤为有益。"

无论是组织者还是参观者，都对此次展览会规模之宏大、内容之丰富、影响之深远给予了高度的评价，并希望能够在此基础上，保存部分样品，坚持不懈，定期举办，以促进我国教育进步。遗憾的是，政局动荡，人事更迭，这种美好的愿望终成泡影。

展览会设南京贡院和东南大学体育馆两个展馆，展览期间，前来参观者络绎不绝，不仅是教育界人士踊跃观展，普通市民也纷纷前来一开眼界。由于场地所限，为控制入场人数，参观者须购票入场，每张票价为铜圆 5 元。当日天气溽热，时雨时晴，赴会者往来路上，甚感不便。为方便购票，避免展馆门前人流拥挤，在下关、花牌楼、三山街一带设立了售票点。会场内外有警察守卫,昼夜不撤,负责维持秩序。"参观者得以循序出入,各室外守望警士,分配亦各有专责,态度端庄,逢人和气,实不愧为江苏省会警察也。"①展出的许多新奇独特的教学用具、模型及珍贵的历史文物,如展出的历代科举用具及试卷,特别是由北京历史博物馆送展的殿试卷,吸引了大量的参观者。不仅在南京,而且在全国都产生了巨大的影响。

为组织筹备此次盛会,徐养秋先生不遗余力,倾注全部心血,确保此次活动的圆满成功。展览会结束后,他写了《全国教育展览会之回顾》,刊登在《新教育》第九卷第五期上:

教育事业,非所以炫示于人者也。保持民族精神,涵养公共理想,推系人群制度,继承知识造诣,此教育事业之属于保守者。实现大群之企图,便利一己之自达,发扬学术改善习尚,此教育事业属于进展者。盖一国之教育,即其国民有意识有组织维持及改进大众生活之事业。主其事者沉潜切实,惟是之求,尚恐弗济。铺张扬厉,炫耀流俗,其去国家兴学之本旨不愈远乎?准是以谈,则教育何取乎展览。虽然,世界各国,举行大规模展览会时,未尝偏废教育。去岁大英帝国博览会之设教育展览部,即其最近之一例。欧战以还,大陆各国盛行教育展览,如英格兰规定每年一星期展览学校成绩;斯达克呵姆不时开展览会,以表示学校课程之进步;维也纳设永久展览会所搜集教育品,陈示该城学校事业之各方面,及其日新之现象。然则办教育者但求事业进步,实际是以表示于人固不必讳言展览也。况一国之教育事业,与国民有直接关系。其在国家教育昌盛之国,政府用人民所纳税赋,举办教育,成绩若何,优劣何在,政府有使民间明瞭之责任。其在人民自动发展教育之国,教育为民间事业,承办教育之当局,尤有使人民深知教育状况之义务。良以教育之盛衰,视社会人士教育趣味之厚薄。教育展览会之设,主旨在促进人民对于教育事业之兴趣。此次全国教育展览会之宗旨,亦犹是耳。本会筹备期间,不足四月,而应征踊跃,出品丰富。吾国教育界近年来自动精神于此可见一斑。所以唤起一般

---

① 《新教育》第九卷第五期,1924年12月。

社会人士对于教育之兴趣者,亦足以觇从事教育者自身对于教育事业之兴趣焉。本会自筹备至于开幕,会务之处理,一以分工为原则,合力为精神。展览物品之征集整理布置等事,分三十组担任,一组各有主干及干事,普通会务分三股,义务服务人员多至二百余人。其应征机关,筹备出品之人工,当数十倍于此。是亦教育一大通力合作之举动也。会场布置,因实际上之障碍,未能照预定计划进行。展览期间,过于短促,未能从容研究会务之得失,此则则陵至今引为憾事也。惟本会筹备经过情形,各组各股组织及部署之概况,俱详干事报告、统计报告,及鉴别报告。则斯编之刊,亦足以披露会务之大体,而供后之办教育展览会者之参考焉。

由于徐养秋先生兼任南洋华侨教育组干事,因此还撰写了《华侨学校普通学科成绩品鉴报告》,刊登在同期的《新教育》上。

6. 校订多部重要教材

徐养秋先生作为国内著名的历史学家和教育家,受有关方面的邀请,主持审订或参加校订了多部重要的书稿,以保证该书出版后的质量及权威性。主要有:

(1) 校订部颁教科书《教育史》。

20年代,北洋政府教育部组织全国师范教育专家编写了一套专为师范学校使用的《新师范教科书》。1923年应教育部邀请,徐养秋先生主持校订了王炽昌编著的《教育史》。

从历史系转到教育科后,徐养秋先生便开始讲授《外国教育史》、《中国古代教育史》及《两汉教育史》等多门课程,并将中西教育史进行比较,首开中外教育史比较研究先河。由于他对西方教育史早有深入研究,在教授《史学方法》时便经常用中国的史例讲解西洋史学研究方法,因此,对中西方教育史料均有丰富的积累与梳理,运用起来可谓得心应手。有此深厚的史学功底,转向中国教育史研究与教学,也是轻车熟路,为一时翘楚。因此教育部邀请他对选定的教材进行校订。

王炽昌编写的《教育史》是教育部选定的新师范教科书,经徐养秋先生校订修改后,由中华书局出版发行。此书一经出版,即得到教育界的普遍欢迎,到1932年就已经再版19次,一直被全国中等师范学校普遍使用,成为影响最大的教育史教科书之一。

（2）校订俞子夷的《一个乡村小学教员的日记》。

俞子夷（1886—1970），中国著名教育家。名旨一，字道秉，祖籍江苏苏州，后迁居浙江。早年肄业上海南洋公学。1909年，为解决推广复式教学的师资问题，江苏教育总会筹办单级教授练习所，首次选派办学成绩卓著的优秀教员俞子夷、杨保恒、周维城等人，前往日本考查单级、单级复式与二部制教学，俞子夷任团长。俞子夷1909年2月东渡，5月归国，7月在沪开办单级教授法练习所，并以两所单级小学为基地，作示范教学和组织实习。

1913年冬，俞子夷又受江苏省教育司之命赴美国考察。半年中跑遍美国南北，详细研究美国各派教学理论和实验，着重地研究了杜威的实验主义教学实验，并对哥伦比亚两所著名的实验小学进行了全面的考察，1914年转道欧洲回国。

回国后，俞子夷积极开展实验研究。他做的第一种教学实验叫"联络教材"实验，后来转变为"设计教学"实验。1918年，俞子夷根据桑代克书法量表的编制程序，编制了《小学国文毛笔书法量表》，开我国教育测量编制之先河，最早将西方测验引入中国。

1918年至1926年，俞子夷在南京高等师范学校任教，并主持附属小学工作，进行各种新教学法的实验研究。俞子夷以日记为主间以谈话通信的方式写下了《一个乡村小学教员的日记》，阐明评述乡村小学的教育改革经验，经徐养秋先生校阅后，被列入东南大学教育科丛书，由商务印书馆1928年出版。

（3）徐养秋先生组织教育科甲子级会诸同学编写了《本能与教学》一书，学生们写好初稿后，先生亲自审阅校订，编辑润色，最后交由商务印书馆于1924年出版发行。这是我国第一部利用心理学原理，对"本能"与教学的关系进行专题研究的专著，但又一改传统的编写方法，抛弃抽象枯燥的纯论说模式，从教育实践入手，对本能与学习的关系进行分析解说①。

---

① 全书共十三章：第一章，绪论；第二章，精神活动的本能与教学；第三章，体动本能与教学；第四章，模仿本能与教育；第五章，游戏本能与教学；第六章，好奇本能与教学；第七章，采集与贪得本能与教学；第八章，同情本能与教学；第九章，好誉本能与教学；第十章，好群本能与教学；第十一章，争胜本能与教学；第十二章，争斗本能与教学；第十三章，两性本能与教学。

（4）校订世界名著《世界史纲》。

1927 年，商务印书馆出版了英国大文豪韦尔斯所著《世界史纲》(The Outline of History:Being a Plain History of Life and Mankind)的中译本，这是国内最早的完整的中文译本。据版权页所示，译述者为梁思成、向达、陈建民、黄静渊、陈训恕等五人，校订者为梁启超、徐养秋、王云五、任鸿隽、秉志、傅运森、朱经农、竺可桢、程瀛章、何炳松等十人。此书在民国时期曾多次再版。2006 年上海人民出版社经过修订重新出版了此书。

雷海宗对此中译本的评价是："韦尔斯《史纲》的译者都是精通英语擅长国文的人，他们的译品当然是极端有细心捧读详细审查的价值。汉译《史纲》大体与原文相符，文词的清顺也堪与原书比美，我除佩服赞叹之外，再不敢置一词了。此书的译工的确是又精致又正确，在近年来恐怕是第一等了。"在今天，"校订"这个在书籍出版过程中的环节似乎不复存在了。校订者为译文的正误所做的工作隐藏在后，功力所达，不可轻视。

7. 组织编写并出版《东南大学教育科丛书》

徐养秋先生主持教育科期间，东南大学的学术研究活动十分活跃。他们一方面积极配合中华教育改进社开展新教育体制的理论研究与实践，同时又根据本校和学者个人的专业特色及学术专长，进行多学科的学术研究，一时间著书立说蔚然成风，硕果累累。《东南大学教育科丛书》出版了陈鹤琴编写的《家庭教育》、《儿童心理之研究》（大学丛书，上、下册）、《测验概要》（高师丛书，与廖世承合著），朱君毅编写的《教育统计学》，俞子夷编写的《一个乡村小学教员的日记》，程湘帆编写的《教学指导》等一系列具有现实指导意义的教材，这些图书在我国教育史上也都占有一席之地。

此时的教育科，学生人数直线上升，教师全力工作，教学与科研并举，理论与实践共进。测试方法的研究与应用成果累累；"六三三"新学制的实施，道尔敦教学法的试行，使附中附小办得有声有色，声名鹊起；陈鹤琴主持的鼓楼试验幼稚园正式开办，幼稚教育首开先河；教授们著书立说蔚为大观。

1923 年 11 月 24 日刘伯明病逝，年仅 36 岁。

刘伯明作为东南大学校长办公室主任兼史地部主任,实际履行的是校长职责。他对东南大学的作用,犹如诸葛亮孔明之对蜀国刘备。他认为大学教师最重精神修养:"吾国古来学风,最重节操。大师宿儒,其立身行己,靡不措意于斯,虽经贫窭,守志弥坚。汉申屠蟠所谓安贫乐潜味道守真,不为燥湿轻重,不为穷达易节,最能形容其精神。"因其品格高尚、学问渊博、举止优雅、口才极佳、待人真诚、处事公允,受到全校师生的普遍尊重与拥护。无论是新派海归,还是老派宿儒,都对其心悦诚服、尊崇有加。就连十分挑剔的学生也把他视为偶像,甚至模仿他那奇怪的发型,对他的崇拜不亚于今天的追星一族。据郭廷以回忆说:"刘先生平常头发垂过前额,几乎盖过半个眼睛,同学们就模仿起来。他的言行无形中影响了全校,成为全校的精神重镇。"郭秉文评价其为"高标硕望,领袖群伦的栋梁"。因此他被视为东南大学的精神领袖与为人楷模。他的不幸早逝,为东南大学后来的动荡与衰落埋下了一个伏笔。

几天后,即 1923 年 12 月 1 日凌晨,学校的口字房因电路老化而引起大火,木质结构的整座建筑片刻便化为灰烬,内存的生物系、物理系实验设备、7 万件动植物标本和 3 万多册图书、稀世之宝利马窦所绘地图以及各系教师存放其中的教案资料等等均付之一炬,可谓损失惨重。

这两件事的相继发生,给学校造成了巨大的损失。

刘伯明去世后,郭秉文校长邀请任鸿隽继任。

任鸿隽,字叔永,祖籍浙江湖州,1886 年出生于重庆,长徐养秋先生一岁,也是晚清末科秀才。1908 年赴日本留学,期间加入了同盟会。1911 年武昌首义后归国,任孙中山临时总统府秘书。由于孙中山屈于袁世凯的威势而拱手让出总统宝座,任鸿隽失望加郁闷,愤而弃官去美求学。他发愤学习,成绩优异,连续获得康乃尔大学化学学士和哥伦比亚大学化学硕士。在美期间他发起成立了中华科学社,网罗了一大批留学生,后来其成为在国内十分有势力的一个学术团体。

1918 年包括社长任鸿隽在内的"科学社"主要成员大多学成归国,在郭秉文校长的诚邀下,这批人大多来到南高任教,科学社办公地址也设在了南京。一开始在南高校内办公,一年后北洋政府将南高校园东侧的官房划拨给该社作社址,正式设立办事处,更名为"中国科学社",使得这一民间学术组织带上了些许官方的色彩,或说是得到了官方的认可。但任教不久,任鸿隽便离开南高,到北洋政府的教育部任职。刘伯明去世后,郭秉文急需一个能够替代他的人来主持校务。反复权衡和挑选,他最终选定了任鸿隽。最初任鸿隽并不太愿意回到南高,但经不起郭秉文的软磨硬泡、几乎是"三顾茅庐",只好恭敬不如从命,当起了南高的副校长。

(三)东大易长风波

在郭秉文苦心经营下,1920 年前后的南高东大已经发展成为中国最顶尖的高等学府之一。至南京高等师范学校改建为国立东南大学,东南大学已经拥有五科三十系,全科齐全,为全国之最。这些教育家中,刘伯明是学界的精神领袖、中国现代人文主义的先驱、自由教育的倡导人,高标硕望,领袖群贤。陶行知对中国的教育革新做出了许多开创性的工作。郭秉文才高望重,擘划运筹,居功至伟。郭秉文认为,学校是学术机构,是培养人才的地方,非学者不能担当起此任务。他强调,教育不应卷入政治风潮,政治更不应该干预教育,学校应由教育家独立去办理,否则不能保持学府的纯洁性,学者就是学者,不应亲近政治势力。他自己毕生未参加任何党派。孙中山曾邀请他参与革命大业,他也未从命,仍坚持自己的观点和态度。郭秉文的"学者治校,学者不参与政党、政治"的思想,对南高师、东南大学以及后来的中央大学乃至整个中国的教育界都产生了非常深远的影响。

东南大学的毕业生,回忆起南雍求学的经历,都会满怀深情,如数家珍般举出一系列令其终生难忘的恩师。翁之镛说:"南雍师长至今亏负其期望而仍兴怀之思者有四人,哲学思想之奠基有刘伯明先生,科学方法之培养有陆志韦先生,历史史实之研习有徐养秋先生。至今落落无成,难对师门。洪芬先生则立身处世之素养,体会较多,亦不过鳞爪耳。"[①]正当东南大学的发展进入到黄金季,图书馆、体育馆、科学馆陆续建成,郭秉文踌躇满志,大多数师生心情舒畅,教学科研蒸蒸日上之际,一场阴谋却在暗地里进行。人灾党祸即将降临,校长郭秉文和东南大学的大多数

---

① 翁之镛《追思先师孙洪芬先生》,载《传记文学》第 23 卷第 1－3 期,(台湾)传记文学出版社,1973 年。

师生却没有半点知觉。

　　1925 年 1 月 7 日，郭秉文办好上海的事情，准备动身返回南京。他购好火车票，看时间尚早，便买了一张刚刚出版的报纸，随意浏览。突然，一个醒目的标题刺入他的眼帘："教育部 1925 年第 1 号训令：前派东南大学郭秉文应即解职，另候任用。现经改聘胡敦复为国立东南大学校长。"他怀疑自己看错了，仔细看了几遍，还是不敢相信这是真的。无缘无故，毫无征兆，自己就这么被免职了？如此大的事情，江苏省教育会、学校董事会也没有任何消息，更没有任何人向自己说明原因。他立即退掉车票，返回住处。经过一番思考，他决定先给教育部和学校各拍一封电报。给教育部的电报没有表现出任何的责问或报怨，只是希望教育部速让新校长到任，以免"学校停顿，学子失学"；给学校的电文里则是叮嘱任鸿隽及校务会维持学校的正常运转，不要因此事影响学生的正常学习，表现出了顾全大局、委曲求全的君子之风。电报发出后，他就留在上海，静待下一步的消息。

　　此时的南京，却掀起了轩然大波。校园内一片混乱，教师学生听说校长无端被免，群情激愤，社会上亦是舆论哗然，声讨四起。首先起来反抗的是学生。东大学生自治会发表全体学生宣言，对教育部无端免郭表示强烈反对。全体教师开会讨论，经多数通过，以全体教职员的名义致电教育部，反对撤换校长。东大行政委员会则立即电黄炎培、蒋梦麟诸校董，要求他们出面与教育部交涉，敦促教育部收回成命。社会上的许多知名人士也纷纷发表文章，对免郭持反对意见。各方都敏锐地感觉到，这是国民党继成立广东大学以后，抢占教育阵地、施行党化教育的延续。曾任苏州省立第一师范学校校长的王朝阳在致教育界的公开信中慷慨陈词："东大郭校长，无端免职，实骇听闻。从此学界亦将卷入政党倾轧潮流。""敢告全国，共抒正论，为学界留一线人格，为教育界延一缕生机。"了解内情的陶行知更点明：这是国民党"实行党化教育之先声"。在强大的舆论压力下，教育部钦点的新校长胡敦复一再表示不就东大之职，致电教育部并发表公开声明，拒绝接受任命。2月 1 日，东大校董会再次举行会议，决议否认教育部易长之令，请郭秉文照旧任职，但为避风头，派他赴国外考察教育，由东大校董会和校务委员会组成临时委员会，协助行政委员会维持校务，此时的行政委员会实际负责人是任鸿隽，委员有孙洪芬、邹秉文、过探先、徐养秋、朱君毅、张准、涂羽卿、程其保、李文灿等人。23 日,郭秉文以受校董会委托名义,赴美考察教育。28 日学生自治总会召集全体大会,到会者六百三十九人,议决案如下:"(1)反对北京教部之乱命,及任何党派破坏我校案。(2)组织学生维持学校委员会案……"

在这场风潮中,徐养秋先生坚定地站在大多数教职员和学生一边:反对无端罢免郭秉文校长,反对各种党派势力破坏大学独立、教授治校、学生自治的办学原则,反对在大学内实施党化教育。他同其他有正义感、有威望的系主任和教授积极支持任鸿隽的领导,共同担起了稳定学校大局、保证正常教学的责任。

在大家的共同维护下,学校正常上课,秩序井然,处于暂时的平静状态。

可是,树欲静而风不止。正在人家等待教育部改变错误决定,恢复郭秉文校长职务时,东大校内少数几个人仍在暗地里密谋下一步全面接管的计划。他们一边派人跑到北京上下打点,与北洋政府下的教育部及国民党先期赴京的汪精卫、杨杏佛等秘密协商,欲借助党派力量取消校董会,并乞求各派政客给予资金的支持;一边在校内制造事端,罗列郭秉文的所谓劣行四处散发,拉拢部分学生加入到倒郭阵营,学生中少数国民党员成立了校务改进会。谁知机关算尽太聪明,反误了卿卿性命。他们往来密谋的信件被曝光于《申报》,引起了学生们的极大愤慨。

1925 年 3 月 5 日的《申报》以"东大易长问题又起风波"为题,刊登了五条相互对立的文章。一是"东大教授任鸿隽等致胡敦复函",二是"萧纯锦致胡柳两氏函",三是"东大全体学生大会决议",四是"东大南高毕业同学会之主张",五是东大学生校务改进会之宣言代主张。

"东大教授任鸿隽等致胡敦复函",敦促胡敦复先生勿受他人怂恿,"不宜因群小之包围,而受党派之利用,作一时过渡之人物,而自累清名于无穷"。希望他"重申前度所持之态度,而自远嫌疑,以免误会"。

胡敦复毕业于美国康乃尔大学,获理学学士。回国后先在清华大学任教务长,因与美籍教师不合,辞职到上海创办了私立大同大学,任校长。在上海五卅惨案后由于禁止学生上街游行,遭到学生的强烈反对。他的弟弟就是东南大学的教授胡刚复，其为美国哈佛大学物理系毕业，获硕士学位，物理学家。他们皆为中国科学社成员，与任鸿隽私交很好。任鸿隽等教授自以为对他是了解的，相信他的辞聘声明，所以好言相劝，希望他能在此重要时刻再次重申此前态度，以免节外生枝。

"萧纯锦致胡柳两氏函"是萧纯锦在北京活动各方势力后，向胡、柳二人汇报结果的密信，从中可见他们谋划解散东大校董会，全面接管学校权力的详细计划。信中把他们公开勾结段祺瑞执政府，暗中依附国民党政客，企图联合各方政治势力包办东大教育的阴谋暴露无遗。他们所依仗的汪精卫、李赞候、梁鸿志后来都成了汉奸，李、梁二人在抗战胜利后被国民政府以汉奸罪论处。其实，此前柳诒征和国民党党员顾实还曾经亲上北京，求见了许多人，其中就包括孙中山机要秘书，后成为国民党右派分子的邵元冲。邵在日记中有如下记录："1924 年 12 月 6 日，柳翼谋、顾实来访"。而此时正是各倒郭人士频繁与其接触的节点，邵元冲的日记还记录了杨杏佛、马叙伦等与其讨论东南大学易长事宜。可见他们处心积虑，早已经在暗中和国民党有密切联系。

这一班人联合起来对付一个郭秉文和东南大学的那些老书生，可谓绰绰有余。从事件的发展趋来看，这次斗争的胜负，早已没有悬念。但是，东南大学的广大师生却不肯放弃，仍然在呐喊，在抗争。

东大全体学生在当天的报纸上发表声明，表示坚决"反对北京教部之乱命，及任何党派之破坏我校"、"组织学生维持学校委员会"、"拒绝新校长"、"通电各报馆，驱逐马叙伦"、"请教授会并校董会协力维持校务，并请各教授，本素日爱校之精神，万勿轻离学校"。

"东大南高毕业同学会之主张"因文章较长，报纸未全文刊登，只择要公布，即："发表宣言，并致电函新校长胡敦复及教授杨杏佛，大致力挽郭秉文，劝告胡氏勿长校，并请杨氏表示态度。"此函把居于幕后全盘操纵的杨杏佛推到前台，逼其公开表示态度。

3 月 6 日的《申报》上刊登了东南大学全体学生发出的第二次宣告：

我校不幸，前者教部，无端将我郭校长免职，视学术如官廨，弁髦法规，摧残国本，我全校教职员毕业同学，及同人等，业于前次宣告中，坚决表示，一致反对并照原定计划，协力进行，按期开学。今者广厦重开，弦歌未缀。全校事务，外蒙校董会之赞助，内有维持委员会之主持，戮力同心，共图进行，郭校长虽远渡重洋，考察教育，而事业设备，固未曾稍异。襄昔乃蓄意破坏之徒，心怀叵测，阴谋捣乱，妄造谣言，故渎听闻，挑拨煽动，希逞私图。实则我校同德一心，校务未曾有停顿之象，射影含沙，鬼蜮难逃技穷之日。彼马叙伦者，身任全国最高教育行政长官，阿谀取容，党同伐异，先后罢免苏教厅厅长，排斥部中僚属，以破坏东大为不足，必使全国教育深陷于黑暗恐慌而为快。公理不容，中外腾笑，设非丧心病狂，定必别有阴谋。党化教育，言非无因。夫教育独立，不随政潮以进退；学府尊严，更非党派所转移。同仁等迫于大义，疾恶如仇，为国锄奸，责无旁贷。谨于2月28日召开全体学生大会，表示一致决心：(一) 始终反对教部之乱命，及任何政党破坏我校者。(二) 声请国人共起驱逐摧残教育之狙行不义之马叙伦；本爱国爱校之精诚，为不屈不挠之奋斗，果欲倒行逆施，甘心蹂躏，或受人利用，来长我校。则真理所在，同仁等誓竭绵薄，相与周旋，秦非无人，宁甘玉碎。威武不屈，请示方来。呜呼！乱命不除，学府皆有党化之虞；马氏不去，教育绝无澄清之望。

3月8日，多次声明拒绝接受教育部任命的胡敦复突然来到南京，在中国科学社办公室约见任鸿隽及部分教授代表，商谈到校履职一事。出席会议的有任鸿隽、陆志韦等人，其中多为中国科学社成员，与"二胡"均为朋友。会上任鸿隽等人介绍了校内情况，认为目前学生情绪激烈，胡先生不宜即刻上任，免生事端，建议其最好等寒假过后，学生情绪平息了再来。胡敦复听了介绍，也当即表态，暂不到学校接任，以后再议。众人信以为真，放心离去。不料第二天，胡敦复竟然在其弟胡刚复的陪同下，直奔校长室，强令文牍员交出学校印章，盖在事先准备好的几份告示上，趁学生正在上课之际，四下张贴。

消息迅速在各教室中传开。全校立即停课，学生们急速涌出教室，向孟芳图书馆跑去。

"二胡"看到愤怒的学生前来问罪，紧闭大门，不肯与学生会面。情急之下，激动的学生用力砸门，有的学生破窗而入，冲进室内质问胡敦复为何不请自来，又凭什么擅自以校长的名义发布公告，并勒令其立即撤出。开始胡敦复还摆出部聘校长的架子，与学生争辩，命令学生出去。但愤怒的学生越聚越多，室内室外一片喧嚷。一个情绪激动的学生打了胡刚复一拳，并有人将一瓶红墨水泼洒到他们的身上，二人甚是狼狈。学生逼迫胡敦复写下承诺，不再染指东大校长，否则便不许离开。双方相持了几个小时，最后胡敦复只好写下保证，才得以脱身。

徐养秋先生闻讯赶来时，胡氏兄弟已经离开学校，学生们还没有散去。看到风波过后仍然十分混乱的场面，徐先生非常痛心。一个曾经无比辉煌、享誉海内外的大学，一个曾经满载着他们教育建国理想，为他们提供普及教育、开化民智平台的教育圣殿，如今却因校长无端遭免，被少数人搅得是非不断，无法正常教学。想起在报纸上看到萧纯锦致胡、柳两人的信，他更加坚信是校内有人与外部党派相互勾结，必欲罢免郭秉文校长而行党化教育，才造成学校如今混乱不堪的局面。对这些人强烈的不满、对党化教育的强烈抵触，化作了对学生行为的理解与支持。他选择了站在大多数教授和学生一边。据当时就在现场的郭廷以回忆："徐则陵先生在馆外说，我们乱得这个样子，是有汉奸在里面。"就这样的一句话，被倒郭派演绎为"聚众演说，嗾使暴动"。

根据郭廷以先生的回忆，当时的情景是："教西洋文学的文特在图书馆门口喊'打'。闹得最凶的是体育先生卢颂恩、张信孚。卢在校长室窗台上大演其说，一下子丢下胡刚复的帽子说'这是乌龟壳'。同情胡刚复的汪静本也去了，不过他也批评胡不对。这时校长办公室副主任任鸿隽很紧张，一会儿上楼，一会儿下楼，不断说'这怎么办？这怎么？这刚复害他老兄'。"事后胡刚复等在报纸上指责是陆志韦和徐养秋先生带领校外流氓对他们施以暴力。东大学生会则在报纸上发表声明，说明事情真相，驳斥了胡刚复的谎言。王善铨等三十三位教授也联名投书报馆，声明：陆志韦撕布告乃出于义愤；徐则陵大声呼打，实系捏造，当时徐并不在场。他们之所以把这盆脏水倒在了陆志韦和徐养秋先生二人的身上，是因为他们二位作为科系的主任，在校内德高望重，深受其他教员和学生的尊重，在反对党化教育、反对罢免郭秉文校长的运动中表现出了坚决的态度。

胡氏兄弟灰溜溜地离开学校后,一边在各大报纸发表声明:"公电,南京鼓楼胡敦复电,《申报》《新闻报》《时事新报》《民国日报》《商报》转教育部:鄙人为尊重教育独立,维持学府尊严计,以后永不就东南大学校长之职,伏维公鉴,胡敦复。"一边却又电告教育部和杨杏佛等,请求支援。

3 月 10 日,《申报》刊登《东大教职员徐则陵等告全国教育界书》:

……本校自易长问题发生以来,全体教职员同生愤慨,曾由全体大会议决发表正式宣告,提出三大理由,否决教部非法命令。萧函未披露以前,教职员中并未有人正式发表异议。开学以来,教授同仁,因本校情势,异于平时,曾开会讨论,共筹维护校务之办法。当经议决,设校务维持会,并推起草员七人,拟订组织大纲,方期开大会讨论表决,以为维持校务之准则,巩固内部,即所以外御党潮。孰料胡教授等,阳示合作,暗中则违背公议,借外力以逞私图,同人诚愚,百思莫解,爰附质疑之义,提出下列诸点。(一)本校全体教职员宣言提出三大理由:1. 教育须超出党潮;2. 校长免职教部未正式宣布理由,功罪不明;3. 照经部准之校董会章程,本校校长须由董事会推荐,否定教次马叙伦非法命令。此种主张,经教职员大会表决通过,由紧急校务委员会起草,正式发表,对外则为宣言,对内则为信约。宣言发表后,胡教授等均未正式发表异议,则胡等一日未辞职,在道德上即一日有共守之义务。今据报载萧函,始知胡等,暗中行事,与本校全体教职员之主张,背道而驰,与学生、毕业生屡次宣言精神也不一致。胡教授等主张既不相同,何不于宣言发表后,即公然正式反对,却暗中承认教部非法命令,拥胡敦复为本校校长。此不解者一也。(二)马叙伦无端免本校校长职,同人一致力争教育独立,不入党潮漩涡,今胡教授等,违背大多数力抗党潮之主张,……此不解者二。(三)教部摧残本校,同人主持正义,据校董会章程,一致抗争,大难未去,外患正殷之际,应如何从积极方面妥善维持学校之办法,校董之赞助,本校本有事实可稽,退一步言,则董事会不善,亦应俟吾人主张贯彻之后,正式开会,从长讨论,取决于大多数教授议定办法,方为正轨。今二三人挟嫌报复,不顾学校大局,私自运动教育部,取消校董会,以长马叙伦之势焰,行事光明与否，社会自有公论。少数人借外力以压迫多数，抛弃主张，是否大学所容，此不解者三也。（四）本校评议会系由教授会评议会联席会议决取消，有当时会议记录可查。废止既出公意，如当恢复亦当取决于公意，此为不易之理。盖事关本校全体组织，不能由二三人私自行动，任意变更。即纯粹为公，尚有专擅之嫌，况借评议会以为武器，实行捣乱乎？据报载萧函胡柳二人，电嘱呈部恢复评议会，并有遵办之语，以二三人代表全体，私自运动官厅，改变有关本校全体之组织，此种行为，直视东南大学为三数人之大学，蔑视公意，至于此极。教授治校精神，固如是乎？本校内部问题，不先行自求解决，而乞援于外部官僚，自视未免太轻。用意更不知所在。此不解者四也。本校自南高改组东大，经营十载，粗具规模。校风纯洁，全国所知。当此党潮汹涌之会，内部正宜本道义结合之精神，为中流之砥柱，而胡君等，不明大义，刚愎自用，偏欲牺牲同人教育独立之主张，致有甘受某党控制之痕迹，至其行为之是否正当，手腕之是否光明，寻绎萧君致胡柳二君书，自有定评。同人与萧君等，皆相处有年，痛祸起于萧墙，不忍多所论列，吾教育界同事，幸垂鉴焉。

署名有：徐则陵、陆志韦、郑晓沧、廖世承、邹秉文、原颂周、谢家声、汪启愚、程湘帆、葛敬中、陈鹤琴、叶元鼎、俞子夷、张天才、朱君毅、唐启宇、戴芳澜、陈祯、卢颂恩、张信孚、许震宙、程其保、邹树文、涂羽鲫、洪范五、李文彩、罗清生、赵叔愚、王善铨、李炳芳、姚文彩、夏之时、甘梦丹、夏景武、赵士法共 35 人。

3 月 11 日《申报》详细报道了 9 日东大发生的事件经过：

胡敦复前日乘车赴宁后，访任鸿隽于寓所，昨晨（9 日）九时偕其弟刚复，乘马车至东大接任。到校后，即赴校长室，预备通告二张，一大一小，大致谓对于学校各事如学术经济，概采公开主张，校务由教授共同维持。文牍夏景武交出钤记，乃用印于公告，贴在孟芳图书馆楼下，即被撕去。各教室正值上课之际，闻讯后立行停止，学生一拥而出，向胡兴问罪之师。有数生破窗入胡室，一时全校人声鼎沸，秩序大乱。当有警察一排，入内弹压。大众旋迫写一声明书，"为尊重全体公意永不就东大校长职"字样,并用手印示信,立拍照送出校。时已一时余。胡乃往中国科学社内,即电致北京各方面报告情形,请予援助。午后教职员学生,开联席会议,议决五事:(一)驱逐拥胡派之教员柳冀谋、胡刚复、萧纯锦,不承认其教授;(二)维持学校秩序,照常上课;(三)组织经济委员会,推陆志韦等十五人为委员;(四)将校长钤记,交归公共处所保管;(五)将反对胡为校长缘由通电各界。闻明日继续会议,决定坚持到底。……

学生紧急大会:东大全体学生,于昨(9日)下午胡敦复离校后,开紧急大会。实到人数计五百四十五人。议决案如下:(一)明日(十日)起,请诸同学照常上课,并请各教授,始终维持学校;(二)倘有武力压迫时,对待方法有两种:(甲)临时请诸同学,受学生维持学校秩序委员会之指挥;(乙)组织警备队,维持秩序,由学生维持学校委员会办理之;(三)请胡、柳、萧三教授自动辞职;(四)对于破坏公义之校务改进会分子,俟侦察确实后,即行驱逐出校。

这些发自第一现场的报导真实记录了当时事件的过程及事后胡敦复及东大教员学生的反应。

而胡敦复这边也紧锣密鼓,编造出一系列的谣言发诸各报,引起舆论上的一阵乱战。各派力量纷纷从自己的立场给予了解读与评论。国民党机关报上充斥着批评谩骂学生的文章,一些拥护党化教育及与胡氏兄弟关系密切的人也发声谴责。但有更多反对党化教育、主张大学独立的教育界人士对东南大学学生的行动给予理解和支持。他们纷纷发表声明,谴责教育部违背大学独立、教授治校、学生民主管理、不受党派控制的办学原则,强行罢免校长而任命其同党欲强占校园,破坏教学秩序的恶劣行径。同时对东大师生为了守住校园的纯净,为了维护教育的尊严,同势力强大的党派进行着坚决抗争的行动,表达了敬意与道义上的声援。

但是,反对党化教育的斗争并没有结束。

3月12日,《申报》刊载了教育部关于取消东大校董会、成立评议会的训令,任鸿隽辞职通告及东南大学赴沪学生代表来函。学生的来函写道:

　　报载胡敦复先生致教育部佳电,语多失实,故凂听闻。查胡先生及刚复先生,突然莅校,迫用校印,自出布告,以致激动公愤,全校同学,群欲往校长室(时胡先生居此室内),请其离校,一时人多嘈杂,幸经学生维持委员会诸君竭力维持秩序。此时除任叔永先生,帮同维持外,并无其他教授在旁,结果由胡自出布告,并通电各报馆,表示态度,永不就校长之职。同学等深感之余,爰共摄一影,以留纪念。不意胡先生佳电,竟谓教授陆志韦撕去布告,并教育科主任徐则陵月台演说,鼓动学生喝打等情,全属子虚,不知何指。同流氓、吹口哨、把校门等,更属凭空捏造,不知用意何在。幸当时情形,有照片可证,当续行寄奉,以供众览,以藉明真相。

　　王善铨等 33 位教授联名投书报社,澄清当时真实情况:"谓陆志韦撕布告,出于义愤;徐则陵大声呼打,实系捏造,当时徐并不在场。东大紧急校务委员会快邮代电谓'东大处于恐怖时期,'全系危言耸听,全体教职员出席者 123 人,少数多数,孰公孰私,不言自明。东大多数学生表示,'3.9'事件,为全体公意。胡氏致部电,言多虚诬。"①

　　4 月 9 日,东大教授召开紧急校务会议,致电段政府,退回教育部训令;4 月 18 日,已经换为章士钊为教育总长的教育部,迎合国民党人汪精卫和杨杏佛等人的主张,仍决定由胡敦复任校长。胡敦复背弃之前的承诺,急欲赴任,但有了第一次的教训,不敢独自前往,便要求江苏省政府派卫队保护,进驻东大,遭到政府拒绝。东大学生闻讯则紧闭校门,坚决拒绝胡敦复进入;5 月 5 日,陈逸凡(玄茹)等 48 名教授声明,坚决拒胡。胡敦复进不了校园,只好打舆论战,频繁在报端发布公告,表示要接管东大;东大校务委员会则针锋相对,也刊登广告,否认胡为东大校长。双方你来我往,唇枪舌剑,由于得到江苏省内各方面的支持,东南大学的校长位置便一直悬而不决。虽然没有正式任命的校长主持校务,但大家公推陈逸凡教授担任校务委员会主席,徐养秋、孙洪芬、邹秉文三位科主任和二位教授代表为校务委员会委员,在委员会的集体领导下,全体教职人员团结一致,尽职尽责,学生照常上课,

　　①　诸葛微文《记二十年代东南大学易长风潮》,载朱一雄主编《东南大学校史研究》,东南大学出版社,1989 年 6 月。

教学秩序井然。由于少数教授被学生驱逐离校,部分课程没有人上,学校便尽量请留美留欧学生代课。

徐养秋先生主动到历史系为学生开设西洋文化史课,学生们一片欢呼——因为此前他们曾多次请求徐先生回来开课,但因教育科事务繁忙,开课又多,实在无暇兼顾。现在学校处于非常时期,万事以学生的课业为重,两系兼课,又要处理处在学潮中的繁杂科务,压力之大、负担之重,可想而知。徐养秋先生恪守教职,对学生负责的精神令学生们钦佩不已。

经教育部和江苏省协商,八位"筹备委员"进驻东南大学,欲对东南大学进行彻底的改组,在全体师生的抗争下,经过反复协商,双方达成协议:"1. 秦汾以新校长身份进校;2. 学校组织大纲必须由教授会讨论通过;同时议决共同遵守的一条——将来绝不允许处分三科主任及两位教授代表。"秦汾和伍崇学进入东南大学。学校处于暂时的平静状态,为了维护学校的整体利益,徐养秋、陈逸凡、邹秉文等校务委员会五位委员主动提出辞职,以免章士钊借故继续对东南大学进行打压与破坏。陈逸凡在写给代理校长蒋竹庄的辞职信中说:"自惭朽栎之材,无裨事变,然牺牲之愿,始终勿渝。苟利学校,万难何辞。迩者喘气未定,教部又迭下停办改组之令,观其设谋布置,无非为本校三、五人去留问题,苟不获以甘心者,虽毁全校以为之殉亦非所恤。茹玄既不忍心以爱护学校之人,反自贻学校之累,再四思维,惟有决计自行引退,以免谗匿之徒,更复借端破坏,俾校事得以照常进行,千余学子不致中途辍学,岂非不幸中之至幸。毒螫在腕,壮士断臂,愿先生勿以争少数人之去留牵动学校之治安,将茹玄在校一切职务,即日解除,以全茹玄爱护学校之忠,学校个人,公私两感,临书仓猝,不尽欲言。"这封辞职信实际上也是代表徐养秋等几位教授表明共同心志,他们为了稳定学校的大局,甘愿忍辱负重,以主动退出东大来换取学生的学习权利和校园的宁静,其高风亮节,令全体教授和学生感动。有后人赞之曰:"通观全篇,学者的高尚志节、完美情操,跃然纸上,栩栩如生。'高山仰止,景行行止'之感,油然而生,此真正之国士也。"①

<hr />

① 诸葛微文《记二十年代东南大学易长风潮》,载朱一雄主编《东南大学校史研究》,东南大学出版社,1989 年 6 月。

10 月 14 日,章士钊签发部令,任命秦汾暂行兼任东南大学正校长,伍崇学为副校长。就在同一天,秦汾致电教育部,请辞东大职,并只身跑到了上海。东南大学又一次陷入学校无长的紧张状态。学校教授只能自行召开紧急会议,组织校务会,"议决四条:1. 用教授会名义,公推蒋竹庄返校代理校务,并贯彻教授治校精神;2. 请辞职三科主任及教授代表一律复职;3. 各科主任未返校前,由各科推举委员会维持科务;从速组织委员会修改组织大纲。"①为了顾全大局,蒋竹庄及三科主任、校长办公处副主任陈逸凡、教务主任程其保、中学部主任廖茂如等陆续返校,各尽其职。

在教授们的共同管理之下,校园处于暂时的安静之中。徐养秋先生一边坚守教职,为学生上课,把更多的精力投入到教育改革与实验当中,一边还与陶行知等人共同开展中华职业教育社的教育普及和中华平民教育社的农村教育计划设计与实践。

1925 年,美国道尔顿学校的创办人,风靡全球的"道尔顿制"创始人柏克赫斯特女士应中华教育改进社之邀来华访问,并推广"道尔顿制"。7 月 20 日柏克赫斯特女士到达南京。徐养秋代表中华教育改进社和东南大学接待并安排柏氏的全部活动。当日下午 2 时,柏克赫斯特女士在东大体育馆作第一场演讲,她简略讲述了其试验"道尔顿制"的经验及其所根据的教育原理。演讲结束后,为了帮助有关学校解决在实行"道尔顿制"过程中出现的实际问题,徐养秋先生于 21 日上午 9 时,召集江苏教育界从事"道尔顿制"研究及实验的教师在东大体育馆座谈,讨论关于在试行"道尔顿制"过程中遇到的各种问题,到会者有 200 余人,除东南大学、江苏省立第四师范、江苏省立第一女子师范、江苏省立第三师范附小教员外,临近各县小学教师及东南大学等校的学生出席者亦多。会上大家畅所欲言,提出各种问题,经过综合整理,归纳出 17 个主要问题,由东大教育科译成英文,徐养秋先生把英文稿亲交柏女士,请她详细阅读并准备答复。

22 日下午 2 时,第二场演讲会在南大学体育馆举行。徐养秋先生主持大会,

---

① 诸葛微文《记二十年代东南大学易长风潮》,载朱一雄主编《东南大学校史研究》,东南大学出版社,1989 年 6 月。

由柏女士解答大家提出的问题。"讨论之先,由东大教育科主任徐养秋先生致辞,略谓'在准备讨论时各方送来问题甚多,有同有异,归纳之约得十七个问题,今日请柏女士将各问题一一答复,并请廖茂如先生逐题译成中文'云云。"柏女士对大家提出的办学费用、实行道尔顿教学方法的最佳时间、修学时间及小学生何时毕业最佳、如何解决学生成绩差异问题、学生不喜欢教师布置的作业怎么办、自主学习与团体精神的矛盾、个别辅导与集体授课的关系、如何防止学生抄袭作业、于学习过份努力与身体健康之矛盾的解决、注重自主学习与外语学习需要多人练习之间的矛盾、"道尔顿制"是否可以应用于学校中任何一种课程等问题,都作了详细的解答。"演说既毕,柏女士出纽约儿童大学实施道尔顿制照片多种,托徐养秋先生陈列于东南大学,以便教育界人士之参观。"①

柏女士此次来华,先后走访了 7 个省的 9 个城市和一个县,行程约 3 600 公里,演讲 50 余场。她用大量的时间与政府官员、学者、教育改革家、教师和管理人员会面。她的来访使"道尔顿制"在那段时间成为最受关注的进步主义教育实践。其"启发、培养每个孩子的主动性、自律性和判断力,同时促进学生的社会意识及集体价值观的发展"的教育目标,吸引了中国教育工作者的注意。在中华教育改进社一班著名教育家的积极推动下,"道尔顿制"的试验与推广工作在当时产生极大的影响。根据统计,至 1925 年中国实验使用"道尔顿教育计划"的中小学有 57 所,其中东南大学附中的"道尔顿制"实验,因实验组织的科研性和实验结果的说服力而影响最大。在附中校长廖世承以及舒新城、穆济波等教育家的深入探索与严谨试验下,"道尔顿制"教学效果的优劣逐渐清晰,做出的学术评价与实践结果,对"道尔顿制"在中国的发展前景产生了重大影响,在中国的教育改革与实践史上也书写了具有重要意义的一笔。这些成果的取得,与徐养秋先生的大力支持与积极参与是分不开的。

1917 年 5 月 6 日,黄炎培倡导创建的中华职业教育社在上海成立,他联络蔡元培、张謇等政商、金融、教育、出版等各界 48 位知名人联合署名发表了《中华职业

---

① 沈子善、张宗麟《柏克赫司特女士在宁讨论道制详记》,连载于《申报》1925(民国十四)年 7 月 23 日—25 日。

教育社宣言书》。黄炎培提出职业教育目的为四条：一、谋个性之发展；二、为个人谋生之准备；三、为个人服务社会之准备；四、为国家及世界增进生产力之准备。最终目标是"使无业者有业，有业者乐业"。伴随着职业教育广泛而深入的展开，教育工作者们意识到平民教育是中国教育普及中最急迫的问题。而在这方面走在前面的是晏阳初先生。

1923 年在长沙获得成功的晏阳初来到北京，在张伯苓、蒋梦麟、陶行知以及时任北洋政府总理熊希龄的夫人朱其慧等人的支持下，于 3 月 26 日组织成立了中华平民教育促进会（简称"平教会"），晏阳初任总干事。平教会成立后先后在华北、华中、华东、华西、华南等地开展义务扫盲活动。

随着平民教育运动的开展，晏阳初等人逐渐认识到中国平民教育的重点在农民教育，因此平教会设立了乡村教育部，经过两年实地调查，平教会选择河北定县作为平民教育的实验试点。1926 年晏阳初与一批知识分子来到定县翟城村，推行他的乡村教育计划。1926 年 5 月 3 日，中华职业教育社农村教育组在上海召开预备会议，讨论中华职业教育社、中华教育改进社、中华平民教育促进会和东南大学联合进行改进农村生活试验的计划，以备提交即将于本月 6 日在杭州召开的中华职业教育社第 9 届年会讨论。徐养秋先生代表东南大学教育科参加了这次重要会议。会上公推陶知行先生为主席；黄炎培报告本日会议之旨趣及提议之范围；陶知行报告各机关合作试验乡村教育之原因及经过；邹秉文报告东大农科对于试验办法之意见；徐养秋主张先设农村师范为研究调查实施之中心机关；冯霞梯主张试验乡村生活改良事业，顾及全国，尤须有一中心机关，如乡村师范、平民学校等；王企华主张先议大纲；赵叔愚说明试验乡村教育事业，除增进农民富力，为农业机关之任务外，大部分俱关系乡村教育机关，如师范、小学等。

下午四时继续开会，到会者陶知行、黄炎培、冯梯霞、徐养秋、赵叔愚、王企华、杨卫玉、王志莘，仍陶君主席。继续讨论议案如下：提议修改合作条件第二条；提议职业教育社年[会]时，本分组会议顺序，议决如下：（一）主席致词；（二）报告；（三）建议；（四）提议事件。公推赵叔愚先生为分组会议主席。议决五月十五日下午四时开第一次董事会。①

　　1926 年 5 月 15 日下午四时,由中华职业教育社、中华教育改进社、中华平民教育促进会、东南大学农科及教育科等四团体组建的"联合改进农村生活董事会"在南京教实联合会开第一次会议。会议讨论董事会章程及职员选举,推动"改进农村生活"的村区试验。到会者黄任之、杨卫玉代表职业教育社,陶知行、赵叔愚代表改进社,冯梯霞代表促进会,徐养秋和邹秉文代表东南大学,公推陶知行君为主席,杨卫玉君记录。先讨论董事会草章,由陶知行君提出修正通过;次选举董事会职员,黄任之、陶知行二君当选为正副会长,邹秉文君当选为会计,徐则陵君当选为书记。选举毕,提议组织调查设计委员会,议决通过,即公推赵叔愚、冯梯霞、顾述之、唐启宇、杨卫玉五君为委员,赵君为委员会主任。议决暂设通讯处于上海中华职业教育社,又以调查办公需费,议决由合作各机关先拨一百元应用,并定七月内开第二次会议。②

　　1926 年 7 月 5 日,中华职业教育社、中华教育改进社、中华平民教育促进会、东南大学四团体联合改进农村生活董事会,在南京教实联合会开会,到会者有黄炎培、冯梯霞(黄任之代)、徐养秋、唐启宇、赵叔愚、袁观澜、陶知行、邹秉文、杨卫玉等,由黄炎培任主席。黄炎培报告,调查设计委员会主任赵叔愚报告,提出建议事项十条,问题三种:(一) 人才;(二) 教材;(三) 经费。议决事项如下:(一) 议决徐公桥乡区社会调查报告书,除乙项外,交原委员会修正付印;(二) 提议组织执行部,陶知行动议,推赵叔愚为执行部主任,袁观澜附议,表决通过;(三) 执行部设置地点,议决设于东南大学;(四) 提议由董事会函商中华教育改进社、东南大学将赵叔愚服务时间,分一部分为本会服务,其薪水三分之一,由本会担任,议决照案通过,自七月份起;(五) 提议调查设计委员会继续进行,其徐公桥乡区定为第一试验区,照案通过;(六) 执行部预算案,由执行部主任草拟,经董事长、副董事长、会计董事审核后,通信各董事,定期征求答复决定之,议决照案通过。③

---

①　见《申报》1926 年 5 月 4 日。
②　见《申报》1926 年 5 月 16 日。
③　见《申报》1926 年 7 月 7 日。

　　1927 年 1 月 8 日，中华教育改进社、中华职业教育社、国立东南大学教育科农科及平民教育总会四团体合组之改进农村生活社生活，在南京贡院江苏教实联合会开董事会，到董事冯梯霞、晏阳初、袁观澜、邹秉文、赵叔愚、徐养秋、陶知行、唐启宇等，推黄炎培为主席。[①]

　　从上述历史记载中可知，徐养秋先生与东南大学的教授，在承受着巨大压力的同时，仍然心系农村教育，以极高的热情参与平民教育与乡村教育运动，他们以东南大学为平台，依靠丰富的教育资源及学术背景，投身于农村生活改造，深入乡村，服务农民，在广阔的农村播撒知识的种子，希望用知识改变农民"愚贫弱私"四大痼疾（晏阳初语），用知识培养出一代代具有现代意识和生存技能的新型农民。

　　1927 年 3 月 15 日，陶行知先生在南京的郊区小庄创办的晓庄师范隆重开学，这是一所实践其教育理念的新式学校，标志着陶行知平民教育运动进入一个新时期。晓庄师范的创办，得到了徐养秋先生及东南大学教育科的全力支持，从选址到建校，从师资的输送与培养，徐养秋先生都给予了很大的帮助。"晓庄师范"这一校名，也是徐养秋先生提出建议，陶行知予以采纳。

　　1927 年，蒋介石建都南京，与武汉的汪精卫政府和上海的西山会议派形成国民党内的三足鼎立之势。鉴于北洋时代教育行政经常粗暴干涉大学事务，教育部成为腐败的官僚机构，在蔡元培等人的积极倡导与运作下，南京政府决定实行大学区制。蔡元培曾说："顾十余年来，教育部处北京腐败空气之中，受其他各部之熏染；长部者又时有不知学术教育为何物，而专务营私植党之人，声应气求，积渐腐化，遂使教育部名词与腐败官僚亦为密切之联想。此国民政府所以舍教育部之名而以大学院名管理学术及教育之机关也。南京政府取消教育部，易之以大学院，蔡元培任院长，杨杏佛任副院长。"

　　大学院成立后所做的第一件事就是在杨杏佛的直接操纵下改组东南大学。"中政会改东南大学为东南中山大学，派吴敬恒、杨铨、柳亚子、侯绍裘、经亨颐、顾

---

　①　见《申报》1927 年 1 月 11 日。

孟余、郭沫若为筹备委员。"①江苏省内包括东南大学在内的九所大学合并为一,成立了第四中山大学,变成代行行政职能管教合一的"四不像"机构。按照蔡元培的理想,实行大学区制,是为了彻底解决大学独立,不受党人干涉,防止不懂教育的官僚破坏教育的弊病。但是,他的想法未免过于天真。随着国民党势力的不断强大,他们对教育的控制欲望也愈加强烈,党化教育已经不可避免,这是蔡元培凭一己之力无法改变的现实。更何况他连身边的杨杏佛都控制不了,任凭他假借党派之手,以权谋私,假公济私,占据公共资源而泄一己之私愤,不惜牺牲大学整体利益而驱赶当时奉行大学独立而抵制党化教育的一大批教授,对拒胡拥郭的教授进行大面积的清洗与报复。

秉持独立自由之精神的正直的知识分子,终究无法与强大的党派势力相抗衡。党化教育从办学制度上摧残了大学教育的根基,使刚有起色、含苞待放的自由之花死于萌芽。原东南大学的一批著名教授被迫离开而各奔东西,暂时没有离开的如邹秉文、孙洪芬、秉志等经常遭到杨杏佛的打压,最后也都愤然离开了学校。

东南大学学生翁之镛在《追思先师孙洪芬先生》②一文中回忆当时的情形时说:"东南大学校潮,实本世纪教育界之重大不幸事件,亦即学阀假藉政治压力,排除异己以自固门户之狠毒阴谋;余毒至今未晚歇。当时卷入漩涡者,大抵未察实际,受其蒙蔽而不自知。洪芬先生明知其然而亦无由揭发,此乃时会使然。但处身于惊涛骇浪之中,危遭灭顶而未受利用,犹能盘旋于漩涡飘荡之际,坚守其向而不失定所,则非先生之智能不能,未悉当时情况者决难知其苦困,后半生遭遇之种因于此,更不易为人所知。""盖洪芬先生研究有机分析化学,此乃半个世纪以来发展最速之科学,倘不以杂务萦心而能专心致力,其成就岂让外人?惜乎弃国外教席而返国,初则校务羁绊,继则盘旋于是非之祸,终至受累而被摈于实验室门之外,趔趄徘徊,不许再越雷池一步。有志莫伸,情何以堪?"

面对党派的专横与威权的傲慢,知识分子确实显得非常弱小与可怜。尽管他们有坚定的信念、远大的追求,但在专制与强权面前,他们或许会获得局部的胜利

---

① 郭廷以《中华民国史事日记》:第 4 册,(台北)"中央研究院"近代史研究所,1984 年。
② 载《传记文学》第 23 卷第 3 期,(台湾)传记文学出版社,1973 年。

和短暂的宁静，但没有制度的保障和法律的支撑，他们永远是失败者。

徐养秋先生于 1927 年 7 月离开东南大学。七年的教授生涯，倾注了他全部的心血。从历史系到教育科，教授了多少学生，他已经记不清。巍巍钟山峰，清清玄武水，静谧的校园，融融的教室，留下了他七载来去的记忆。郭秉文校长苦心经营的南高和东大，以优良的学风和淳厚的人文精神而闻名于世，他们这些从国外归来的学子，在此获得了一块肥沃的土壤。他们已经扎下根来，正欲长成参天之树、一展丰盈之姿。东南大学提供的三尺小讲坛，是他充分展示才华、施展抱负的大舞台。他别无私求，只欲以教书为终生职业，用自己的知识培养更多的师资，给他们插上丰满的羽翼，使他们成为传播知识的天使，飞向四面八方，用现代文明开启更多人的心智，让更多的人了解世界，认识人类文明，实现教育强国之梦。如今，这一切却被一场党化的凄风苦雨所摧折。

坐在窗前，回顾过去的忙碌与辉煌，先生心中倍感愤懑与不平。郁闷之中，他挥笔写下了这首抒发心怀的古体诗：

> 浮生何足道，底事乱哄哄。
>
> 高卧台城下，六朝余一松。
>
> 嗟乎屈大夫，洁身世不容。
>
> 柴门设不开，三径草蓬蓬。
>
> 贤哉陶渊明，归去遂匆匆。

有了暂时的清闲，徐养秋先生着手经营自己的生活。他曾于 1926 年在位于玄武湖附近的峨嵋路购置了两块土地，准备建造两处住宅，一为自己居住，一为长子准备。由于把全部精力都投入到校内事务上，一直没有时间开工。如今，他终于可以筹建自家的新屋。他亲自设计房屋结构，绘出图纸，让工人们按图施工。建房所有的木料，皆为上等的美国松木。

一切安排好后，他携全家回到了金坛。

七　柳暗花明又一村　※

金坛徐家弄一号。空旷的院落突然热闹起来。大人们在中厅里喝茶聊天，十几个孩子则在院子内外嬉戏玩耍。

离开故乡，求学执教，倏忽之间，已是二十余载。二十年光阴，仿佛空中飞翔的鸟儿，转瞬即逝。以前为生计奔波，难得有这么长的时间陪伴已经年迈的父母，如今终于得以在徐家弄的老宅团聚一堂，其乐融融。

从美国回来以后，虽然每年都能回金坛看望父母，但由于公务在身，总是来去匆匆，未能尽兴。此次返乡，重归故里，实是别有一番滋味。这一年，徐养秋先生正是不惑之年。寒窗苦读，四海游学，倏忽之间几近三十载，杏坛舌耕恰好十春秋。繁忙时不得静下来理理纷繁的思绪，今日终于得闲，可以慢慢清点一下过去的流水账。望着外边那一群吵闹不休的孩童，他感到自己责任重大。以前他从不过问家事，家里大大小小的事情都是由妻子负责管理。"儿女忽成行"的喜悦与压力，使他愈加感到妻子的伟大。这位小脚女人，身上有着怎样的一种力量呀。这么大的一个家庭，七个孩子的吃饭穿衣学习教育，她是如何打理的呢？如今赋闲在家，终于可以尽情享受一番难得的天伦之乐。这一年，徐养秋先生已经是七个孩子的父亲。他每天携带孩子们漫步漕河岸边，看河上舟楫纵横，赏岸边依依垂柳，给孩子们讲述自己儿时在这里度过的快乐时光。

看着孩子们在河边开心地玩耍，徐养秋先生感慨系之，低声吟诵起唐代诗人李涉的《题鹤林寺壁》："终日错错碎梦间，忽闻春尽强登山。因过竹院逢僧话，偷得浮生半日闲。"

一天，夫人拿着一封喜帖对先生说，堂妹筱元要与华家的儿子结婚了，请他们前去参加婚礼，女婿就是人称"呆子"的华罗庚。徐养秋先生对这位比自己小23岁的同乡才子也有耳闻。王维克和于醉六二位先生都同他提起过，夸奖这位家境贫寒学习却十分刻苦的青年人。他也听茶叶店的职员说过，他们在店中隔河相望，经常看到这位"呆子"整天坐在自家小店的方桌旁看书学习，一坐就是一整天，还不停地用一支笔写写画画，有时两眼发直，目不斜视，对外边的嘈杂喧嚣之声毫无反应。这是一个痴迷于学习的好青年，徐养秋先生出于职业的敏感，知道这样的人如果能够坚持恒久，一定会在学问上有所成就。他对夫人说，你去吧，不必备厚礼，多送一些书,他一定会喜欢的。可以请他们来家中作客,我要认识一下这位痴迷学习的"呆子"。

不久,吴筱元带华罗庚来徐家拜访,见过长辈以后,他们来到表姐家。初次见面,华罗庚还有些拘谨。小时候他经常听长辈们提起金坛第一位留学美国的肖穆是一个"神童"、"才子",后来是全国有名的教授。他曾经暗下决心,一定要像他那样,成为金坛人的骄傲。他看到眼前的这位连襟已经是年届四十,面庞清瘦,举止儒雅,远观有些凛然,近之则颇觉温和,很快便没有了拘束感。一杯清茶,二人聊得十分愉快。直到傍晚时分,吃过晚饭,徐养秋先生送华罗庚夫妇,还向夫人夸赞不已。

徐养秋与华罗庚两人第一次见面,彼此印象都很好,后来经常走动,亲情益深。据徐养秋先生的四女儿徐伟立教授回忆,华罗庚到清华任教后,每逢到南京出差,必到家中拜访,他们用家乡话拉家常、忆故人,相谈甚欢。"大约是 1936 年夏季吧,在他(指华罗庚)出国之前到我南京的家中,我见他衣着朴素,穿了一身白夏布长衫,一双黑皮鞋。当时华老已在有名的清华大学任教,对我父母仍是十分的尊敬。"①徐养秋先生的三女儿纬英和四女儿伟立在北京工作,每年都有机会与姨妈吴筱元和姨父华罗庚聚会几次,有时还会在工作场合相遇,彼此相见甚欢。今天的华罗庚中学,就是徐养秋先生的几个儿女提出倡议并积极奔走而成立的。

(一)安徽省教育厅时期

秋尽冬来,天气渐凉。1927 年 12 月,受韩安的邀请,徐养秋先生来到安徽省安庆市,任安徽省教育厅第一科科长。

韩安(1883—1961 年),字竹坪,安徽省巢县人。林学家,中国近现代林业事业的奠基人之一。韩安于 1898 年就读于南京汇文书院,1904 年毕业后留校任教,教授英文、理学及算学等课程。徐养秋先生入汇文书院后,很快以扎实的国学功底和优异的英文成绩在同学中脱颖而出。韩安也对这位末科秀才和武昌方言学堂转来

---

① 徐伟立《与华老几次见面的回忆》,载政协金坛县文史资料委员会编《金坛文史资料》(第八辑);《华罗庚八十诞辰纪念专辑》,1991 年。

的青年才俊另眼相看。虽为师长，年龄上却只相差 4 岁，并且两人在许多方面都有着相同之处，十分投缘，结下了深厚的师生情谊。

1907 年夏天韩安赴美国深造，先后就读于康奈尔大学文理学院和密歇根大学，分别获得理学学士和林学硕士学位。1912 年回国后，在 1927 年被任命为安徽省政府委员兼省会安庆市市长，不久任教育厅厅长。当他得知徐养秋先生从东南大学辞职的消息，便立即派人到南京，送上他亲自签署的聘书。

当时的教育厅只有厅长一人，不设副厅长之职。第一科科长负责全厅的公文审核，参加厅务会议，参与重要问题的讨论与决策，统筹管理全省教育规划的制定，厅长外出时代行厅长职，主持召开厅务会议，讨论决定日常工作事务等。

徐养秋先生上任不久，便参加了安徽大学的开学盛典。

据《安徽教育行政周刊》第一卷第二期载："安徽大学正式成立。……定于四月十日上午十时在预科大礼堂举行开学典礼，除该校筹备员全体教职员及录取学生一律参加外，并敦请建设厅厅长胡春霖、市长宁坤、本厅代表第一科长徐则陵、本城中学校长教职员及各界人士云。"

从 1921 年起，皖省的教育界人士就开始筹建安徽大学，几经波折，锲而不舍，几次接近成功，却都终因战乱或经费问题而功亏一篑。民国政府的成立给他们带来新的希望，民国十六年（1927 年）正式成立安徽大学筹备委员会，韩安、刘文典等人为委员，民国十七年（1928 年）二月筹备就绪。4 月 10 日上午 10 时，安徽大学在位于安庆北门外百子桥西安徽省公立政法专门学校旧址的预科大礼堂内，举行开学典礼。徐养秋先生代表省教育厅出席，与安徽大学筹委会委员汤志先、胡春霖、刘文典，安庆市市长宁坤，安庆市各中小学校校长等共同出席并见证了安徽大学正式建立的历史时刻。安徽大学的正式诞生，标志着安徽的高等教育事业走入了新的历程。徐养秋先生代表教育厅发表了祝辞。他希望安徽大学在刘文典的实际领导下，能够真正实现民主管理、教授治校、教育独立、学术自由的办学理想。

据《安徽教育行政周刊》记载，1929 年徐养秋先生在安徽省教育厅任职期间，主要工作内容如下：

代表教育厅参加财政厅的年度经济工作会议，"携带十六年度收支实数清册与会"。

5月16日主持第六次厅务会议。讨论议题为"省立各教育机关二三两月份欠发经费案"等七项内容。

5月19日主持第七次厅务会议。讨论议题为"县地方教育改造方案拟就积极进行案"等四项内容。

5月23日主持第八次厅务会议。讨论议题为:"中等学校联合会议决发放各教育机关经费程序案";"前发第一中经费洋一千二百元就核定为经常临时案"等七项内容;

25日应安徽省立第一女子中学邀请,到校演讲,题目为"人类之行为与教育"。

5月26日主持第九次厅务会议。讨论议题为"据学联会函送议决补发欠费办法两项请核议案"等六项内容。

7月4日主持第十五次厅务会议。讨论十七年度预算标准案等。

8月9日主持第二十一次厅务会议,研究议题为:一、安庆六邑中学校请增加补助费案;二、宜城皖南中学请求省款补助案;三、教费处函送追提卷烟欠税,结束赈灾单据,请核销案;四、拟定安徽选派留学生条例请核议案。

与他同时来到安徽的还有好友洪范五教授。

洪范五(1893—1963年),原名有丰,安徽省休宁县万安镇桑园村人。幼年启蒙于吴华甫塾馆,后入歙县崇一学堂就读,与陶行知、姚文采同学。1910年(宣统二年)7月,考入南京金陵大学,攻读文科,兼任校图书馆助理。1916年(民国五年)夏毕业,获文学士学位,留校工作,并先后任图书馆副馆长、代理馆长。1919年(民国八年)赴美国留学,入哥伦比亚大学附设于阿尔伯尼地方的图书馆学院攻读,曾一度任美国国会图书馆中文部编目员,为最早在该馆任职的华人。1921年(民国十年)获图书馆学学士。同年回国,受聘为国立南京高等师范(后为东南大学)教授兼图书馆馆长。1927年因在易长风潮中反对党化教育,抵制部派校长而受到杨杏佛的排斥,与徐养秋先生同时离开东南大学,受聘于安徽省教育厅。二人经常一起聊天,散步,参加种种社会活动。

一天,安庆市府在本市最大的体育场召开万人大会,各色人等纷纷赶来,参加者数以万计，整个广场人头攒动，气氛热烈。徐洪二位先生站在人群外围，驻足观望。但见一个身着军装的年轻人走上讲台，发表演讲。洪亮高亢的声音，抑扬顿挫的节奏，极富煽动力的表情加以潇洒自信的肢体语言，使他的演讲很是吸引听众。

"这个年轻人好生眼熟，莫非是我校的毕业生？"徐养秋先生对洪范五说。"嗯，我也觉得面熟呢。走，到前面看清楚。"二位便挤进人群，走到讲台近前。

"不错，就是我们学校的学生，周承考，听过我的课。"徐养秋先生认出了演讲者。洪先生也看清了年轻军人的面容："我也给他上过课呢。年轻人，进步很大呀。"

年轻的军人演讲完毕，台下掌声和叫好声响成一片。

"走，我们去会会他。"二位先生一路打听，找到了周承考的住地。

周承考刚从东南大学毕业，没有按照学校的传统从事教学工作，而是进入国民党第二十七军，任政治部特派员，在辖区内四处巡视，参加种种地方上的活动。此次来安徽正遇万人盛会，便被请上讲台，发表了一番演讲。演讲获得成功，谀美之辞盈耳，正在得意之时，忽听有人找他，便出来迎接。

"来者不是别人，是在东大教过我的两位教授，一位是洪范五教授，一位是徐养秋教授，他们其时都在安徽省教育厅任职，一位任秘书，一位任科长。……这两位昔日教授表示他们是昨日体育场的听众之一，很欣赏我的演说，他们认为我颇有'政治才能'，应该向大处发展。我当时表示：'我又无任何政治背景，我如何向大处发展？'"徐养秋教授当即表示：'我有办法。'他说：'冯玉祥将军现在正在大事网罗人才，这个人是个胸怀大志的人，他手下的红人何其巩、冷冰，和我都是好朋友，我可以为你修书引见，未来必有大发展。'其时，冯玉祥正担任西北军总司令，声势颇为显赫，两位教授亦非常热心，一再保证他们推荐后，必可获重任。我觉得西北太远，而我的婚姻正处于待解决的时期，所以我就婉谢了两位教授的美意。"①

徐养秋先生所说的何其巩，字克之，生于 1899 年，卒于 1955 年。何氏曾就读于姚文彩创办的安徽公学，徐养秋先生为其上过课，故有师生之谊。何其巩后来随吴阁生到北京，深受冯玉祥赏识，特任其为秘书，后派他到苏联莫斯科大学留学。其

---

① 周承考《一个平凡人的自述》，载（台湾）《自由谈》第二十九卷第六期，1978 年。

时,何其巩正任北平特别市市长,同时任晋察绥赈灾委员会、首都建设委员会委员、兼任北平中国大学的董事,正是春风得意、大展宏图之时,也正是需要大量优秀人才以佐其事之际。但人各有志,既然周承考另有打算,做老师的也就无可奈何了,二人只能失望而归。不过从这件小事中,可见先生对学生前途的关心与无私的关爱。

1927 年 9 月 3 日,同窗好友及东南大学的同事赵叔愚先生不幸病逝。接到讣告后,徐养秋先生悲痛万分。赵叔愚与徐养秋相识于汇文书院,至金陵大学毕业,同窗六年,后又成为同事,并与陶行知等共同为平民教育事业而风雨同舟、携手共进。不久前,徐养秋先生还专程到无锡开原乡探望生活陷入困境的赵叔愚,并"以不为境挫而移情于事相慰藉"。

噩耗传来,徐养秋痛心不已,提笔写下了《亡友赵君叔愚事略》一文,后刊登于晓庄学校创办的《乡教丛讯》①。

在安徽教育厅任职的还有徐养秋先生金陵大学的校友罗良铸。此时罗刚从德国获博士学位回国,被安徽省教育厅聘为督学。据 1929 年 4 月 17 日《安徽教育旬刊》记载:"罗良铸博士任省督学。罗博士湖南长沙人,年三十七岁。德国第比宁大学哲学博士,曾任德国佛朗克福大学讲师,德国中国学院助教,著有《近百年来欧美教育之批评》(德文)、《儿童语言发育论》(德文)。在德五年,今春始行回国。对于教育研究有素,任省督学后,于吾皖教育,当有积极之贡献云云。"罗良涛到任后即被派去查办第二女子中学风潮案,不久又奉命调查安徽大学学生举报刘文典"通共案"。当时政局不稳,战事频仍,从所谓的中央到地方,都把搜刮来的钱大部分用在军事上,地方上的各项事业只能缺钱少粮状态。各级政府官员也走马灯般换个不停,教育厅长一般任期都不会很长。由于经费的严重不足,各级政府都挤占挪用教育经费,各级学校都存在拖欠教师工资和教学设备短缺等问题,因此教师罢课讨薪、学校等米下锅的事件不断发生。安徽经济本来就欠发达,地方财政更是拮据,为了开办一个安徽大学,已经是倾尽所有而不能,从开始筹建到正式开课,整整拖了近十年,其他的中小学就可想而知了。每天面对这些普遍存在的问题又无能为

① 1928 年 10 月第二卷第十八期《追悼赵叔愚先生专号》。

力的尴尬处境,让徐养秋先生深感无奈与痛心。曾经把教育建国、教育兴国作为自己终生奋斗的理想,但现实却是如此荒唐与窘迫。1928 年第一卷第十七期《安徽教育行政周刊》记载省教育厅呈大学院文,报告检查安徽大学预科学生匿名信举报刘文典宣传共产一事。督学罗良铸亲自到校核实,在校学生均否认此事,并指有人捏造事实。在教育厅的周旋下,此事不了了之。

当时的教育界就是如此,政府没有任何资金投入,地方税收又被中央控制,原来用于教育补贴的烟草税被收归中央,致使地方政府雪上加霜,学校欠薪严重,老师罢教,学生罢课,矛盾尖锐,学潮不断。大学院对各地学校没有实质的支持,却在形式上不断施加压力,大力推行党化教育,把党化教育作为各省教育厅改造学校的重要任务,在各级学校强推行制三民主义课程全国统一考试,不及格者不予毕业。在这种环境下,根本就做不成任何事情,每天陷于繁杂的事务当中,看似忙得很,却多是无用之功,根本无法发挥专业特长。徐养秋先生很不适应这种官僚衙门工作,到了 1928 年的 8 月便提出辞呈,回到南京。

他离开不久,安大学生与省立第一女中学生因故发生冲突。事件尚未平息之时,蒋介石来安庆视察,闻知此事,立即召见安徽大学代理校长刘文典加以训责。刘自恃早期参加过辛亥革命,作过孙中山的秘书,因此并不把"小蒋"放在眼里,对蒋介石的批评不屑一顾,公然顶撞,惹怒了蒋总司令,蒋下令将其免职拘押。虽然在一班故人朋友的周旋打点之下,蒋介石最终放了他一马,(此事被后人演绎为刘文典怒踹蒋介石,以证刘真乃"狂人"也,实属无稽之谈)但安徽大学代理校长的宝座是坐不成了,不久即被迫离开了安庆。农学院筹备主任韩安也因这次风潮辞职,并于 1929 年调任山东省青岛市政府参事、青岛市教育局局长,后来又担任过国民政府全国经济委员会西北办事处主任、陕西省林务局副局长、四川省建设厅生产计划委员会农业组主任委员、中央林业实验所所长等职。

(二)外交部条约委员会

回到南京不久,在好友凌冰的介绍下,徐养秋先生便到刚刚成立的外交部条约委员会任专任委员。

凌冰(1894—1993 年),字庆藻,号冀东,河南省固始县人。生于光绪二十三年(1891 年),自幼聪明,十三岁入南开中学,毕业于清华大学。后赴美国留学,先入斯坦福大学、哥伦比亚大学,后入克拉克大学,获教育心理学博士学位。1919 年在张伯苓校长的力邀下回国,在南开中学校内开设大学班,任南开中学大学部第一任教务长,还动员一大批留学人员回国到南开大学部任教,为创立南开大学奠定了坚实的基础,因此,凌冰一直被视为南开大学真正的创始人。

凌冰也是中华教育改进社的重要成员,任《新教育》杂志社教育心理组的负责人,在各项全国性活动中表现活跃。孟禄访华时他是主要接待及翻译之一,孟禄到沈阳考察,与张作霖会谈时由凌冰担任翻译。1928 年 6 月,经陶行知介绍,应冯玉祥之邀,担任河南省政府委员、教育厅厅长兼开封中山大学校长。他还是清华大学董事会董事。1928 年他来到南京任国民政府外交部条约委员会委员,不久又到中央政治学校外交系教授外交史。他力举徐养秋先生到条约委员会任专任委员。

时任外交部长的王正廷,原名正庭,字儒堂,号子白,1882 年生于浙江宁波奉化金溪乡。1905 年赴日本留学,在日本创办中华留日基督教青年会,担任总干事,并加入中国同盟会。1907 年,转赴美国,入读密歇根大学,攻读法律,后转入耶鲁大学学习。1910 年获耶鲁大学博士学位后回国。辛亥革命后,先后担任鄂军都督府外交部副部长、南京临时参议院副议长、北京政府唐绍仪内阁工商部次长兼代总长等职。1912 年 7 月随唐内阁辞职,回上海任中华基督教青年会全国协会总干事,担任理事长,并联合他人发起组织中华全国体育协进会。

1928 年 5 月 3 日发生济南惨案,王正廷于 6 月 8 日接替辞职的黄郛任南京国民政府外交部部长,兼国民党中央政治会议委员、条约委员会会长。王正廷上任后积极开展革命外交,与 12 个国家签订关税自主新约,收回威海卫主权。但因与日本签订《关于解决济南惨案的议定书》,引起舆论抨击,引发公愤,住宅被捣毁。九一八事件后,再次成为人们攻击的焦点,曾被示威学生殴打。

南京政府外交部官员大多有留学背景,且在各大学担任过教授,其中有博士和硕士学位的占近一半,均为学界精英。据梁鋆立回忆,"徐养秋(则陵)教授,为予于二十五年秋至二十六年秋在南京外交部张岳军及王亮畴两位部长时代同一机构之同事。即同任'条约委员会'专任委员,约有一年之久。其时该部组织上无'条约司'之名称,但有一任务类似的'条约委员会'。其构成分子,分为两种,一为'专任委员',委员四人至六人,系简任待遇,需要整天在部办公,承办研究审议法律及条约问题之工作或特交事件。一为普通委员(非专任委员),人数为二十人左右,限于回国之公使级(彼时大使甚少)人员,不须赴部办公,仅支车马费,等于现时之外交部'顾问'或'大使回部办事'。两种委员每周或两周共同开会一次,由专任委员提出问题讨论,徐养秋教授与予同为专任委员,每日有经常工作,专任委员及非专任委员均为由一条约委员会副委员长(委员长名义上为部长),作名义上之领导。犹忆彼时的副委员长为陈篆,即后来在日人占领区作为伪政府之傀儡外交部长而在沪遇刺者。养秋兄与予相处甚融洽,来往亦频。"[①]

与他同时在条约委员会任职的同事,主要有刘师舜,他于1920年留学美国,先后获霍普金斯大学学士、哈佛大学硕士、哥伦比亚大学博士学位。1925年回国,受聘清华大学教授。1927年,经国民政府外交部上海交涉员郭泰祺介绍,由国民政府新任外交部长伍朝枢委任为外交部条约委员会委员。1928年初,黄郛接任外交部长,又任命其为专任委员,从此踏入外交界。1932年1月,新任外交部长罗文干任命其出任外交部欧美司司长,统揽与欧美各国有关的政治、通商、经济财政、军事等交涉以及保护华侨、在华外国侨民的安全和财产等事宜。

张我华,安徽凤阳人,毕业于日本明治大学法科。在日本加入中国同盟会。1928年任国民政府外交部条约委员会委员。1929年10月,任外交部常任次长。1930年4月,任内政部常务次长,兼外交部条约委员会副会长;12月代理内政部部长。1932年辞职。

于浚吉,1928年任国民政府外交部条约委员会专任委员。1929年兼任外交部对外撤销领事裁判权宣传委员;同年派署驻古巴使馆二等秘书。1935年3月,调外交部条约委员会专任委员。

于能模,1931年8月22日任国民政府外交部条约委员会专任委员,兼任中央大

---

① 梁鋆立《纪念崔书琴先生——并记战前哈佛研究院政治系及政校外交系》,载《传记文学》第33卷第194-199期,(台湾)传记文学出版社。

学法学院法律系教授、法官训练所教授、第一届高等考试典试委员会襄试委员、特种编译委员会编纂股主任。1932 年 1 月任国际联合会调查委员会中国代表处专门委员，参与国际联盟李顿调查团工作。1947 年 10 月，任国民政府外交部人事处处长。

梅景周，台山人。1929 年任国民政府外交部条约委员会委员；同年任驻古巴公使馆书记官；11 月兼任驻夏湾拿副领事。1930 年 3 月署夏湾拿领事，并一度代理馆务。1931 年 4 月，调署驻檀香山领事。1934 年 6 月，派署驻火奴鲁鲁总领事。

吴南如，1925 年 10 月，任驻英国公使馆一等秘书，公余入伦敦大学进修。回国后，历任国民政府外交部条约委员会委员兼欧美司司长，外交部简任秘书，国际司司长。

谢冠生，1926 年出任武汉国民政府外交部秘书，旋即任职于南京政府外交部，兼任中央大学法律系主任及法学院代理院长，曾任国民党中央评议委员及主席团主席。1927 年任国民政府外交部条约委员会委员。

徐东藩，早年留学英国伯明翰大学，获硕士学位。回国后先后担任浙江省议会议员、山东省长公署专员，1922 年任华盛顿会议中国代表团咨议，次年任北京政府全国财政讨论委员会委员等职。1927 年起，历任国民政府外交部条约委员会副会长、外交部参事、行政院威海卫管理公署管理专员、浙江省临时参议会秘书长、英士大学法学教授。1930 年外交部非国民党籍官员集体入党，徐东藩和黄德澄二人为徐养秋先生的入党介绍人。

南京国民政府建立后，便把"修约"外交作为继承孙中山遗志、争取国际社会认可、争取平等权利、获得国内民众支持的唯一合法政府的重要工作。首任外交部长伍朝枢于 1927 年 8 月 13 日即发表对外宣言，向列强提议"改订新约"，但各国对新政权持观望态度，反应冷淡，应者阙如。1928 年 6 月 15 日，新任外交部长王正廷再次发表修改不平等条约宣言，称："中国 80 余年间，备受不平等条约之束缚。此种束缚，既与国际相互尊重主权之原则相违背，亦为独立国家所不许。"宣布"今当中国统一告成之际，应进一步而遵正当之手续，实行重订新约"。7 月 7 日，外交部公布重订新约的三个原则：（1）条约已届期满者，废除旧约，另订新约；（2）尚未期满者，以正当之手续解除另订；（3）旧约已期满新约未订定者，另订适当临时办法。

自此,南京国民政府改订新约运动全面启动,内容包括改订通商条约及关税条约、废除领事裁判权、改组上海两租界法院,以及收回租界及租借地交涉诸方面。据郭廷以《中华民国史事日志》记载:"1.1(一一,二一)甲、国民政府蒋主席发表告国民书,希望于三年内以和平方法废除不平等条约。……丁、外交部特派员程演生到暹罗,商订约事(不果)。"①

当时与中国订有协定关税条约的共有 12 个国家。其间,美国第一个予以积极反应。美国驻华公使马慕瑞最早照会南京国民政府外交部长,声明愿与中国订立关税新约。7 月 25 日,两国政府订立《整理中美两国关税条约》,该条约承认中国实行关税自主。随后,中国又陆续同挪威(11 月 10 日)、比利时(11 月 12 日)、意大利(11 月 27 日)、丹麦(12 月 12 日)、荷兰(12 月 17 日)、葡萄牙(12 月 19 日)、瑞典(12 月 20 日)、英国(12 月 20 日)、法国(12 月 22 日)、西班牙(12 月 27 日)等先后签署了"友好通商条约"或新的"关税要约",这些条约均在原则上承认了中国的关税自主。

徐养秋先生在伊利诺伊大学学习期间,曾经系统研习过欧洲扩张及殖民史,对欧洲列强凭借一系列不平等条约欺凌殖民地国家的历史有着深刻了解,对国际条约的法理规则及签约程序等也有深入的研究。因此,凭借深厚的专业基础,他很快就进入了工作状态。他一方面负责外交部长王正廷重要报告的起草,一方面研究起草取消不平等条约的方案,并着手草拟新约方案。经过系统整理并深入研究,他整编制出《不平等条约表》,由外交部于民国十八年六月在《外交部公报》第二卷第二号上全文刊登,成为我国第一个全面完整、并由政府正式发布的不平等条约权威版本。

这一年他还撰写了《国民政府近三年外交经过纪要》,以"国民政府外交部编"的名义由外交部发布并出版。

他撰写的另一篇重要文章《中外友好通商航海新约之缔结》,发表在由上海大东书局于 1931 年 7 月出版的《时事年刊》上。

《时事年刊》是陈立夫发起出版,具有官方色彩,由国内最著名专家学者负责撰文的年鉴类图书。陈立夫在《时事年刊》出版序言一中说:"立夫不敏,于民国十八

① 郭廷以《中华民国史事日志》(全四册),(台北)"中央研究院"近代史研究所,1979、1984、1985 年。

年十月创设《时事月报》社发行月刊,约定编辑,各以专著论列国内国际紧要问题,或记述国内国际重大事件,其宗旨在使国人注意国事,周知国事,更进而与闻国事,迨至宪政期间,国人可知如何共谋国事耳。兹本社仍本此旨,发行年刊,……特约素有研究者担任撰述,计投稿者七十有六人,均踊跃应征,精心结撰,从擎共举,本刊得以观成。"

《时事年刊》总编辑李迪俊在序言二中说:"全书分上中下三编,起民国十九年(1930 年),一月一日,迄民国二十年(1931 年)四月三十日。上编关于国内,凡十章;中编关于国外,凡三章;下编为一年间大事日记,补正文之不及。总计论文八十一篇,分任著述者国内专家名流七十有六人,在我国出版界不得谓非空前创举。"《时事年刊》的作者群包罗了当时各界著名专家学者和官员,如时任国民党中央执行委员、国民政府委员、行政院副院长、财政部长的宋子文,国民党中央执行委员、国民政府委员、陆军部部长何应钦,以及著名学者、教育家徐养秋先生、杭立武、朱经农、晏阳初、吴南如等等。

徐养秋先生应约撰写了《中外友好通商航海新约之缔结》,详细介绍了四个友好通商航海条约的签订过程、条约内容要点及各项新规定之意义。

在整个修约过程当中,日本国是最为难缠且层层设障的国家。他们的目的不仅是不能废除以前签订的一切不平等条约,而且要变本加厉地获得更多的在华利益,直到彻底占领中国的大部领土。因此,在修约谈判当中日本百般阻挠。虽然于1930 年 5 月 6 日由外交部长王正廷和日本代理大使重光葵分别代表中日政府签订了《中日关税协定》,但其中的诸多条款对我国均有不利,引起了多方不满。5 月12 日"立法院临时会议严重质问中日关税协定,王正廷出席答辩,要求谅解"。5 月16 日"外交部派王家桢、胡世泽、方文政、徐养秋先生为筹办收回日租界委员,徐谟等为筹办收回英法义租界委员,李锦纶为筹办收回上海公共租界委员"。①

王家桢,字树人。黑龙江双城(现为哈尔滨下辖市)人。1917年赴日留学,1924年学成归国。先到北京,在吴佩孚政府内任外交秘书,郁郁不得志,遂归东北,投张

---

① 王芸生《六十年来中国与日本》,生活・读书・新知三联书店,2005 年 7 月,第 209—210 页。

学良麾下。主要处理对日外交事宜,负责搜集日本对华及东北有关情报。1928年,王家桢通过在日台侨蔡智堪,获得日本首相田中义一在"东方会议"上讲话的秘密记录,即《帝国对满蒙之积极根本政策》,翻译成中文并起名为《田中奏折》,在官银钱号印刷所印刷,发给东北范围内的实职人员 200 册,并送给南京国民政府 4本,其余留存。南京国民政府外交部研究后,用外交白皮书方式公布于世,南京《时事月报》予以刊登。其开篇"欲征服世界,必先征服中国;欲征服中国,必先征服满蒙"的战略宣言,将日本军国主义首先侵略中国进而称霸世界的野心昭告天下,立即引起世界震惊,并激起全国人民的激愤,引起了一场抗日浪潮。1930 年 5 月,王家桢受命担任南京政府外交部政务次长,主管对日外交事宜。

胡世泽(1894—1972),又名子泽,字寿增,浙江吴兴人。毕业于巴黎大学,获法学博士学位。1919 年任巴黎和会中国代表秘书。1920 年任国际联盟中国代表团团员,及国际财政会议中国代表团专门委员。1921 年至 1924 年期间,任华盛顿会议中国代表团秘书,驻德国公使馆一等秘书和代办使事。1925 年任北京政府外交部参事。1926 年任关税特别会议编纂处副处长;同年任督办中俄会议事宜公署专门委员。1927 年任北京政府外交部条约司科长。1928 年任上海市政府参事,兼国民政府建设委员会秘书;同年入外交部,任秘书兼总务司交际科科长。1929 年 4月,派为行政院中心庚款委员会委员。1930 年 4 月,任外交部亚洲司司长。

正当四人委员会抓紧起草收回日租界方案,准备与日方进行正式交涉之际,日本关东军突然进攻沈阳,制造了震惊中外的九一八事变,开始了对中国东北地区的全面侵略战争,收回租界的工作也被迫终止。

在条约委员会任职的人员,后来大多都出任各国大使或公使,成为职业外交家或者政客。徐养秋先生也曾被委任派驻挪威公使,但他志不在致仕,政界的尔虞我诈、官场的卑鄙龌龊、外交界的繁文缛节和虚与委蛇,令他厌恶,况且他深知"弱国无外交",与其出去受辱,不如留在国内做一些力所能及的实事,同时他也放不下金陵大学,放不下中国文化研究所的工作。他婉谢了任命,也放弃了仕途上一次"华丽转身"的机会。

全面抗战开始后,他又兼任外交部战后外交资料整理研究委员会委员,为战争胜利后向侵略国索赔做准备。

（三）金陵大学中国文化研究所

国民政府建立后，在"收回教育主权"的呼喊之下，大学院制定出一套限制管理教会学校的条例，规定在华教会学校的校长必须由中国人担任，否则不予注册。当时正值北伐战争，民众反帝情绪日渐高涨，"打倒列强，打倒军阀"的示威游行此起彼伏，在华的外国传教士人心惶惶，胆小者早都脚底抹油——溜之大吉，更没有人愿意继续担任教会学校的校长。金陵大学的文理科长夏理士第一个跑路回国，校长包文也无心"恋栈"，只求卸下"枷锁"，尽快返回美国，因此他几次动员陈裕光掌管校长一职。但陈裕光是个专心科研、无意为官的学者，每次都坚决拒绝。不久，包文也不管你接与不接，正式辞职，挂冠而去。学校的事务只好由中国人自己组成临时校务会管理。1927 年 11 月，金陵大学董事会在上海开会，未经陈裕光同意，便一纸约书正式任命他为校长。自此，第一个由中国人担任校长的教会大学拉开序幕，也开启了一个崭新的时代。

陈裕光是金陵大学培养出的著名化学家，1905 年入汇文书院中学部学习，1911 年考入金陵大学，1915 年大学毕业，一学就是十个年头，比徐养秋先生还多出两年。在大学期间，他也参与了《金陵光》的出版事务，与吴守道、胡学源、卢颂恩、凌旭东等人同任经理员。1916 年赴美留学，在哥伦比亚大学攻读化学，1922 年获博士学位。回国后任北京师范大学化学系主任、教务长，兼学校评议会主席，并两度代理校长职务。为了躲避学校的行政工作，他于 1925 年回到母校金陵大学，任化学教授、文理科主任。1927 年，百般推卸不成，被学校董事会"强行"任命为金陵大学首位华人校长。

金陵大学原设文理、农林两科，陈裕光任校长，学校重新立案后，成立了文学院、理学院和农学院，以符合国家大学至少三院的规定。文学院设立历史、政治、经济、国文、英语、哲学、社会及社会福利行政八个系，初以研究为主，后重应用及推广。陈裕光还加大了聘请著名教授的力度，广延名师，以改善学校的软实力，提高学校教学科研水平，使金陵大学的办学质量走在了教会大学的前列。

　　1928 年 8 月,陈裕光请徐养秋先生到金陵大学文学院兼授历史课程。

　　徐养秋先生与陈裕光同学 8 年,后来又同在中华教育改进社分别担任要职,一起商讨教育大计。他们还应中华教育改进社之约,共同组织翻译了《科学与世界改造》一书,由商务印书馆正式出版。

　　《科学与世界改造》,美国柯尔威博士和史罗逊博士主编,美国十几位相关专家合作编写。中文译者则有陈裕光、徐养秋先生等 9 人,分别翻译各自所属专业的文章。陈裕光在译者序中说:"最近的两三世纪,'科学'应时而起,来表现它的真价值,同时这世界也开始那猛进的现象,于是,科学无日不进步,世界也无日不在改造之中。今日最危急的问题,莫过于世界一部分国家在那里百尺竿头、日进千里,而又有一部分却在这里抱残守缺、醉生梦死地虚度岁月。此时急起直追,万分努力已嫌太晚,社会上甚至倒存有一些偷安因循的心理,以为尚可逍遥自在地做一个落伍者。这是何等危险呀! 不能自动改造,就要被动呢。"急切与焦虑之情溢于言表。世界上科学进步已经是一日千里,此点我们在徐养秋先生的《五十年世界进化概论》中已经有所了解。在西方的工业技术与科学发明日新月异之时,国人却还沉醉在落后的农业经济当中,对外面的世界一无所知。因此,有责任感的知识分子迫切感到应该翻译介绍一些反映最新科学发明与技术进步的图书,以唤醒沉睡的国人。打开一扇窗子,透进一缕阳光,驱散愚昧的黑暗,让科学之光洒遍中华大地——这是陈裕光、徐养秋先生组织翻译此书的唯一目的。徐养秋先生翻译了第一章"近世科学的成绩与责任"和第十章"天演的意义";陈裕光则翻译了最后两章"化学与食物经济学"和"我们日用的食物与生活素";其他各章有"汽油是一种世界权力"、"煤膏对于文明的影响"、"电子"、"大流行的流行性感冒之研究"、"吾人现今对于结核病的智慧"、"路易斯·巴斯德同延长了的人类寿命"、"国际公共卫生"、"近代植物园之教育的功用"、"灭除昆虫"、"昆虫社会学"、"森林与云雨之关系"、"近今的马铃薯问题"等。此书作为中华教育改进社丛书由商务印书馆于 1929 年出版。台湾商务印书馆于 1966 年和 1972 年多次再版,著者署名为"徐养秋等译"。该书的出版,对于普及科学知识,开启国人心智,起到了积极的作用。

　　徐养秋先生应聘金陵大学初期只是兼职授课,为文学院开设历史课程。1930 年金陵大学中国文化研究所成立,他被聘为所长,负责全面筹划和选聘人员等工作。

金陵大学中国文化研究所的成立,还要从美国铝业大王——铝电解法发明人霍尔(Charles Hall)说起。

霍尔1863年12月6日生于俄亥俄州汤普孙,1914年12月27日卒于佛罗里达州德托纳比奇。1886年霍尔23岁时,到家庭实验室去工作,他按照戴维的提炼方式,应用家庭蓄电池,设计出一种用电解来生产铝的方法。1911年霍尔荣获珀金奖章。

霍尔去世后,给这个世界留下了一笔可观的遗产,包括精神的与物质的。他在遗嘱中规定,所留巨额遗产的三分之一必须用于美国人或英国人控制下的亚洲或巴尔干地区的教育事业,其中一部分资助中国教会大学作为研究中国文化之用。在燕京大学的创办人、金陵大学的老朋友司徒雷登的努力争取下,燕京大学与哈佛大学于1928年达成协议,成立由霍尔基金资助的哈佛燕京学社,专门从事汉学研究。“以哈佛燕京学社为总主持机关,设董事会于美之剑桥,由各大学公举代表二人,为顾问委员会,该会附设于北平燕京大学,又定书记干事正副各一人,总理一切事务。”1930年,金陵大学“得捐助60万美元的基金,以其中30万美元指定为研究我国文化之用。本校因即设立中国文化研究所”。①

金陵大学中国文化研究所在成立的同时,组成了执行委员会,负责规划所务。由于研究所处于哈佛燕京学社的监督之下,要时刻接受美方的专家组检查。因此,必须要有一位博通硕学、德高望重,为中美双方都接受的著名学者为所长,徐养秋先生成为最佳人选,陈裕光校长便力邀他担任执行委员会主任、研究所所长。

霍尔基金明确规定用此基金成立文化研究所的目的:“(一)研究中国文化;(二)教授有关中国文化之课程;(三)印行中国文化研究著作等。”其宗旨为:“(一)研究阐明本国文化之意义,(二)培养研究本国文化之专门人才,(三)协助本校文学院发展关于本国文化之学程,(四)供给本校师生研究中国文化之便利”。② 据此宗旨,徐养秋先生上任伊始,做的第一件事就是根据金陵大学的学术

① 见《本校中国文化研究所来历》,载《金陵大学校刊》第75号,1932年12月5日刊。

② 金陵大学秘书处《私立金陵大学一览》,1933年6月刊,第40页。

研究力量和教学需要，以及校内外可资利用的学术资源，制定出本所的运行方案与中长期发展规划。他把金陵大学中国文化研究所的办所宗旨归纳为三点：第一，充分发挥校内外专家的学术专长，深入挖掘中国文化的深厚资源，重点在历史学、考古学、文字学、边疆少数民族史、目录学、东方学、哲学、国画研究等方面进行有突破性的著述，力争出版一批具有开拓意义、可以填补空白、具有恒久流传价值、在学术界占有一席之地的高水平著作；第二，将学术研究同教学实际相结合，把研究成果尽量转化为教学内容，在条件成熟后招收研究生，以培养一批具有坚实学术基础，可以在未来从事相关领域学术研究的专门人才；第三，广泛寻找和收购有保存价值的图书资料、出土文物、字画拓片、器物杂件等，为学术研究提供丰富的文字及实物证据，同时也为金陵大学的图书馆增加馆藏。根据校方要求，研究所的主要研究人员既要发挥所长，潜心治学，致力于专业领域内的学术研究，同时必须兼授文学院课程，开设选修课程或者专题讲座，承担培养人才的职责。根据从事教学与研究时间的长短，本校教师分为专任研究员与兼任研究员。一般研究时间超过授课时间约二倍以上者，为专任研究员，不满者为兼任研究员；协助研究员作研究者，为助理研究员。

徐养秋先生在为研究所物色人才、选聘研究员的过程中，充分表现出慧眼识人、知人善用的大家风范。他做的第一件事便是把李小缘从家中请回来，担任研究所专任研究员，并协助他管理研究所的日常事务。

李小缘先生是我国著名的图书馆学专家，从 12 岁起就在金陵附小读书，直到 1920 年从金陵大学毕业，也是一位地道的"金陵人"。1921 年赴美国纽约州立图书馆学校和哥伦比亚大学师范学院学习，1925 年获美国哥伦比亚大学教育社会学硕士学位。回国后任金陵大学教授和图书馆系主任。李小缘的图书馆里，工作人员并不多，但却管理得井井有条，为读者创造了非常好的读书条件。在李小缘先生以及洪范五、刘国钧、万国鼎等图书馆学家的努力下，南京成为了新图书馆运动的中心。

正值李小缘先生事业蓬勃发展之际，由于校内矛盾，他于 1929 年 5 月离开金陵大学，背井离乡，到沈阳的东北大学任图书馆馆长。从江南到东北，气候条件和生活习惯的差异还好克服，但东北大学内的官僚习气以及人与人之间互相倾轧、尔虞我诈的恶劣校风令他非常反感，精神上极为痛苦，1930 年 1 月李小缘辞职返回南京,赋闲在家。此时正值金陵大学中国文化研究所初建,徐养秋先生盛情邀请他协助办理研究所事宜。

杨维庆在《纪念李小缘先生》一文中说:"徐养秋先生是金大老教授,是小缘先生的老师,比李先生长10岁,徐先生的中西学均很好。1930年金大新成立一个中国文化研究所,请徐老先生兼该所所长。由于徐老先生兼职,需要物色一位信得过的得力合作者,后来选中了李先生,任该所专任研究员,襄助徐师负责所务。"①蒋一前回忆说:李小缘先生"在母校中与徐养秋先生要好。徐虽在外交部工作,但本人是搞教育的,中西学都很好,后来搞了一个中国文化研究所。徐是李先生的支持者,他和杭立武也很要好,每年徐请吃年夜饭,就几个人,但都要请李先生,这些活动,包括一些学术活动,也带我去,使我学习到学术界的正派风气"。② 从这些回忆中可见徐养秋先生对李小缘的爱惜与器重。

1931年6月,时任浙江省教育厅长的张道藩以"省立图书馆总馆偏处西湖,阅览不便"为由,将大学路馆舍从浙江大学手中收回,作为图书馆总馆对外开放。规模扩大,图书增加,急需专家负责统筹管理,张道藩便打起了李小缘的主意。他先是直接和李联系,许以馆长之职。李小缘先生由于东北大学的经历,对官办单位失去信心,便以托辞婉言谢绝。张道藩转而致信徐养秋先生:

养秋先生惠鉴切怀慕,蔺未获瞻,韩比于厅中诸同事处闻诵高贤,益深响往,弟以疏庸负荷浙教,幸资众辅,共策进行。迨以省立图书馆新增事业,图惟进展,必赖专家深儒。贵所李小缘先生学具专长,才备谙练,拟请屈就馆长之职,以谋浙教事业之弘敷。惟英爽之才,贵所得之于先而弟复延于后,左右衡以常理,未免稍远于事情。弟念教育事业尚无分于封畛,此时得就贵所研究有素之英贤,以裨益浙教,异时李君必可就浙教事业之实施以转图贡献。况京杭相去匪遥,声气互通,其所资助于贵所者,有李君为之通畅,期间收效之弘可以预也。先生关怀浙教,冀其有成,

---

① 杨维庆《纪念李小缘先生》,载《李小缘纪念文集》,南京大学出版社,1988年7月,第357页。
② 蒋一前《回忆李小缘》,载《李小缘纪念文集》,南京大学出版社,1988年7月,第348页。

当必允如所请也。谨此布意,藉颂,著安。弟张道藩拜。八.廿四.①

从信中可见张的礼贤下士、求才若渴之情。尽管他说得情真意切、感人至深,但徐养秋先生并不为之所动,遂回书一封:

　　道藩厅长先生大鉴久仰:擢辉未亲,芝宇顷承。手教藉谂。鸿猷浙省图书馆收藏富赡,声闻四达。此次先生拟于管理方面益求妥善,俱见发扬文化,嘉惠士林之盛意。钦佩莫名。敝所草创之际,始基未固,正赖李小缘先生共同规画,选购中外书籍及研究员参考图书等事宜,均由小缘先生主持,一时万难任其脱离,此中情形,曾托其面达,想邀原谅也。②

这场人才争夺战以李小缘的留任宣告结束。李小缘先生后来接任研究所所长,直到新中国成立后研究所宣布解散。

徐养秋先生同时聘请本校的刘乃敬、贝德士、刘国钧、吴景超为执行委员会委员。设立图书委员会,以研究员李小缘、贝德士、刘国钧为委员,李小缘任主任,办理选购图书事宜。为进一步充实研究队伍,保证研究水平,提升金大中国文化研究所在全国的学术地位,徐养秋先生从校外延揽了一批著名专家学者任研究员。其中任职时间较长且贡献突出者当首推商承祚先生。

商承祚(1902—1991),字锡永,号契斋,广东番禺人。少时即师从罗振玉,学古文字之学,21岁因王国维的首肯而以《殷虚文字类编》闻于世。后到北京大学学习国学,1925年被东南大学聘为讲师而到南京任教。1927年又受顾颉刚之请回到家乡广州,任中山大学史学系教授,1929年起任中山大学语言历史学研究所主任。1930年7月离中山大学转赴北京,任职于北京女子师范学校并兼职于北京大学和清华大学,每月收入颇丰,只因兼课较多而每日疲于奔命。1932年与徐养秋先生于一西餐馆内邂逅而改变了人生的轨迹。

---

① 见洪银兴主编《南京大学藏近现代名人手迹选》,南京大学出版社,2012年5月,第109—110页。
② 商承祚《我与金陵大学》,载《东南文化》,2002年第9期。

据商承祚先生在《我与金陵大学》①一文中回忆：

1932年三、四月间，在北平东安市场的某西餐馆，我碰见了徐养秋先生，他说因事来北平，过几天找我。那时我住在京兆公寓，与唐兰住在一个大院里。之后未久他来访。徐主要向我介绍金陵大学的情况，他说金大成立"中国文化研究所"已有两年（该所于1930年成立），他现任所长，所里聘有专任和兼任研究员若干人。之后他又说："甲骨文、金文和考古学在国内日益发展，所以美国哈佛燕京学社文化基金委员会指示，要教会大学关注这些学科的发展；并指出要多出版此类专著，以提高研究所在国际上的学术地位。我此次北上负有物色这方面人才的任务。在南京讨论时就想到你。恰巧那天在西餐馆与你不期而遇，甚为高兴，今天来拜访，就是想聘请你去金大，希望你能屈就。条件是：聘你的名义是金大教授兼研究所专任研究员，但不必教书，只做研究工作，你有研究课题，可为你出专书，我们就是希望通过研究，出一系列的专著，以达到在学术界的高超水平，能在全国高校里名列前茅，月薪280元。"我经过一番考虑，一周后答应他们的聘请。因为那时我虽任北平师范大学教授，又在清华、北京、辅仁等校兼课，月收入达500元，在当时已算高薪了。但由于教学工作繁忙，北大、清华又在市郊，交通不便，一周内往返数处，实在疲于奔命，更无暇进行研究；到金陵的工资虽少，但精力可放于研究，著书立说，这是我多年来的愿望，因而意甘情愿地辞去北平各校教学而去南京金大。1932年暑假，我回南京探望父亲（那时家住杨将军巷），将研究计划交给徐养秋先生，他们研究后表示同意，并拨给一定数额的研究经费。当时研究所的成员，据我回忆有胡光炜、李小缘、陈中凡、陈登原、徐益棠、王古鲁、刘国钧、吴景超、刘铭恕、史岩、黄云眉、吴白陶、王伊同、刘继萱等十余人，有专任和兼任研究员，多数是兼任的。这里的人员不是研究中国文学，就是研究中国历史、中国古籍版本，研究所出版若干种专刊，论文载于《金陵学报》，研究所经费充实，我还有间研究室，每天去做研究工作，闲暇之时，常与胡光炜、陈中凡等接触，讨论一些有关古文字学的问题，谋求解决，相互收益，相处融融。

---

① 见洪银兴主编《南京大学藏近现代名人手迹选》，南京大学出版社，2012年5月，第109—110页。

从这段记述中可知商先生在金陵大学前期的研究与生活是非常愉快与顺利的,此时的学术研究成果也颇丰,出版了5本具有很高学术价值、足以奠定其终生学术地位的专著。而在这其中,徐养秋先生也是尽其所能地给予了他支持与帮助。在经费十分紧张的情况下,为了出版商承祚的《甲骨文编》和《七家金文图录》,徐养秋先生于1934年3月亲赴北平,找到胡适,请他协调商务印书馆的王云五先生在出版方面给予支持。他知道胡适与王云五的特殊关系,王当初去商务印书馆,就是由胡适极力推荐并积极运作的。胡适对金陵大学中国文化研究所的研究成果非常了解,对他们所取得的学术成就也是肯定的。他非常高兴能够对研究所的工作提供支持和帮助,提笔写下了一封推荐信:

云五先生:金陵大学的中国文化研究所,原系'哈佛燕京中国学院'补助的一个学术机关。近年美国经济萧条,美金低落,所以这个研究所也受其影响,所中积有书稿均未付印。其中如商承祚先生的《甲骨文编》及《七家金文图录》都是考古学的重要工具,若任其搁置,殊属可惜。此项书籍,非有精美印刷术不能承印,故以贵馆为最适宜。闻研究所诸先生之意,但求此项书籍可以出版,不指望此外的报酬,只要"某书为金陵大学中国文化研究所丛书"的名义,及每一种印出后,赠送研究所及作者若干册而已。所以我盼望贵馆能考虑此事,与以印刷发行上相援助,兹敬介绍研究所所长徐养秋先生(则陵)奉访先生,详谈此事。匆匆,即颂大安。胡适敬上。廿三、三、十五。①

此信笺用的是"胡适稿纸,每页二百字",信封是"中华教育文化基金董事会,北平南长安街二十二号",信封上写有"敬祈徐养秋先生便交王云五先生　适"。这封最近才被发现的胡适亲笔信,作为一件十分珍贵的文物,保存在南京大学。②

研究所的其他人员也都是当时学界的精英,在各自的专业领域均为领军人物。

---

① 姜庆刚《胡适佚信一封》,载《出版史料》2011年第2期。

② 见洪银兴主编《南京大学藏近现代名人手迹选》,南京大学出版社,2012年5月,第118—120页。

金陵大学中国文化研究所研究人员一览①

姓名	最高学历与任职情况	文化研究所任职情况	发文篇数
徐则陵(养秋)	伊利诺伊大学硕士,外交部条约委员会委员	委员会主任、所长	
王钟麟(古鲁)	东京高等师范文科毕业,河南新华日报编辑	专任研究员	4
吕凤子	两江师范毕业,中央大学副教授	专任研究员	2
吴景超	芝加哥大学社会学系博士,清华大学教授	兼任研究员	2
李小缘	哥伦比亚大学图书馆学硕士	专任研究员	
汪采白	两江师范毕业,中央大学教授	兼任研究员	
黄云眉	世界书局编辑	兼任研究员	6
贝德士(美) A. S. Bates	牛津大学硕士,金陵大学历史系主任、教授	兼任研究员	
杭立武	伦敦大学政治学硕士,中央大学政治系教授	兼任研究员	
陈登原	东南大学文科毕业	专任研究员	9
雷海宗	芝加哥大学哲学博士,中央大学副教授	兼任研究员	1
刘国钧	威斯康星大学哲学博士,金陵大学文学院教授	兼任研究员	6
刘继宣	东京帝国大学研究院毕业,中央大学教授	兼任研究员	
商承祚	师从罗振玉,金陵大学教授	专任研究员	10
徐益棠	巴黎大学博士,金陵大学教授	专任研究员	18
吴白匋	金陵大学文学士,金陵大学讲师	兼任研究员	
史岩	上海大学美术系毕业	专任研究员	6
刘铭恕	早稻田大学文学部毕业	专任研究员	22
吕湘(叔湘)	东南大学毕业,留学牛津大学、伦敦大学	专任研究员	6
王伊同	燕京大学历史系硕士	不详	2
奚祝焘	金陵大学国文专修科毕业	助理员	2
叶季英	中央大学艺术专修科	绘画助理员	1
黄玉瑜	不详	助理员	1
于登	之江大学文学士	助理员	1
胡道忠	南京钟英中学毕业	助理员	

① 徐雁平、何庆先《金陵大学中国文化研究所考述》,见《杰出人物与中国思想家》,江苏教育出版社,2000年,第421~422页。

这是一支学者云集、人才济济的高水平研究队伍,其中多位是徐养秋先生的学生。作为领军人物,徐养秋先生以超群的学识和淡泊名利、不计得失、无私奉献的大家风范赢得同仁的敬重。他把大部分精力都用在了组织协调、学术把关、课题安排、经费分配以及外部联络等方面,表现出卓越的学术组织与协作共进的才能,为研究人员营造了良好的学术与出版环境。

文化研究所每位研究人员无论专任还是兼职,都把整理研究中国文化遗产作为自己的首要职责,他们根据全所的整体规划,结合自己的专业特长,制订出个人的研究规划。综合全体人员的研究课题,研究所的研究领域涉及中国文化的各个层面。从 1933 年与 1938 年的课题研究计划及承担者名单中,我们可以窥知研究所的主攻方向和学术特点。

金陵大学中国文化研究所研究课题方向①

学科类别	研究课题名称	承担者姓名
历史学	商周文化	商承祚
	周季迄秦代文化	陈登原
	中国统一政治之形成	贝德士
	两汉文化	徐养秋
	中国外来民族之文化	徐益棠
	宋辽金交涉史	吴白香
	蒙古研究史	刘继宣
	南民族史	徐益棠
	本国历史地理	徐益棠
	本国史学家之史学方法	徐养秋
	本国史学参考书目	李小缘
	本国史研究	陈恭禄

---

① 根据《私立金陵大学一览》,1933 年 6 月,第 42～44 页;《金大中国文化研究所概况》,1938 年 7 月,第 12～13 页。

（续表）

学科类别	研究课题名称	承担者姓名
考古学	甲骨文字及金文研究	商承祚
	商辞	商承祚徐养秋
	考古学名词辞典（青铜部分）	李小缘徐益棠
	中国考古学史	徐益棠
哲学	六朝思想史	刘国钧
	颜习斋哲学思想	陈登原
目录学	六朝著述目录	刘国钧
	欧美东方学杂志论文索引	李小缘
	丛书子目索引	李小缘
	四川书目	李小缘
	画书书目提要	叶季英
	本所藏书目录	于登
	碑目便检	黄玉瑜
东方学	欧美学者研究中国学术概观	贝士德
	日本学者研究中国学术概观	王钟麟
	日本史学家关于中国史学之研究	王钟麟
国画研究	画微	吕凤子
	新安画派	汪采白

从上表可以看出，文化研究所以历史学研究为根基，同时开展考古学、目录学、哲学、东方学以及国画方面的研究。随着研究队伍的不断扩大，研究的领域也逐步拓宽，包括民族学、边疆少数民族史、蒙古史、西南民族史研究等，专家们还充分利用南京六朝古都的有利条件，进行考古田野调查（见本书正文前所附图片），开展六朝史、考古及绘画艺术史研究，并都取得了丰硕的成果，形成了金陵大学中国文化研究所独具特色的学术风格，创立出一整套现代学术研究理念、科学研究方法与传统国学研究方法相结合的体系。

在徐养秋先生的主持下，文化研究所成绩斐然，在研究方向、治学风格及研究实力等方面取得的成就,颇得哈佛燕京学社的赞赏。1932 年 10 月,哈佛燕京学社第一任干事美国人博晨光调查其附属机关,到金大文化研究所之后,"详细分别与研究员谈话,研究各计划纲要,甚为满意,并谓如有新计划,或十分巨大之稿本,尚可额外请款,彼极愿从中赞助"。① 因此,从成立至抗战前,由于经费充足,且比较安定,金大中国文化研究所具备了良好的发展基础。1938 年金大西迁成都前,已完成并出版《金陵大学中国文化研究所丛刊(甲种)》著作共 12 种,另有一种西迁成都后出版,但仍属丛刊甲种,因此,共计 13 种。据《金陵大学概况》(1935 年编)、李小缘《金陵大学中国文化研究所》(1950 年)和《长沙古物闻见录》所记,《金陵大学中国文化研究所丛刊(甲种)》目录如下:

《金陵大学中国文化研究所丛刊(甲种)》目录

作者	完成出版时间	成果名称
陈登原	1932 年	《天一阁藏书考》
蔡祯	1932 年	《词源疏证》
黄云眉	1932 年	《古今伪书考补证》
黄云眉	1933 年	《邵二云先生年谱》
商承祚	1933 年	《福氏所藏甲骨文字考释》
商承祚	1933 年	《殷契辑存考释》
陈登原	1934 年	《颜习斋哲学思想述》
孙几伊	1935 年	《河徙及其影响》
商承祚	1936 年	《十二家吉金图录》
商承祚	1936 年	《浑源彝器图》
福开森编,商承祚校	1936 年	《历代著录画目》
孙文青编,商承祚校	1937 年	《南阳汉画像汇存》
商承祚	1939 年	《长沙古物闻见记》

在上述著作出版的同时,还有 12 部业已完成待刊的书稿,包括吕凤子的《画微》、汪采白的《新安画派》、叶季英的《中国画书书目提要》、商承祚的《长沙古器物图录》和《楚漆器集》、刘骏的《历代西蜀石刻研究》(已完成汉代)、商承祚、刘铭恕的

① 见"中国文化研究所消息",载《金陵大学校刊》第 57 号,1932 年 12 月 5 日出版。

《西蜀汉画像汇存》、刘铭恕的《朱辽金元制度丛考》、向达的《蛮书校注》、商承祚、刘铭恕的《本所所藏之西蜀砖甓研究》、刘铭恕的《本所所藏之历代墓志铭研究》、《金陵大学中国文化研究所藏书目录》。另据其他资料显示,还有翁序东的《中国田赋考》等。① 1934年,文化研究所致函哈佛燕京学社,申请资助出版已完成待刊的书稿,并随信附寄7部书目及出书所需资金,其中的4部后来陆续获得资助出版,包括商承祚的《甲骨文编》和《七家金文图录》、李小缘的《边疆问题书目》和孙几伊的《河徙与文化》。② 此外,当时未能出版的其他书稿,后来也陆续得到出版,如《新安画派》等。实际上,由于经费等问题,中国文化研究所研究人员的成果并非仅限于由本所出版,还有不少著作在校外出版,并取得良好的社会反响,如陈登原的《中国田赋史》③《中国土地制度史》《荀子哲学》《鸦片战纪》等著作。金大中国文化研究所在成立后不到十年的时间里,完成并出版如此多的学术著作,可谓硕果累累。这些学术成果的完成并出版,标志着金陵大学中国文化研究所已形成自身的研究风格,其国学研究在国内处于领先水平,这也奠定了其在国内中国文化研究领域不可替代的重要地位。

20世纪30年代初期,在陈裕光校长的游说下,福开森将其耗费巨资收藏的一部分文物(近千件)捐赠给金大中国文化研究所,作为教学与科研之用。这批文物计有"铜器327件;石7件;书卷、画册、书轴、书横幅、书楹联、碑帖共66件;玉器39件;缂丝5件;杂器41件;拓本173件;拓本册22册;照片60件;总共计939件,皆属稀世珍品。铜器中如周克鼎,书画中如《宋贤手扎》、《王齐翰之挑耳图》,碑帖中如宋拓王右军大观帖……欧阳率更草书,均为当代至宝。"④这批文物品种丰富,数量巨大,且不乏精品,为妥善保管,学校拟以4万元专建陈列馆一所,然"因年来经济衰落,本校基金利息收入减低,故送开校董会议,与同学会磋商",同学会以"同学与学校义属一体,且福先生能割私人之爱好,举巨万以赠母校,设我同学并收藏之

① 见《金陵大学概况》,1935年编印,第12页。
② 何庆先、刘金喜《〈云南书目〉编纂钩沉》,载《南京大学学报》(哲学·人文·社会学)1993年第3期,第192页。
③ 由商务印书馆1934年出版。
④ 《金陵大学校刊》第146号,1935年2月18日出版。

所亦不能与,殊对赠者有愧,故慨然承诺。福氏以同学会出任此事,亦表欣慰"。①
同学校友慨然认捐,建筑经费迎刃而解,为中国文化研究所开展考古研究提供了良
好基础。在徐养秋先生的介绍下,商承祚认识了福开森,并对福开森的收藏进行了
彻底的了解。福氏所藏金文甲骨,引起商承祚的高度重视,他将主要精力投入对福
开森所赠彝品、铭文和拓片的整理与研究,出版了《福氏所藏甲骨文字考释》。② 此
外,商承祚对福开森编写的《历代著录画目》一书作了校订。这些著作一直为我国
甲骨文和金文研究家们所推崇。由于这一时期商承祚等人主要集中对这批文物进
行整理与研究,因此,考古研究更易出成果。这一阶段成为中国文化研究所考古研
究成就最辉煌的时期。

　　1935 年 6 月 24 日,陈裕光校长致信徐养秋先生:"养秋先生大鉴,敬启者顷奉
教育部指令准予本校成立文科研究所史学部,并于二十六年度招收研究生,似应及
早进行。兹特于本校文学院成立一文科研究所史学部委员会处理该部研究事宜。
敦请台端与刘衡如贝德士先生为委员,并请刘衡如先生担任主席。"徐养秋先生接
受聘任,与刘衡如、贝德士共同拟具章则,设定课程与招生简章等筹备工作。1936
年,文科研究所史学部正式成立,而史学部导师由中国文化研究所研究员与历史学
系教授担任。自此,研究所的科学研究与研究生的教学互为支持,齐头并进。

　　"金陵大学中国文化研究所自 1930 年成立至 1951 年停办为止,虽然仅仅存在
了 20 余年,而且中经八年抗战,学术研究受到一定影响,但是它作为一个现代学术
研究机构,成绩仍然非常卓著。它是国内一个卓有成就且独具特色的文化研究机
构,集结了国内一批国学研究界的顶尖学者并形成了一种自由研究的学术氛围,成
为民国时期最重要和最有声誉的中国文化研究机构之一,为金陵大学赢得了学术
上的声誉,为中国文化研究做出了巨大贡献,为弘扬中国传统优秀文化起到了积极
作用,并对促进中西文化交流起到了重要的促进作用。"③

---

①　《金陵大学校刊》第 187 期,1936 年出版。
②　包仁娟《中国文化研究所的成就》,载《金陵大学建校一百周年纪念册 1888—1988》,南京大
学出版社,1988 年 5 月,第 46 页。
③　张宪文主编《金陵大学史》,南京大学出版社,2002 年 5 月,第 172 页。

八 山河破碎几断肠 ※

（一）"八千里路云和月"

1937 年，淞沪之战，国军拼死抵抗，血染浦江，以三十多万生命的代价宣告坚决抗日的开始。抗日将士英勇壮烈，可歌可泣，但终于溃败于日本侵略者的炮火之下。

上海失守，南京城岌岌可危。蒋介石在表面上喊出坚守南京、永不放弃的口号，暗地里却抓紧安排迁都事宜。

1937 年 10 月 29 日，蒋介石在国防最高会议上作《国民政府迁都重庆与抗战前途》的报告，第一次提出迁都问题。

11 月 12 日，蒋介石经与国民政府主席林森会商，决定了迁都重庆，迁都准备工作秘密进行。蒋介石在第二天的日记中写道："抗战最后地区与基本战线，将在粤汉、平汉两铁路以西。"

11 月 16 日，林森登永绥舰启程赴川，各机关开始大规模向重庆、汉口、长沙等地分流迁移。在内迁的各政府机构中，行政院、立法院、司法院、监察院、考试院直接迁重庆；财政部、外交部、卫生署暂迁汉口；交通部暂迁长沙；部分军事机关暂留南京。随后，英、美、苏等各国大使馆，也迁至外交部办公地点汉口。

11 月 19 日，蒋介石主持国防最高会议，重申了《国民政府迁都重庆与抗战前途》报告中的精神。

11 月 20 日，国民政府正式发表移驻重庆宣言。宣言中肯定了全面抗战三个月来的战绩和精神，宣告了国民政府移驻重庆的目的和持久抗战的决心。此时，各机关已大体迁毕。

12 月 1 日，国民政府正式宣布，开始在重庆办公。

12 月 15 日，国民政府外交部总务司长林桐实由武汉抵重庆，安排外交部迁重庆事宜。12 月 16 日，决定将外交部川康特派员公署办公处（公园路征收局巷"涨秋山馆"）作为外交部迁后办公地址。1938 年 1 月初，外交部大批人员及档案到达重庆，国民政府外交部正式迁重庆。至此，涉外事件统由中央处理，重庆地方未单独建立外事机构，直至 1949 年解放。

国立大学的搬迁也与此同步进行，私立学校则处于自管自救的无政府状态。

据陈裕光校长回忆：当我第二次从美国回来不久，就爆发了八·一三抗战。由于国民党消极抗日，日军长驱直入，淞沪很快弃守，南京岌岌可危，金大和其他许多单位一样，积极作内迁打算。经与另一教会大学——成都华西大学商洽，决定迁往四川。在迁校问题上，一部分美国传教士对局势估计不足，对迁校抱无所谓态度，显然他们认为一旦南京失守，有美国大使馆保护，不怕日本人干扰。教育部开始时态度暧昧，表示公立大学都迁了，你们教会大学不迁也无所谓。还说目前需要几个大中学校撑场面。在这种情况下，金大只得宣布开学。但二十多天后，局势更形恶化，教育部突然通知闭校停课，却又表示无法帮助解决迁校所必需的交通工具。金大行政只好发动群众，依靠师生员工的力量，四处借车辆、船只，运送行李家具及人员。最后分三批从下关出发，经汉口抵成都，前后历时三个月，备尝艰辛，全体教工在西迁中表现得同心协力，十分团结。金大校本部迁成都华西坝，理学院迁重庆，次年三月，在四川开学。当时内迁成都的，除金大外，还有金陵女子文理学院、齐鲁大学，最后还有燕京大学，加上原来的华西大学，一共有五所教会大学集中一地，显得十分热闹融洽。

在迁校中，图书馆库藏的图书，因运输困难，未能全部装运，大约只运了总数的十分之一，共一百多只箱子。由南京到成都，路途遥远，沿途押运起卸，图书馆人员均躬亲其事，十分辛苦。①

从这段回忆可知，当全校开始大搬迁时，已经是兵临城下、炸弹纷飞了。当时人慌马乱、辎重繁多，能够把随校迁移的师生安全撤出已经不易，哪里还顾得上图书仪器？尽管十分的努力，图书馆的藏书也只能运走十分之一。中国文化研究所在金大各单位中，是较早作迁移准备的。徐养秋先生和李小缘在学校迁移方向未定时，决定先将中国文化研究所的珍贵资料运至安全之地。经过反复论证和筛选，最后把目标定在安徽的屯溪。他们从八九月份开始整理装箱，最终装了满满九十五箱。随着战事的临近，日寇的飞机已经飞临南京上空，形势愈加紧急。徐养秋先生同李小缘、商承祚及王古鲁四人，乘坐火车把研究所的全部图书资料安全运达安徽宣城。宣城是火车的终点站，下了火车，他们又雇用汽车，来到屯溪阳湖余家庄

---

① 陈裕光《回忆金陵大学》，载钟叔河、朱纯编《过去的大学》，长江文艺出版社，2005年，第295页。

（今黄山市阳湖区），租下几间民房，作为研究所的办公场所。

山城屯溪，位于安徽最南端，风光秀美，古朴典雅。清澈明净的率水、横江、新安江在此汇合，江水穿城而过。碧螺叠翠的华山、杨梅山蜿蜒市内，戴震公园、江心公园点缀其间，山环水绕，使素有"一半街巷一半水"的屯溪更显得风姿绰约。这里，不仅人文荟萃，涌现出如明代著名数学家程大位、清代著名哲学家戴震等历史名人，而且留下了如屯溪老街、戴震藏书楼（纪念馆）、程大位故居、程氏三宅、关阳桥、小龙山等众多的名胜古迹。

屯溪老街坐落在黄山市中心地段，镶嵌在青山绿水之间。北依四季葱茏的华山，南伴终年如蓝的新安、率水。老街距今已有数百年历史，全长 832 米，宽 5 至 8 米，是目前中国保存最完整，具有宋、明、清时代建筑风格的步行商业街。

这余家庄，与陶行知还有一段故事。陶行知在金陵大学读书期间，正值武昌起义爆发，陶行知受革命热潮的感染，跑回到徽州，任革命政府议会秘书，其间他参与了余德民等人在余家庄的武装起义，并在华山岭进行了一次枪战。起义失败后，他又回到金陵大学继续学业。

金陵大学的老校友、徐养秋先生在南高东大的同事姚文彩此时已将安徽中学从南京迁至屯溪。据严济棠《皖中在柏山》记载："迁屯伊始，校址三易。在一无校舍、二无设备、经费极为拮据的情况下，多赖地方茶叶公会姚毅全、叶凤山，茶商吴佩珩、孙友樵等出力帮助。他们让出茶号，供皖中复课使用。最初，校办公处、高中部设阳湖，初中部分别设屯溪还淳巷华胜茶号和观音山的怡新祥茶号内。因陋就简，用布幔间隔为教室，用茶板、茶箱充当课桌、课凳。事后，休宁程荷生慨捐课桌椅六百套，以供使用。不久，又将校本部迁入阳湖茶商小学及大有庄等处。9 月初学校先后招生两次。10 月初，南京的新老学生负笈来归者经登记达 781 人。10 月 10 日，学校举行开学典礼。会上，对各界来宾赠以分校《创立纪念刊》，人手一册。国民政府教育部顾树森司长和金陵大学徐养秋教授，均亲临指导。11 月 1 日，又出版发行了《国难旬刊》，以宣传抗日、推进教学。"①徐养秋先生不仅参加了开学典

① 《安徽文史系列丛书·黄山卷》（之四）。见政协黄山市屯溪区网站 http://zw. ahtxq. gov. cn/html/qzx/wszl_396_183. html。

礼,以示支持,还把自己适龄的五女儿鲁还、次子徐平送进学校读书:"学校迁入柏山以后,当地及沦陷区流亡来屯各阶层青年,要求入学者络绎不绝。学校则不拘贵贱,不分男女,只要考试及格,全都接纳。每学期学杂费改收大米,人均 45 市斤。经济困难的学生,由校方或师生之间互相接济,以维持生活,其中有冯玉祥将军的女儿冯理达姐妹和金陵大学文学院院长徐养秋先生的孩子等。"①姚文彩先生还曾任黄山建设委员会工赈处副主任、黄山管理局局长、第三战区前敌总司令部战地服务团团长等职,并创办黄山天都文物社。他经常招待来这里避难的朋友或同事,以尽地主之谊。金大中国文化研究所更是得到了他的许多帮助。

安顿下来后,他们立即开箱检查,发现书籍已经受潮,急需晾晒,便请在安徽中学任职的金大经济系工读生程浦云帮忙找人。程是江西婺源人,他找来小时同学吴铼云。吴本是中医,当时却在屯溪为南京中学印讲义,老同学有求,便"第二天一起到阳湖余家庄房子去见了四位教授,即徐养秋、李小缘、商锡永、王古鲁。后来就在余家庄将书箱打开,租了谷簟一本一本摆开晾干,早晒晚收,经半个月才晒好。还将大箱改为小箱,一担可挑两只,边整理边装小箱,装成一百一十余箱。"

中央大学毕业生,著名美学教授常任侠是时也带学生避难屯溪,据其《战云纪事》②记载,这段时间他与徐养秋先生等人往来频繁,既交流各自的收藏,观摩彼此的"宝贝",又互通时局消息。如:"1937 年 11 月 7 日,日曜。雨。上午写'起来,我们决心不愿做奴隶'诗一首,寄《文艺月刊社》。收到《战时旬刊》第二号一册。下午体不适,赴屯溪入浴。过李莘渔家看砚。晚间就姚文采及教育部吴研因顾少仪诸先生召晚宴,到有商承祚、李小缘、徐养秋、张琴、周邦道、余遵三诸人。戒不饮酒,夜归颇寒,明日或晴矣。

"近所址迁阳湖。

"14 日,日曜。晨,大雾。讲《勾践来吴》,两小时,课余为学生报告修路工人生活状况,在课堂中,泣下沾衣。下午,徐养秋、商承祚、王古鲁、李小缘诸君来赏余所

---

① 《安徽文史系列丛书·黄山卷》(之四)。见政协黄山市屯溪区网站 http://zw.ahtxq.gov.cn/html/qzx/wszl_396_183.html。

② 常任侠《战云纪事(1937—1945)》,海天出版社,1983 年。

得龙尾溪涵星砚。均各称美。因陪同赴李莘渔家，无所获。启昌购一砚。徐、商等归阳湖，送之渡头。与启昌至万利小酌，踏月归。收王平陵来函，嘱撰《战时诗歌》一文。

"16日，火曜。晨雾，十时晴。至阳湖余庄七号金大中国文化研究所，访商承祚、王古鲁、李小缘、徐养秋等人，并以《祝梁怨》一册赠王古鲁君。见商君所印南洋'阳'汉书颇丰富，闻尚有续编，在收辑中。

"20日，土曜。雨连绵不已。……下午头昏。赴屯溪街取来装订《状元图考》一册，《吴骚合编》一册，装订颇干净。

"过千帆，闻紫蔓有疾，即往视之。过姚文采家，问时局消息，坐有徐养秋、王古鲁、商锡永、李小缘等。据云俄国飞机到颇多，黄山养伤飞机驾驶员，均扶伤再赴前线矣。夜深始归，雨中不辨路径，幸姚以灯火送之。灯下阅袁中郎文，此种悠闲趣味，脑中已不能容矣。旋弃去就寝。"

1937年11月24、25日，宣城火车站遭日机轰炸，屯溪告急。

至于何时迁至婺源，据常任侠写于11月30日的日记记载：

"三十，火曜。晨起，即掘防空壕。上午讲课一堂，将国防书类五十七册，分散学生阅读。下午，过阳湖访商承祚、徐养秋。……

"晚间，访李挈非于黄山旅社。夜失眠。"

从日记中可知，30日他们还在阳湖余家庄。

此后，常任侠所在学校开始准备继续逃难，日记中便没有了与徐养秋等人的交往记载。

李小缘先生的儿子李永泰经过多方寻访与考证，撰写了《婺源藏书——金大一批贵重书籍在抗日战争中的经历》，对这段历史有较详细的记录：面对日益逼近的危险，"金大的几位教授着急了，便到龙湾的上伦堂村（属屯溪，新安江上游南岸）租了一个房子，准备将书籍迁此，后来听说婺源隔屯溪只不过百余里，但有五岭阻隔，比较安全，他们就改变计划，将书箱用船运至龙湾，并请人到婺源荷田租房，仍计划将书运到四川，但又恐南昌失守，无路可进四川，只好考虑将书存在婺源。据吴锒云回忆：'李小缘先生找我商量说，我校已全部迁入四川，这部分书籍运到这里首先是错了计划,现在我们想将这部分书籍寄存在你岳母晓起(属婺源江湾镇)一下,每月给你二十元保管费,等我们到四川,再派人来运去四川,你可写张收据给我带回学校。我说责任很重,我也不能保险,李小缘说:敌机轰炸及兵灾不要你负责,你总是在未运去时间,替我翻晒一下,不要受霉坏,不能被虫蛀鼠噬即可。我就答应他们。由李小缘付我二百元做运费。李小缘与王古鲁他俩未带家眷,就先走了;商与徐因有家眷,就在我家搁了20余天才走。后来终因南昌失守,这些书籍就陷在婺源,未能运走。1941年我岳母死后,我写信打报告,将这些书陆续运至里焦(婺源县秋口乡里源村)我的老家来,每年将书翻晒两次,一直到抗战胜利。'"

他们刚刚离开屯溪,徐养秋先生的小女儿畹芬就随着逃难的人群流落到此。

这一年,畹芬才七岁,与二姐一起在金坛与奶奶共同生活。日寇占领上海,战火烧至苏州,不久就漫延到常州地界,金坛自然难保太平,人们纷纷逃向安徽。奶奶让畹芬与二姐婉若随同姑父的妹妹、她们的"二姑"一起逃难,自己则留在家中不肯离开。他们随着逃难的人群一路走来,进入安徽地界不久,便与二姐失散。年幼的畹芬在混乱的人流中哭喊着寻找二姐,怎奈在稠密的人流之中,根本就难觅二姐的踪影。她紧紧抓住"二姑"的衣角,唯恐自己也走失。在恐惧、疲惫和失去二姐的痛苦中又走了几天,她们进入屯溪。"二姑"精疲力竭,且身无分文,身边的这个7岁小女孩已经成为累赘,心里便生出把她卖掉的想法。当走到一个看似大户人家的门前时,"二姑"便敲门进院,要把畹芬卖给人家做丫环。这家的主人看到畹芬虽然在逃难中折腾得灰尘满面、脏乱不堪,但透过那双水灵灵的大眼睛,可以看出这是一个机灵可爱的孩子,便给了"二姑"两块大洋,把畹芬留了下来。"二姑"拿着大洋走了,畹芬被安排到下房里做杂活。

徐畹芬回忆这段经历时说:"我是在姨太太房里干杂活的,端洗脸水,倒尿盆,等等。我只好,也只能偷偷地流伤心泪。过了一段时间,我知道这家的老爷叫姚文彩。一天,姚先生偶然问起我的家世。当他听我说爸爸叫徐养秋,曾是南京东南大学的教授时,大为吃惊,说我是他老师的女儿呀。我立刻就改变了身份,不再是丫头。姚先生还派出人马,去四处打听我父亲的消息,并让我在他家耐心等待。我终于盼到父亲的来信。父亲很快派来一位五十岁左右的老乡来接我!我跟着他翻山越岭,走小路,过小河,不知走了多少天,才从安徽走到江西的婺源县。他告诉就要到家了。我远远看见父亲从山间小路急匆匆地赶来接我。父亲问我,日本飞机扔炸弹你怕吗?我说不怕,因为我有红色毛衣穿在身上,趴在地上,用红毛衣袖子捂着脸,炸弹就炸不着我了。父亲慈祥地笑了。我一到家(父亲这时也是暂时住在江西的一位学生家里),看见厅里挤满了人,妈妈、哥哥、姐姐全在场,这位学生的一家人也在场。妈妈姐姐们哭得好伤心。我也哭了,还反复地说着二姐找不到了。"

徐养秋先生有诗并序记此事:

独行婺源山中,途遇畹儿。儿由金坛避寇到芜湖,敌机轰炸,与其二姐失散,于是流浪到屯溪。姚文彩收为使女,未知其为吾女也。嗣儿云到屯溪寻我,文彩乃通知我,我派人接儿到里蕉村。时全家在此观望形势,和战皆有可能。后决定抗战,吾家乃入蜀。

> 问君底事往青山,非避尘嚣避寇顽。
> 长剑斩鲸徒有志,明珠入抱一开颜。
> 凄迷远树将何骋,苍翠梯阶仔细看。
> 浮世本来多患难,流离不用叹辛艰。

寇顽入侵,流离失所,明珠失而复得,先生没有怨天尤人做凄楚状,而是表现出中国文人在战乱中普遍具有的坚强与淡定。谁说书生软弱?他们钢铁般顽强的意志,深深地包裹在文质彬彬的外表里。他们为守护与延续祖国文化所做出的努力,超出常人的想象。

徐养秋先生携家先到南昌,稍做停留后便继续西行,经长沙于1938年1月到达武汉。

一天深夜,一轮圆圆的月亮站在窗前的树梢上边,静静地守候着在战乱中得以暂时安宁的人们。皎洁的月光,轻轻地流入女儿的闺房,见证了一个秘密。当家里人都已经进入梦乡,四女儿梅青悄悄叫醒三姐纬英,告诉她,自己明天就要离开大家,去一个能够带她进入另一个更大的革命家庭的地方。纬英自己在学校也加入了中国共产党的地下组织,因此很理解妹妹在说什么。她紧紧拉着妹妹的手,什么话也没有说。过了好长时间,她下床,从自己的衣服口袋里拿出一个大洋,塞到妹妹的手里:"拿着路上应急用。"第二天,姐妹二人一起去街上买东西,傍晚时,只有纬英自己回到住处。她对大家说与三妹在街上走散,找了半天也没有找到,只好自己回来。不知内情的一家人急得不得了,纷纷到街上寻找。徐养秋先生还找到自己的学生,让他们帮助一起查找线索。但偌大的武汉,要寻找一个失踪的人,无异于大海捞针。找了几天没有任何消息,因时局紧张,时间紧迫,只好作罢,全家继续西行。不久他们进入四川,2月到达重庆。梅青则在武汉找到八路军办事处,先被安排参加国际友人艾黎·路易组织的工人生产自救工作,与其他几个进步青年一起带领几百名从上海等敌占区撤到武汉的工人和家属,奔赴宝鸡并把他们安置恢复自救生产。任务完成后便和一批进步学生一起被秘密送到重庆。邓颖超亲自同志接待了他们,并安排他们去了延安。

1938年4月,徐养秋先生赶到成都,继续担任中国文化研究所所长。长子徐壮怀和三女儿徐纬英也向金陵大学报到,继续未完成的学业。

稍稍安定下来不久,大女儿远晖于金陵女子大学毕业,崔书琴从长沙来到成都,正式向远晖求婚,徐养秋先生在征得女儿同意后,欣然应允了这门婚事。由于时局紧张,崔书琴即将随北京大学迁往云南,因此,在同事好友的帮助下,他们举办了一场简朴的婚礼。钱穆先生专程赶来,作为证婚人,发表了热情洋溢的贺词。

崔书琴是河北固县人,出生在天津一个富商家庭。1930年毕业于南开大学,旋赴美国入哈佛大学研究院,1931年获哈佛大学政治学硕士学位,1934年得博士学位,博士论文的题目是《广州与莫斯科协约对于孙中山先生政治哲学及革命策略之影响》,极受美国学术界重视。1934年回国在后,到外交部工作,任东北外交委员会研究主任,与徐养秋先生相识。崔书琴不但理论功底深厚、才华横溢,而且为人谦和忠厚,待人热情诚恳,对徐养秋先生更是尊敬有加,深得先生的赏识。后来,徐养秋先生经常邀请崔书琴到家里做客,饮茶畅聚,并把正在金陵女子学院读书的女儿远晖介绍给他认识。崔书琴后到中央政治学校外交系讲授国际法和条约论。1937年春,应陶希圣之邀,赴北大任教政治系。1937年9月,北京大学与清华大学、南开大学在湖南组成长沙临时大学，崔书琴随校来到长沙。婚后不久，远晖便随崔书琴前往长沙，后又远赴云南的西南联合大学。

（二）六年吟啸行溪畔

国破山缺，家存人散。经过一年多的迁徙奔波，一个原本其乐融融、儿女济济的大家庭，突然就少了两个如花似玉、才貌俱全的女儿，小女儿也险些流落他乡、沦为使女。一路上看到多少家庭妻离子散，多少人死于日本侵略者的炮火之中。报纸上每天都有国土沦陷、大批平民死于战乱的消息。在奔波中或许顾不上思念悲伤，一旦安定下来，便会经常陷入深深的忧思之中。

1938 年秋季，由于不适应成都长期阴湿的气候，加之奔波劳累，忧愤思念，徐养秋先生的妻子患上了严重的风湿性关节炎。剧烈的疼痛，使这位坚强的小脚女人病倒在床上，不能下地行走。虽然四处寻医问药，但效果甚微。有本地人告诉他，重庆南温泉那里的泉水，对治疗风湿性关节炎有非常好的效果。机缘巧合，时任外交部次长兼中央政治学校外交系主任的徐谟，邀请徐养秋到位于重庆南温泉的国民党中央政治学校任外交系教授，讲授外交史与条约论。经与金陵大学商量，徐养秋辞去金大全部职务，举家搬迁至重庆，到中央政治学校任职。

国民党中央政治学校，前身系 1927 年在南京成立的中央党务学校，校长为蒋介石，主要任务是为北伐期间的国民党培训政治干部。创校初期借用国立东南大学校舍，后迁至江苏省立法政大学校址。课程着重党务及社会运动、政治宣传，授课内容则分为理论、历史、地理和组织。

1929 年，中央党务学校改组为中央政治学校，校长仍为蒋介石。初设政治、财政、地方自治、社会经济四系，后来又增设教育和外交等系，并将科系调整为法政、经济、外交、新闻、地政五系。不久又成立新闻事业专修班、新闻专修科、地政专修科、会计专修科、统计专修科、语文专修科。

抗日战争时期，学校随国民政府一起迁至重庆的著名风景区南温泉内的小温泉。小温泉，距市区 15 公里，顾名思义可知其小巧精致。它背靠树木葱茏的仙居山，面临流水潺潺的花溪河，风光秀丽，景色宜人，泉水常年涌流，水温在 27 度到

40 度。抗战前为私家花园,因四周遍植修竹又称"竹林别墅"。中央政治学校迁此后,"竹林别墅"被征用。因校长蒋介石常到学校为"国家栋梁"们训话和讲课,教育长陈果夫便在小温泉花溪河畔的丛林深处修了一幢西式平房,供校长临时休息或住宿,被称为"校长官邸"。1940 年 3 月 8 日,日本飞机轰炸重庆,在小温泉上空投下两颗炸弹,一颗投在学校为蒋介石修建的专用防空洞上,当时蒋介石正在洞里躲避空袭,由于岩层较厚,只引起一场虚惊。另一颗炸弹投在学校办公厅前面,把地炸出一个大坑,幸好无人伤亡。后来陈果夫叫人把炸弹坑修建成一坐温泉池,在池旁栽种了许多奇花异草,规划成一个小庭园,取名为"三八园"。

徐养秋先生到达重庆后,并没有住进校区,而是在南温泉镇后距学校十几里外的一座半山坡上构筑了四间土屋。把家安置此处,一是为了躲避日寇的轰炸,同时屋前山坡有许多空地,可以种植一些蔬菜,以解全家生活之需。山上的树枝枯叶,还可拾来当柴烧。生活虽清苦,但总算安稳了一些。他每天黎明即起,拄杖下山,乘小木船过蜿蜒流淌的五里河,再步行七八里到校上课。晚上,在摇曳的油灯下,奋笔疾书,撰写第二天的外交史讲义。

此时他已经年届五旬,两鬓斑白,清瘦的身躯承载着教书育人及养家糊口的重任。每日早出晚归,"讲座风生",笔耕不辍,乐此不疲。他在《冒雾下山赴校讲课》一诗中,表现出这种积极乐观的生活态度:

平明启户延朝爽,白雾潇然入室来。

树影微茫作意辨,橹声隐约听船迴。

讲座风生阴翳散,殊光自显不须催。

黎明即起,出门赶路,迎接他的是山城第一缕朝阳。山中晨雾潇潇,悄无声息地飘入室内。沿山坡拾级而下,微茫中可辨树影婆娑。不远处传来小船咿咿呀呀的橹声,那是来接他过河的木船。坐在船头,缓缓前行,沿岸有青山迎送、野花簇拥,漫山遍野的杜鹃花,姹紫嫣红,如火如荼,妆点出一卷色彩斑斓的画幅。棹楫轻划,水花四溅。清澈见底的河水中,可见鱼儿在小船的四周追逐嬉戏。如果没有突然出现在上空的敌机,这将是一幅多么美好的田园诗式的生活画卷呀。

可是,生活中也有许多料想不到的不如意处。1939 年夏天一个阴雨霏霏的下午,徐养秋先生收到金陵大学的信函,校方通知他三女儿徐纬英于毕业前夕突然失踪,不知去向,这表明她放弃了金陵大学的毕业文凭。四女儿梅青失踪不到一年,三女儿又重蹈覆辙,不辞而别,这种打击是巨大的。他立即与金陵大学联系,详细询问了女儿失踪前后的一些细节。他知道这不是一般的人口失踪案件,看来女儿是主动离开成都,去了她想去的地方。尽管如此,徐养秋先生还是向外发了许多信函,请求各地的朋友及学生帮忙打探查找。但结果是可以预料的:杳无音讯。

所幸的是二女儿辗转奔波,不久也来到了重庆,经多方打听,她终于找回家中,与亲人团圆。此时,她已经同在逃难中相识的刘粹如结为伉俪。刘先生是中央银行的职员,为人善良忠厚,性格有些内向,是个安分守己的好人。战乱中能够骨肉再团聚,真是有苍天保佑。全家人喜极而泣,场面令人动容。徐养秋先生非常热情地欢迎二女婿成为这个大家庭中的一员,并为他们另辟一间洁净的新房,让他们安心住下。

日子就是在这种有得有失,悲喜交集的心情下慢慢过去。

1938 年陶行知结束了欧、美、亚、非 26 国的访问行程,回到国内,并前往重庆,于 10 月 27 日早 8 时到丰都。当时东南大学的老同事大都随中央大学或其他学校来到重庆。即将见到这些老朋友,陶行知非常高兴。在当天的日记中他列出一个急切要见到的老朋友名单,"重庆友人:徐养秋先生、李仲霞、范洪武、郑晓沧、廖茂如……"徐养秋先生排在名单的第一位,可见其与陶行知的关系非同一般。到达重庆后,陶行知便全力以赴筹建育才学校。他遍访国共两党的高层领导和社会各界名流,向他们宣传自己创办育才学校的教育理念和办学主张,寻求各方人士的支持,以求募集资金。1939 年 7 月 20 日,育才学校在重庆合川县划街子凤凰由的古圣寺开学,首批学生 40 余人,年底达百人,大多是来自 15 省的战区难童。至第二年夏天,学生总数达 169 人,男女学生各半。学校办成,陶行知终于松了一口气。1940 年 12 月 28 日他带家人到南温泉旅游,先到徐养秋先生家小作休息。他在当天的日记中记道:"在养秋家早餐,凌济东在座。养秋发已白。凌任贸易委员会主任。"国难当前,各奔东西，一别多年，老朋友相聚，自然是感慨多多。看到老同学老朋友鬓发斑白，已现苍老之相，陶行知禁不住感慨万端。当年他们同窗共读，风华正茂，共同创办《金陵光》时，真个是"指点江山，激扬文字"，满腔教育兴国之志，一片开启民智之情。留学归来，在南高师和东南大学共同探索新教育，并实践着共同的理想。如今日寇入侵，遍地狼烟。偌大的中国竟然没有一块可以安心从事教育事业的净土。三个当年在中华教育改进社均属骨干的教育家，壮志未酬，今天只能相对唏嘘。

日记中所提的凌济东就是著名教育家凌冰。1929 年 11 月，凌冰出任驻古巴国全权公使。从古巴公使的任上归来后，担任行政院贸易委员会委员，不久又兼任贸易委员会下属复兴商业公司的董事。徐养秋先生的长子徐壮怀就是经他介绍到了该公司工作。

徐壮怀毕业于金陵大学农业经济系。1936 年金陵大学率先招收四名农业经济研究生，徐壮怀以优异的成绩成为我国第一批农业经济研究生，师从美籍教授约翰·洛辛·布克，并于 1939 年获得美国康乃尔大学授予的硕士学位，硕士论文《最近六年来中国主要农产品之输出与输入》发表在《中华农学会报》。

布克是著名作家赛珍珠的丈夫，在中国传教的同时任金陵大学教授。他本身是一位农学家，教授农业技术和农场管理的课程，创办了金大农业经济系并任系主任，因出版《中国农家经济》等书而被视为美国的中国问题专家。金陵大学农学系是我国最早进行农业经济教学与研究的专业，共培养出 50 余位硕士研究生，开创了我国农业经济问题教育与研究的先河，其培养出的学生后来在该领域取得了骄人的成绩，做出了十分突出的贡献。如果不是因为战争爆发，徐壮怀也可能成为一名优秀的农业经济专家。他在贸易委员会从事对苏贸易工作期间，撰写了《抗战以来上海与内地物价之变迁》[1]《最近日本之外汇及物价水准》[2]等论文。

1940 年蒋介石亲自颁发委任状，任命凌冰为行政院对外易货委员会主任秘书。凌冰上任后，对对外易货委员会的组织结构进行了调整，任命时任财政部贸易委员会技术处研究员的徐壮怀为视察。其间徐壮怀编写了《中美桐油贸易之现状

---

[1]　刊登在《经济动员》1938 年第 7 期。
[2]　刊登在《贸易半月刊》1939 年第 1 卷第 6—7 期，署名为：杨蔚、徐壮怀。

与未来》一书,由财政部贸易委员会出版,并发表了《太平洋战争与我国对苏贸易》①《太平洋战争与我国对苏贸易》②等文章。

徐壮怀由于工作出色,且为人踏实忠厚,得到了一向对下属十分苛刻挑剔的资源委员会委员长兼战时生产局局长的翁文灏的赏识(1945 年 1 月 10 日任命),把他安排在战时生产局秘书处,担任自己的机要秘书。

1943 年,徐壮怀与杨素雄女士在贸易委员会礼堂举行了简朴的婚礼,主婚人为杨素雄女士的舅舅童季龄。杨素雄女士是四川南川人,自小跟随外婆和姨妈童家娴一起生活。

据《道南通讯》记载:"童家娴,女,未婚,南川德隆乡人。幼年丧父,兄季龄留学美国,她从小随侍母侧,形影不离。就读重庆女子师范学院,后考入南京东南大学,亦将母接往奉养。1924 年暑期,返县小住时,参观道南小学,见其办学成绩卓著仰慕不已。返县不久,忽患绝症,未一月病逝。弥留之际,扶床手书,将原作学费、嫁妆的田租 100 石,全部捐赠道南作办学基金。其遗体安葬于尹子祠南侧凤嘴江畔。"

为纪念童家娴捐产办学的精神,童季龄兄继妹志,也捐资道南,成为道南学校董事。道南小学将童家娴遗像并赞词嵌入玻璃框,悬挂于学校客厅。赞词曰:"识得女权、以吾蜀先,负笈远游,博艺深渊,不幸短命、捐兹受田,道南有幸,与君永年。"每年清明节,学校校长率全体师生为其扫墓,以报捐产助学之恩。③

童季龄曾于 1920 年从清华学校以庚子赔款赴美留学,归国后在南京政府任海关署长,他把母亲和外甥女杨素雄一起接到南京,杨素雄进入陈鹤琴先生创办的鼓楼幼稚园。

抗战开始,童季龄携母亲和外甥女来到重庆,任贸易委员会副主任委员,抗战胜利后历任经济部、工商部常务次长。杨素雄则入读重庆商业中专,学习财会专业。壮怀与素雄的婚姻可谓天作之合,门当户对。

中央政治学校的实际管理者是教育长。徐养秋先生经历了陈果夫、张道藩和程

---

① 刊登在《贸易月刊》1942 年第 2 期。
② 刊登在《贸易月刊》1942 年第 3 卷第 7 期。
③ 刊登在《道南通讯》第 17 期,第 3 页。

天放三任教育长,均深受三人的尊敬与倚重。但是他却只把自己当做一个教书人,靠"舌耕"养家糊口,因此不攀附、不钻营,固守着知识分子道德的高洁与人格的独立。

1940 年至 1942 年间,在东南大学的同事、时任财政部贸易委员会常务委员代主委邹秉文的邀请下,徐养秋先生兼任贸易委员会研究员及秘书,负责审核重要文件并参加会务会议。1942 年 5 月贸易委员会改组,徐养秋先生辞去所兼职务。

1942 年 7 月,经东南大学时期的同事陈茹玄推荐、行政院长提请,由总统亲自任命徐养秋先生为交通部秘书处简任秘书。这份差事的薪俸要远高于政治学校,为解决生计问题,徐养秋先生向政治学校请假,到交通部赴任。据徐养秋先生后来填写的"思想改造学习总结登记表"记载,他这时的工作主要是"核阅一部分公文,计划交通部所属扶轮学校的教学事项,查核国际航空法规,编制抗战期间日寇损坏之交通财产之统计"。

1944 年 8 月,因交通部改组,徐养秋先生辞去部聘职务,返回中央政治学校继续任外交系教授,教授外交史。1945 年抗战胜利,重庆恢复了暂时的平静,学校的教学也步入正常状态。为了加强教学管理,进一步提高教学质量,学校聘请徐养秋先生兼任教务处副主任,负责招考新生、安排课程、管理学生成绩及教员上课等事项,并负责指导检查任课教师的备课及讲义编写等。先生专务教学,不涉政治,始终与校内上层国民党要员及师生中国民党骨干分子保持着一定的距离。除了教学与业务管理之外,他便是埋头著书,写出了四十多万字的学术专著《条约论》。从现存的手稿中可以看出,先生广搜中外史料,立论严谨宏大,对国际条约的发起、签约过程及不同国家因经济实力与军事力量的不同而在国际事务中占有不同的地位、国际条约的实质与作用等方面详加剖析,是我国第一部全面深入研究论述国际条约的鸿篇巨制。遗憾的是,在当时未能及时出版。

1946 年中央政治学校与中央干部学校合并,成立了中央政治大学。校长改为专任制,蒋介石任校长至 1947 年离任,但仍然担任永久名誉校长。徐养秋先生则继续担任教务处副主任并教授外交史。

九 六朝松下续旧梦　※

（一）万里归心对月明

时光荏苒。斗转星移之间,八年抗战终于取得胜利,徐养秋先生来重庆也整整八个春秋。八年中他经历了太多的悲欢离合,虽然任职于政教两端,但始终以学术专长安身立命,"不汲汲于富贵,不戚戚于贫贱",不依附于党派,更不肖于为谋取高官厚禄而奔走于权贵之间。最近发生的"校场口事件"①,更使他看到了国民党不愿意停止内战,而要继续实行独裁统治的真面目。"我越来越感觉到国民党之不对。反对国民党反动派掀起内战。"徐养秋对美国政府干涉中国内政,在资金及舆论上积极支持国民党的行为感到极为愤慨。而中央政治学校培养出的学生又多以"党国精英"的身份直接进入到县级政府或军队,有的还奔赴内战前线,成为国民党最基本的党务"人才"。这与自己"培养教材,惠及民众"的教育理念根本是南辕北辙,徐养秋心中很是郁闷。近期学校停课,整天无所事事,更令他心灰意懒,萌生去意。

南温泉的花山秀水陪伴他度过了这段最艰难的时光,富含硫黄的温泉不仅治愈了夫人的关节炎,而且还让她恢复了往日的活力,使他悬着的心得以放下。他们已经适应了这里的生活环境。日寇投降后,这里恢复了战前的幽静与安宁。每日傍晚,他与夫人相互搀扶,拄杖缓行,在屋前的山间小径中散步,迎送他们的是漫山遍野的杜鹃花和此起彼伏的蝉鸣鸟唱。更有那山泉清澈碧透,溪水绕山而流。田园山水诗的意境亦不过如此。只有淹没在这纯净恬美的大自然当中,他才可得片

---

① 校场口事件:1945 年 10 月 10 日,中国共产党和中国国民党经过会谈,签订了《双十协定》,其中规定要召开各团体参加的政治协商会议。1946 年 1 月 10 日至 31 日,政治协商会议正式召开。其间,重庆各界组成了"政治协商会议陪都各界协进会"。2 月 2 日,由协进会发起,定于 2 月 10 日上午 9 时,在重庆校场口广场举行庆祝政协成功举办大会,并推选郭沫若、陶行知、马寅初、李公朴、施复亮、章乃器等二十余人组成大会主席团,李德全(国民党将领冯玉祥夫人)为总主席,李公朴作总指挥。国民党则密谋破坏。2 月 10 日上午,中国国民党另外组织了一个所谓的"主席团",其成员有吴人初(重庆市教育会理事长)、谭泽森(重庆市工会理事长)、刘野樵(重庆市农会常务理事)、周德侯(重庆市商会理事)、庞仪山(国民党重庆市党部宣传科长)等,早早抢占了主席台,会场两侧布满了特务打手,并有雇佣而来冒充各会会员的"八百壮汉"提前入场。周德侯叫嚷:"我们选占中国人口百分之八十的农会代表刘野樵担任总主席!"并悍然宣布开会。李公朴、施复亮上前阻拦遭到殴打。郭沫若、陶行知、章乃器和新闻记者及劳协会员等六十余人也被打伤。当中国共产党代表周恩来、王若飞等和冯玉祥赶到会场时,特务们才四散离去。

刻的闲适与安慰。

世事变幻,人力难违。不久,这种平静的生活便被时局的变化打破。

1945 年 9 月,教育部成立复员计划委员会,任命西南联大理学院院长吴有训为中大校长兼复员计划委员会主任委员,负责中央大学回迁全部事宜。复员工作在重庆和南京同时进行。

在重庆,校方以复员费(法币 81 亿元)包工制作木箱一千四百余只,装运图书设备等发往南京。学生则以自行、随校或缓期方式返校。原有校舍分别交由重庆大学、中央工业专科学校、重庆青民中学以及四川省政府卫生实验处接收。

与此同时,吴有训于 1945 年 11 月返回南京清点校产(包括四牌楼、丁家桥等处的校舍),并接收原沦陷区内的南京"中央大学"。因南京"中央人学"位于金陵大学旧址,经与金陵大学协商,由"中央大学"接收设备仪器,金陵大学接管图书杂志。

经过几个月的筹划,全校师生于 1946 年 5 月开始分乘水陆空各种运输工具,陆续返回南京,最后一批于 7 月底到达。图书仪器设备等在 10 月中旬运回。

鉴于中大师生人数众多,吴有训将校区分为三处,分别为校本部(四牌楼)、分部(丁家桥)与中大附属中学(三牌楼)。各院系原则上保持原来格局,无重大更动,只有研究院增设了经济、社会、法医三个研究所。因部分滇、川籍老师留恋故土或归家心切,未随校来南京,有些院系出现人员短缺,师资力量明显不足。而随校返宁的教师,又因有一部分人偏执于"南高""北大"之争形成南北两派,门户之见颇深,彼此互不相让,因此常生龃龉,争执不断。更有意气用事者,在集体聚会时常生事端,吵得教研会议无法正常进行。时任教育学院院长的罗炳之先生,虽然也是知名教育家,却无法平息经常燃起的"战火",面对两边的激烈论争,却无力平衡各方势力,心中很是无奈。眼看全校的复员工作一切就绪,学生们陆续到齐,开学复课在即,对立之势再不化解,势必影响到正常的教学工作。这时,他想起了自己的老师徐养秋先生,只有请德高望重的徐先生回来,才可以使这些抱畛域之见、唯我独尊的教授们心悦诚服,收敛起咄咄逼人的孤傲之气。因此,他向吴有训校长提出建议,敦请徐先生回来重新执掌教育系,以引领群伦,凝聚起这些名教授的力量,再创中央大学教育学院的辉煌。吴校长也正在为师资匮乏及院系管理无力的问题焦虑烦忧。之前的金陵大学之所以能够独步学林,傲视群雄,其根基就是拥有一大批国内首屈一指的著名教授。现在,欲恢复中大的元气,也必须延揽道德高尚品学兼优的名师前来任教。而徐养秋先生正是这样的鸿博硕儒。对于罗炳之的建议,他当即同意,并委派罗先生即刻动身,亲赴重庆,务必请徐先生回中大主持教育系工作。

罗炳之先生自是不敢怠慢,立即启程,千里奔波,来到重庆。战后余生,师生相见,自是激动万分。罗炳之转达了吴校长求贤若渴,急切希望徐先生重返中大的盛情之邀,然后详细介绍了学校的现状,恳请先生回去重整系务、再振系风,像当年办东南大学教育科那样,把中央大学的教育系办成全国首屈一指的教育重镇,并提出先生返宁及到校后的所有费用都由学校承担,充分表现出校方和他本人的殷挚之意。

面对来自中大的邀请,徐养秋先生欣然接受。

从金陵大学读书时起,他就心忧吾国“教育界百病丛生,内外交惫。以言夫元气则经济恐慌,师资缺乏;以言夫外感则校员敷衍,学子浮糜”。但“忧之而不谋补救之道,教育潮流将愈趋愈下,糜所底止。譬之病者,忧厥疾弗瘳而不求药石,庸有济乎?”因此立志于师范教育。他一直认为:“欲谋普通教育之发达,须先注重师范教育,以培养师资。”“国家诚能多设男女师范学校,以培养教材,数年之后,教育界可无才难之叹矣。”①因此,他在归国以后,便立即积极投身于教育改良、教育普及和师资培养的新教育运动之中。和蔡元培、郭秉文和陶行知、陈鹤琴等人积极奔走与号召,与中华教育改进社的全体成员通力合作,以《新教育》杂志为阵地,南北呼应,同心协力,深入探索,大胆试验,在学制改革、教材建设、测验研究、教学方法以及平民教育、幼儿培养等方面都进行了卓有成效的实践与创设,使得先进的教育理念和科学的教学方法推广形势一片大好。如果没有党化教育的破坏和日寇的入侵,坚持到今天,必会是一种全新的景象。党祸战乱,生灵涂炭,破坏的不仅仅是有

---

① 徐养秋《改良民国教育私议》,载《金陵光》第六卷第二期。

形的物质文明,更可怕的是杏坛荒芜、弦歌声渺,中华民族的教育与文化遭受了严重的创伤。如今,二十年过去了,当年的那一班学界精英已经分散各处,从政为官者有之,远遁异国者有之,借难发财者有之,驾鹤西归者亦有之,至今仍然矢志不渝地坚守在教育一线者已属寥寥。

中央大学的召唤,激活了他深埋已久的重返师范教育讲坛的愿望。自己虽已近花甲之年,但"老骥伏枥"之志尚存,"烈士暮年"之心犹在。重回中大教育系,既是已逝岁月的延续,也是教育生命的涅槃。教育可以兴邦,教育可以复国。政府也将教育复兴作为战后的头等大事。他似乎又看到了教育春天的来临,这也激起了他"待从头收拾旧山河,朝天阙"的使命感。

第二天,徐养秋先生带罗炳之参观了中央政治学校的校园后,师生二人漫步在南温泉幽静的沿山小径上。

战后的南温泉,恢复了幽静和平和。习习吹来的秋风,夹带着馥郁的花草香气,鸟儿在树丛中欢快地鸣唱,泉水汩汩地流淌。徐养秋先生已经习惯了这种被优美的山水风光环绕涵养的生活环境。但想起遥远的故乡——"钟山龙蟠,石城虎踞,""人文荟萃,士林渊薮"的十朝故都南京;想起东南大学校园中那棵虽然苍老但依然生机勃勃的六朝松,它见证了当年与刘伯明、陶行知、洪范五等人畅谈教改,纵论时政的往事,禁不住心潮难平。听着罗炳之介绍他这些年所做的事情和取得的成绩,徐养秋先生感到非常欣慰。教师的最大快乐,莫过于桃李满天下、幼林已成荫。自己的学生中涌现出一大批学有所成、名扬天下的知名学者教授,他们这一批人咬定青山、埋头做事的心血总算没有白费。东南大学后继有人,中国的教育振兴有望,这也足以让他们这些先行者们聊以自慰了。

不知不觉中他们来到了天门洞。此洞又名"成全洞"、"神仙洞",洞长 500 余米,分上下两层,洞道呈"之"字形,洞内的天然景观形态各异、栩栩如生,真个是鬼斧神工、引人入胜。日寇飞机在重庆大轰炸时,这里也成为最好的防空之所,蒋介石就曾在此召开过军政要员会议。

夕阳西下之时,他们返回了校区。

罗炳之得到徐先生的允诺,便急着回去复命并安排先生到宁后的一切事务,遂于第三天匆匆返回。

徐养秋先生向中央政治学校提出辞呈。政治学校当时也准备南迁,前途未卜,人心惶惶,对师生的去留,也就悉听尊便了。教育长程天放又正忙于出席联合国教科文组织代表大会,也无暇顾及校内事务,所以很快便同意了徐养秋先生的辞职请求。

1946 年 5 月,徐养秋先生携全家搭乘贸易委员会的运输机启程返宁。

(二)皓首雄心返故园

驱逐倭寇,收复山河。没有敌机盘旋的天空晴朗而寥廓,运输机的轰鸣声在空中演奏出一曲欢快的回乡奏鸣曲。俯瞰窗外,飞机如扶摇直上九万里的鲲鹏,凭借罡风之力,在湛蓝的天空中疾速飞翔。孩子们把脸紧紧地贴在弦窗上,无限风光,尽收眼底,不尽云山,如入画中。色彩斑斓的梯田如蜀锦般艳丽,山川变幻之中,长江两岸的辽阔平原渐渐映入眼帘,顿觉离故乡越来越近,心情也愈加的急切和激动。远平和畹芬兴奋地叫着嚷着:"看,那是长江,江上还有轮船!"

长江,祖国的母亲河。从小喝着长江水长大的人,对这条亚洲最长的河流充满了依恋与敬畏。只有经历了战乱中背井离乡、颠沛流离之苦的人才能体会到这种归心似箭的急迫与近乡情更怯的欣喜。兴奋激动之下,徐养秋先生即兴赋诗一首:

《日寇投降航空由渝返宁》

飞天从古徒孚想,老子于今却破空。

斑驳梯田铺蜀锦,扶摇鹏翼摩苍穹。

无边气象罗胸次,不尽云山入画中。

顿觉故乡行欲近,平畴罨画大江东。

此情此景,与杜甫老先生听闻官军收复河南河北时的激动与兴奋何其相似:

剑外忽传收蓟北，初闻涕泪满衣裳。

却看妻子愁何在，漫卷诗书喜欲狂。

白日放歌须纵酒，青春作伴好还乡。

即从巴峡穿巫峡，便下襄阳向洛阳。

到达南京后，罗炳之已经为徐养秋先生安排好了一切。

金陵大学于 1945 年 11 月便开始了复校工作，陈裕光校长于年底返回南京安排回迁的各项事宜。为了解决教职工宿舍不足问题，金陵大学之前曾向徐养秋先生提出临时租用他在峨嵋路的房子。当时因自己回归尚无定期，为解母校燃眉之急，先生慨然答应。如今提前回来，一时不能住进自己的房子，中央大学便在学校附近的成贤街南苑为其安排了一栋独立小楼，供先生全家居住。

成贤街是南京教育文化的地标。这条小街虽然只有 1 000 米长，15 米宽，却有着绵长悠远的历史和飘着浓郁书香的记忆。早在六朝时，这里便是皇家贡院。至明洪武十四年(1381 年)，草根皇帝朱元璋认识到"治国以教化为是，教化以学校为本"，于是下诏兴办国子学，第二年改称国子监，是为国家最高学府。由此培养出来的书生，大多成为学富五车的"贤人"，从这条小街走向仕途，封官晋爵，飞黄腾达，故此路便被称为成贤街。

从成贤街走过的，还有三江师范、两江师范、南京高等师范学校和东南大学、中央大学等数不胜数的名贤硕儒与后学俊彦。

小小的成贤街，似一根纤细的红线，串起了一颗颗璀璨夺目的珍珠，形成了一条源远流长、万世永续的文化链条，薪火相传，学脉相承。

徐养秋先生寓所不远处便是学生宿舍。周边商贩林立，服务设施齐全，生活十分方便。

把家安顿好，徐养秋先生立即到中央大学报到，担任教育系主任并兼教育学研究所主任。

中央大学教育学院仍然设在南高、东大旧址。二十年后重回故地，眼前的一切是那么的熟悉又有些陌生。南高的老建筑图书馆、体育馆、科学馆依然健在，古朴庄重中增添了几分沧桑与肃穆。梅庵与六朝松历经战火的威胁与风霜的侵蚀，依然不弃不离、相依相伴，默默守望，延续着南雍的缕缕书香、绵绵文脉。而中央大学时期兴建的大礼堂、生物馆和牙科医院，既沿袭南高建筑的风格，又增添了几分时代风韵，记录着这所大学承袭与发展的历史。

走在校园内，徐养秋先生经常会遇到认识或不认识的人向他鞠躬致意。这其中有他亲自教授过的学生，有他离开后才考入本校但对他满怀崇敬的历届毕业生，也有从其他学校调入本校但对南高、东大历史十分熟悉、对那时的教授充满敬意的新同事。通过与这些新老同事的深入接触，徐养秋先生看到，战事结束，百废待举，每一位教师心里都洋溢着新生的喜悦与重建家园的激情。他们渴望在和平稳定的环境里，春风化雨，在培养人才与学术研究上重创辉煌。他认为这就是搞好教育系工作最重要的基础。如果每一个人都心系国家的教育前途，具有纯正的教育目的，就可以凝聚在一起，共谋发展大业。"教育学术所包者广，非罗致国内关心教育人士分门研究无以收专精之效。非开会研究、交换意见无以收贯通之益。"[①]基于这一理念，他与每一位教职员深入交流，倾听他们的意见和要求，向他们讲述南高、东大的优良学风，阐述"纯净教育"与学术共作的教育理念，以此说服大家彻底消除学统与"私淑"的封建观念，破除门户之见，共同把中央大学教育系的工作做好。在全体教师会议上，他多次介绍当年南高、东大的教授与北大、南开、北京高等师范学校等北方高校的教授共同探讨教育革新之路，共同开展平民教育、新学制试验与推广等教育科学研究与实践。最典型的例子就是陶行知先生从南高到北京，紧密团结并依靠南北各校的教育工作者，在全国范围推广平民教育。中华教育改进社也是聚集了东西南北全国各地的教育家，共同进行国民教育的研究与实践。所谓的南高、北大之争只是少数人的误解与炒作，在教育界本就没有这种矛盾与冲突。

胡适当时被人们认为是北方学界的领袖，他对南北对立的说法也并不认同。移居美国后的胡适，到台湾参加学术活动时，曾经对前去看他的人说："从前在北大时，人家把北大教授分作浙江派、安徽派，浙江的人才多，安徽只有陈独秀和我。我

---

① 徐养秋《今夏中华教育改进社关于史地教育之提案及历史教育组地理教学组之会议记录》，载《史地学报》，第二卷第一期，1922 年 11 月。

是一向超出党派的,所以我对他们说:只有狐狸是成群的。你看狮子、老虎,它们都是单独出来的;要打仗,也都是单独打仗的。我一向避免了党派,从无成见的。到此后,听说有人把人家分为南高派、北大派、清华派,我觉得非常奇怪。"①

徐养秋先生在师生中有着极高的威望,他那"望之俨然. 即之也温"的长者风度,为人正直、不偏不倚的处事方式,获得了大家的拥戴。经过一番调节与沟通,大部分教师改变了成见,彼此不再激烈地对立。"由于先生德高望重,主持公道,处事公允,纷争旋告平息。"②

正当徐养秋先生全力以赴,为新的开始做着各项准备时,从上海传来一个令他万分震惊的噩耗:陶行知先生突发脑溢血,于 7 月 25 日在上海不幸逝世。

陶行知于当年 4 月从重庆赴上海,中途曾经在南京停留,住宿在姚文彩家里。他到梅园新村拜访了周恩来,并看望了返宁的老朋友。到达上海后立即进入紧张的工作状态:将大孚出版公司从重庆迁到上海并整理自己的诗稿;寻找新的育才学校地址;积极投身到反独裁、反内战、争民主的运动当中,在一百多天内演讲一百多场;筹组"中国国际人权保障会"等。陶行知的一系列行为,引起国民党当局的强烈愤恨,将他与李公朴、闻一多一起列入暗杀名单之中。7 月 11 日和 15 日,李公朴、闻一多先后遭国民党特务暗杀,陶行知一面做好了"我等着第三枪"的牺牲准备,一面继续坚持斗争,视死如归,始终站在民主运动的最前列。

徐养秋先生清楚地记得,陶行知比自己小四岁,此前并未听他说身体有何不适。最后一次见到他时,他仍然精力充沛,满怀激情,准备在全国各地开办更多的育才学校,使因战争而流离失所的儿童生有所依、学有所教;同时,也看到了他对国家前途命运的深切忧虑与为之奋斗的决心。陶行知已经由一位专心办学的教育家,演变成一位反独裁争民主、反内战争自由的斗士。开会、演讲等各种社会活动占去他大部分时间和精力,用于教育研究与学校管理的时间几乎没有。徐养秋先生非常理解他的追求:没有一个和平稳定的社会环境,没有一个崇尚教育、尊重知

---

① 见《胡适之先生年谱长编初稿》第八册,台湾联经出版公司 1984 年 5 月,第 3012 - 3013 页。
② 邵令宣:《著名教育家徐养秋先生》,选自《南雍丽珠——中央大学名师传略续篇》,南京大学出版社,2006 年 1 月。

识的人民政府,没有一个统一强大的民主国家,就不会有教育的春天。要办好教育,首先要办好政府。这是他们这一代教育家几经乱世所悟出的共识。

近四十年的同窗之谊、同事之情、同志之亲,徐养秋先生很为老朋友的安全担忧。如今,得到老友猝然长逝的噩耗,徐养秋先生陷入深深的悲痛之中。

10 月 27 日,上海各界五千余人在震旦大学礼堂举行追悼大会,陈鹤琴先生任大会执行主席并致悼词。

11 月 30 日 21 时 35 分,陶行知的灵车从上海启程,向南京进发。

12 月 1 日,天还没有亮,徐养秋先生便赶到和平门车站,和姚文彩等人汇合,等候陶行知灵柩的到来。此时,车站的小广场上已经聚集了许多人,他们都是自发前来迎接陶先生归葬的。寒风瑟瑟,啜泣声声。人们悲切地等待着,气氛凝重压抑。看着这些素不相识的人不约而同地前来参加一位教育家的迎榇仪式,徐养秋先生十分感动。6 时 20 分,灵柩抵达南京。徐养秋先生迎上前去,向陪灵来京的陶行知先生的夫人表示慰问,请他们节哀,然后同陈鹤琴等人握手互道珍重。迎榇仪式开始前,徐养秋先生同董必武、梅益、沈钧儒、罗隆基、朱蕴由、韩兆鹗、张西曼、周新民、张申府、吴研因、吴俊升、滕仰支、于去疾、曹靖华、黎国全、郑英、江植棠、洪范五、胡家健、程万孚等民主人士一起,站在人群中排队签名。① 迎榇仪式结束后,灵柩运往晓庄。一路上有数千人沿途送行。南京城外五千多农民自动前去扶灵。扶灵的队伍举着"民主之光,教育之魂"的挽联,扶老携幼,排成五里多长的队伍,十步一香案、五步一祭桌;有的人长跪在地,有的人号啕痛哭。53 个人民团体联合为陶行知举行葬礼,沈钧儒主祭,陈鸿韬读力扬作的"祭陶行知先生"长诗,词意悲壮,哀感动人。中央大学师范学院代表宣读祭文,情真意切,感人至深。翦伯赞致词,陈鹤琴代表 15 个人民团体宣读公祭的祭文,姚文彩报告陶行知生平,罗隆基代表中国民主同盟致词。最后是陶先生的儿子陶晓光致谢词。下午 2 时 30 分,陶行知遗体奉安入土。

葬礼结束后徐养秋先生回到家中,心情依然十分沉重。他坐在桌前,陷入深深

---

① 中国陶行知研究会《民族之魂——陶行知的最后一百天》,上海教育出版社,2003 年 1 月,第 127 页。

的悲痛之中。陶行知的音容笑貌，在他的眼前萦绕不去。将近三十年的友谊，经历了风风雨雨的考验，彼此间的信任与坦诚，使得他们在工作中配合默契，在事业上相互支持，虽然因个人性格与志向的不同，后期在事业上的合作相对较少，但他们的私人感情始终不曾减弱，彼此牵挂依旧。陶行知从大学校园走向社会，投身于平民教育，最后转而频繁介入社会政治斗争，成为知名的民主人士，四处奔波，屡入险境，承受着巨大的精神压力。他的逝世，无疑是中国教育事业的巨大损失。哀思绵绵，情不能已。想到陶行知终年才 55 岁，徐养秋先生提笔写下了李商隐的《锦瑟》："锦瑟无端五十弦，一弦一柱思华年。庄生晓梦迷蝴蝶，望帝春心托杜鹃。沧海月明珠有泪，蓝田日暖玉生烟。此情可待成追忆，只是当时已惘然。"

斯人已去，音容宛在。壮志未酬，世人扼腕。浮华易褪，真情长存。徐养秋先生把这份纯真的友谊深埋心底。

1946 年 11 月 1 日，中央大学复员就绪，开学上课。此时的师范学院设有教育学系、体育系、艺术系和体育专修科。师范学院各系，除体育系在体育馆，艺术系的音乐组在梅庵外，其余各教研室、教室、绘画室等均在南高院。共有学生 377 人；教师 82 人，其中教授 32 人，副教授 12 人，讲师 12 人，助教 23 人，兼任教授 3 人。此时为中大规模最盛时期，全校共设 7 七个学院，42 个科系，22 个研究所，其规模及教职员、学生人数，均为全国高等学府之首。徐养秋先生一方面投入很大精力，对教育系的教学安排、师资培训、教学管理、课程设置、教材选择等基础工作进行全面的调整与管理，另一方面开设了世界教育史课程，亲自走上讲坛，为学生上课。先生授课风采不减当年，颇受学生欢迎，听课者挤满了大教室。

1947 年初，罗炳之辞去师范学院院长一职，徐养秋先生接任。他一方面加强师资队伍建设，广聘名师，一面整理系科课程。原来的师范学院，各系科课程多有重叠内容，浪费了学生的宝贵课时，而且还使教师做了许多无用功。徐养秋先生召开院务会议，要求各系科对现有课程进行一次全面的梳理，拟具课程内容纲要，交由院办编印出《师范课程一览》，以供各系科教师参考。《师范课程一览》详细描述了师范学院所开设的各学科课程内容，明确了教学时间和要求，使师范学院的教学更加科学规范。

"徐养秋先生主持院务以来,尤为重视学术研讨,热心敦请中外学者来院讲学授课,先后聘请英籍葛瑞华女士讲《英国成人教育》,晏阳初讲《我从事平民教育之经过》,程伯庐讲《教育专业道德规约》等。艺术系师生每年举办一次画展,并在南高院设立美术陈列室,定期举办国内外名画欣赏,有时也对外展出,不收门票,只在门口设一捐款箱,说明此款'为谋下次展出'用。艺术系教师大多为国内外知名画家,1948 年元旦在南京文化会堂举办画展,吕斯百、张书旂、陈之佛、傅抱石、黄君璧等人的作品,以其健康的内容、精湛的技艺,博得中外人士的好评。名师出高徒,艺术系学生汪文仲的'巫山峡'图,参加在印度举行的国际青年画家作品展,一举获奖。体育系则'兵强马壮',拥有国内知名的吴蕴瑞、吴赝、江良规等各具特长的教授、副教授。1948 年,江良规曾率中国运动队赴英国参加世界运动会,田径和篮球项目的赛前集训也由体育系负责。为了加强师生联系,增进了解,切磋技艺,该院制定了'教育接待日'制度,师生直接见面,畅谈心曲,师生间关系特别融洽。"①

(三)老荷尚有擎雨盖

校园内书声琅琅,校园外却战事不断。国共两党政治协商失败,国民党开始了全面剿共,国内战争又起。而国统区物资匮乏,物价飞涨,民不聊生,怨声载道。全国大学都发生了拖欠教师工资和学生生活费的情况,引起师生强烈不满。在共产党地下组织的积极策动与组织下,学生们纷纷走上街头,打着"我们饿,上不得课"、"向炮口要饭吃"等标语,要求国民党结束内战,关注民生,关注教育。

1947 年,中共成立"中大校友联谊会",以吸收教师支持学运及组织应变。1947 年 5 月 6 日,中央大学教授会通过《要求提高教育经费,改善教员待遇宣言》。5 月 12 日,中大学生因为物价暴涨,公费生的副食费却未随之调高而发起罢课,并串联他校成立"学联",决定举行反饥饿大游行。

1947 年 5 月 20 日,南京爆发了 5 000 多学生参加的"挽救教育危机联合大游行"。这天早晨,中央大学学生和从沪、苏、杭一起来的学生从中央大学操场出发,

① 王德滋主编《南京大学百年史》,南京大学出版社,2002 年。

中途汇合金陵大学的学生队伍,高呼"反内战""反饥饿"等口号。走到珠江路口时,遭到宪警镇压。警察用水龙头喷射,用棍棒、皮鞭殴打,造成 19 人重伤、104 人轻伤,还抓捕了 20 余人,制造了震惊全国的"五二〇血案"。学生们不畏强暴,冲破封锁,继续前行。在南京国府路口,学生们冒雨同国民党政府的骑巡队对峙 6 个小时,反饥饿、反内战、反迫害、挽救教育危机等口号响彻石城。当天,正值国民党操纵的第四届第三次国民参政会在国民大会堂开幕。游行队伍途经会场,振臂高呼抗议口号,表现出慷慨激昂、英勇不屈的热血之气。

"五二〇"血案后,学生运动进一步发展为全国性的"反饥饿、反内战"运动,席卷全国。受"五二〇"运动影响,1947 年,在上海、天津、广州、武汉等主要城市有 120 万工人参加到反对内战、反对美帝国主义暴行的罢工和示威游行中,其中罢工达 3 000 次。以经济口号为中心开展的群众性罢工、罢课、罢市斗争,沉重地打击了国民党政府的统治。

正在金陵大学读书的徐远平也参加了此次游行,并且表现得十分积极与勇敢。徐远平是徐养秋先生的小儿子,早在中学读书时就参加了进步学生的爱国活动,并且是青年读书会的积极分子,经常参加秘密散发传单、街头演讲和演出等活动。1946 年回到南京后考入了金陵大学化学系,并接受共产党地下组织的培养和领导,在学生中进行反对国民党黑暗统治、争取民主自由的宣传鼓动。

游行结束后的一天傍晚,远平突然回到家里,还带来一个清瘦文弱的青年学生。看到儿子平安回来,徐养秋先生自是非常高兴。远平向父亲详细讲述了他们学校的情况后,对父亲说:"这位是我的朋友廖一鸣,国立音乐专科学校的学生,因为参加了这次学生游行,被学校开除,现在无处可去,爸爸能不能帮帮他?"

徐养秋先生向来理解并同情学生的爱国行动,对国民党暴力打压学生的行为十分不满。经历这次"五二〇"事件,他更加痛恨国民党当局的残暴与独裁。看到眼前这位因为和自己的儿子一样参加爱国游行而受到处罚的学生,他心中顿生义愤。这些受着良好教育的青年学子,本应静坐教室,安心学习。但如今政府腐败,社会动荡,"疮痍未复,生计凋残,衣食难谋,遑论教养"。学生们反内战、反饥饿的诉求并不为过,却遭如此摧残。他虽不能参与其中,但也要为他们做一些力所能及之事。

他与中央大学附属中学校长彭百川商量，安排廖一鸣到附中任音乐教师。不仅解决了廖一鸣的生存问题，还为他继续开展革命活动创造了条件。新中国成立后廖一鸣到上海，任职于上海歌剧院。1950年代，他与歌唱家罗荣钜、胡松华、马玉涛、郭颂等一起向医学博士林俊卿教授学习咽音，成为著名的歌唱家和声乐教授。他培养了大批的声乐人才和知名主持人，如男高音歌唱家吴诒、20世纪80年代红极一时的著名歌星沈小岑、歌剧演员王仁亮、声乐教授花腔女高音李小亮等等。

刚把廖一鸣安顿好，远平又请父亲帮助他的中学同学刘世俊。徐养秋先生知道刘世俊是中央大学教育系的学生，学习成绩不错，富有正义感，但不知道他是地下共青团员。刘世俊因组织"五二〇"大游行而上了国民党特务抓捕的黑名单，随时有被捕的危险，已经被迫退学，无处可去。远平和五姐鲁还已经帮助他以"刘思华"的名字搞到一份中央政治大学的学生证。徐养秋先生考虑再三，觉得还是金坛老家容易隐藏，便安排他去金坛，不仅供其食宿，还介绍他到金坛县中教书。临行前，徐养秋先生当面嘱咐刘要多当心，注意保护自己。

1947年9月国民党实施党团合并，进行党团员总登记。早已经认清国民党腐败内幕、对国民党残酷镇压学生深恶痛绝的徐养秋先生，拒绝参加党员登记，彻底脱离了国民党。

1947年底，校长吴有训借赴墨西哥出席联合国教科文组织会议之机，滞留美国讲学访问，坚决不再就任中央大学校长之职。

吴有训辞职后，由教务长周鸿经接任中央大学校长。周鸿经是南高师附中的毕业生，后考入东南大学。正是他当初极力向郭廷以推荐徐养秋先生教授的西洋文化史课，认为"徐则陵（养秋）先生的西洋史是很有名的"，而北京大学"西洋史没有人教"。如今他临危受命，却已经是无力回天，只能维持局面，等待转机。

尽管身处动荡不定的时局当中，徐养秋先生仍然坚守着史学家与教育家的理念，密切关注西方文化教育方面最新动态。为了比较深入全面地了解"第二次世界大战"后美英等发达国家的研究成果，同时了解一下美国政府对华政策的走向，他邀请司徒雷登和金陵大学的几位老朋友到一茶舍饮茶聊天。

司徒雷登自 1919 年创办燕京大学以后,为之奔走操劳,辛苦经营已近三十载,他以一个传教士的虔诚、热心、高尚的目标、无私的奉献与不知疲倦的努力使燕京大学成为一所著名的综合性大学。不仅如此,司徒雷登还骄傲地认为:"在燕京的许多其他受益中,哈佛燕京学社使得我们(并通过我们使得其他几个在中国的教会学校)建立了和任何全然是中国的机构有同样最高水平的中国研究。"①这其中当然包括了徐养秋先生亲自主持的金陵大学中国文化研究所。也正是在这期间的经常联络与密切合作,他们的关系更加亲密。

抗战时期,燕京大学在美国教会背景和司徒雷登的巧妙应对下,不仅保护了本校师生的安全,还为进步学生前往抗日前线提供了一条地下秘密通道,这引起了日本宪兵的注意。就在日本人偷袭珍珠港的当天,司徒雷登被日本宪兵从天津抓回北平,从此被拘禁三年多,日本投降后才得以释放。获得自由后不久,他应美国大学总部的召唤回国接受咨询。1946 年 4 月底司徒雷登回到上海,处理完教会的事情后,本应立即回燕京大学,但受秘书傅泾波的鼓动,于 5 月下旬到南京拜访了蒋介石夫妇。"在委员长和蒋夫人的鼓励下,我拜访了马歇尔将军。我猜想他过去从来也没有听到过我,在我这方面,主要是好奇,想看望有如此显赫战功、有如此特殊任务来中国的这个人。"②而此次拜访,改变了他的人生轨迹,使他从一个教会大学的教务长,摇身一变成为美利坚合众国驻华大使,从此便留在了南京。

从一个具有博士头衔的教育传教士转变为一个职业外交家,司徒雷登并没有太大的不适应,他自认为在国共两党内都有很多的朋友和燕京大学的毕业生,人脉广泛,可以帮他居间周旋。但国共合作协议始终难以达成,他与马歇尔将军费尽心机也徒劳无功,这让他伤透了脑筋。收到徐养秋先生的邀请,可以与教育界的老朋友轻松欢聚,也是很好的休息,于是他欣然应约。

喝茶的地点在豁蒙楼。

豁蒙楼是两江总督张之洞为纪念其门生"戊戌六君子"之一的杨锐而建,位于

---

① 见司徒雷登《在华五十年》,周惠民,译,二言堂文库 http://www.360doc.com/content/10/1030/18/2755414_65293917.shtml。

② 同上。

鸡鸣寺最高处、鸡笼山的东北端。光绪二十年(1894),两江总督张之洞为纪念得意门生,"戊戌变法"中被弑的"六君子"之一杨锐,建造了豁蒙楼,"豁蒙"二字取自杜甫《赠书监江夏李公邕》"忧来豁蒙蔽"。这里是登高赏景的绝佳去处,钟山的紫气、九华的塔影、逶迤的古城墙、秀美的玄武湖,尽收眼中。茶楼挂有一副新对联:"龙战初平,且喜河山尽还我;鸡鸣不已,独来风雨正怀人!"写出了抗战胜利后的喜悦与品茶怀旧的幽思之情。徐养秋先生与司徒雷登对这副对联评论了一番,也是别有一番滋味在心头。

茶桌上大家也只是说些对时局的担忧和对未来形势的迷惘。司徒雷登向大家简单介绍了一些美国政府对中国政局的看法,他自己则仍然对国共合作抱有一丝幻想。他自认为凭借对国共双方高层人物的关系,可以斡旋其中,促成两党走到谈判桌前。徐养秋等先生们对此则不抱乐观。

聚会在忧心忡忡的气氛中结束。

1948 年 8 月 19 日,已经走到穷途末路的国民党政府,开始了最后的疯狂,在南京展开大规模的镇压行动,逮捕了大批中共地下党员和进步学生。根据国民党政府的要求,中央大学也必须开除一批有亲共倾向或思想"激进"的学生。为此,学校召开校务委员会,商讨如何执行教育部命令。会上,有国民党党籍的教授提出要采取严厉措施,坚决开除一批不听话的学生,以儆效尤。大多数教授以沉默表示抵制,徐养秋先生则挺身而出,坚决反对开除学生。他说,自古以来,中华民族就有"天下兴亡,匹夫有责"的传统。政府治国无道,学生发出不满之音,实乃有担当、负责任的表现。青年是国家栋梁,是民族的希望,也是我们办教育的终极目的。对于本校的学生,校方本有保护之责,岂有自戕之理。吴有训校长在任时,曾经力阻宪警进入校园抓捕学生,我们也应该负起保护学生的责任。

在一片白色恐怖的氛围下,一位著名教授的抗议之声虽然显得那么微弱,但却反映了老先生爱生如子的人文关怀和仗义执言的学者风范。

1948 年 10 月,金陵大学地下党支部委员陈大祯被捕,支部书记华擎甫在撤退前大衣丢失,口袋里有党员名单,为了保证党员安全,中共南京市委学生委员会决定,金大所有党员都撤退至京沪沿线各城市暂时隐蔽,等待时机过长江去苏北解放区。徐远平已经于 1947 年 7 月加入中国共产党,按照党组织的决定,他带金大同学姚叙伦潜回到金坛。不久国民党封锁了长江,去往解放区的交通被切断,上级党组织便令他们两人在金坛县找份工作,取得合法身份,开展争取群众的工作,准备迎接解放。他们便在徐养秋先生的介绍下,到金坛县天复中学担任教员。

天复中学是金坛籍教育界人士为纪念本邑著名记者徐血儿(字天复),于 1947 年创办的私立中学,初名为"金坛私立血儿中学",于右任先生任名誉董事并为学校书写了校牌,徐养秋先生任董事长,王绍复教授为首任校长。1951 年学校改名"红旗中学",之后并入金坛县中。

远平二人到金坛不久,中央大学地下团员何永集(化名李惇)也在徐养秋先生的保护下来此躲避。为了相互照应,有利于继续开展地下工作,刘思华也从县中转到天复中学。他们四人都吃住在徐家弄 1 号,衣食无忧,且十分安全。四个大学生承担了天复中学大部分教学任务,极大提高了学校的教学质量。他们还在学生中宣传共产党的主张,深受学生的欢迎。

直至全国解放,他们各自回到自己的学校,完成大学学业。

徐远平于 1950 年 8 月毕业后,被分配到东北人民政府工业部,不久又到中共中央东北局政策研究室,抗美援朝战争爆发,他被调到东北军区后勤部,参与为前线组织运输军用物资工作。1952 至 1958 年,先后在国家计委重工业局和国家经委化工局工作。1958 年被打成"右派",受到开除党籍、撤销职务、下放劳动的荒谬处分。"十年动乱"中,多次被批斗,最后被开除公职,遣送农村劳动改造。1979 年得以平反,后担任辽宁省科委党组副书记、科委副主任。1988 年 11 月 5 日因病逝世,终年才 61 岁。

由于形势混乱,中央大学一进入冬季便全校停课,校内已经传出要迁往台湾的风声。徐养秋先生以为夫人治病为借口,偕妻子和小女儿畹芬赴上海,探访老友陈鹤琴。

陈鹤琴先生在东大"易长风潮"后不久也离开东南大学到上海。1928 年至 1939 年任上海公共租界工部局华人教育处处长,并先后创办多所小学、幼稚园和中学。1939 年任中华儿童教育社主席。1940 年创办江西省立幼稚师范学校,并任校长。抗战开始,在中国共产党抗日民族统一战线号召下,投身于进步文化活动和抗日救亡工作,任上海市难民教育委员会及国防救济会难民教育股主任,创办救济会中学、儿童保育院、报童学校。次年,创办《活教育》月刊。抗战胜利后,任上海市教育局督导处主任督学,接管外国人所办中小学,创立上海市立幼稚师范学校(后改名上海市立女子师范学校)。1946 年兼任国立幼稚师范专科学校校长,生活教育社上海分社理事长。并先后担任中共创办的上海省吾中学、华模中学和报童小学校长、校董事会董事长。

徐养秋一家到达上海后,便住进愚园路 851 号陈鹤琴的家中。白天,两人分别出门会见老朋友和分散各界的学生;晚上,二人在书房里闭门长谈。他们详细分析当前的战争形势,一致认为国民党政权已经到了穷途末路,来日无多,一个崭新的政权即将建立。虽然已经有一批著名学者随蒋介石南迁,但更多的人会选择留下来。徐养秋先生表示,自己已经年过花甲,儿女又多在共产党内从事革命工作,因此不可能前往台湾。而中央大学的去留,也已经不取决于国民党政府和其任命的代校长,如果广大师生坚决反对南迁,偌大的一个学校是很难被搬走的。陈鹤琴说,吴有训正在上海积极联络各界知名人士,共同抵制去台的活动,二人决定与吴会面,商谈如何组织教授与国民党当局斗智斗勇,和校内的进步教师团结一致,共同阻止国民党政府把中央大学迁往他处。

徐养秋一家在上海住了整整一个月。上海之行,坚定了徐养秋先生留在南京的决心。

1949 年 1 月,淮海战役结束。中央大学校务委员会决定恢复上课,徐养秋先生接到通知后便返回南京,但把女儿畹芬留在了上海,进入陈鹤琴任校长的上海市立女子师范学校学习。

这一年,徐畹芬正好十八周岁。在陈鹤琴的教育培养下,逐渐成熟起来,积极参与校内的进步活动,并在陈鹤琴的小儿子陈一飞介绍下,于 1949 年 4 月 18 日加入中国共产党。上海解放后,加入张鼎丞率领的随军服务团,南下福建。

徐养秋先生回到南京后,继续主持教育学院的工作,同时,暗地里联络各系教授,抵制迁校。

不久,周鸿经接到教育部迁校的电报,一边派出人员赴台湾、福建等地寻觅校址,一边在校内做迁校的准备,但是在讨论迁校的校务会议上,却遭到多数教授的反对,南迁方案被否决。1 月 25 日,根据校务会议决议,为保证师生安全、准备应付事变起见,组织应变委员会。其组织简则经第 126 次行政会议修正通过。应变委员会以校长、教务长、训导长、总务长、各院院长、大学医学院院长、会计室主任为当然委员,并由各学院推选教员代表 2 人、职员代表 2 人、学生代表 2 人为委员,合计 39 人组成。常设委员会有 7 人组成,以李旭旦教授为召集人。同月,学生应变会、职员应变会、工友应变会相继成立。周鸿经眼见迁校无望,便带教务长、训导长和总务长离开学校,追随国民党前往台湾。中央大学完好无损地保存下来,迎接南京解放。

此时,徐养秋先生则面临与长女远晖一家人的诀别。

1948 年,崔书琴来到南京任国民政府立法委员,远晖随丈夫一同回到了久别的故乡。他们全家住到峨嵋路一号的家中。与女儿分离多年,终于有了短暂的团聚,徐养秋先生甚是高兴。

成都一别,倏忽十载,这期间远晖夫妇随西南联大远赴云南,前年才返回北京。

据著名美籍华裔学者邓嗣禹回忆:"1947 年,在芝加哥大学教了 6 年书,例当休假一年。胡适先生约去北大讲学,将书籍带回国,想一去不复返。""在北大同事当中,我得到了一位很好的朋友———政治外交专家崔书琴先生,哈佛大学博士。因为我们是先后同学,有共同的师友,一见如故。月薪领到以后,我把钱搁在手提包中,问他哪家银行利息高、稳当?他说你把钱交给我,我替你存在银行。即照办,以后每月如此,称他是我的义务财政部长。此后每礼拜六,差不多总在崔家打牙祭。下午三四时许,北大、清华、燕京的教授们,其中有大名鼎鼎的科学家、文学家,以及政治新闻学家等,去他家打麻将或桥牌,共十余位,打得非常认真,几乎不谈别的事情……约七时许,崔太太说:'饭得了,请您们用饭。'她是前东南大学教授徐养秋先生的女公子,中英文并茂,确是大家闺秀。家中有一老厨子,做菜的手艺很好。饭后,崔太太宣布饭菜用费,平均分配负担,价廉物美,人人欢颜。跟饭馆比较,有天壤之别。再喝茶吃水果,即散会。清华、燕京同人返校,必须赶上晚班汽车。住在北京城内的人,玩了一下午,吃了一顿好饭,也要回去休息。虽然来宾的政治背景不同,而能在一块吃喝玩笑,这是崔书琴的外交手段。他是国际公法专家,是非正式的国民外交部长,平津政学商各界人士,他认识得很多,联络得很好。去平津做研究工作的外国学者,他跟北平图书馆长袁同礼等,尽量帮助,使他们居之安,研究工作进行顺利。"①

从这段回忆可知,远晖以大家闺秀、金陵女大毕业的知识女性身份,却安于妇道、相夫教子,对崔书琴的事业做出了诸多支持,赢得了北大同仁的敬重。

此次回到南京,他们已经有了一双儿女,儿子宏禧,女儿宏悦才 3 岁。突然增加四口人,小院里变得热闹起来。远晖每天都待在家中,陪伴着父母,有着说不完的话。他们似乎预感到在一起的日子不多了。

崔书琴白天去委员会上班,下班回到家里后便与岳父大人畅谈时政及学术上的问题,有时还要在家里接待来访的客人。

时任教育部长的杭立武欲创办一份杂志,据其在《敬悼书琴兄》一文中记述:"向适之先生请教,适之先生介绍三位教授为杂志撰文,此三位教授即书琴兄及张佛泉、王聿修二先生。据适之先生相告,他们在北平曾有一个《独立时论》编辑委员会,即系书琴兄负责集稿的责任,故适之先生对于书琴兄的才华很是赞赏。那时,书琴兄寄寓在徐则陵(号养秋)先生府上,徐先生是我的老师,有此渊源,书琴兄与我倍感亲密,我因为杂志的事,曾至徐府拜访书琴兄,这次,我们谈得很多,大家非常高兴。"②1949 年 4 月,国民党全面溃败,南京政府开始陆续迁往台湾。崔书琴身居要位,不得不携家远赴台湾。徐远晖在三十年后写给兄妹的家书中回忆当时的情景:"记得那年深夜,我们离开南京家中与爸爸妈妈分别时,妈妈含着满眶的热泪对我们说,'三四个月就可以回来了。'爸爸对我们说,'今后生活不可预料。'我们只能对爸爸说,'你老人家知道我的情境,今后我们只能靠这两个头脑和四只手了。'爸爸双眉紧锁的情形,如今我还能清楚记得。"世事变迁,沧海桑田,"今后生活不可

---

① 邓嗣禹《北大舌耕回忆录》,载刘天编著《回忆北大》,中国世界语出版社,2003 年。

② 杭立武《敬悼书琴兄》,载张其昀,等《崔书琴纪念集》(传记文学丛书之二十四),(台湾)传记文学出版社,1967 年 9 月。

预料",这其中即暗示着国民党失去江山、已无东山再起之势,女儿一家此去也很可能是"一去不复返"。这句话也流露出一位历史学者对未来的预见。世事的变化,证明了他的这种预判是正确的。在历史发展的重要关头,每个人都要对自己的选择付出代价。这是不以个人意志为转移的历史的必然。

徐远晖到台湾后继续辅佐崔书琴著书立说、编辑出版杂志,同时还要照顾两个年幼孩子的生活与教育。崔书琴先生逝世后,为了养家糊口,她开始踏入社会,任台北政治大学英文系副教授。时任"教育部长"的张其昀评价她说:"远晖女士是我业师徐则陵先生的令爱,徐师治西洋史,远晖治地理学,斐然有述作"。① 她编写并出版了《水族糟》②、《植物学浅说》③、《我怎样编写儿童基本科学丛书》④、《活用英语文法手册》⑤、《南极探险热》⑥、《南极洲的开发 Boyer, David S.》⑦,并为《世界新形势》一书撰写了"中南美"一章⑧。

1960 年,她带儿女离开台湾,赴马来西亚任中学教师,主教地理和英文。期间将儿女送到美国读书。1965 年到美国与儿女团聚,并先后任职于都会女子大学和印刷公司,在印刷公司任经理,直到 1983 年才正式退休。退休以后也没有休闲,而是到教会担任义工,"功绩登旺,备受众人爱戴"。2001 年 2 月 23 日病逝于华盛顿,享年八十八岁。

---

① 张其昀《三民主义的斗士——写在崔书琴先生纪念集的前面》,载张其昀,等《崔书琴纪念集》(《传记文学丛书》之二十四),(台湾)传记文学出版社,1967 年 9 月。
② 台湾商务印书馆,1958 年出版。
③ 《收录于新科学文库》丛书,台湾商务印书馆,1969 年出版。
④ 载《教育与文化》第 151 期,1957 年 11 月 14 日出版。
⑤ 台湾商务印刷馆,1984 年出版。署名:崔徐远晖、黄崔宏悦。
⑥ 《世界论坛》第三集,崔徐远晖译。
⑦ 载《教育与文化》第 186 期,1958 年 7 月 17 日出版。
⑧ 台北中华文化出版公司,1958 年出版。

十 苦雨潇潇夜苍茫 ※

中央大学就像一艘抛锚的巨轮。船长带着大副弃船而逃,留下的船员只能各自守在自己的岗位,等待救援。他们并不知前方是否还有暗礁浅滩,也不知这艘摇摇欲坠的破旧巨轮还能驶出多远。只是遥望东方那朦胧中初现的一丝曙光,让他们心中产生一种获得重生的希望。

1949 年 4 月 23 日,人民解放军占领南京,总统府上空改天换日,飘起了鲜艳的五星红旗。

5 月 7 日,南京市军事管制委员会通知,中央大学由中国人民解放军接管,赵卓任军代表。

6 月 30 日,毛泽东发表《论人民民主专政》一文,论述了即将成立的中华人民共和国的国家性质,各阶级在国家中的地位及其相互关系,国家对内、对外政策等。

8 月 8 日,南京市军管会文化教育委员会通知,国立中央大学改名为国立南京大学。

8 月 12 日,国立南京大学校务委员会成立。

经过修补的巨轮焕然一新,重新起航。

新中国的成立,着实令徐养秋先生兴奋了一阵。经历了多年战争的破坏,祖国已经伤痕累累、满目疮痍。他亲眼目睹了国民党政府机构臃肿、开支庞大,文官贪赃枉法,武将巧取豪夺,经济凋敝,物资匮乏,物价飞涨,民不聊生,一派大厦将倾、国将不国的衰败景象。如今长年的战争终于结束,国家获得了统一,中华民族从苦难的深渊中解脱出来。大街上的解放军战士纪律严明,不扰民,不强横;军管会的官员态度和蔼,作风民主,没有旧官僚的恶习;学校里虽然学生人数锐减,但教学秩序井然。改朝换代在悄然进行——这一切都让他对新中国的未来充满了期待。

教育学院的工作平稳进行,按照新政府的教育政策,重新规划课程设置和教材内容。但是,他也敏感地意识到,《论人民民主专政》将成为中国的治国大纲,未来一段时期内的中国,将是"工人阶级(经过共产党)领导的以工农联盟为基础的人民民主专政","人民民主专政的基础是工人阶级、农民阶级和城市小资产阶级的联盟,而主要是工人和农民的联盟","人民民主专政需要工人阶级的领导。因为只有工人阶级最有远见,大公无私,最富于革命的彻底性"。以他这种在封建社会启蒙,又接受了"美帝国主义"教育的旧式知识分子,作为接受思想改造的对象,将会面临着非常严峻的形势。自己的教育背景和人生经历,显然已不能适应新时代的要求,应该急流勇退,让位于能担此重任的教育专家。

8月,在南京市军管会文教委员会大专部任干事的五女儿鲁还对他说,军管会主管文教工作的徐平羽同志请他写一份详细介绍师范学院情况的材料。他在材料的最后以身体原因提出辞去师范学院院长之职,并推荐陈鹤琴接任。他的建议最终被采纳。陈鹤琴先生从上海回到南京,任国立南京大学师范学院院长。徐养秋先生仍然担任南京大学师范学院教授,专心于世界教育史的研究与教学。

先生虽然不再担任校内领导职务,仍然受到各方的敬重,连续当选为中国人民政治协商会议江苏省委员会第一、二、三届委员,经常作为文化教育界代表,应邀参加一些重大的社会活动。据《人民日报》1949年11月13日第1版载:"1949年11月13日是孙中山先生诞辰。南京市人民政府、军事管制委员会、中共南京市委会及各界代表五百余人于上午前往紫金山谒陵。军管会主任粟裕将军任主席,参加者尚有人民市政府副市长柯庆施、中共南京市委会副书记唐亮及各民主党派和文化界代表李方训、吴贻芳、徐养秋、陈中凡,少数民族代表,工商界代表及警备南京的人民解放军、工人和学生代表等。粟裕将军在向孙中山遗像献花后,即发表简短的演说。辞毕,粟裕将军即领导全体代表瞻仰灵衬。"①

不久,徐养秋先生因脑血管阻塞而引发面部神经麻痹症。

"11月19日,进医院两星期,患面部神经麻痹症,出院后,卧病家中,病重。疑不久于人世。不死,阅报者三个多月,亦未上课。"②这一年,他六十二岁,九个子女中只有鲁还陪伴在身边,其他孩子都分散各处。

病愈后他回到讲坛,继续教学。此后,始发教育界并迅速扩展到整个社会的几件重大事件,令他目不暇接,顿感"山雨欲来风满楼"。

————————

① 见《人民日报》1949年11月13日第1版专栏:"(新华社南京十二日电)纪念孙中山诞辰,南京各界代表昨谒陵,粟裕将军献花后作简短演说,全体谒陵人员在粟裕将军的带领下进入墓室,绕孙中山墓圹一圈。谒陵仪式在12时结束。"

② 根据徐养秋先生《师范学院思想改造学习思想检查履历表》,1952年。

1950 年 6 月 8 日，新中国的首届全国高等教育会议隆重召开。此次会议以苏联专家为主导，全盘否定了民国时期的教育体制、教育方针、教育理论、教育结构以及教材教法，决定"以苏为师"，在苏联专家的具体指导下，全面实行苏联的教育模式，包括大学专业设置、人才培养目标及方向等，都进行了苏式的规划。

1950 年，10 月号和 11 月号的《人民教育》连续发表了曹孚《杜威批判引论》的上、下篇，吹响了批判杜威的战斗号角。该文指出："假使我们要批判旧教育思想，我们首先应该批判杜威。第一，杜威的教育思想支配中国教育界三十年，他的社会哲学及一般哲学，在一部分中国人中间，也有一定的影响。第二，杜威的理论，立场是反动的。"并说："陶行知先生的教育体系，最后是超过杜威主义的，但其早期主张，例如，做、学、教合一的主张，显然是受过杜威的影响。"全国教育界随即开始了对美国教育家杜威的声讨。

1951 年 4 月 20 日，文化部副部长周扬，在政务院第八十一次政务会议上汇报"1950 年全国文化艺术工作报告与 1951 年计划要点"中，明确宣布：《武训传》是一部"对历史人物与历史传统作了不正确表现的，在思想上错误的影片"。[1] 随之而来的是对陶行知教育思想的全面清算。

随着批判逐步升级，陈鹤琴也被卷入其中。1951 年 9 月，《人民教育》第三卷第四期发表的《希望倡导活教育的先生们进行自我批评》，陈鹤琴也被推到前台，遭受无数次声讨与批判，一直持续到"文革"结束才得以平反。

这一场看似突如其来的运动，却有着必然的内在动因。在这个天翻地覆的新世界里，人们的价值观、道德观、是非观均发生了巨大的变化，在载歌载舞欢庆新生的同时，一场彻底改造旧知识分子的运动也轰轰烈烈地展开了。

看到那些罔顾事实、颠倒黑白、断章取义、欲加之罪的"檄文"，徐养秋心中生出一种愤懑和悲怆。他断然拒绝了撰写批判文章的要求，在整个事件当中没有说过一句违心的话。

1952 年实行大学合并、院系调整，取消私立大学，减少综合性大学，代之以工

---

① 王一心《最后的圣人陶行知》，团结出版社，2010 年。

学院校和师范院校,大力压缩社会科学专业,减少文科学生数量。大学实行行政化管理,设立了党委。以南京大学师范学院和金陵大学教育系、儿童福利系等系科为基础,与上海震旦大学托儿专修科、广州岭南大学社会福利系儿童福利组、南京师范专科学校数理班合并组成南京师范学院,教育部任命陈鹤琴为院长,吴贻芳、纵翰民为副院长。徐养秋先生仍然任南京师范学院教授,教授世界教育史。

由于当时全盘否定欧美教育思想与方法,实行"一边倒"的外交方针,徐养秋先生便转而研究苏联教育史。从学术研究的角度,苏联教育史当然也有其可取之处。从先生遗留的备课笔记和资料卡片可以看出,他下了很大的工夫重新认识马克思列宁主义,尽量运用唯物主义和辩证法的观点研究苏联教育史料,并在教学中加以应用。在深厚的史学功底及渊博的西洋文化史知识的基础之上,他很快便理清了苏联教育史的发展脉络,对重要的教育家及其教育思想、教育理论有了全面的了解和深刻的认识,在授课中坚持以史实为据,客观公正,不抑不扬,从旁征博引中见其得失,于追根溯源处寻其根基。授课方法仍然实行启发式教学,经常组织课堂讨论,答疑点津,在讲史的同时,坚持向学生传授正确的史学方法与治学方法。

年底三女儿纬英从北京回宁探亲,其他在外地的儿女也都相约而归。这是多年后的第一次全家聚会。徐养秋先生看到经历了残酷的战争,九个孩子都安然无恙,且都成为事业有成的专业学者或国家干部,心中颇为欣慰。

徐养秋先生详细询问了纬英离开金陵大学的原因和去向。纬英告诉父亲,她于1939年从金陵大学"失踪"后,并没有离开成都,而是在邓颖超和川康特委的领导下做学生运动,不久便加入了中国共产党,并任"五大学战时服务团"团长。

1940年3月14日傍晚,国民党特务组织经过策划派出二三百人,装扮成老百姓,来到当地实力派商人潘文华的重庆银行粮食仓库,捣毁大门,抢走大米,并伪装成赤色分子高喊蛊惑人心的口号。这就是轰动一时的"抢米事件"。"抢米事件"发生后,国民党先后逮捕了中共四川省委书记、八路军驻成都代表、《新华日报》成都分馆负责人罗世文、川康特委军委委员车耀先以及刘湘的高级顾问郭秉毅(共产党员)和汪导予等进步人士。为了避免革命力量遭受更大的损失,南方局决定将身份暴露的同志转移去延安,另建新的川康特委。徐纬英也在邓颖超的关照下,几经辗转到达延安。她先进入中共中央党校学习,1941年学习结束后,到延安自然科学院生物系任教,为边区建设培养人才,同时结合边区大生产运动,参加南泥湾自然环境调查。在这里她认识了乐天宇。乐天宇时任自然科学院生物系主任兼陕甘宁边区林务局长,曾带领边区的林学家踏遍陕甘宁辖区的山山水水,考察了边区15个县6个林区的植物分布状况,了解了南泥湾、槐树庄、金盆湾一带的植物资源和自然条件,并收集重要植物标本2 000余件。乐天宇邀请她在这次调查的基础上合作编写《陕甘宁盆地植物志》,首次全面记载了边区自然状况、植物资源、森林资源,阐述了西北地区森林演变的过程。书中主要内容曾在《解放日报》上陆续发表,对根据地干部和群众认识自然、改造自然、增强科学观念,发挥了有益的作用。该书出版后,成为当时西北地区生产与教学工作者的基本参考。在共同的工作与科学研究过程中,乐天宇对她产生了超出同志间的感情,并多次向她表露,经过组织的同意,二人在延安礼堂举行了婚礼。

1946年,党中央到达西柏坡,中央组织部分配徐纬英到晋冀鲁豫边区,任北方大学农学院主任,负责教务。为发展边区农业,她主动承担甜菜、烟叶的引种和培育新品种工作。当她看到在国民党的严密封锁下,边区军民生活十分艰苦,没有食用糖,便专心制糖工艺的研究,成功研制了用甜菜制糖的方法,解决了边区的缺糖问题。1947年后,她先后在北方大学农学院、华北大学农学院担任院主任兼经济植物系主任。

1949年5月,华北大学农学院从石家庄迁至北京,随后中央人民政府决定将华北大学农学院、北京大学农学院、清华大学农学院以及辅仁大学农学系合并成立北京农业大学,她出任北京农业大学教授兼中共北京农业大学总支副书记、副教务长。

1951年,她随乐天宇一起离开北京农业大学,先后担任华南热带作物研究所研究员兼遗传选种研究室主任、中央林业科学研究所研究员等职。不久前,她远赴南岳考察杉木的生长分布情况,带回了一批优良品种,正在进行选型及培育研究。她自豪地告诉父亲,在国内林学家的共同努力下,我国不久即可建立优良品种的母树林和种子园。

说到这次南岳之行,纬英兴奋不已。虽然每天都要翻山越岭、艰难攀登,在深山老林中穿梭往来、栉风沐雨，但每当找到一个新品种，他们都会激动得忘记一切苦痛。

徐养秋先生对自然科学家始终怀有一种敬意。他深知人类历史的延续与发展，离不开对自然奥秘的探索与认知。因此，早在 20 年代他就主持翻译了《科学与世界改造》一书，进行科学普及的工作。他更支持儿女们选择农林、化学等为所学专业。经历了战乱与朝代的更迭，纬英仍然坚持从事当初所学，令他十分欣慰。听罢女儿的介绍，他作诗一首并挥毫为纬英题写条幅：

忆昔雅安搜异本，今朝又向岳颠行。

三边云障遮前路，半岭风声作吼鸣。

天限未容轻逾越，种型还待试培成。

为寻化育新途经，日炙雨淋都有情。

末题"五二年五月二十六日纬英登南岳考察杉木，代以长句纪之"。

从诗中可以看出先生对女儿不顾危险、不辞辛苦，踏遍青山，献身科学的理解与支持。

纬英把裱好的条幅带回北京，一直挂在自己的书房里，每当感觉工作累了，或遇到巨大的压力，便默默地诵读一遍，从中获得精神上的力量。

团聚总是短暂的，由于各自都有重要的工作，一个星期后孩子们便先后离开南京，又分散到四面八方。送走了孩子，家中又恢复了往日的平静。可是不久，从上海传来不幸的消息，二女婿因在"三反"运动中遭到残酷迫害，不堪屈辱，含冤而亡。这对已经有四个未成年孩子的家庭来说，不啻晴天霹雳。徐养秋先生立即写信安慰，鼓励女儿要坚强起来，勇敢地面对不幸，把儿女们抚养成人，并告诉女儿，如果生活上有困难，一定告知，为父者定当全力救济。二女儿婉若也是个非常要强的人，靠在小学任教的微薄工资，她独自担起了一家生活的重担，靠四处借贷和变卖家产，维持四个孩子的生活和学习费用。直到 1960 年，叶青考上大学，凭自己的力量实在无力支付学费，才写信向父亲求援。

"1960 年，叶青高中毕业，在她升学温课迎考的这段日子里，心里一直忐忑不安，家里能有钱供自己上大学吗？可以看得出母亲几次想开口，却又止住了。她是为了不影响叶青的情绪！但是，当接到大学录取通知书时，母亲犯愁地提出了经济问题，要叶青考虑。当时叶青的求知欲望十分强烈，她是多么希望能与其他同学一样进入大学校门呀！母亲了解这一切后，便不再说什么。几天后，她拿着外公的信高兴地说：'你可以继续读书了！'原来外公得知情况后，立即决定负担叶青的学费和生活费。我们都高兴极了，真像黑暗中见到了阳光！这足以看出外公对教育的重视和对下一代的关爱。"①外公不但按月及时给叶青汇款，还经常写信询问她的学习生活情况，鼓励她安心学习，要以优异的成绩完成学业。

这是发生在徐养秋先生家庭中的第一起悲剧。此后，中华大地上不断进行着各种形式的政治斗争，"三反""五反"运动此彼伏起，每个家庭都有可能受到冲击。徐养秋一边承受着阶级斗争的巨大压力，一边坚持学术为本、教书育人的做人原则，继续站在讲坛上为学生传输知识。

1953 年 2 月，应学生要求，徐养秋先生以《德国宗教改革前夜的政治经济宗教情况》为题，作了一次读书方法的讲座。为了准备这次讲座，他花了二十多个小时，认真审批学生作业，"根据了他们的作业、期中考试的报告之分析（我在各报告上批了批语，集中批的各点）"，归纳总结出若干具有共性的、涉及阅读方法的问题，结合"德国宗教改革前夜的政治经济宗教"的课堂教学，准备了三个小时的演讲稿，从十个方面具体讲解了读书方法：

一、阅读参考资料须形成你自己对这一个问题的本质有明确的认识，用判断方式表达出来。

二、从一个判断中须引起另一个判断。这样联系起来我们才可以领会当今教育实践理论之发展。

三、有所为而读参考资料。那就是想解答某一个问题。既然有一个一定的目

---

① 　泉芳、叶青《忆父母亲》，载徐纬英、徐畹芬《徐养秋追思录》，广东省语言音像电子出版社，2006 年，第 253 页。

标,那么参考时我一定要从中提出要点。边读边提要点,另纸写出。

四、要点之中要选择一个最重要的一点,以这个要点为主导的思想来贯穿整个思想体系。一篇报告是一个体系。这体系要有一个主干、中心思想,其他要点是一个中心的支柱。

五、一个要点是一个判断,必须用很确实的词句表达出来,使它毫不含混。随读随写出判断。

六、要点已经提出了提尽了,然后排序。这是最初一步的轮廓思想的结构。

七、每一个要点之下有它的分点。例如政治的不统一性之下(一)有诸侯波恩的独立;(二)自由城之自主独立;(三)骑士领地之离心趋势等分点。一个分点是一个思想单位。这些思想单位是服从一个较大的要点,由较大的要点率领的。所有分点起了一种充实判断之作用。有些报告是有这现象的,作者意识到作用。

因此我们阅读资料时要在各个要点和它的分点的指挥之下吸取事实。这方法是用一张纸写一个要点及其公点为标题,把事实写上,一张一张纸按照次序排好。写时对照这些材料,写出来就有条理了。

八、分清参考资料中的资料主从之性质。主从不可并列起来。……在适当的标题之判断之下吸收适当的事实,排斥不相干的事实。事实须以类相从,以保持纯一性,一致性。紧紧地解释资料——历史。

九、……一切的一切须从联系中看。归根到一点上,经济单位孤立造成的分裂。政治的分裂给予教会的便利乘便搜刮德国人民的金钱。(不像英国有一个中央集权的政府,多多少少能制衡罗马教会)这是从联系中看的。……概念之了解清楚。中等阶级这一名词表述的概念要搞清楚。介于贵族僧侣和农民手工业无产自由的市民之间的一个阶级,所以称为中等阶级。搞清一个概念须从它的构成成分上仔细考究。……搞清概念还有一个办法,即找出例子。有了这具体例子,概念就比较清楚了。在看书的时候遇见概念不要囫囵吞枣。

十、总结是一个思想单元的纲领。思想线索须在此中提出,以醒眉目。竭力避免再提细枝末节。

其他:

＊用词须求准确,语法上毛病应该注意。

＊行文的过渡方法,从前一段渡到后一段,思想次序好过渡不愁,用词句揭示出来后更显文章的技巧。

＊"批判"之下注出参考书的页码是写历史文字的很好的办法。

＊世界史上的大运动发生的时期联到本国史上的情况,也是很好的。

1954 年 4 月 21 日至 26 日,江苏省政协第一届委员会在南京举行第一次会议,126 名省政协委员出席。省委书记江渭清致开幕词,省委副书记陈光作了关于目前形势和任务的报告。徐养秋先生作为教育界代表,当选为江苏省政协第一届委员会委员,并参加了此次会议。此后连续当选为第二、三届江苏省政协委员。

1956 年,徐养秋先生的夫人吴漱芳突发心脏病不幸逝世。这个打击是巨大的。先生与夫人伉俪情深,一生相濡以沫,恩爱有加。据先生的长儿媳杨素雄回忆:"爸爸妈妈感情甚好,寸步不离,十分恩爱,总有说不完的话。……抗日战争前夕,爸爸在外交部工作时,曾被任命去挪威任公使,由于妈妈是小脚,不能随行,为了不离开妈妈,他放弃了这份外交工作。""妈妈去世后,爸爸很孤独,只能每天靠供奉遗像寄托哀思。"

每次吃饭时,他都在夫人原来的座位前放一副碗筷,一杯清茶,轻声说:"吃饭了。"这种思念的方式慢慢成了习惯,一直延续至"文化大革命"开始才结束。

他感念的是二人青梅竹马时的纯真感情与一起嬉戏玩耍的童年快乐。自从归国以后,他们便很少分开,以弥补因求学而长年分离的亏欠。长大的孩子像一只只羽翼丰满的小鸟儿,离开他们的保护,各自飞向远方,只有他们夫妻二人相依为命,厮守终生。如今妻子先他而去,着实令他如万箭穿心、痛不欲生。

思念至极,就砚研磨,先生写了八首悼亡诗,以寄其情。

其一

犹记儿时嬉戏处,同闻檐珮响铮琮。

双栖海燕曾相识,共筑泥巢不计工。

风雨飘摇乌得免,市楼泯灭总成空。
纷纭五十年间事,剪烛西窗入梦中。

其二

沧海于今波不扬,昨曾破浪过扶桑。
金门气爽秋容净,泥版书奇古色香。
交错镰锤旗赫色,纵横壕堑血玄黄。
无端忽作乘桴客,劳尔凝眸瞩远方。

其三

园蔬倏尔为簧舍,世事废兴总有因。
酣睡巨灵宜撼醒,简狂小子待裁成。
六朝灰尽松犹在,四学弦歌曲更新。
愧我舌耕了无益,空余支影对青灯。

其四

猖狂寇势张东北,白下又将见敌骑。
八口仓黄辞故国,六年羁泊傍洮溪。
同楼石窟惊残月,共睹山城化劫灰
封豕长蛇今绝迹,当时愤慨剩谁知。

其五

百身莫赎疏虞罪,大错铸成悔已迟。
白瘴无情天欲晦,丹心久病药难医。
履霜冰至未知惧,鼓瑟弦惊徒自悲。
斯世何处重携手,低垂皓首苦相思。

其六

相思无路也相思,往事来如抽茧丝。

月下鸱号声动魄,尘寰电掣血成池。

附将鹏翼归荒径,未堕泥犁赖急智。

涧畔茶烟湖上雾,胜游追忆亦神凄。

其七

缩地于今何足奇,行空万里二三时。

生还故国兼悲喜,重返吾庐慰恋迷。

解甲敌人为上客,弹冠巧宦庆良棋。

五十年间大小事,与谁共话草坪西。

其八

生死茫茫可奈何,殷勤寻梦苦无多。

庄周迷蝶神情淡,阮籍回车涕泪沱。

小圃时蔬心自怿,寒窗缀旧手频呵。

今生难得相逢日,来世重荣连理柯。

八首悼亡诗,皆为泣血之作。于绵绵哀思、款款深情之中,可见先生对夫人感情至深、日久弥坚。先生寄情风雅,追忆往事,抒心中之怀想,发胸中之哀恸。同闻檐佩之乐,共筑泥巢之工;舌耕无益之愧,百身莫赎之悔;低垂皓首之思,相思无路之悲;剪烛西窗,殷勤寻梦,思之不得,辗转反侧,"鼓瑟弦惊徒自悲","阮籍回车涕泪沱",字里行间,满是撕心裂肺、肝肠寸断之痛。

是时先生年近古稀,本已多病,遭此打击,愈加意兴阑珊,万念俱灰,从此不复上课。

三女儿纬英怕他长期独守老宅,睹物思人,忧伤过度而伤了身体,便把他接到北京暂住。

此时的纬英在中央林业科学研究所创建了中国第一个林木遗传育种研究室并任主任。

中央林业科学研究所地处北京西郊,东可见颐和园的紫气东升,南可望玉泉山上的玲珑宝塔,西可眺香炉峰上烟雾缭绕,背靠郁郁葱葱的大昭山。进入春季,院内各种树木枝叶繁茂、花团锦簇,宛如一个小型植物园。徐养秋先生住在女儿家里,上午看书阅报,午睡后到院子里散散步,偶尔坐公交车进城看望在北京生活的老朋友,主要有刘国钧、陆志韦、邹秉文、涂允檀等人。他们在一起静坐品茗,回顾往事,交流退休后的生活状况。也论及当今现实,但都是点到为止,各自心领神会,不作过多评论。

一到星期天,在北京工作的四女儿伟立和小儿子远平都会来看望他。

伟立(梅青)在中国人民大学任校党委常委、工厂管理系(后易名为工业经济系)主任,育有三个女儿,个个聪明伶俐,颇讨外公喜欢。远平此时在国家经济委员会化工局任科长,参与编制和组织实施国家重大经济建设计划。

静养了一段时间后,徐养秋先生渐渐从丧妻的悲痛中恢复过来,于秋风乍起时回到南京。

进入峨嵋路一号的家中,一股凄凉之情瞬间击穿了他刚刚修复的感情堤坝。

没有了妻子的老屋,显得空空荡荡,阴气沉沉。院内的桂花树冠遮住了秋日的阳光,阴暗潮湿的房间里充溢着一股凄凉之气。

他拄着手杖,缓缓地巡视着每一个房间,仿佛在寻找着什么。空旷的中厅里只有那张红木雕花大理石桌面的茶几,静静地横在几张藤椅前,茶几上还摆放着他和妻子喝茶时使用的茶具。这不禁让他想起老妻相伴的日子。

每天傍晚,工作累了,妻子都会为他沏上一杯上好的红茶,两人就坐在这张桌前,他点燃一支香烟,慢慢地品尝着清香四溢的香茗。窗外飘进来淡淡的桂花香。有些昏暗的灯光下,烟雾袅袅。

这就是家,幽静,温馨,安宁。听着妻子唠叨着家长里短、儿女琐事,暂时忘却一天的工作,也是一种很好的休息。

他慢慢地坐到桌前,用有些颤抖的手,轻轻地抚摸着妻子用过的杯子。这是一个非常精致的瓷碗,妻子从娘家带过来,已经陪伴她过了将近六十个春秋。当年逃难,她一直随身带着,唯恐打破。

这只小小的茶碗,盛满着只有他们两人知道的甘苦与忧患。

他的目光游移到墙上悬挂着的夫人遗像。端庄祥和的面容,眼睛里是永远也说不完的故事。只是黑色的边框在提醒他,斯人已乘黄鹤去,此处空余断肠人。

蓦地,他恍惚中觉得此情此景,似曾相识……

晚秋薄暮,有老人曳杖蹀躞交衢。旧履尘裓,似散步归来者。衣裳楚楚,须眉如画,眸子黝然,黑白相映,愈见精神矍铄。

落日苍凉,村墟如晦。老人时纵其冷眼,远眺俯视,灼灼有光。行人过之,频注目而视。然无寒暄往还。老人似非久于其地者。

移时至一屋前,屋为层楼,其极摩空而窗幂幌。剥啄以前,复伫观一度。

铃声起处,窗幌顿开。有老妪露首窥望。老人举杖示意,操南音问曰:“尚未燃灯乎?”

幌垂影没,老人亦入室。室中陈设雅洁,壁间庋中国磁器多种,以为点缀。

老人上楼,启东室管键,室轩敞而岑寂。右壁图书满架,左壁悬人物风景画片。书案临窗,上置青毯,案头书卷尚开,案前置安乐椅,上有锦茵。

老人置冠杖于室隅,抱膝坐椅上,小憩。

时已黄昏,窥窗明月,照壁间画片,历历可见。

老人目光随月光转移,忽睹画中爱宠,倩影亭亭,不觉颤声呼曰:“绮丽萨白。”软语方终,思潮骤起,儿时情事,都到眼前。

老人此时盖不胜怅触矣。

以上是他40年前翻译的小说《茵梦湖》的第一章。施托谟在小说中描写的场景与人物,如今就出现在峨嵋路一号这栋小楼里。他似乎正与书中那位老人默默相对,同病相怜。在晚秋的残阳薄暮中,两位饱经沧桑的老人,怅然惘然,共同跌入“无穷无尽是离愁,天涯地角寻思遍”的无奈与追思的深渊。

静寂的暮色中,只有窗外秋风飒飒,虫鸣唧唧。

徐养秋先生雕塑般坐在那里。时光也随之凝固。

他就这样静静地送走了夕阳的最后一缕余晖。

斜月半窗,画屏闲展,心灵的守候是对亡者最好的祭奠。

经历了人生中最惨痛的生离死别,一切都变得那么微不足道,任何语言上的哀诉都显得苍白无力,只有心灵深处的记忆永恒。夫妻间的幸福与痛苦交融,甜蜜与苦涩混合,一生中所有的共同经历都在心中凝结为一颗值得珍惜的红宝石。

丧妻之痛对他的打击太大了,悲痛和忧伤令他的身体更加衰弱。他不得不告别讲坛,结束了四十多年的教学生涯。他把自己教了多年的《外国教育史》讲稿完整地交给了罗炳之,让其接替自己继续讲授本门课程。罗炳之后来在这份讲稿的基础上补充了他个人的研究成果,出版了《外国教育史》(上、下册),这本书成为国内最权威的外国教育史教材。

彻底从教学退下来后,徐养秋先生每天上午在书房里读书写字,吟诗赏画,下午偶尔接待来访的朋友或学生。天气好时还会和几位老同学老同事一起到玄武湖散步。

时间就是这样一天天过去。徐养秋先生的精神和身体也慢慢恢复过来。

一个阳光明媚的清晨。南京少有的晴朗天气。一缕光线从东窗透过竹帘钻进书房。徐养秋先生打开书房的窗子,让温暖的阳光和着清新的空气一起涌入。高大的冬青树在窗前摇曳着,显示出勃勃生机。

他翻出以前草拟的《汉代教育史纲》草稿,摆在案头,默默地看了很长时间。

先生对汉代史有着特殊的兴趣和独到精深的研究。早在金陵大学主持中国文化研究所时,他所拟定的研究课题即是两汉文化,其中用很大的篇幅专论汉代教育。由于当时资金紧缺,出版经费不足,他优先安排出版其他学者的研究成果,而把自己的书稿藏之箱底,并于战乱中遗失。后来,在教授中国教育史的过程中,他对汉代的教育问题予以特别的研究,并积累了大量的资料,计划写一部比较全面反映汉代教育体制与教育成就的《汉代教育史》。50 年代,他曾在杂志上发表过学术论文《汉代的太学》。

后来，每天强迫性的政治学习占用了他很多的时间，而且各种不间断的政治运动使他的心情受到极大的影响，始终无法静下心来从事学术研究工作。

如今，彻底退出了公共舞台，"久在樊笼里，始得返自然"。自己终于有了可以随意支配的时间和潜心思考的空间，他决定把以前没有完成的心愿做一个了结。

囿于健康，先生每天只能用三四个小时的时间从事写作。他首先将已有的资料进行归类整理，缺失部分重新搜集。不仅查阅有关古籍文献，而且还十分留心近年最新的考古发现，与有关学者的研究成果，所做的资料卡片盈筐。披沙拣金，扬抉蕴奥，用时几近十载，以耄耋之年，勉力完成《汉代教育史纲》一稿。

该书立意行文，秉承先生一贯风格，平实缜密，简洁洗练，没有虚张声势的宏大结构，不做大而空洞的铺陈堆积。从最基本的教育问题入手，精准平实，干净利落；述之有本，论之有据。全书只立四章：汉代教育设施，书馆教育，县校、郡学教育和太学教育，而以太学教育为重，用力最深，篇幅最大。

在徐养秋先生遗留的卡片中，有两张记录了他拟订的"中国教育史选题的标准"，虽然只是一个片断，但可见先生对中国教育史编写的一些思考。

1. 未经研究或者研究不够的中国教育史上的问题可选为题目。

如先秦教育一期内"法家教育思想"，"春秋战国时代读书人的风气"。

2. 现有各著作中国教育史每一部分写得欠佳，其原因：

（1）资料未充分搜罗加以备用；

（2）根据毫无，据"臆造"之说或傅会之说而写教育史，连篇累牍，自己明知其为臆造或傅会不明白说出，偏要写上若干段。不如不写，反觉合乎阙疑的道理。

如陈书之中国教育史一、二、三、四4章，违反了史学根本原则。（应该重行写出）

（3）解释错误。如陈书之第二章所说称商代以上为"原始氏族社会时代"；第三章西周自古公亶父以后西周由行国变为居国，由畜牧生产方式变为农业生产。武断之说不能成立。

有以上欠佳之处，此一段教育史可重写。

3. 最近教育上之大事值得从速搜集材料编撰之，以保留真相者可选。有一缺憾，即限度太促，有源委未尽之憾。但不失为记实，不失为信史。亦学术上可贵之举。"

　　此虽只言片语，但从中可见先生治学之态度。这里涉及四个层面的问题。其一，治史必须用功要勤，在充分搜罗史料，达到博识广闻、备万用一的程度才可著述。唐代刘知几曾说："史才须有三长，世无其人，故史才少也。三长，谓才也、学也、识也。"其二，治学应先修德。"臆造"和"附会"是史家之大忌，也反映出学者的道德修养之欠缺。以毫无根据的主观臆测来写教育史，会贻误后人，后患无穷，这种史"不如不写"。章学诚对此也有过尖锐的评说："且人心日漓，风气日变，缺文之义不闻，而附会之智，且愈出而愈工焉。在官修书，唯冀塞职；私门著述，苟饰浮名。或剿窃成书，或因陋就简；使其术稍黠，皆可愚一时之耳目，而著作之道益衰。诚得自注以标所去取，则闻见之广狭，功力之疏密，心术之诚伪，灼然可见于开卷之顷，而风气可以渐复于质古，是又为益之尤大者也。"进而阐明："能具史识者，必知史德。德者何？谓著者之心术也。夫秽史者所以自秽，谤书者所以自谤，素行为人所羞，文辞何足取重……而文史之儒，竞言才、学、识，而不知辨心术以议史德，乌乎可哉？"①其三，武断的解释违反科学精神。缺少史料和实物支持的重大决断应该慎之又慎。其四，"举凡人类一切活动皆属于历史，历史是活的。历史学家责任在寻绎贯通之处耳"。当前发生的重大事件都将是后世的历史，必须从速搜集，及时记录，秉笔直书，保留真相，以成"信史"。这是每一位史学家都责无旁贷的历史使命。

　　从此可一窥先生的治学态度之严谨和学术道德之高尚。先生一生淡泊名利，不求闻达；潜心研究，致力育材；以教学为第一生命，并乐此不疲。从到南高师以来，从教四十余年，共开设过西洋文化史、史学方法、外国教育史、中国教育史、两汉教育史、苏联教育史等课程，在所涉领域均达到精深造诣，其"贵在通识"、"追求圆融"的史学境界和授课艺术，得到了学界的一致认可。

---

① 《文史通义》卷三内篇三。

正当徐养秋先生神闲气定,潜心著述之时,外面却悄然开始了一场针对知识分子的"阳谋"运动。

1957 年毛泽东亲自号召知识分子和民主党派为党提意见,并提出"百花齐放,百家争鸣"的"双百"方针。一生从事幼儿教育的陈鹤琴先生一度孩童般天真地以为科学的春天真正来临,"活教育"作为百花园中的一朵小花,也迎来了自己老树新芽、含苞待放的季节。他用开设"活教育及其批判"课程的方式,来向幼教系学生传播其"活教育"思想,尝试着以迂回的方式为"活教育"理论正名,使之为社会主义教育事业提供一种成熟而实用的理论。但是,非常不幸,第二年,他就被批为"冒牌学者"、"文化买办",被免去南京师范学院院长一职,被发配到北京社会主义学院接受改造。

1958 年,一场政治飓风造成的灾难也降临到徐养秋先生孩子的身上。

小儿子徐远平因在整风运动中响应党的号召,积极发言,对经委工作中出现的一些问题提出善意的批评和合理化建议,赤子之心,天地可鉴。可是,不久便因此被打成"右派"分子,开除党籍,解除职务,从北京直接下放到辽宁抚顺化工厂劳动改造。

五女儿鲁还的丈夫王梦云也被打成"右派",下放到农村。

王梦云,又名王凤,17 岁就参加了"中华民族解放先锋队",从事抗日救亡活动,1939 年加入中国共产党。1948 年受江汉军区第三军分区城工部领导,在武汉、南京等地从事地下活动,直到 1949 年武汉解放。1952 年进入湖北省教育学院任语文专修科主任,同年 10 月任武汉华中师范大学中文系讲师。

王梦云先生是我国著名的现当代文学研究专家、散文家,长期从事中国现当代文学的研究与教学,曾参与全国高校文科教材《中国当代文学》的编写工作并任副主编,对我国现当代文学的学科与教材建设做出了重大贡献,对华中师范大学中文系的基础建设和学科发展更是起到了开创性与奠基性的作用。在二十多年的"右派"生涯中,他顽强地活着,直到获得平反,重见天日,以副校级离休。

鲁还为了照顾年迈的父母和远在武汉的丈夫,长年在南京和武汉两地频繁往来。丈夫蒙冤受难,她也随之受到牵连,阅尽人间冷暖,尝尽生活的艰难苦涩。真是"红颜薄命"。

一家两个优秀的共产党员被划为"右派",徐养秋先生既痛惜又无奈,只能扼腕叹息。他后来多次对儿女们说:"远平就是个'水晶脑袋','反右'时他祸从口出,上了人家的当。"

"上当"的何止这两三个"水晶脑袋",那可是五十多万人的浩荡大军。他们大多数是仗义执言、义薄云天的耿介之士,积极响应党的号召,"知无不言,言无不尽",出发点是帮助党和政府改正缺点,纠正错误。但是,他们却为此付出了惨重代价,许多人甚至失去了生命。

徐养秋先生因及早就卸掉了师范学院院长职务,渐渐远离了政治斗争的中心,在历次政治运动中得以幸免。这也得益于他对政治形势的清醒认识。在各种不得不参加的大小会议上,他始终谨言慎行,对他人绝不落井下石,对自己坚守人格尊严,表现出中国传统知识分子"达则兼济天下,穷则独善其身"的道德风范。

1965 年 3 月 30 日。南京的初春虽然尚有丝丝寒意,但嗅罢梅花赏樱花,玄武湖畔人如织。公园内樱花开得正浓,赏花的游人络绎不绝。

在往来的人流中,走着八位精神矍铄的老人(见本书正文前附照片)。他们是金陵大学早期毕业的老同学。前面走着的三人分别是:徐养秋先生,周服云先生和刘觐臣先生,后边陆续跟进的是黄宗伦、罗良铸、郭中一、张信孚和杨智生诸先生。杨智生 1908 年毕业于金陵大学医科,曾任南京中西医院医官。罗良铸从金大毕业后,留学德国,获博士学位,曾任安徽教育厅督学,还担任过晓庄学校的指导员,因长须飘逸,人称"罗胡子"。张信孚,在 1915 年第 2 届远东运动会(上海)入选中国田径队,取得了 120 码高栏比赛第二名的好成绩。1917 年,他又代表中国参加了在东京举办的第 3 届远东运动会,同样取得了 120 码高栏第二名的好成绩。他先后在东吴大学、东南大学任体育系教授,1926 年任金陵大学体育系主任。1932 年10 月,教育部体育委员会正式成立,张信孚成为其中的十八位委员之一。郭中一,金陵大学神学系主任,牧师,终生未娶,献身于基督教的传播事业。

八位老人沿玄武湖缓缓而行。沿途柳枝牵衣,樱花迷眼。他们一边欣赏"柳色青堪把,樱花雪未干"的美丽景色,一边畅快地说着笑着。

来到一棵开得最盛的樱花树下，他们驻足花前，细细观赏，不忍离去。一位照相的师傅走了过来，笑吟吟地建议他们在花前留影纪念。八位老人欣然应允，按照摄影师的安排，前坐三，后站五，抬头，挺胸，目视前方，面带微笑。只听"咔嚓"一声，一张具有纪念意义的照片诞生了。照片洗出后，每人一张，背面题记为"八仙观花"，并记有"八仙"的姓名。这是一幅具有特殊意义的历史纪录。此时八位老人的平均年龄已经超过八十岁，但每个人的身体都非常硬朗。从他们脸上露出的笑容可以看出，他们此时的心情是晴朗的。

可是这笑容很快就将被无情的阴云所笼罩。他们还不知道，前面等待他们的是足可以摧残一切美丽景色的狂风暴雨。这满园的姹紫嫣红，瞬间就将化作残花败柳。

一场史无前例的风暴即将来临。他们每一个人都将在这场风暴中受到残酷的考验。

1966 年 5 月 16 日，中国共产党中央委员会发出具有划时代意义的通知，即"516 通知"。毛泽东主席挥起他那如椽大笔，向全党、全军、全国各族人民发出战斗的号召："高举无产阶级文化革命的大旗，彻底批判学术界、教育界、新闻界、文艺界、出版界的资产阶级代表人物，夺取在这些文化领域中的领导权。而要做到这一点，必须同时批判混进党里、政府里、军队里和文化领域的各界里的资产阶级代表人物，清洗这些人，有些则要调动他们的职务。"

学术界、教育界、新闻界、文艺界、出版界首当其冲，成为"文化大革命"的清洗重点。用鲜血和生命为"文化大革命"祭旗的第一人，便是南京师范学院的教务长兼党委副书记李敬仪和她的丈夫——江苏省教育厅厅长吴天石。

死者的鲜血并没有唤醒人们的良知，反而激起了造反派们更残暴的兽行。全国各地不断传来被斗者不堪凌辱而自杀，或是在暴力斗争下死亡的消息。伤亡名单在不断增加，恐怖在全国迅速蔓延。

"革命"的急风暴雨席卷着神州大地。"要扫除一切害人虫，全无敌"的歌声响遍大街小巷。为新中国的建立披肝沥胆、为新中国的建设兢兢业业的各界精英们，一夜之间全都变成了被扫除的"害人虫"。

徐养秋先生的九个儿女,除长女徐远晖远在美国得以幸免外,其他八人全部受到残酷的批斗,并陆续被下放到农村或农场接受劳动改造。兄弟姐妹在历史紧要关头做出的正确抉择,却在此时表现出了极大的荒诞性。

身处"革命"激流漩涡的中心,"右派老婆"徐鲁还此时已成惊弓之鸟。这些年,她始终没有把"爸爸是右派"这件事告诉孩子们,怕他们因此而自卑,影响正常的学习与生活。她独自顽强地背负着沉重的精神枷锁,在歧视与压迫中默默地努力备课、教学,兢兢业业地工作,受到学生的尊重,并在学生的爱戴中获得心灵上的安慰。最近,学校的红卫兵小将已经开始把矛头指向她,随时都有可能来抄家。为防不测,她在孩子们入睡后,含着泪水把自己的信件、日记等全部烧掉。

一天晚间,她把女儿珞珞和外甥女永青叫上楼,让她们一起把外公所有的往来信件全部收集起来,搬到楼下的厕所里。

两个孩子不知道发生了什么,只是好奇地翻看着外公平时划为禁区、从不让她们触摸的书柜。柜子里全是泛黄的线装书和硬壳的外文书,大小高低各不相同,有的还用布面纸板或者薄薄的木板包夹着,和她们用的课本完全不同。一个大抽屉里装着满满的信件,各式各样的信封,虽然都已经非常陈旧,却摆放得整整齐齐。上面的毛笔字,有的龙飞凤舞,有的工整规矩,每一帧都像是她们平时习字临摹的书法字帖,徐养秋先生端坐桌前,面色凝重,眼睛始终盯着窗外,一言不发。

外边一片漆黑,树影在窗子上诡异地扭动、跳荡,有如群魔乱舞。

两个孩子一趟趟地上楼下楼,也不知搬了多少趟,只累得气喘吁吁。当她们搬起最后一批信件时,看到外公回头瞥了一眼空荡荡的抽屉,长长地叹了一口气。

鲁还在厕所里放了一只瓷脸盆,打开后门。为了不引起邻居的注意,她只能一页一页慢慢地焚烧。看着身旁这一堆信件,她的眼里噙满了泪花。长期和父亲生活在一起,她最了解老人家的心情。这些信件,陪伴他度过了半个多世纪,每一封信里都蕴含着一段历史。父亲一生朋友学生众多,书信往来间,传递着那些学术精英们的思想与友谊。信件中还有分散各地的子女对父母的思念。她清楚地记得,每次收到哥哥姐姐们寄来的信件,爸爸都要一字一句地读给妈妈听,这也是他们二位老人最快乐的时刻。有时妈妈会让爸爸反复读上几遍,爸爸总是笑呵呵的,不厌其烦。读完后，妈妈会把信慢慢地按原样折好，装入信封，小心翼翼地放到抽屉里。

现在，这些信件都被投入火盆，化作一缕青烟，缓缓地飘出窗外。随之而去的，是一段永远消失的历史，一份弥足珍贵的情谊，和一颗永远无法复原的破碎的心……

第二天，鲁还又带领两个孩子焚烧了徐养秋先生一批从未刊行的手稿。

对于烧掉这些手稿，徐养秋先生表现得十分淡然。他从未打算把手稿留给后人以流传百世。他认为，所谓的"立德"、"立言"、"立功"，都在计较一个"立"字，表现的是对"名"与"利"的迷恋。"吾人一生自呱呱而泣，至于一棺附身，无往而非偶然。即身后之名传与否亦偶然。""往来古今，偶然而已。偶然而威加海内，歌风帝里；偶然而屠沽为侣，肮脏终身；偶然而陋巷鹑衣，乐天知命；偶然而纡青拖紫，腾誉蜚声；偶然而拔剑砍柱，偶然而击筑悲歌；偶然而遇知音于高山流水，偶然而托孤愤于芳草美人；冷艳幽香，偶然而长埋空谷；奇才异藻，偶然而彪炳尘寰；偶然而有风云山泽，偶然而有花鸟虫鱼。"①凡事不可强求，名利更是浮云刍狗。"人事有代谢，往来成古今。"②大觉者冷眼看这喧闹的世界，既然无力改变，自当泰然处之。

在强大的"无产阶级专政"面前，整个国家都陷入混乱无序的深渊。群体意识被魔力操控，个人的基本权利便无法保障。传统道德文明与五千年中华文化都被当作"四旧"破坏殆尽，继承并传播这些文化的学人皆成阶下之囚。"士可杀而不可辱"的名士精神，在那个年代只能成为一声无奈的哀叹。

不过，先生还是有自己的选择。在深夜时分，他把一包线装书悄悄地藏到了阁楼的一个角落里，没有告诉任何人。直到那疯狂的年代过后，家里人才发现这一包"宝贝"。打开包裹得严严实实的纸包，看到的是三种四函线装古书：《评注昭明文选》、《西青散记》、《疑云集注》、《疑雨集注》。

这几种书既非珍稀版本，亦非惊世之作，先生为何对它们情有独钟，于上万册的藏书中选出并冒险秘而匿之呢？当笔者有幸见到这些至今保存完好的古籍，终于发现其中的奥妙。原来，这几种书的编写者，均为金坛人氏。

---

① 见徐养秋先生《游清凉山记》。
② 见孟浩然《与诸子剑岘山》。

《评注昭明文选》，金坛后学于光华（惺介）编次，扫叶山房发行。《西青散记》，金坛才子史震林著。史震林（1692—1778），字公度，号梧冈；乾隆二年（1737）恩科进士，官淮安教谕；能诗文，另著有《华阳散稿》等。《疑云集注》《疑雨集注》，金坛诗人王彦泓著。王彦泓（1593～1642），字次回，官华亭县训导；工诗词，善书法，是个才华横溢的诗人。他的诗集中描写男女情爱的艳体诗多达一千首左右。这些作品，语言流畅，感情真挚，香艳流芳。清顺治贺裳评其"作艳诗而工，见者沁人肝脾，其里习俗为之一变"。到了康熙时，王次回的诗流传更广，影响更大。陈维崧记其"以香奁艳体盛传吴下"。严绳孙说："今《疑雨集》之名籍甚，江左少年传写，家藏一帙，濡其馀沈，便欲名家。"王次回的诗对当时重要文人王士禛、纳兰性德的创作也产生了一定的影响，至清末、民国时，王次回的诗再度流行，风靡一时。袁枚、樊增祥、王独清、陈蝶仙、徐枕亚、郁达夫、沈从文、冰心、唐弢等都对他的诗喜爱有加。日本著名作家永井荷风更是认为王次回的诗"悉皆情痴、悔恨、追忆、憔悴、忧伤之文字。其形式之端丽，辞句之幽婉，又其感情之病态，往往可与蒲特雷（Charles-Baudelaire）相对抗"。蒲特雷即夏尔·皮埃尔·波德莱尔（1821 年 4 月 9 日—1867年 8 月 31 日），法国 19 世纪最著名的现代派诗人，象征派诗歌先驱，代表作有《恶之花》。从这个角度来看，王次回应该是我国第一位现代派诗人了。

这几部劫后余生的书，在一定程度上代表了金坛文人的学术水准，反映了金坛人文科学的深厚根基。先生对其视如珍宝，不惜冒着"隐藏罪证"的风险，将其保留了下来，从中可见先生对故乡文化传承的珍视远超过对个人安危的计较。这种对故乡纯净深厚的眷恋与挚爱之情，令人深为感动。

一个月黑风高的深夜，徐家人经历了一天的提心吊胆、惶恐不安之后，刚刚进入梦乡。突然，一阵粗暴而急促的砸门声，把他们全部从睡梦中惊醒。

"你们两个都躲在被窝里别出来。"鲁对两个最小的女孩说。她和儿子一起把房门打开，院子里已经站了一大帮红卫兵——他们是从墙头爬进来的。

"伟大领袖毛主席教导我们说：'革命不是请客吃饭，不是做文章。'打倒右派老婆！我们是来搜集右派老婆的反革命证据的。你们两人站好，只许你们老老实实，不说你们乱说乱动。"一个女生厉声喝道："搜！"

几个人把鲁还和儿子押到一个房间，逼迫他们主动交出"证据"，其他人有的冲向楼上，有的守在楼下。野蛮的抄家行动开始了。

徐养秋先生坐在椅子上默默地看着。

这些稚气未脱的中学生，还是心智没有成熟的孩子。虽然他们极力想表现得威风凛凛、义正词严，但终究不能褪去稚嫩和无知。其中一个戴眼镜的男生翻看那些线装书时流露出的好奇和敬畏，没能逃过老先生的眼睛。

在摧毁他人尊严的同时，这些年轻人也丧失了应有的良知和理性。领袖一声号召，国人群起而闹"革命"。"教育遂不遑兼顾，一时学校相率停办，失学之士，比比皆是。里巷辍弦诵之声，城阙见青衿之子。""每校攻击校长，每校殴辱教师，司空见惯，固无足怪。师严尊道之古训，视等弁髦；自由平等之谬解，奉为科律。迨至民国，此风愈炽。共和昌盛，人心益肆，军队讲共和而骄兵胁将，学校讲共和而狂童辱师。""乱时景象可胜慨然。"先生在金陵大学读书时记下的情景，如今又再现眼前，且有过之而无不及。

经过一番狂轰滥炸，每个房间都被他们翻腾得乱七八糟，一片狼藉。但由于事先有了准备，"坚壁清野"工作做得比较好，红卫兵什么有价值的证据也没有找到，便喊了一些革命口号后空手而归。

此时，已是夜色阑珊，残灯将近时分。一家人在鲁还的带领下，默默地收拾着遍地狼藉。徐养秋先生捡起一本被撕破的线装书，痛心地说了一句"什么'文化大革命'，我看是在大革文化的命。"这句话深深地印在孩子们的脑海里，多年后，他们仍然清晰地记得老人家当时痛心疾首的样子。

抄家后没几天，鲁还就被南师附中的造反派关进了"牛棚"，每天戴着"托洛斯基分子"的袖标打扫厕所。当时正是盛夏，她却让外甥女送来一件长袖衫，挽起衣袖把袖标卷到里面，以躲避红卫兵的辱骂和殴打。

南师附中的红卫兵光顾后没有几天，接踵而至的是南京师范学院的红卫兵和教师中的造反派。中学小将搞夜袭，大学的红卫兵则是在光天化日之下强行闯入，比小将们有过之而无不及。他们抄走了徐养秋先生的全部中英文图书资料和收藏的名人字画，足足装满了三个平板车，胜利而归。

徐养秋先生无力地躺在床上,眉头紧锁,双目紧闭。他不敢睁开眼睛看到这空荡荡的屋子。那景象比遭遇强盗土匪还要惨烈。花费一生时间精力积累起来的心血被洗劫一空,其中有许多图书陪伴他走过半个多世纪,哪怕经历无数次的战乱与灾祸,却依然完好无损。宁可食无肉、不可居无书。坐拥书城,斗室可观览天下;一卷在握,布衣敢笑傲王侯。视书如命是传统学人普遍的生存态度,一旦失去朝夕相伴的"青灯黄卷",他们也就失去了支撑学术生命的依托,多彩的人生便会黯然失色。因此,"文化大革命"发明的抄家之术,在一般人看来不过是失去一些财产,反映的是当时对财产权的粗暴蔑视;而对于知识分子则是彻底击毁了他们生存的根基,是对生命权的恣意践踏。

在那个疯狂而暴虐的时代,人的生命都难保安全,谁又会在乎你的什么权利?

就在抄家过后不久,先生的小孙子亮新从辽宁抚顺来到了南京。亮新的父亲为了不让儿子看到自己被迫害的惨状,打发他独自千里迢迢来到爷爷家避难。但是,在"祖国山河一片红"的大好形势下,迎接他的是比东北还要恐怖的现实。

他唯一的使命就是陪伴爷爷挨斗,并见证了这段不堪回首的历史。

"那天上午,南师礼堂",徐养秋先生和另外七个人在一片"打倒……"的口号声中被押到台上。他们"一字排开,站在了舞台的前面,每个人身后有两个'造反派',用手按着前面人的脖子用力往下压,还把他们的双手拼命往上提。这就是所谓的'坐土飞机'。'坐'了'土飞机'的人,腰弓下了九十度,双腿不住地颤抖,十分的痛苦。我看见一个戴眼镜的人,脖子上挂着一个打着红叉的牌子。他始终挺着身子,就是不肯低下头。上来一个造反派,伸手就狠狠地抽了他几耳光,把他的眼镜抽掉在地上。"①

看到这暴力场面,亮新吓得跑出会场,不敢回头,一口气跑到一个没有人的草坪上,身后还不时传来"打倒某某某"的叫喊声。过了一会儿,他听到里面传出"徐养秋先生……地主阶级出身……反动学术权威……在国民党外交部的……"的嘶叫。这是在批斗爷爷了。他更加害怕,担心年迈的爷爷能不能扛得住非人的折磨。

---

① 徐亮新《情深义重,风范犹存》,载徐纬英、徐畹芬《徐养秋先生追思录》,广东省语言音像电子出版社,2006年,第225页。

他祈盼这可恶的批斗快快结束。

过了不知多久，喧嚣声终于停止。亮新赶紧跑回爷爷身旁，他想搀扶爷爷立即离开这个魑魅魍魉的地方。可是，大喇叭里却传来通知，要被批斗的人吃"忆苦饭"。

所谓"忆苦饭"是用麦麸和稻壳粉捏成的土黄色糠团，粗糙，坚硬，每人两个，要当场吃下。

一位八十岁的老人，牙齿松动，咀嚼无力，要在限定的时间内啃下这两个样子丑陋、味道苦涩的"饭团"，实在是强人所难。

老人家艰难地吞下一个，另一个实在难以吃下，便悄悄塞到孙子的手中。亮新趁没人注意，狼吞虎咽，几口吃完，

"说实话，很难吃，粗巴巴的拉嗓子。要是不就着水咽，准能噎个半死。"亮新在回忆中说。

从这一天开始，挨批斗的人都被关进了"牛棚"，只有徐养秋先生因年龄太大、看管困难，破例被放回家，但要求每天早晨六点钟必须到校报到。

从家里到学校有十几里路，先生已经不能乘坐公共汽车，为了准时报到，每天凌晨4点就要起床，亮新先要跑到外边四处寻找平板车，5点从家里出发，经过一个小时的行程，于6点钟准时到达南师广场，与其他人集合。"站在毛主席挥手的塑像下，先三鞠躬，然后站立半小时，还要叙述自己的'罪行'，表达自己的'认罪'态度。"

有的人一字一句地"供述"自己的"罪恶"，仿佛真的是罪大恶极；有的先生口中念念有词，却又含糊不清；徐养秋先生则拄着手杖，直直地立在那里，默不做声。

在烈日下站立半个小时，对于一位八十岁的老人，是怎么样的一种考验呀。他双腿颤抖，手杖也有些晃动。亮新赶紧靠住爷爷，用自己的身体支撑住老人，以防他倒下。

"请罪"结束后，他们被押进1号楼的大教室，在闷热的屋子里写"认罪"材料，直到晚上6点。

从大教室里出来时，徐养秋先生已经精疲力竭，在孙子的搀扶下，"颤颤巍巍要走好半天，他的双腿都浮肿了，上车时，我要搬他的腿放到车上"。在回家的路上，亮新问爷爷，这一天都做了什么，"但他从来不回答，只是闭着眼睛摇摇头"。

衰老的外表下,却有着一个坚强的意志。无论造反派怎样批斗审问,徐养秋先生都以沉默应对,没有写下一个字的"认罪书"。

先生一生光明磊落,坦坦荡荡,本就没有授人以柄的"罪行"。造反派百般无奈,便对先生的孙子施加压力,"徐养秋先生是个老顽固,在认罪材料上一个字也都不写,你要跟他划清界限。他平时在家里说些什么,做些什么,你要告诉我们。"这种卑鄙拙劣的斗争"策略",在那个时代经常被使用,且屡屡奏效,导致一幕幕父子互讦、兄弟相煎、夫妻反目、朋友背叛的惨剧发生,极大地扭曲了人的灵魂,从根基上摧毁了中华五千年传统美德。贻害之深,至今犹存。

"文化大革命"中,在强大的政治高压与身心摧残下,一些原本位高望重、令人尊敬的名流学者,为己利而诬举他人,求保命而自辱清白,表现得人格卑贱而晚节不保。这固然与那个把人变成鬼的荒谬时代有关,但个人品行的卑劣与道德操守的沦丧也是重要的内因。

徐养秋先生一生清廉,高风亮节。靠"舌耕"养家,凭学问立身。不党不派,正直诚笃,一生都受人尊重。在这个指鹿为马,随便罗织一个罪名就可以置人于死地的混乱年代,他不失"丈夫为志、穷当益坚,老当益壮"的士大夫精神,始终坚守着做人的道德底线,保持着学者的人格尊严。不卑不亢,宠辱不惊,刚介自守,令人肃然。

他曾经对家里人评价说,造反派是"精神错乱者",是"群魔乱舞",可见其对当时积极表演者们的极度厌恶与蔑视。

经过一段不堪的岁月,形势逐渐趋于平静。家已抄无可抄,批斗会也偃旗息鼓,徐养秋先生终于获得了暂时的安宁。鲁还也获得自由,回到家里。学校全部停课,教师们也就无所事事,闲在家里打毛衣以消磨时光。

小院外的派系斗争变着花样继续上演,但似乎与峨嵋路一号了无关系。日子在百无聊赖中挨过。

徐养秋先生在长期的压抑与苦闷中,不仅精神上受到极大摧残,而且由于以近八十岁的高龄而长时间地弯腰、站立,加之营养不足,身体也受到很大的损害,日渐羸弱。他每天大量地饮茶、吸烟,除了看书读报,便是教几个孩子学英语、背古诗。即使在"读书无用论"最猖獗的时候,他仍然坚持让儿孙们看书学习,不可放松。他

坚信,知识最终会战胜愚昧。他让孩子们一定要记住王安石的《登飞来峰》:

"飞来山上千寻塔,闻说鸡鸣见日升。

不畏浮云遮望眼,只缘身在最高层。"

并告诫他们:只有身居高处,才能望得远,看得深。不要被眼前的"浮云"遮住了双眼。总有一天,你们会坐在大学的教室里学习科学知识。

老人家的谆谆教诲,孩子们牢牢地铭记在心,成为他们以后漫长人生旅途中最重要的财富。这些孩子后来都考上了大学,并成为优秀的教育工作者。

一阵平静之后,又掀起了知识青年"上山下乡",接受贫下中农再教育的运动。鲁还的儿子"响应号召"去了苏北的农场,鲁还自己也被下放到乡下,她带着女儿同行。家里只留下永青、亮新两个年龄相仿的孩子陪伴着徐养秋先生,生活顿时陷入了困境。

"文革"开始不久,徐养秋先生的工资就被停发,每月只给 50 元生活费。当时鲁还也只是发给一点生活费,两人相加,尚可勉强维持生计。如今鲁还被下放到丹阳乡下,自顾尚且不暇,更无力"养老"。儿女们不是被下放,就是被批斗,生活皆举步维艰。徐养秋先生带着两个孩子,省吃俭用仍然入不敷出。为了糊口度日,他先是把家里值钱一点的东西找出来,让永青拿到旧货店去卖掉,换几个钱买米买菜,其中还包括他一直珍藏着的妻子穿过的皮袄。

东西卖完了,在走投无路的情况下,只能向亲戚朋友甚至是学生借贷,以维持他和两个孩子最低限度的生存需要。

1920 年先生留学归来,刚到南高师就职,即是月俸 200 大洋,在当时那已经是很高的收入。此后随着学术地位的提高和名望的不断扩大,薪水也迅速提升。加之长年多处兼职,收入相当可观。建筑峨嵋路一号的独栋小楼,也只用了很少的一点积蓄。虽不是锦衣玉食,但他也从没有为"五斗米"犯过愁。如今到了"衣帛食肉"的年纪,他却仰不足以事父母、俯不足以畜子孙,甚至连自己都无法养活。

万般无奈之下,徐养秋先生只能用曾经为他赢得诸多荣耀的笔墨纸砚和刚劲有力的颜体书法写下一张张借据,让永青和亮新两个孩子乘坐公共汽车,环城而寻,按信封上的地址,挨家叩门,递上他的"手书",然后垂手立于门外,等待里边人的答复。

这样艰难的生活维持了几年,徐养秋先生的儿女们陆续恢复了工作,也有了正常的收入,开始给他汇款,接济他的生活,每月告贷的不堪日子才得以结束。

先生始终以史家的眼光冷峻地注视着现实,一方面对极"左"化的政治运动极其厌恶,同时对国家经济建设和科学技术方面所取得的成就和世界上出现的重大科学成果也感到十分高兴:1957 年,武汉长江大桥建成;1967 年,氢弹试验成功;1968 年,南京长江大桥建成;1969 年 7 月 20 日,美国宇航员踏上了月球的"土地",将人类星际旅行的愿望变成现实;1970 年 4 月 24 日,我国第一颗卫星上天。"年来陆续出现新事物,不可无诗(即使是歪诗),以歌颂吾国人民科学技术之进步"。(诗稿附记)诗曰:

卫星上天

天上星星说:

多年苦岑寂,今朝有客来;

嘉宾远方至,笙瑟兴豪哉。

氢弹爆炸

天际彩云浮,奇光不久留;

世间诸色相,一一见西陲。

长江大桥

谁教足底起波涛,千万人民不告劳;

开国宏图多远见,斯民利涉到今朝。

考察月球

此地从无笑语声,如今箭送探奇人;

四时绕月无休息,大气分层久已闻;

> 无机容有生机在,凸处光明凹处冥;
>
> 自然原有无穷秘,端待吾侪奋起寻。

　　这些诗稿均是秘不示人的即兴之作,记录了先生当时的真情实感。这种发自内心的赞叹,反映出先生关心国家,情系百姓的人文关怀。这是中国知识分子"风声雨声读书声,声声入耳;家事国事天下事,事事关心"、任凭风吹雨打却百转而不回的人生态度。

　　在获得相对宽松的生存条件后,徐养秋先生的心情也逐渐恢复平静。他每天除了散步,就是读书吟诗,在吟诵中抒发自己心中的情感。他停止了写作,在和子女的交流中,他更加关心第三代人的前途。他鼓励每一个孩子努力学习文化知识,尤其要学好英语。他把希望寄托在孩子们的身上。此时亮新已经学习乐器有很长一段时间了,准备到安徽工作。不久,他便离开南京去了安徽。

　　这段时间里,徐养秋先生的身边只有外孙女永青相伴。永青虽然是个女孩子,但非常活泼好动,常常做出一些令五姨妈恼火的恶作剧。在一些淘气甚至是十分危险的举动中,徐养秋先生看出了这孩子富有创意和充满灵性的潜质。他不鼓励孩子从事具有危险性的活动,但也从不阻止她的户外运动和通过动脑筋而想出的"坏"点子。基于教育理论的研究,他知道这样的孩子如果指导正确、训练有素,会成为善于学习和富有创意的好"材料"。因此,他经常同她谈心,用通俗易懂又是她乐于接受的语言和方法教育她,引导她把精力更多地用在学习上。他每天教她学习英语,督促她背诵古典诗词,并让表姐和她一起学习,相互比赛。即使后来身患重病,躺在医院的病床上,他仍然不忘对永青的教育。他嘱咐赶来护理他的婉芬,一定注意女儿的学习:"这孩子是个读书的好材料,以后一定要让她读大学。"永青妈妈虽然点头称是,但心里却十分的惘然。现在大学里一片混乱,高考制度早被取消,校园内已是杂草丛生。她和学校的教职工全被下放到农村劳动改造,怎么也看不到让孩子读大学的希望。但徐养秋先生却坚信,现在的混乱无序一定会结束,历史的运行规律让他对此充满信心。他再三叮嘱,千万不能荒废了孩子的学业,一定要让她坚持自学,早晚会有曙光出现的时候。

这就是一位老教育家的坚定信念。他以超出常人的深邃目光透彻地看到,"文化大革命"对文化教育的毁灭性破坏为史上最甚,堪比民国初年"国人群起而筹军事,教育遂不遑兼顾,一时学校相率停办,失学之士,比比皆是。里巷辍弦诵之声,城阙见青衿之子,乱时景象可胜慨然"。打倒知识分子,摧毁教育系统,停止学校教学,取消高考制度,这一切就如欧洲的"黑暗时期"——教会组织控制教育权,对普通人民实施愚民政策,桎梏人民的心智,陷整个民族于愚昧疯狂之中,这是别有用心的政客统驭百姓的政治手段,愚蠢而野蛮。但是他坚信,历史终究会向前发展,邪恶与愚昧终究会被正义与文明战胜。中国不会永远如此,年轻人的未来不应该是无知与荒蛮。

1972 年的新年,鲁还从农村回来看望已经年迈的父亲。她向父亲求索手书条幅,父亲欣然允诺。当她于 5 月份回来探望已患重病的父亲时,看到了父亲为她题写的条幅。这是一首七律诗:

六年吟啸行溪畔,心眼潜窥元化更。

红树惊眠春在望,飞泉溅沫雨初晴。

崖边犹见石根古,月下曾闻松籁清。

记取巴山凭眺处,小窗遥对一峰横。

虽然父亲已经不能亲自为她讲解此诗的含意,但长期伴随父亲身边的鲁还深明此诗的涵义。父亲"于诗里回顾了抗战时我们家寄寓四川重庆南温泉的风光景色:'吟啸'着走在'花溪'畔,'潜窥'形势的变化,只见'春在望'、'雨初晴',一派生机勃勃的光辉景象,充分表现了父亲身处困境的乐观精神"。

此情此景,又何尝不是徐养秋先生对当下心情的写照?

1972 年 5 月,徐养秋先生住进了鼓楼医院。当时的医院也处于闹革命的混乱之中,人们都无心进行正常的工作。医术高明的大夫都被打成"反动学术权威",被赶到农村接受劳动改造,少数留下的也被限制人身自由,更不敢为一位"反动学术权威"治病,住在医院里也只是等待最后时刻的到来。徐养秋先生此时还不觉得自己的病有多重,他坚持要求回家休养,儿女们拗不过他,只好把他接回家。吴旋仪表姨妈找到她的两个朋友来到家中为徐养秋先生诊断。这两位都是从美国回来的医学博士,他们经过详细询问和检查,仅凭手感便确诊先生患的是直肠癌。二人用英语交流诊断结论,当他们说出了"cancer"一词时,躺在床上的先生立即否认"No, no, no cancer."两个医生吃惊地看着这位老人。吴旋仪事前并没有向他们介绍病人的经历,所以他们惊讶于这位瘦弱衰老的病人竟然能听懂他们所说的英文术语。他们马上改口说这只是一种猜测,不是最后的确诊,还需要用仪器进行检查。从先生的房间出来后,他们告诉家人,病情已经很严重,恐怕时日不多。已经在宁的人立即电告外地的亲人,回来陪伴父亲走完最后的一段路程。①

接到电报后,儿女们从四面八方赶回南京,二子徐平尚未被"解放",长女远晖远在美国,无法通知到,二人失去了与父亲诀别的机会。

1972 年 8 月 10 日,徐养秋先生在儿女们的守候下,平静地走完了他的一生。

儿女们为他举办了小型的追悼会。南京师范学院送来了花圈。陈鹤琴先生以老友的身份敬献花圈并参加了追悼会。送花圈的还有徐养秋先生金陵大学的老同学及好朋友郭中一等人。在当时严酷的形势下,仍然有一百多位同事、朋友和学生冒着风险参加了追悼会。三女儿徐纬英主持了追悼会。

著名的史学家和教育家,一代名师徐养秋先生,经历八十六载的风风雨雨,一生大部分时间用于读书教书,以全部的心血浇灌了无数杏坛学子。他一生不慕虚名,不求功利,澹然虚静,恬淡超拔,从容洒脱;尊德性而道问学,求广博而尽精微;沉浸于书香,自怡于教坛;妻子贤淑,儿女有成,虽晚年遭遇磨难,但此乃时事之灾难,举国之厄运,于个己实属无可奈何之际遇,由是观之,则亦了无遗憾矣。

1974 年 11 月 24 日,郭中一、"罗胡子"和张信孚三人重游玄武湖。历尽沧桑、劫后余生,如今都已经是步履蹒跚、老态龙钟了。园内秋风瑟瑟,枯叶飘零。稀稀拉拉的几个游人,也是表情木然,分明不是在观赏园内的景致,而是在寻找失去的梦魂。三位老人静静地站在湖边,缅怀着逝去的老友,发出"人面不知何处,绿波依

① 徐鲁还、徐畹芬"忆念我们的父亲徐养秋教授",载徐纬英、徐畹芬《徐养秋追思录》,广东省语言音像电子出版社 2006 年 2 月第 1 版。

旧东流"的喟叹。

三位年龄均已超过八旬的老人,在苍茫的天空下,并立在一块石头旁,留下了一幅令人追思与遥想的照片。他们把照片赠送给徐养秋先生的家人,小小的照片背面写满了题记,曰"'三星'的照片,赠徐家。一九七四年十一月二十四玄武湖。三个皆是八十五周岁以上的老人"。

曾经的"八仙"只余"三星",正如晏殊在《木兰花》一词中所云:"当时共我赏花人,点检如今无一半。"怎能不令人唏嘘感伤!

尾声　※

1985 年秋,南京。花神庙陵园。

天空飘着蒙蒙细雨。

徐养秋先生的墓碑前摆放着一大束鲜花。三十三年后,他最钟爱的大女儿终于从遥远的太平洋的彼岸回到久别的故乡,来祭拜逝去的父母和兄长徐壮怀。

远晖如今已是年逾七旬的老人。她在女儿宏悦的搀扶下,肃然站立在父母的墓碑前,内心的伤痛与惭愧无法自已。"父母老未能养,父母病未能持汤药,父母息劳未能送。这种不孝之罪只有愿父母恕我谅我。"她默默祈祷,愿父母在天之灵得以安息。

陪同她一起前来看望父母的有三妹纬英、五妹鲁还和弟弟徐平。

在南京停留几天,他们便前往北京。小妹畹芬也从大连飞到北京与其相聚。兄妹一起登上八达岭长城,留下了一张珍贵的合影。

这是他们兄弟姐妹最后一次欢聚,远晖回到美国后便再也没有回来过。随着时光的流逝,他们兄弟姐妹纷纷去世。徐养秋先生最小的女儿徐畹芬也于 2013 年 5 月 2 日不幸病逝,享年 83 岁。

(2012 年 10 月 20 日第一稿,2013 年 9 月 9 日第二稿)

徐养秋年表　※

1887 年

农历七月二十日,出生于江苏省金坛县河头镇。

1890 年

入私塾读书。

1902 年

赴武昌入方言学堂学习新学。

1904 年

回金坛参加科举考试,进学。在家自修准备赴南京续考。

1905 年

清廷宣布取消科举,返武昌入博习书院学习。

1906 年

回乡与吴漱芳女士成婚。

9 月,入南京汇文书院学习。

1910 年

9 月,升入金陵大学文理科。

1911 年

秋,响应辛亥革命,回金坛办学团,驱逐县知事。

1912 年

春,返回金陵大学继续学习。

1913 年

与陶行知等同学创办《金陵光》,任首席中文编辑。

3 月,发表《原教》(《金陵光》第四卷第二期,1913 年 3 月)。

4 月,发表《柏拉图乌托邦之大旨》(《金陵光》第四卷第三期,1913 年 4 月)。

5 月,发表《游清凉山记》(《金陵光》第四卷第四期,1913 年 5 月)。

12 月,发表《民国教育前途之可忧》(《金陵光》第五卷第七期,1913 年 12 月)。

1914 年

1 月,发表《改良民国教育私议(上、下)》(《金陵光》第五卷第八期,1914 年 1

月;第六卷第二期,1914 年 4 月;《东吴杂志》第一卷,第二号。

　　3 月,发表《犹豫论》(培根[Francis Bacon]著,徐养秋译)(《金陵光》第六卷第一期,1914 年 3 月)。

　　5 月,发表《王阳明学理集书后》(《金陵光》第六卷第三期,1914 年 5 月)。

　　7 月,以优异成绩毕业,获学士学位。在毕业典礼上与陶行知二人宣读毕业论文,并获优秀毕业论文的奖励,论文的题目是《中国文学的变迁》。

　　9 月,充任金陵大学国文部主任,并在南京金陵中学任课。

　　10 月,应邀发表《To the Junior Class 致大学三年级学生》(《金陵光》第六卷第五期,1914 年 10 月)。

1915 年

　　发表翻译作品《梦痕》(德国斯笃氏[Theodor Storm]著,徐养秋译)(《金陵光》第六卷第八期,1915 年 1 月)。

　　8 月,发表《美在中先生传》(《金陵光》第七卷第五期,1916 年 8 月)。

　　8 月,应江苏法政专门学校之聘,任英文教员。

1916 年

　　发表翻译作品《泰戈尔演说辞》(India's Message to Japan,徐养秋译)(《金陵光》第八卷第一期,1916 年 12 月)。

1917 年

　　发表《六书要恉》(《金陵光》第八卷第二期,1917 年 2 月)。

　　9 月,赴美留学,入伊利诺伊大学研究院,研究世界近代史及欧洲史、史学方法等科目。

1918 年

　　2 月 22 日,赴俄亥俄州辛辛那提市希伯来大学,参加美国东方学研究会中西部地区分会年会。

　　4 月 2 日至 4 日,美国东方研究会第 113 次全美大会在耶鲁大学的兰普森会议厅举行,应邀以正式会员身份参加会议。

　　7 月,以论文《海约翰国务卿任内美国对华政策》获伊利诺伊大学研究院史学硕士学位。

9 月，入芝加哥大学教育研究院，开始研究教育学及欧洲中古史。

1919 年

9 月，进入哥伦比亚大学教育学院学习博士课程，修习新史学理论、世界教育史等科目，研究方向为中等教育。

1920 年

9 月，应郭秉文校长的邀请，提前结束学业，返回国内，任南京高等师范学校历史系教授、系主任。

9 月起任史地学会指导员。

10 月 11 日，应史地学会之邀，作《历史资料的搜集》演讲。

12 月 6 日，教育部下文指派郭秉文为东南大学筹备员，郭秉文遂以南高师骨干教授为主要成员成立了"国立东南大学筹备处"，并自任主任，任命刘伯明为副主任。下设八个股，经教授委员会推举，徐养秋和张士一、柳诒征负责组织系统股，全程参与了东南大学的筹建组织工作。以系主任的资格担任校政务委员会委员。

1921 年

3 月 15 日，应史地学会之邀，作《新史学》演讲。

在校内作《教育上之国家主义》演讲。

在《史地学报》创刊号发表代表作《史之一种解释》（《史地学报》第一卷第一期，1921 年）。

同年发表《教育上之国家主义》（《教育汇刊》第二集）、《编辑教科书之原则》（《教育汇刊》第一集）、《历史教学法》（《教育汇刊》第二集）、《欧美之最近教育趋势》（《教育汇刊》第二集）等文章。

9 月 9 日，美国著名教育家孟禄访华，与陶行知等人到车站迎接。

11 月 10 日至 12 日，美国 Wesleyan 大学副校长兼历史教授 Dr. Dutcher 博士到校为学生做内容为"美国建国之经过"的演讲，任现场翻译。

12 月，中华教育改进社成立，任历史教学委员会副主任，梁启超任主任。兼任

《新教育》杂志教材与教法、美国教育两个编辑组的编辑。

1922 年

1 月 11 日,史地学会召开全体会员茶话大会,在会上发表致辞。

3 月 4 日,应史地学会邀请发表题为《爱尔兰问题》的演讲。

6 月 17 日,参加史地学会全体大会并发表讲话。

6 月,麦克尔来华进行教育心理与测验的培训与推广,徐养秋、麦柯尔、张士一、陈鹤琴、陆志韦、朱斌魁、廖士承、俞子夷为东南大学编制测试委员会委员会委员。

同年编写《中学本国史测验》,编入中华教育改进社丛书,由上海商务印书馆出版。这是我国第一个历史学科的测验标准。

7 月 1 日,乘火车赴山东济南参加中华教育改进社首届年会。

7 月 3 日,参加历史教学组讨论会,被选为会议主席,主持与会者讨论议案。提出《历史一科关于陶养公民至为重要吾国中小学历史一科应有之效果兹提请组织委员会研究关于中小学历史教学之问题》的议案,获得一致通过,并受委托与何炳松共同起草委员会组织简章。

7 月 4 日,继续主持历史教学组讨论,连夜起草《中小学历史教学研究委员会简章的草案》并提出讨论。大家除了对委员人数、分组多少及经费等三条略有修改外,其余全部一致通过,并决定下次会议对修正草案进行讨论并最后表决。

7 月 5 日,徐养秋主持会议,将《中学历史教学研究委员会简章修正草案》提出讨论,后表决通过。继而请会员对于历史教学之目的提出意见,徐养秋提出关于历史教学目的的意见 14 条,朱经农提出 3 条,柳诒征提出意见书一篇,何炳松提出意见 2 条。最后公决本组会员五人于委员会成立之前均充委员会筹备员。关于一切筹备进行事务之通信,北京由何炳松负责,南京由徐养秋先生负责。

7 月 8 日,会议结束,组织集体游泰山,与程湘舲夜宿玉皇顶道士舍中,写诗一首记其事。

同年发表《学校设历史一科应以何者为目的》(《教育汇刊》第四集)、《初级中学之功用及其课程》(《教育汇刊》第四集)、《论中国新学制草案》(《新教育》第四卷第二期)、《两月以来国外教育新闻》(《新教育》第四卷第二期)、《孟禄教授古代教育史原著会纂》(《新教育》第四卷第四期)、《孟禄中等教育之原则》(《新教育》第四卷第四期)、《战后欧洲学校教学法之新发展》(《新教育》第五卷第一、二期合刊)、《近今西洋史学之发展》《史地学报》第一卷第二期)、《历史教学之设备问题及其解决方法》(《史地学报》第一卷第三期)、《爱尔兰问题》(《史地学报》第一卷第三期)、《今夏中华教育改进社关于史地教育之提案及历史教育组地理教学组之会议记录》(《史地学报》第二卷第一期)、《历史教育上之心理问题》(《史地学报》第二卷第一期)等文章。

1923 年

5 月,从《新教育》第六卷第五期开始接替陶行知任该杂志的"主干"(即主编)。

6 月 20 日,陶知行、徐养秋、朱其慧、蒋维桥、王伯秋等在南京成立南京平民教育促进会,由王伯秋任主任,募得经费 15 000 元,起初在南京办两男校一女校三所实验平民学校,每校 50 人。至 8 月 5 日,增至 11 所学校,有学生千余人。联合开学时,各地来宾参观者千余人。到 12 月,平民学校达到 126 所,学生超过 5 000人。拍摄的教学影片发行后震动全国,前来观摩者络绎不绝。

7 月 3 日,南高师行政会议议决取消高师案。从此,两校并轨,南京高等师范学校全部归并到东南大学,并将南高师校牌撤去。

8 月,陶知行(即陶行知,陶先生此时尚未改名为"行知")为了专心从事中华教育改进社的事务,并在全国范围内实践其平民教育理想,坚辞东南大学的一切职务,只兼任教授,举家搬迁到北京,徐养秋先生调任教育科主任兼教育系主任。

支持陈鹤琴在自家创办了一所幼儿园——鼓楼实验幼稚园。为了支持这项具有幼儿教育理论研究与教学实践双重意义的开创性事业,徐养秋先生不仅用教育科的经费给予资助,还把自己的三女儿纬英、五女儿鲁还一并送过来,成为鼓楼实验幼稚园的第一期学生。

1924 年

4 月 13 日,中华教育改进社年会定于 7 月在南京召开,筹备人员在南京秀山公园开会,推定王伯秋为会务主任,任鸿隽、徐则陵为副主任。到会 20 人。陶行知适在南京,出席会议并说明历届年会经过情形及本届年会筹备意见。

4 月 28 日,江苏平民教育促进会为辅助教授千字课起见,特组织教案委员会,从事编辑教案。王伯秋、陶知行、徐养秋、王佩珍、陆治余、张明义(陆代)、刘令鑑、萧瑞君、秦念明(萧代)、陈维、李成翠、解尧卿、常道直等十三人出席会议,由王伯秋任主席。

7 月 3 日,中华教育改进社第三届年会如期召开。在此届年会上,徐养秋继续担任历史教学组主席,主持学科组讨论专家提出的议案。此次会议历史组共提出议案八项,徐养秋先生提出的方案为"史学上之心理问题"。会上讨论王郁文提出的"史地名词急宜划一以便教学案","讨论结果由本组推举徐养秋、柳翼谋、刘崇本三先生与地学组合作,筹备组建史地名词审查委员会。"并得到大会同意,立为决议案。

7 月 6 日,全国教育展览会开幕式,代表主办单位报告"本会经过情形"。

7 月 7 日,主持历史教学组第二次学术讨论会,对所提议案《史学上之心理问题》进行说明。在中等教育组提交议案《中等学校教员生活调查》,就此撰写论文,由小组会议主席代为介绍。

7 月 8 日,王郁文提议史地名词急宜划一以便教学案。经讨论,一致推举徐养秋、柳翼谋、刘崇本三先生与地学组合作,筹备组织史地名词审查委员会。

7 月 9 日,大会议决推举徐养秋、柳翼谋、刘崇本三先生出席地学组,合组史地名词审查委员会。此次年会期间,中华教育改进社还与东南大学教育科联合,并邀请中华职业教育社、中国科学社和江苏平民教育促进会加入,共同举办了规模宏大的"全国教育展览会",徐养秋和陶知行担任筹备委员会正副主任和展览会总干事。徐养秋先生还兼任美育部鉴别主任,刘海粟任美育部主任。

1924 年

12 月,发表《华侨学校普通学科成绩品鉴别报告》和《全国教育展览之回顾》(《新教育》,第九卷第五期)。

同年发表《美还庚款之分配》(《东南论衡》,第一卷第三期)。

1925 年

1 月,郭秉文校长被免职,东南大学发生"易长风潮"。

7 月 20 日,柏克赫斯特女士到达南京,徐养秋代表中华教育改进社和东南大学接待并安排柏氏的全部活动。

21 日,上午 9 时,召集江苏教育界从事道尔顿制研究及实验的教师,在东大体育馆座谈,讨论关于在试行道尔顿制过程中遇到的各种问题,到会者有二百余人,提出十七个主要问题,由东大教育科译成英文。座谈后徐养秋把英文稿亲交柏女士,请她详细阅读并准备答复。

22 日下午 2 时,柏女士在东南大学体育馆举行第二场演讲会,徐养秋主持演讲大会,由柏女士解答大家提出的问题。讨论之前,徐养秋将问题归纳为十七个问题,请柏女士一一答复,并请廖茂如先生逐题译成中文。演说后,柏女士拿出纽约儿童大学实施道尔顿制照片多种,托徐养秋先生陈列于东南大学,以便教育界人士参观。

1926 年

5 月 4 日,代表东南大学教育科参加中华职业教育社农村教育组在上海召开的预备会议,讨论中华职业教育社、中华教育改进社、中华平民教育促进会和东南大学联合进行改进农村生活试验的计划,以备提交即将于本月 6 日在杭州召开的职教社第 9 届年会讨论。其他到会者有:陶知行、黄炎培、冯梯霞、赵叔愚、王企华、杨卫玉、王志莘,陶知行任主席。

5 月 15 日,下午 4 时,徐养秋和邹秉文代表东南大学参加由中华职业教育社、中华教育改进社、中华平民教育促进会、东南大学农科及教育科等四团体组建的"联合改进农村生活董事会",并在南京教实联合会开第一次会议。会议讨论董事会章程及职员选举,推动"改进农村生活"的村区试验。到会者黄任之、杨卫玉代表职业教育社,陶知行、赵叔愚代表改进社,冯梯霞代表促进会,徐养秋和邹秉文代表东南大学,"公推陶知行君为主席,杨卫玉君记录。先讨论董事会草章,由陶知行君提出修正通过;次选举董事会职员,黄任之、陶知行二君当选为正副会长,邹秉文君当选为会计,徐则陵君当选为书记。选举毕,提议组织调查设计委员会,议决通过,即公推赵叔愚、冯梯霞、顾述之、唐启宇、杨卫玉五君为委员,赵君为委员会主任。议决暂设通讯处于上海中华职业教育社,又以调查办公需费,议决由合作各机关先拨一百元应用,并定七月内开第二次会议。"(1926 年 5 月 16 日《申报》报道)

7 月 5 日,中华职业教育社、中华教育改进社、中华平民教育促进会、东南大学四团体联合改进农村生活董事会,在南京教实联合会开会,到会者有黄炎培、冯梯霞(黄任之代)、徐养秋、唐启宇、赵叔愚、袁观澜、陶知行、邹秉文、杨卫玉等,由黄炎培任主席。

1927 年

1 月 8 日,中华教育改进社、中华职业教育社、国立东南大学教育科农科及平民教育总会四团体合组之改进农村生活社生活,在南京贡院江苏教实联合会开董事会,到董事冯梯霞、晏阳初、袁观澜、邹秉文、赵叔愚、徐养秋、陶知行、唐启宇等,推黄炎培为主席。(1927 年 1 月 11 日《申报·教育消息》报道)

6 月,商务印书馆出版了英国大文豪韦尔斯所著《世界史纲》(The Outline of History Being a Plain History of Life and Mankind)的中译本,这是国内最早的完整的中文译本。据版权页所示,译述者为梁思成、向达、陈建民、黄静渊、陈训恕等五人,校订者为梁启超、徐养秋、王云五、任鸿隽、秉志、傅运森、朱经农、竺可桢、程瀛章、何炳松等十人。此书在民国时期曾多次重版。2006 年上海人民出版社经过修订重新出版了此书。

7 月,离开东南大学。

9 月 3 日,好友赵叔愚不幸病逝,闻讯大恸,撰写《亡友赵君叔愚事略》,刊登在1928 年 10 月 1 日《乡教丛讯》第二卷第十八期《追悼赵叔愚先生专号》。

12 月,任安徽省教育厅第一科科长。

1928 年

4 月 10 日,安徽大学正式成立,代表教育厅出席庆典活动。

5 月 16 日,主持第六次厅务会议。议题"省立各教育机关二三两月份欠发经费案"等七项内容。

5 月 19 日,主持第七次厅务会议。"县地方教育改造方案似就积极进行案"等四项。

5月23日,主持第八次厅务会议。讨论议题为：一、中等学校联合会议决发放各教育机关经费程序案；二、前发第一中经费洋一千二百元就核定为经常临时案等。

5月25日,应省立第一女子中学邀,到校演讲,题目为"人类之行为与教育"。

5月26日,主持第九次厅务会议,商议"据学联会函送议决补发欠费办法两项请核议案"等六项事务。

7月4日,主持第十五次厅务会议。讨论十七年度预算标准案。

8月9日,主持第二十一次厅务会议,研究议题：一、安庆六邑中学校请增加补助费案；二、宜城皖南中学请求省款补助案；三、教费处函送追提卷烟欠税,结束赈灾单据,请核销案；四、拟定安徽选派留学生条例请核议案。

8月,提出辞呈,回到南京,任外交部条约委员会任专任委员,并兼职金陵大学教授。

1929年

6月,编写《不平等条约表》,由外交部在《外交部公报》第二卷第二号上全文刊登。同年,撰写的《国民政府近三年外交经过纪要》,以"国民政府外交部编"的名义由外交部发布并出版。

1930年

5月16日,外交部派王家桢、胡世泽、方文政、徐养秋先生为筹办收回日租界委员,徐谟等为筹办收回英法义租界委员,李锦纶为筹办收回上海公共租界委员。

金陵大学中国文化研究所成立,任研究所委员会主任、所长,负责全面筹划和选聘人员等工作。

1931年

撰写《中外友好通商航海新约之缔结》,发表在《时事年刊》。

1935年

6月24日,陈裕光校长致信徐养秋先生：请其帮助筹建文科研究所史学部,徐养秋先生接受聘任,与刘衡如、贝德士共同拟具章则,设定课程与招生简章等筹备工作。1936 年，文科研究所史学部正式成立。

1937 年

8 月，携带文化研究所珍贵的图书资料离开南京，转移至安徽屯溪余家庄。

10 月 10 日，参加安徽中学开学典礼。

1938 年

1 月，到汉口。

2 月，到重庆。

4 月，到成都，至金陵大学报到。

9 月，赴重庆南温泉，任中央政治学校外交系教授，教授外交史。

1940 年

2 月，兼任贸易委员会研究员及秘书，负责审核重要文件并参加会务会议。

12 月 28 日，陶行知带家人到南温泉旅游，到徐养秋先生家休息。陶在当天的日记中记道："在养秋家早餐，凌济东在座。养秋发已白。凌任贸易委员会主任。"

1942 年

5 月，贸易委员会改组，辞去所兼职务。

7 月，经行政院长提请，由总统亲自任命徐养秋先生为交通部秘书处秘书，主要工作是"核阅一部分公文，计划交通部所属扶轮学校的教学事项，查核国际航空法规，编制抗战期间日寇损坏之交通财产之统计"。

1944 年

8 月，因交通部改组，辞去部聘职务，返回中央政治学校任外交系教授及教务处副主任，教授外交史。

1945 年

抗战胜利。

1946 年

5 月，携全家搭乘贸易委员会的运输机启程返宁。

12 月 1 日，清晨到南京和平门车站迎接陶行知灵柩，参加迎榇仪式。

11 月 1 日，中央大学复员就绪，开学上课。任师范学院教育系主任，教育研究所所长,教授世界教育史。

1947 年

年初,任中央大学师范学院院长。

5 月 20 日,南京爆发了 5 000 多学生参加的"挽救教育危机联合大游行"。徐养秋掩护因参加游行而被国民党政府通缉的进步学生和地下党员,安排三人到金坛中学任教。

9 月,国民党实施党团合并,进行党团员总登记,拒绝登记,彻底脱离国民党。

1948

寒假赴上海,住在陈鹤琴家中,商讨对策。

1949 年

1 月,中央大学开学,返回学校。

4 月 23 日,南京解放。

5 月 7 日,南京市军事管制委员会通知,中央大学由中国人民解放军接管,赵卓任军代表。

8 月 8 日,南京市军管会文化教育委员会通知,国立中央大学改名为国立南京大学。

8 月,向南京市军管会文教委员会提出辞呈,并推荐陈鹤琴接任南京大学师范学院院长一职。

11 月 13 日,孙中山先生诞辰,作为教育界代表应邀参加紫金山谒灵活动。

11 月 19 日,因患面部神经麻痹症住院治疗,两个星期后出院在家休养。

1952 年

大学合并,院系调整,转入南京师范学院任教授。

4 月 21 日至 26 日,政协江苏省第一届委员会在南京举行第一次会议,当选为政协委员。

1956 年

夫人因心脏病逝世,深受打击,从此不复上课。

1957 年

开始撰写《汉代教育史》，历时六年完成初稿。

1972 年

8 月 10 日，因患肠癌逝世，终年 86 岁。

附录　徐养秋先生文存　※

1. 原教,《金陵光》第四卷第二期,1913 年 3 月。

2. 柏拉图乌托邦之大旨,《金陵光》第四卷第三期,1913 年 4 月。

3. 游清凉山记,《金陵光》第四卷第四期,1913 年 5 月。

4. 民国教育前途之可忧,《金陵光》第五卷第七期,1913 年 12 月。

5. 改良民国教育私议(上、下),《金陵光》第五卷第八期,1914 年 1 月,第六卷
   第二期,1914 年 4 月。

6. 改良民国教育私议,《东吴》第一卷第二号,刊发日期不详。

7. 犹豫论([英国]培根 Francis Bacon 著,徐养秋译),《金陵光》第六卷第一期,
   1914 年 3 月。

8. 王阳明理学集书后,《金陵光》第六卷第三期,1914 年 5 月。

9. 美在中先生传,《金陵光》临时增刊《美在中先生记哀录》,1914 年 8 月。

10. To the Junior Class 致大学三年级学生,《金陵光》第六卷第五期,1914 年
    10 月。

11. 梦痕(德国斯笃氏 Theodor Storm,今译施托谟,著,徐养秋译),《金陵光》
    第六卷第八期,1915 年 1 月。

12. 泰戈尔演说辞(India's Message to Japan,徐养秋译),《金陵光》第八卷第
    一期,1916 年 12 月。

13. 六书要恉,《金陵光》第八卷第二期,1917 年 2 月。

14. 编辑教科书之原则,《教育汇刊》第一集,1921 年。

15. 教育上之国家主义,《教育汇刊》第一集,1921 年。

16. 欧美之最近教育趋势,《教育汇刊》第二集,1921 年。

17. 历史教学法,《教育汇刊》第二集,1921 年。

18. 史之一种解释,《史地学报》第一卷第一期,1921 年 11 月。

19. 初级中学之功用及其课程,《教育汇刊》第四集,1922 年。

20. 近今西洋史学之发展,《学衡》第一期 1922 年 1 月;《史地学报》第一卷第
    二期,1922 年 3 月。

21. 论中国新学制草案,《新教育》第四卷第二期(即第十七期),1922 年 1 月。

22. 两月以来国外教育新闻,《新教育》第四卷第二期(即第十七期),1922 年 1 月。

23. 孟禄教授《古代教育史原著会纂》,《新教育》第四卷第四期,1922 年 4 月。

24. 孟禄《中等教育之原则》,《新教育》第四卷第四期,1922 年 4 月。

25. 历史教学之设备问题及其解决之方法,《史地学报》第一卷第三期,1922 年 5 月。

26. 爱尔兰问题,《史地学报》第一卷第三期,1922 年 5 月。

27. 战后欧洲学校教学法之新发展,《新教育》第五卷第一、二期合刊,1922 年 8 月。

28. 今夏中华教育改进社关于史地教育之提案及历史教育组地理教学组之会议记录,《史地学报》第二卷第一期,1922 年 11 月。

29. 历史教育上之心理问题,《史地学报》第二卷第一期,1922 年 11 月。

30. 学校设历史一科应以何者为目的,《史学史报》第二卷第二期,1923 年 1 月,转载《教育汇刊》第四集,1923 年。

31. 高级中学世界文化史学程纲要,《史地学报》第二卷第四期,1923 年 5 月。

32. 印度之现状及趋势,《史地学报》第二卷第五期,1923 年 7 月。

33. 五十年来世界进化概论,《申报》纪念集:《最近之五十年》,1923 年。

34. 华侨学校普通学科成绩品鉴别报告,《新教育》第九卷第五期,1924 年 12 月。

35. 全国教育展览会之回顾,《新教育》第九卷第五期,1924 年 12 月。

36. 中古大学及其精神,《史地学报》第三卷第五期,1925 年 7 月。

37. 美还庚款之分配,《东南论衡》第一卷第三期,1926 年。

38. 谈谈幼稚教育,《幼稚教育》创刊号,1927 年。

39. 亡友赵氏叔愚事略,《乡教丛刊》第十八期,1928 年。

40. 中外友好通商航海新约之缔结,《时事年刊》,1931 年。

41. 读书方法及研究报告——以"德国宗教改革前夜的政治经济宗教情况"为例,未发表,根据学生记录整理讲义文稿,1953 年。

42. 美国伊利诺伊大学硕士毕业论文 Chinese Policy of the United States During the Secretaryship of John Hay(《海约翰国务卿任内美国对华政策》,影印件)。

原　教

自赫胥黎达尔文学说发现以来，泰西好奇标异之士，莫不心醉其说。每谓科学发明愈精，宗教魔力愈弱。豪杰之士，忧人心之胥溺，挽既倒之狂澜，大声疾呼，发蒙振聩，以天演学说，阐发教旨，世人乃憬然悟二者互相印证，并行而不悖焉。我国海禁开后，欧化输入，莘莘学子，拾人唾余，靡然风从，欲举一切宗教束缚而脱离之，倡无教之说，以炫新奇。呜呼，世顾有无宗教之人类哉。草昧敦庞之世，兽蹄鸟迹之秋，其时人类有无宗教，固难臆断，然博古家每掘得初人所用冥器，则其人有宗教思想可知。更进而徵诸载籍，小之则有祭火拜日顶蛙祀蛇，大之则有孔释景回，诸教左右世界数千载，于兹虽其势力有强弱之差，气运有盛衰之别，要其于人类生存，社会进化影响甚巨，此吾人公认，非肤浅理论所能推倒者也。盖宗教根于天性，与生俱来，自淳正和平之辈，至于暴厉恣睢之徒，莫不各有信仰，其所信仰之是非姑置勿论，然有信仰即有宗教，此则可断言者也。人类与宗教，其关系密切如此，则吾人对于宗教不可无缜密之研究。

欲研究宗教，不可不知其源流。欲知宗教源流，不可不知初人之宗教。欲研究初人之宗教，宜先研究初人之心理。人类初生，欲望不奢，理想简单，梦境离迷，视同真相；传闻荒诞，信为可凭，盖初人知信仰而不怀疑者也。符篆咒语，有驱魔之能力；石言蛇斗，为鬼物所凭，依此初人善臆断而乏理解者也。昏暮谈鬼，不寒而栗；清夜闻声，仿佛啸梁，初人有活泼的幻想而无精密的实验者也。凡此数端，皆初人心理之特色，造成初人宗教之原质。而其独一无二之动力，则别有所在。其动力维何？心理的需要是也。夫文化者，人类战胜器世间各物之结果。而宗教者，人类于此激战之中遇可惊可愕可喜可悲之，事有动于中，造成情世间之现象，于是情世间与器世间之关系生焉。当其战争之际，艰苦备尝，阻力纷至，风雨之摧残，猛兽之蹂躏，自顾藐躬，能力脆弱，恐难达其目的，因恐惧而生依赖之心，如小儿之趋父母。然以为宇宙间栽培倾覆之事，冥漠中有物焉，以权衡之，当其所愿未偿之顷，则凄怆乞灵，逮其所求既遂以后，则感恩图报，宗教于是乎起。世运嬗蜕，人群演进，文化愈开明，宗教愈发达。善夫美儒孟塞斯有言曰，宗教发达与人类进化，同其公例（The growth of religion has gone on according to the laws of human progress）。斯言也，徵诸中外历史而益信。

当中古时代，蛮族侵入欧洲，希腊罗马之声明文物，一时破坏殆尽。文化堕落，宗教黑暗，于斯为最。十三世纪以来，名贤辈起，威克雷夫等，鼓吹新学，风潮激烈，学术思想，顿改初观。自囿墨守之习，一变而为去陈标新之风。马丁路德，生于十五世纪，改革宗教，其教理之精湛，非复旧教所能望其项背。厥后文化日进，宗教思想亦蒸蒸日上。至于近今，其进步有一日千里之势。更徵诸我国历史，亦班班可考。我国历史，以周秦之际为全盛时代，文化昌明，奇人并起，老庄孔孟之徒，立言垂教，此我国宗教思想最发皇时代也。自是而还，文化否塞，宗教凝滞，二千年于兹矣。其间虽有程朱陆王诸子，高谈性理，惜其于宗教思想，影响甚微，其故可深长思矣。我国宗教变迁如此，若夫世界宗教变迁之故，请溯而言之。

宗教因人类所经历之阶级而为变迁，因变迁而生派别。游牧时代之人类，其尘根所接，旷野与动物耳，盖其所崇祀者，非残害人类之猛兽，即佐人力役之家畜，此物彪派也。物彪族与族异，故其宗教限于一族。稼穑时代，人类所崇拜者，大抵为社稷之神，山林川泽，切于农事，故亦列入祀典，地祇派起于此时，必无可疑。日月星辰，风霜雨露，与夫其他自然界之现象于人类生活，关系颇巨，意者天神派，当亦起于此时代乎？斯时部落方定，交通未便，狭义宗教限于一隅，泊乎社会更进，文化更开，人类思想日趋于复杂，彼见夫芸芸以生，昧昧以死，生何自，死何往，解决生死问题之际，乃有祭鬼之观念。人鬼派之发生当在家庭组织之后。

夫天下事物至繁赜也。吾人六根所接，有玄妙不可思议之事，有百思而不可得之故。吾生有涯而知无涯，于是尽举而归之神权焉。盖不知几千年进化而后，宗教有以神权为中坚之一日，至此宗教已进于具体时代矣。宗教之有神权，犹动物之有神经也。宗教进化史，一动物进化史也。最下动物，如水螅（hydra），神经散在四体无归宿，故作用甚微。稍高甲虫（stag-beetle），神经已成统系，惜其归宿太多，（一节一归宿）故能力亦薄。更进为有脊动物，其神经统系已备，以脑为中央，运筹于中，而措施于外。机能大备，功用乃著。夫宗教何莫不然哉？初人宗教，水螅类之散漫神经也；多神宗教，甲虫之神经统系也；宗教至于一神，此有脊动物之神经系也；一神宗教，复富有社交原质，此人类神经统系也，功用之完备，不待言矣。呜呼。世界宗教由狭义而变为广义，由一隅而推之世界，由多神而变为一神，岂无故哉！

说者曰，多神足以惑人，而一神近于罔民，不如释教无神之为愈也。（释尊创教本属无神，嗣后退化传入震旦，佛教多神，非其本来面目也）曰多神固非高尚宗教，无神徒足放恣人心，俱非强有力之宗教也。所贵乎有宗教者，以其能驱策人群，趋于为善，求社会幸福，谋世界和平耳。若徒冥心孤往，刻意修行，以逃忧患，免轮回，离苦趣，证善果为目的，此出世主义消极宗教，无俾人群进化，则亦何贵乎有此宗教哉？不宁维是，无神非人情也，人穷则呼天，有疾病则请祷，何哉？人性有神故也。且畏天一言，为千古维持人道之具，乃并此而去之，则为恶者流，更无所顾忌，道德堕落，伊于胡底，其关系岂浅鲜哉！多神之弊，既如彼无神之害，复如此，舍一神教，吾谁与归？虽然一神教未必皆为世界最高宗教也，一神教而无社交原质，与多神教等，然则吾人当以何者为依归？曰宗教之价值，视其社会上之功用何如。宗教而富有变化气质，陶铸性情，造成人类最高社交价值之功用斯为上乘。质诸有心世道，当不河汉斯言。

（发表于《金陵光》第四卷第二期，1913 年 3 月）

柏拉图乌托邦之大旨

按：柏式希腊哲学家，师事苏格拉底，乌托邦一篇，柏式记其师讲学之言也。繁重不可尽译，兹姑达其要旨如左。

设于此有国焉，以民主为国体，重个人之主义，国民有胞与之怀，社会无诈虞之俗，政府强健，国基巩固。果何由而臻此乎？曰立国有经，经正而国本立。所以维持国经者，赖国民之合力，政府无与焉。盖积民成国，国家精神，视国民道德何如耳。国民有大公无私之道德，而后国家有万物得所之精神。国经既正，而后国家无摇落之虞。所谓国经者，直道是也。平其不平谓之直，人我间赖此以息争，社会上用之以弭乱。争息乱弥，人民乃有公共目的，合群图国，其国乃张。不见夫道德堕落之民族乎？为我之道德风靡，公益置而不顾，政治窳败，国本动摇，嗟乎！此皆直道不存之所致也。虽然直道非他力所能摧残者也，必国民性灵汩没，斯直道陵夷。民性即国性也，故医国者于民性三致意焉。

民性不可助长，是在因势利导之。构成民性，厥端有三，曰身体嗜欲，曰服劳精神，曰天赋良知。男女相悦，构成家族。权利思想，激出竞争。嗜欲而归于正，奔踶而致千里之马也，是在驭之耳。创不世之功业者，必有不惮艰苦之精神。服劳精神，成事之基础，宜激发国民，使之长有此精神而不衰。良知者符合至真之智识，率之则无叛道之患。此国民所当保存而明之者也。凡此三端，缺一则民性坏，而直道亡。

因此三端，实生三德：曰无惧，曰坚忍，曰学识。分隶于三民：军人、工人、政客。是之谓三民。军人以捍卫为天职，以死敌为光宠，故不可有畏葸之心。工人四体维勤，匠心独运，而或发明未遂，研穷不已，则不可无坚忍之心。若夫从政者流，官守所在，治乱攸关，庶民无识，其影响只及一身，政客而不学，其影响播之全国，故学识为政客所必需。三德俱备，直道大行，国性于是乎坚定。

国家而有坚定之国性，盖非朝夕之故，所以培养之者久矣。培养之奈何？道德非琢磨不成，智识非启迪不发，则教育不可缓矣。教育不当限于阶级，学龄不可不分时期。二十岁以下为第一期,注重体育音乐(柏氏所谓音乐,包举文学及一切美术而言);二十至三十岁为第二期,注重科学史学数学等;三十至三十五岁为第三期,注重纯粹哲学。学优而仕,蕴蓄有素,措施自当,著政声而洽舆情,庶政何患不举哉。五十而致仕,退而重究哲学,国有大故,仍贡献其身焉,谓之哲学政府。国民有优尚之道德,政府皆哲学湛深之士,国家与天同和,强健于无形,岂不懿与?

译者移译既竟,投笔而叹,曰直道沦亡久矣! 俗尚欺诈,民有竞心,持平之道不闻,自营之风日炽,国性不亡者几希。军人之朝气未萌,工人则守故习楛,政府则萎靡不振,国无兴立,其奈之何哉! 我国人于国性上加之意焉,庶有豸乎?

(发表于《金陵光》第四卷第三期,1913 年 4 月)

游清凉山记

　　癸丑之春，四月五日，同志吴子顾我，曰：今日非所谓寒食节乎？俗有踏青之举，盍亦借登临以消积闷乎？余曰：善，可与子登清凉山一游。遂徒步出校，过随园遗址。昔日园林，已无陈迹，只余历乱荒冢，蒌菲芳草，与夫断续鸟声，啼破岑寂耳。吴子低徊不忍去，余促之行。未几至清凉麓，山径平坦，无行路难之苦。有亭曰翠微，巍然筑于山巅。小憩其中，穷目千里，见长江如练，荡漾天际，帆影浮沉，况若惊鸥。于斯时也，襟怀超豁，有振衣千仞，陔吐九天之慨。亭之南数百步，有扫叶楼焉，盖梁昭明太子读书处旧址，而明末龚贤构之以避世者也。余与吴子登楼后，道人煎茶享客。吴子与余凭栏远眺，绿野凝烟，远山滴翠，附郭茅舍，炊烟起伏。吴子悄然悲喟然叹曰："龚子之构斯楼也，在数百年前。此数百年中，登斯楼者，盖无虑万千。今吾与子知有构楼人，而不知登楼人。数百载而下，登斯楼者，讵知吾二人亦曾凭吊斯楼也耶？古人有名垂后叶者，有草木同腐者，同一死也，一彰一湮，厥故安在？仆诚恨焉，愿子教之。"余曰："子何不达观之甚耶。往来古今，偶然而已。偶然而威加海内，歌风帝里；偶然而屠沽为侣，骯脏终身；偶然而陋巷鹑衣，乐天知命；偶然而纡青拖紫，腾誉蜚声；偶然而拔剑砍柱，偶然而击筑悲歌；偶然而遇知音于高山流水，偶然而托孤愤于芳草美人。冷艳幽香，偶然而长埋空谷；奇才异藻，偶然而彪炳尘寰。偶然而有风云山泽，偶然而有花鸟虫鱼。昔日偶然而生龚子，今日偶然而生子与余；昔日龚子偶然而构斯楼，今日余与子偶然而登斯楼。花间月下，余与子偶然而吟眺；山巅水涯，余与子偶然而登临。醒也偶然，梦也偶然，吾人一生自呱呱而泣，至于一棺附身，无往而非偶然，即身后之名传与否亦偶然。奚暇鳃鳃虑夫后人之知今年今日吾二人凭吊斯楼也哉"。吴子欣然领悟，余亦游倦思归，遂徒步返校。

（发表于《金陵光》第四卷第四期，1913 年 5 月）

民国教育前途之可忧

呜呼。吾国自改革政体以来，最足使吾人抱隐忧者，莫教育前途若矣。前清办学二十余年，人民学术之幼稚如故，思想之卑劣如故，道德之堕落如故。盖政府无办学之诚意，其办学也为粉饰计耳；人民无求学之实心，其入校也为干禄计耳。上下相蒙，而吾国教育遂不可问。辛亥革命义旗四起，戎马倥偬，军书旁午，国人群起而筹军事，教育遂不遑兼顾。一时学校相率停办，失学之士，比比皆是。里巷辍弦诵之声，阙闾见青衿之子，乱时景象可胜慨然。洎夫民国建立，政府始稍留意学务，厘定学制，然以国帑匮乏，国是杌陧，教育政策殊未进行。民间疮痍未复，生计凋残，衣食难谋，遑论教养。兼之军兴以来，昔之教育家强半已成政客，视教育事业为末路生涯，除少数私人创办法政学校而外，更无办学之人。且若彼宗旨暗昧，较之前清激于名誉而办学者，更逊一筹。江河日下，忧患弥天，谁复牺牲可图之权利，退出有为之政界，以中流一壶自伍哉？即此一端，已足令吾国教育沉沦不起，况根本上大患更有甚于此者乎？

前清晚年，专制余威尚在，学校风潮已数见不鲜。每校攻击校长，每校殴辱教师，司空见惯，已无足怪。师严尊道之古训，视等弁髦；自由平等之谬解，奉为科律。洎至民国，此风愈炽。共和盛昌，人心益肆，军队讲共和而骄兵胁将，学校讲共和而狂童辱师。以京师大学之学生，而亦有同盟罢学之举动，其他学生之轶轨越范，概可知矣。近日舆论对于学校风潮，每归咎于执事及教师，自是持之有故。盖学校主任不谙教育原理，教员资格不孚众望，因之管理乖方，训练无术，遂养成学生骄纵之习。平素既专事敷衍，一旦束缚稍严，有不骚然而动者乎？尤可痛者，风潮由教职员主动，一二恶劣教职员为巩固位置计，排除异己，联络学生，结为声援，互相水火，遂为教育魔障。谁生厉阶，至今为梗。至于学生，志在温饱者流，实繁有徒，加以误解解学说，不明权限。饮食，细故也，而任意吹求；考试，义务也，而无理要挟。不知荡检逾闲为耻，而以飞扬跋扈为能，士习之浮嚣至今日，亦云极矣。

教育普及之说久已，播腾于吾国士大夫之口，然空言无补实际也。夫教育之能否普及,视小学之多寡,学龄儿童之失学与否。日本兴学三十余年,民智大开,成效卓著,无他,注重小学教育耳。即欧美教育昌明诸国,莫不有完善小学教育立之基,政府人民对于小学教育之研究不遗余力,宜其教育蒸蒸日上也。而吾国则大不然。近年来所产出学校,非大学即专门中学,以下之学校无闻焉。国人大有非大学不办,非大学不入之心理,岂以政体革新,人民程度亦同时增高乎?骛名忘实,舍本逐末。教育大计也,而以虚矫出之,非南辕而北辙耶。

学制规定以还,教育行政机关最高有教育部,最下为学务课,市乡公所等辅助机关有各种教育会,机关诚完备矣。此中任事诸公,果皆学识优长,经验充富,热心教育者乎?抑亦有下驷菲材,夤缘奔走,滥竽充数者乎?即以一县而论,学务课长,大抵知事私人,市乡公所所长及视学员学务委员等,非地方顽固不化之徒,即新进浮躁之辈,聚群盲以谈天,隔重幕而望日,其影响及于教育界顾不大哉?而教师之影响为尤大。荀子有言,青出于蓝而胜于蓝,冰水为之而寒于水,师固未必贤于弟子,然必有贤师而后有贤弟子。今日学校中贤师固不乏人,而好为人师之辈,亦更仆难数。盖教授一学,有专门科学性质,非稍具普通智识者,无从研究师范而可以六月速成。曰人欺我也,被欺而还以欺人其遗误为何如也耶?环顾吾国,小学教员中以学年较长之师范毕业生而充当教员者,已如凤毛麟角,以大学卒业生而充当小学教师者更不可得矣。盖教育界之清苦,非真学子非热心家不能耐也,而吾国薪水之低,尤为教师所难堪。生活程度日高,教师所得如故,仰事俯畜,何以自赡。宜乎革命以还,昔之活动于学界者今皆活动于政界,虽由于国人好入仕途之劣根性,亦生计问题有以使之然耳。国家既鲜培养教师之学校,国民复有鄙弃教育事业之心理,教育其将有人荒之患乎?

吾国财政问题,前清晚年已不可收拾,然教育经费尚为岁出之一部分。民国肇建,财政不能统一,中央罗掘既穷,继以借债支持,行政尚属不敷,教育经费更非所急矣。地方财政亦属枯窘,革命以后,经官厅之剥蚀,军事之需索,已竭蹶非常,加以国税地方税区划未清,地方教育经费遂难指定,维持一二小学校已属剜肉补疮之计,遑论远大规模乎?至于民间元气已伤,在用兵区域者,损失更巨。当此民生凋敝之秋,谁为树人之计哉!

民国教育现象如是,记者昧昧以思,忧心如焚。长夜漫漫,吾国教育前途岂将万古不旦乎?此非记者所忍言,亦非记者所敢信。方今内乱粗平,国事大定,吾国人苟能急起直追,共图挽救,吾国教育必有昌明之一日。桑榆之收,未为晚也。记者志在警告国人,故不觉其言之过激,至于如何补救之方,请俟异日商榷之。

(发表于《金陵光》第五卷第七期,1913 年 12 月)

改良民国教育私议（上、下）

（《金陵光》版）

吾国教育前途之可忧，记者既著论详言之矣。今日教育界百病丛生，内外交惫，以言夫元气则经济恐慌，师资缺乏；以言夫外感则校员敷衍，学子浮靡。盖不独令记者深抱悲观，即当世关心教育者，亦莫不蹙然忧之。忧之而不谋补救之道，教育潮流将愈趋愈下，靡所底止。譬之病者，忧厥疾弗瘳而不求药石，庸有济乎？今日教育界病深矣，及今弗治，将不可为。记者不敏，敢为宣感扶元标本兼治之计，举其重要者六端以次商榷之。

（一）实行默化及严格主义以戢嚣风

挽救学校嚣风，其道有二：一曰默化主义，一曰严格主义。在昔杏坛设教，诚服三千，绛帐传经，欢生一室。汉唐而降，名儒讲学代有其人，景从之士，恒以千数。公门桃李如坐春风，师在则礼貌不衰，师殁而心丧三载。师弟之间，其感情有如家人父子焉。而今日教师学生之间则大不然。教师之于学生，无诚恳之同情；学生之视教师，如秦越之肥瘠。情谊隔阂易生恶感，恶感既积，爱起暗潮，横流一决，不可收拾。是皆教师平日漠视学生之所致也。与其事后追悔莫及，毋宁于平日授课而外，时时亲近学生，表示诚挚之意，复能言行谨饰，学术精湛，学生有不观感而生敬爱者乎？则默化主义尚矣。今日家庭未昌明，少年自治遂薄弱，管理手段苟稍事宽容，嚣张意气遂日甚一日。谓学校嚣风为办学者所酿成，殊非苛论也。今日教育发达之国，首推独逸（即德意志，日文译为"独逸"），其学校规律，最称严厉：学生违抗师长，例受重罚，其事由登入该校纪录，毕业时载在该生证书，故德国学生以服从为唯一之义务，不敢妄动以贻终身之羞。日本明治年间，学校风潮甚炽，文部大臣森有礼以兵法部勒学校，此风顿息。可知吾国今日学校之怪象为教育进化难免之阶段，然此风不可长也。记者以为教育部宜折衷二国成法，参以吾国今日情形，严定校律，期在必行。办学者无怀顾忌，执法不阿，惩一戒百，学校嚣风当从此而戢。不宁唯是，今日谨守校律之学生，即将来爱护法律之国民，暴民乱国之患，隐然消弭于严格教育中焉。

（二）注重实用教育以去积习

三代学制，礼乐射御书数，为庠序必修学科，即日用所需智识，故谈学术者，每推三代之降。良以古者注重实学，非如季世徒托空言也。秦汉而降，学术日荒，坏于晋人之浮文妨务，再坏于宋儒之高谈性理，士而至于以帖括为学，更无教育之可言矣。士子非惟鄙农夫野人所习熟为不屑道，即一切经世之学，亦置而不顾，达则误国殃民，穷更为社会蠹。讵非学非所用有以误之耶？吾国兴学亦既有年，而实效渺然，亦以学子未能去数千年相传蹈空积习耳。盖居今日而谋吾国教育之发达，非实用教育不为功。实用教育非为他，即发展学者固有之禀赋，以适应于外界而为生活之智能耳。此种教育惟在教师平日授课留意焉。如修身之即事言理，贵平易而略高远。国文之日用文字，重朴实而去雕斫。历史上古今治乱之原，文化进退之故，地理上物产形势与夫交通关系，算学上之略记忆公式而重洞澈数理，以精熟而能运用为目的，是皆一经注重，便为实学者也。余如理化博物诸科，概以引起学者兴味养成观察习惯为目的，学生自行采集标本，自行实验，尤易激起归纳的推测。兵式体操而外，更宜于暇日举行游猎，以习射击，并提倡竞驶竞驰游泳等运动，以振起学校尚武精神而雪脆弱之耻。朴械之士，苟欲奔走国事，不可无干城之才，不观夫明末诸儒乎？顾炎武精于技击，步履如飞沙走石；陆桴亭寒夜读书，舞剑取暖，二子皆一代大儒，其重武如是，况当外患荐至，内乱频仍之秋，国家之需健儿，正未有艾，军国民教育顾可忽乎？总之教育贵有实用，坐而言不能起而行，于实际诚无补也。国人如有意于促进物质文明乎，请从注重实用教育始。

（三）立行强迫教育以谋普及

英儒弥勒？约翰言曰：男子无力教育其子息者，不应享娶妻之自由。盖有子息而不教育之，是为社会生无用份子，不如其无生之为愈。此先进诸国所以采干涉主义也。吾国今日有生计艰难，无力供其子息求学者，亦有不明教育价值而任其子息失学者。是皆教育之魔障也。非力行强迫，吾国教育无普及之望。教育部令初等小学得以免费，即收费不得过三角，高等小学收费不得过一元。寒家子息，尽可照章免费，勒令入校肄业。其父母有力而任令其子息失学者，更不容宽贷矣。又部令定小学四年（七岁至十岁）为义务教育，记者殊嫌其期限太短。何则？以年龄而论，谋生尚非其时；以智识而论，应世更难敷用。按各国义务教育期限，长短不一。英美八年，法七年，日本最短，尚为六年。记者以为，吾国宜采用法制，盖七年适合吾国两等小学年限（七岁至十三岁），其时无力求学者，便可辍业谋生。年龄智识可称相当，不于实际较有裨乎？如部令所定年限，十岁以外便可辍学，则寒家子息将终日嬉戏而荒废所学矣。何如定为七年，强迫其完成高等小学教育，其父母祗于衣食外略筹学费耳，孰不愿忍痛须臾为子息谋自立之道乎？或者疑强迫教育易滋骚扰，不知今日国民不明教育价值者，究属少数，苟扫除前清办学敷衍之弊，而能实事求是以取信民间，七年教育成效昭然，则民间将讴歌之不暇，骚扰之虞，固无俟鳃鳃过虑也。强迫教育既行，私塾固在淘汰之列，惟一时难行，不妨通融办理，由地方教育行政官勒令各私塾，依单级制改良一切办法，是亦目前谋教育普及之一道也。

（四）广译科学书籍以改良教科

吾国所出科学书籍，堪为稍高学校教科者，不可多觏，故不得不用外国书籍为教科。学者先须费几许光阴脑力以习外国文字，而后能直接研究科学，事倍功半，教育进步因之遂迟。今者研究外国文字者日众，能直接读科学书者日多，是亦教育前途之幸事也。而孰知流弊遂相缘以生。年少趋新，鄙弃国文者有之，或因教科属外国文而研究国文时间遂少者亦有之。陈良从许，国粹沦亡，岂不可惧？谁实为之，不得不归咎于国文科学书籍之寥落，与夫译籍之少佳本焉，今日所通行译籍，严伍诸子手笔而外，大半译自日文。书经重译，出入更多，况译手未必能兼信达雅三长而有之乎？而名词互异，尤为译本通病，学者苦于无所适从，毋宁舍译本而读原本之为愈矣。改良教科非广译书籍不可，译书固宜力求信达雅，尤宜统一名词。记者以为教育部宜设译学馆，延揽名宿，专事译书，审定固有名词，并随时译定新名词，由部令公布之，以为当世译者准绳。不出十年，吾国学校所用教科不患无国文本矣。夫如是，吾国教育进步而后可速；夫如是，而后可谓之中国之教育。

（五）多设师范学校以培养教材

教育大别可区为四，曰普通，曰专门，曰职业，曰师范。四者缺一，则教育未完备。然以吾国今日情形而论，与其有少数专门人才，毋宁有多数具普通智识之国民，则普通教育不可缓矣。而吾国普通教材缺乏殊甚。欲谋普通教育之发达，须先注重师范教育，以培养师资。今日各省省立男子师范学校，寥若晨星，女子师范学校，更无论矣，宜乎教材之缺乏也。故多设师范学校，及单级教授学校，尤为当务之急。而女子师范亦宜同时并重。今日吾国女子有高等师范资格者，虽属无多，然有初等师范资格者，尚不乏人，正宜培养之。俾为教育界有用之材。女子性情柔婉，美术专长，使之充当小学教师，于美感教育最有裨益。不独学校可得良师，而家庭复有良母。其于吾国教育前途之影响，顾可以道里计耶？今国家诚能多设男女师范学校，以培养教材，数年之后，教育界可无才难之叹矣。

（六）提倡社会教育以辅学校教育所不及

习俗移人势力颇大，而在神经弹力最盛之时为尤甚。盖耳濡目染印象易深，概念观念有如形影，学生游泳于社会不洁空气之间，虽有健康学校，功效亦将因之而减。故今世谈学校教育者，尤断断致意于通俗教育焉。欧美各国于城市内设图书馆、博物院、美术及科学陈列所、演艺馆、幻灯室、公园、公共游戏场等，以为人民游息之地，寓教育于赏心乐事之中，法至善也。今日学界诸子，星期出校，每于茶馆酒肆间，虚掷光阴，甚则作章台之游，八叉之戏，道德堕落，学术荒废，其为害可胜言乎！使社会上有图书馆等饶有趣味所在，则学界诸子何乐而专事逐臭乎？故心理学有换代一法，愿教育家留意焉。若夫合众国通俗教育政党尤有力焉。该国政党组织精密，州镇乡区各有统系的机关，呵成一气，遇有政治问题，或选举竞争，各党中央干事部，派员游历各地，集会演说，普通人民，因此遂略具政治智识。吾国政体虽改共和，而国民智识野僿如故，名实不副，毋庸深讳。教育部令以调查各地风俗为通俗教育入手办法，可谓知所先后，尤望各地先觉竭力提倡，持之以毅力。曩者各地热心国事者,设立演说团等,以灌输智识,而今则噤若寒蝉,一哄之市,恐有人窃笑我无恒也。

记者以为吾国今日改良教育之计,最要者莫如以上六端,然不敢谓教育方针遂尽于是。

余如奖励私人办学,检定教师资格,增高教师薪率,禁止人民早婚,督察学校执事,皆教育行政方面所不容轻视。而办学诸公之实心任事,除去敷衍,教师之实行训练主义,于吾国教育前途,俱有莫大关系焉。更有进者,愿吾敬爱之青年,本纯粹之志趣以求学,毋糅合以权利思想,则道德日高,学术日精,国家并受其福,岂不懿与? 记者前抱无限悲观,今日有无穷希望焉。

（上篇发表于《金陵光》第五卷第八期,1914 年 1 月;
下篇发表于《金陵光》第六卷第二期,1914 年 4 月。）

改良民国教育私议
（《东吴》版）

吾国教育前途之可忧，记者既著论详言之矣。今日教育界百病丛生，内外交惫，以言夫元气则经济恐慌，师资缺乏；以言夫外感则校员敷衍，学子浮糜。盖不独令记者深抱悲观，即当世关心教育者，亦莫不蹙然忧之。忧之而不谋补救之道，教育潮流将愈趋愈下，糜所底止。譬之病者，忧厥疾弗瘳而不求药石，庸有济乎？今日教育界病深矣，及今弗治，将不可为。记者不敏，敢为宣感扶元标本兼治之计，举其重要者六端以次商榷之。

（一）实行默化及严格主义以戢嚣风

挽救学校嚣风，其道有二：曰默化主义，曰严格主义。在昔杏坛设教，诚服三千，绛帐传经，欢生一室。汉唐而降，名儒讲学代有其人，景从之士，恒以千数，公门桃李如坐春风，师在则礼貌不衰，师殁而心丧三载，师弟之间，其感情有如家人父子焉。而今日教师学生之间则大不然。教师之于学生，无诚恳之同情；学生之视教师，如秦越之肥瘠。情谊隔阂易生恶感，恶感既积，爰起暗潮，横流一决，不可收拾。是皆教师平日漠视学生之所致也。与其事后追悔，毋宁于平日授课而外，时时亲近学生，表示诚挚之意，复能言行谨饬，学术湛深，学生有不观感而生敬爱者乎？则默化主义尚矣。今日家庭未昌明，少年自治遂薄弱，管理手段苟稍事宽容，嚣张意气遂日甚一日。谓学校嚣风为办学者所酿成，殊非苛论也。今日教育发达之国，首推独逸，其学校规律，最称严厉：学生违抗师长，例受重罚，其事由登入该校纪录，毕业时载在该生证书。故德国学生以服从为唯一之义务，不敢妄动以贻终身之羞。日本明治年间，学校风潮甚炽，文部大臣森有礼以兵法部勒学校，此风顿息。可知吾国今日学校之怪象为教育进化难免之阶级，然此风不可长也。记者以为教育部宜折衷二国成法，参以吾国今日情形，严定校律，期在必行。办学者无怀顾忌，执法不阿，惩一戒百，学校嚣风当从此而戢。不宁唯是，今日谨守校律之学生，即将来爱护法律之国民,暴民乱国之患,隐然消弭于严格教育中焉。

(二)注重实用教育以去积习

三代学制,礼乐射御书数,为庠序必修学科,即日用所需智识,故谈学术者,每推三代之降。良以古者注重实学,非如季世徒托空言也。秦汉而降,学术日荒,坏于晋人之浮文妨务,再坏于宋儒之高谈性理,士而至于以帖括为学,更无教育之可言矣。士子非惟鄙农夫野人所习熟为不屑道,即一切经世之学,亦置而不顾,达则误国殃民,穷更为社会蠹。讵非学非所用有以误之耶?吾国兴学亦既有年,而实效渺然,亦以学子未能去数千年相传蹈空积习故耳。盖居今日而谋吾国教育之发达,非实用教育不为功。实用教育非他,即发展学者固有之禀赋,以适应于外界而为生活之智能耳。此种教育惟在教师平日授课留意焉。如修身之即事言理,贵平易而略高远;国文之日用文字,重朴实而去雕斫;历史上古今治乱之原文化进退之故,地理上物产形势与夫交通关系,算学之略记忆公式而重洞澈数理,以精熟而能运用为目的,是皆一经注重,便为实学者也。余如理化博物诸科,概以引起学者兴味养成观察习惯为目的,学生自行采集标本,自行实验,尤易激起归纳的推测。兵式体操而外,更宜于暇日举行游猎,以习射击,并提倡竞驶竞驰游泳等运动,以振起学校尚武精神而雪脆弱之耻。朴械之士,苟欲奔走国事,不可无干城之才。不观夫明末诸儒乎?顾炎武精于技击,步履如飞;陆桴亭寒夜读书,舞剑取暖,二子皆一代大儒,其重武如是,况当外患荐至,内乱频仍之秋,国家之需健儿,正未有艾,军国民教育顾可忽乎?总之教育贵有实用,坐而言不能起而行,于实际诚无补也。国人如有意于促进物质文明乎,请从注重实用教育始。

(三)立行强迫教育以谋普及

英儒弥勒·约翰有言曰:男子无力教育其子息者,不应享娶妻之自由。盖有子息而不教育之,是为社会生无用份子,不如其无生之为愈。此先进诸国所以采干涉主义也。吾国今日有生计艰难,无力供其子息求学者,亦有不明教育价值而任其子息失学者,是皆教育之魔障也。非力行强迫,吾国教育无普及之望。教育部令初等小学得以免费,即收费不得过三角,高等小学收费不得过一元。寒家子息,尽可照章免费,勒令入校肄业。其父母有力而任令其子息失学者,更不容宽贷矣。又部令定小学四年(七岁至十岁)为义务教育,记者殊嫌其期限太短。何则?以年龄而论,谋生尚非其时;以智识而论,应世更难敷用。按各国义务教育期限,长短不一。英美八年,法七年,日本最短,尚为六年。记者以为,吾国宜采用法制。盖七年适合吾国两等小学年限(七岁至十三岁),其时无力求学者,便可辍业谋生。年龄智识可称相当,不于实际较有裨乎?如部令所定年限,十岁以外便可辍学,则寒家子息将终日嬉戏而荒废所学矣。何如定为七年,强迫其完成高等小学教育,其父母祇于衣食外略筹学费耳,孰不愿忍痛须臾为子息谋自立之道乎?或者疑强迫教育易滋骚扰,不知今日国民不明教育价值者,究属少数,苟扫除前清办学敷衍之弊,而能实事求是以取信民间,七年教育成效昭然,则民间将讴歌之不暇,骚扰之虞,固无俟鳃鳃过虑也。强迫教育既行,私塾固在淘汰之列,惟一时难行,不妨通融办理,由地方教育行政官勒令各私塾依单级制改良一切办法,是亦目前谋教育普及之一道也。

(四)广译科学书籍以改良教科

吾国所出科学书籍,堪为稍高学校教科者,不可多觏,故不得不用外国书籍为教科。学者先须费几许光阴脑力以习外国文字,而后能直接研究科学,事倍功半,教育进步因之遂迟。今者研究外国文字者日众,能直接读科学书者日多,是亦教育前途之幸事也。而孰知流弊遂相缘以生。年少趋新,鄙弃国文者有之,或因教科属外国文而研究国文时间遂少者亦有之。陈良从许,国粹沦亡,岂不可惧?谁实为之,不得不归咎于国文科学书籍之寥落与。夫译籍之少佳本焉,今日所通行译籍,严伍诸子手笔而外,大半译自日文。书经重译,出入更多,况译手未必能兼信达雅三长而有之乎?而名词互异,尤为译本通病,学者苦于无所适从,毋宁舍译本而读原本之为愈矣。改良教科非广译书籍不可,译书固宜力求信达,尤宜统一名词。记者以为教育部宜设译学馆,延揽名宿,专事译书,审定固有名词,并随时译定新名词,由部令公布之,以为当世译者准绳。不出十年,吾国学校所用教科不患无国文本矣。夫如是,吾国教育进步而后可速;夫如是,而后可谓之中国之教育。

（五）多设师范学校以培养教材

教育大别可区为四，曰普通，曰专门，曰职业，曰师范。四者缺一，则教育未完备。然以吾国今日情形而论，与其有少数专门人才，毋宁有多数具普通智识之国民，则普通教育不可缓矣，而吾国普通教材缺乏殊甚。欲谋普通教育之发达，须先注重师范教育，以培养师资。今日各省省立男子师范学校，寥若晨星，女子师范学校，更无论矣，宜乎教材之缺乏也。故多设师范学校，及单级教授学校，尤为当务之急。而女子师范亦宜同时并重。今日吾国女子有高等师范资格者，虽属无多，然有初等师范资格者，尚不乏人，正宜培养之，俾为教育界有用之材。女子性情柔婉，美术专长，使之充当小学教师，于美感教育最有裨益。不独学校可得良帅，而家庭复有良母。其于吾国教育前途之影响，顾可以道里计耶？今国家诚能多设男女师范学校，以培养教材，数年之后，教育界可无才难之叹矣。

（六）提倡社会教育以辅学校教育所不及

习俗移人势力颇大，而在神经弹力盛时为尤甚。盖耳濡目染印象易深，概念观念有如形影，学生游泳于社会不洁空气之间，虽有健康学校，功效亦将因之而减。故今世谈学校教育者，尤断断致意于通俗教育焉。欧美各国于城市内，设备图书馆博物院美术及科学陈列所演艺馆幻灯室公园公共游戏场等，以为人民游息之地，寓教育于赏心乐事之中，法至善也。今日学界诸子，星期出校，每于茶馆酒肆间，虚掷光阴，甚则作章台之游，八叉之戏，道德堕落，学术荒废，其为害可胜言乎！使社会上有图书馆等饶有趣味所上，则学界诸子何乐而专事逐臭乎？故心理教育学有换代一法，愿教育家留意焉。若夫合众国通俗教育政党尤与有力焉。该国政党组织精密，州镇乡区各有统系的机关，呵成一气，遇有政治问题，或选举竞争，各党中央干事部，派员游历各地，集会演说，普通人民，因此遂略具政治智识。吾国政体虽改为共和，而国民智识野僿如故，名实不副，毋庸深讳。教育部令以调查各地风俗为通俗教育入手办法，可谓知所先后，尤望各地先觉竭力提倡，持之以毅力。曩者各地热心国事者，设立演说团等，以灌输智识，而今则噤若寒蝉。一哄之市，恐有人窃笑我无恒也。

记者以为吾国今日改良教育之计，最要者莫如以上六端，然不敢谓教育方针遂尽于是。

余如奖励私人办学，检定教师资格，增高教师薪率，禁止人民早婚，督察学校执事，皆教育行政方面所不容轻视。而办学诸公之实心任事，除去敷衍，教师之实行训练主义，于吾国教育前途，俱有莫大关系焉。更有进者，愿吾敬爱之青年，本纯粹之志趣以求学，毋糅合以权利思想，则道德日高，学术日精，家国并受其福，岂不懿与？记者前日抱无限悲观，今日有无穷希望焉。

（发表于《东吴》杂志第一卷第二号）

犹豫论

（[英国]培根著，徐养秋译）

　　人心中之犹豫，犹鸟中之蝙蝠，其出也在心光杳暝之顷。其伎俩能翳障清明，瘵废事业；能使朋友绝交，夫妇猜忌，上下仇视；能乱人心曲，使智者无所适从。盖人心之蟊贼也，遇之弗慎，必为所误。性善弄人，笨伯往往坠其术中，如英王汉烈七世是矣。王以博硕多疑称于世，惑之至死不悟。虽然博硕何害，惟多惧则犹豫乘之。

　　忧惧召犹豫固矣，而颟愚为尤甚。惟强勉学问，则犹豫自去。盖怀疑，人情也。与吾游者吾疑其非完人；为吾用者，吾疑其自厚而薄我。怀疑诚是也，而逆诈则劳。荆棘斯世，鬼蜮其群，此心不可无，此境当作幻，疑而中，乃无伤。

　　疑激于中而动者如蜂鸣，感于外而生者如蜂螫。换言之，因谗生疑，盖危事也。惟疑其人而能亲之近之，则相知较深误会更少，而疑团可释。然此非所以语小人也。盖小人既知其见疑，遂无开诚之日矣。意谚曰：疑能起信（sospecto licentiafede）。一若疑足以长信仰然，要之疑当使之释耳。

　　（发表于《金陵光》第六卷第一期，1914 年 3 月）

王阳明理学集书后

吾国哲学传薪于十六字,七十子受教而有统系,其间集大成而握枢纽者,厥惟孔子。于是历圣相传之道,一变而为孔氏之学。孟子殁而孔学息,至宋儒蔚起,始发挥而光大之。不幸而朱陆诸子互有异同,门弟子各树门户,讲学之风愈炽,孔子之学愈晦。学者客气之深,胜心之盛,至有明而极焉。阳明先生于忧患之中,悟良知之学,创知行合一之论,以发明孔门一贯之道,而救学者支离骛逐之偏,其功岂在朱子下哉。顾当时有非笑之者,有诟斥之者,訾为丧心病狂者有之,目为叛孔离道者有之。何哉?俗儒私其道而先生公其道也。先生之不苟同朱子,非求异也;为象山辩诬,非阿好也,为道求是耳。吾尝三复先生之书,而得其讲学之故焉。乱臣贼子横行,而孔子作春秋;阶级制度泰甚,而释迦讲平等。先觉之俦,悲天悯人,立言设教,大抵有所为焉。阳明讲学,何独不然?司马谈有言曰:儒者博而寡要,劳而少功。吾于是知儒术于炎汉前已坏焉。自汉至明,其间虽有文中伊川晦庵诸子,以道统自任,阐明圣学,而卒不克祛学者务外遗内之病。世之儒冠儒服者,不溺于词章,即溺于利禄。程朱讲学以还,士大夫为风气所驱,莫不津津讲学,而本源有病,矫伪未去,故曰言格物致知,终不能臻意诚心正之境也。此岂程朱教人即物穷理之初衷哉。阳明先生所以痛心于诡辞阿俗,矫行干誉者流,而有不知自己桀纣心地,动辄要做尧舜事业之言也。呜呼。先生讲学之旨,其在斯乎?其在斯乎?学者求异同,先生教以辨是非;学者索冥涉虚,先生教以知行合一;学者好高骛远,先生教以做愚夫愚妇;学者歧视心物,先生教以万物一体;学者格物而遗良知,先生教以致良知以应万物。此端本澄源,对症发药之学也;此竖彻空间,横彻时间之心学也。人一日有心,则先生之学一日有用,可以治明人之心,即可以治今人之心。愿吾国今日之人心何如哉。醉心权势者残民以逞,利禄熏心者廉耻荡然。盖欲求要做尧舜事业之桀纣心而不可得矣。嗟呼!哀莫大于心死。国人不以为可哀而甘沦于万劫不复之地,则已矣,如尚以为可哀,请从先生求起死之道。其言曰:人惟务致其良知,则自能公是非,同好恶。视人犹己，视国犹家，而以天地万物为一体，民主政体之精神，尽在其中矣。国人不知归而求之，而乃东邻借宠，西邻乞灵，不亦惧乎？

（发表于《金陵光》第六卷第三期，1914 年 5 月）

美在中先生传

　　先生讳迩，字兰陵，1851 年生于美国东部之纽约城。壮岁来宁传教，立志以身许中国社会，故自号曰"在中"。父母笃信耶稣教，操农业，家贫而不苟取，乡党称其狷介先生。先生四岁，从居韦斯康心，家益落，《圣经》一卷而外，无盖藏也。所居滨狐霾湖。先生少时，庭训之余，常科头赤足，嬉戏湖畔，饱经天然锻炼，体气特健。年舞勺，父母命之自谋生活。衣食之外，有余佣，即以充学费。先生以血汗博束脩，知来处不易，学益力。遇学校考试，辄冠侪辈，不为境遇所窘。先生盖自幼既然矣。年十七充小学教员，后补膏火生额，肄业于伟男中学。卒业后就密梭里州青年会日耀日学校讲师之职，识勒女士于此，性情相契，遂结缡焉。时 1873 年也。留密梭里州者五年，抱一片婆心，运长妙舌，闻者莫不兴起崭然，见头角于宣教师界。国外传教团知其能，委来中国传教，以 1887 年 1 月 12 日挈眷来宁，主于马林家。马君精医术，设医院于鼓楼之南，取赀廉，救治者踵相接。顾经费支绌，势难维持久，常忧形于色。集美国全体教会开联合会，先生上书请愿，得该会赞助，募集钜金，医院赖以支柱，活人无算。先生抵宁后，肄力于方言者年余。知南京方言可通行于长江流域各省，发起华语正音会，被举为会长。宁垣自乾嘉以还，即有外人建设教会，从事传教，至光绪间皈依耶稣者日益众。然信仰虽新，智识仍旧，先生恝焉忧之，深惧无意识之信仰，易生魔障，非灌输学识，无以羽翼教旨，遂请于基督会，捐款建设基督书院于鼓楼之西南，即今金陵大学附属中学校之校址也。校舍落成，先生被举为校长，筑室于校旁，取其便于尽职也。书院初开始，学生仅二十余人，教授管理，先生夫妇共任之。先生办学温而厉。学生患病，先生为治方药，时或称述小说家，言于病榻之前，以减病人之痛楚。其于行不饰，业不修者，则又不稍假借，往往涕泣而施夏楚。先生高足某君尝语人曰，微吾师督责之严，某曷克有今日。某君盖尝受鞭挞后留学美国，治化学，学能自立，归而执教鞭于母校者也。未几学生达二百人，基督书院遂与益智书院汇文书院鼎足而三矣。汇文书院美以美会设，先于基督书院；益智书院长老会所设，盖与基督书院同时产出者也。三院宗旨虽同，办法互异。先生以为孤往则精力分而收效浅,共作则菁华聚而成功多。且祖国教会酿金委办教育事业,当化畛域而屈群策,以最少经费谋最大功效,不然则获罪于天矣。遂力倡三院合办之说,益智书院先并入基督书院,改为宏育书院。先生务欲贯彻三院合办之主张,屡言于美以美会诸要人,得其同意。惟合并办法,彼此初甚龃龉,几经讨论,始议决以宏育并入汇文,而金陵大学遂以 1910 年成立。先生被举为本大学圣经部主任。设附属中学于宏育书院之故址,而先生为之长。至是先生三校合办之宏愿已偿,而心力亦俱瘁矣。胃病医云不速治将不救,乃遄返祖国就医。剖胃去腐,匝月而愈。故旧有劝其优游故土,以尽天年者。先生曰,某初到中国,颇受揶揄,不如意事十有八九,然未尝因此沮丧。遇事坚持,年复一年,不无成效可睹。以是常抱乐观,有鞠躬尽瘁之志。今幸出死入生,正可用我余年,以完未竟之功。中途自逸,非吾愿也。休养数月,即重到宁垣就职。老而益壮,晨起治事,日晡方辍。倦且叹曰,近来精神荼疲甚,恐不久于人世矣。不意感慨之言,竟成谶语,1914 年 7 月间旧恙复作,避暑于庐山,病益加剧。8 月 23 日卒于牯牛岭,年 63,前后侨寓宁垣 25 年。子厚涵求学于祖国,女素徐娶狄气浩,美国名士也。

论曰:闻诸先生之旧仆杨曰,事先生二十余年,未尝见先生开口而笑,窃尝疑其严峻寡恩。然先生待人恳挚,寒士无力求学,约先生资助而成名宿者,不可更仆数。是不渝于貌似和蔼心实冷淡者万万乎?夫先生幼而贫困,长更忧危,终日乾乾,夕惕若厉,以与境遇决斗,卒能不为所夺,卓然有所树立。呜呼先生,可以莞尔于九垠矣。

(发表于《金陵光》临时增刊《美在中先生记哀录》,1914 年 8 月)

To the Junior Class

Tue Tseh Ling

Ladies and Gentlemen and Members of the Junior Class,

Today is the class day of the Class of 1914. A Chinese proverb says: "There is an inevitable day when an ugly bride must show herself to her father-in-law and mother-in-law". Today our class is the ugly bride, and we feel ashamed because we have nothing better to show to our friends. It is a day for us to say adieu to our alma mater and fellow students. Especially it is a day when we shall hand over our responsibility to the Junior Class. It is fitting that we should give a parting message to the Class of 1915 in order that we may encourage them in the coming year and help them to make a better record than we have made.

On the one hand, I wish to congratulate you. Our school is a young institution. Everything is growing. In the near future a number of new buildings will be erected. You will have more teachers next term. They are brilliant men from whom you will get a great deal of help. The library will be enlarged and a Chinese library will be established. In fact, the faculty and friends of this institution will exert every effort to provide for you a healthful environment in which you can build your character, develop your body, and cultivate your mind. I do not mean that the environment in which the Class of 1914 has lived and worked has not been wholesome, nor that we envy you your opportunity of having a better environment. It is a rule that in a progressive society each succeeding generation is brought into a better environment. Your opportunity to enjoy a better school life is a natural result of the evolution of the institution. I am glad to see our alma mater grow and I congratulate you upon having the privilege of growing with her.

On the other hand, my friends, I have a great hope for you. Let me call your attention to the fact that there will be only one more year before you graduate from the school. During this comparatively short period of time do something for the institution, so as to manifest your love for it. None of us will deny that we love our school as our home. But love is nothing more than an image of a beautiful flower in a mirror until it has been acted out. What can you do for the school in order to realize your love for it? To me nothing is more important than to develop the college spirit which is awaking now. On our part we regret that we have not done for it so much as we should. But it is now too late for us. My friends, do not let your love end in regret. "Do it now." You can take advantage of one year to stimulate the college spirit and keep it alive. Be leaders of student activity. Cooperate with the student body as a unit in the struggle to gain reputation, honor, and glory for the institution, so that the heart of every student will thrill with pride when he hears the name, The University of Nanking.

A Chinese poet wrote thus:

"As wave follows wave in the roaring sea

So brother succeeds brother in the world."

The interval between the class day of the Class of 1913 and that of the Class of 1914 seems like the snapping of the fingers. From this I infer that it will not seem to us very long until we see you members of the Class of 1915 dressing yourselves handsomely and giving your class day exercises. May you make the best use of your remaining school days. May you enjoy a happy and bright school life. May you show your spirit and activity. May your noble ideals be realized. This is the wish of the Class of 1914.

（发表于《金陵光》第六卷第五期,1914 年 10 月）

梦　痕

原名：IMMENSEE（茵梦湖）

（［德国］斯笃氏著，徐养秋译）

第一章　感　旧

晚秋薄暮，有老人曳杖蹀躞交衢。旧履尘褂，似从散步归来者。衣裳楚楚，须眉如画，眸子黝然，黑白相映，愈见精神矍铄。

落日苍凉，村墟如晦。老人时纵其冷眼，远眺俯视，灼灼有光。行人过之，频注目而视，然无寒暄往还。老人似非久于其地者。

移时至一屋前。屋为层楼，其极摩空而窗幂幌。剥啄以前，复伫观一度。

铃声起处，窗幌顿开。有老妪露首窥望。老人举杖示意，操南音问曰："尚未燃灯乎？"

幌垂影没，老人亦入。室中陈设雅洁，壁间庋中国磁器多种，以为点缀。

老人上楼，启东室管键，室轩敞而岑寂。右壁图书满架，左壁悬人物风景画片。书案临窗，上置青毯，案头书卷尚开，案前置安乐椅，上有锦茵。

老人置冠杖于室隅，抱膝坐椅上，小憩。

时已黄昏。窥窗明月，照壁间画片，历历可见。

老人目光随月光为转移，忽睹画中爱宠，倩影亭亭，不觉颤声呼曰："绮丽萨白。"软语方终，思潮骤起，儿时情事，都到眼前。

老人此时盖不胜其怅触矣。

（发表于《金陵光》第六卷第八期，1915 年 1 月）

泰戈尔演说辞(India's Message to Japan)

（徐养秋译）

泰戈尔者,印度之诗圣也。其篇什久已脍炙人口,惟原本为梵文,印人而外,能读其书者甚少。1912 年自以英文写定之,出版后价重鸡林。欧人士读其书者莫不心折,佥谓足与当今诗家抗垒。翌年遂得世界文豪奖金 Nobel Prize 八万圆。东亚人得世界文豪奖金者,自泰氏始。此次东游抵日本,如帝国大学之请,莅校演说,座为之满,后至者鹄立而听。其辞登载奥脱落杂志中,今移译之,以飨读者。

论年代则亚洲最古,论开化则亚洲最先,宜可以为五洲之表率矣。然数千年来进机凝滞,以视欧陆美洲,则相形见绌。不独他人疑为僵化,即吾亚洲人亦几自疑永无丕变之日。孰意日人摩挲睡眼,一跃而起,排脱旧习,直追诸先进国而比其肩。此各国所以相顾而失色也。夫日本东方之产儿也,勇猛精进,不一世而成效卓著,其余东方诸国,气为之壮,心为之动,而望为之奢。因以知立国于一时代,苟欲图存,非明于当时大势之所趋,而又能操纵宰制世运之魔力,必无幸也。

譬诸养生,所以营养体魄者,必仰给于外物,而灵魂所寄,则固别有所在。日本取法泰西以扩张国势,犹之人身必需饮食。然日本有日本之大和魂,断不容沉湎于泰西权数之说,使之日就渐灭。泰西文化有其优点,日本当取而弥补其缺,能如是,则日人可谓善于摄生矣。

仆(泰氏自谓)东方之人也,日本今日之问题,及其解决之方法,皆仆平素所关怀。日人处可乘之时机,有重大之天职,若何利用其时机,若何负担其责任,万众睢睢,惟日本是望。使日本止于规模泰西,而不能胜于所出,向之企望日本解决世界问题者,将怃然自失矣。夫世变之缘泰西文化而生者,亦云多矣。如国家之攘敚个人也,资本家之凭陵劳动家也,物质之汩没性灵也,侵略政策之破坏人道主义也,政治之苛碎也,驵阋? 之诡谲也,在在拂人之性,然而疾首蹙额,昕夕呼号,尸祝返朴回真而不可得。

今日欧化之流弊有如此者，日人顾可以轻心采取之乎？曩者日人亦尝研究身心性命之学，创为哲理，而本之以为持身接物之准则矣。自与西洋接触以来，复能取人之长以补己之短，故内政修明，不虞外患，其所处位置较优于东亚诸国，所负责任亦较重于诸国。吾东方人固甚望日人代表东方解决西方之问题，尤望日人能改良今日文化之状况，尚仁谊而耻功利，轻权数而重性情，化除人我之执，同归真美之途，此千载不朽之盛业也。日人岂无意乎？

印度土地廓落，民族复杂，聚无数小国于亚洲之一隅，以视欧罗巴由一洲而分建数国者，其情形适相反。曩者欧人殖民于美洲澳洲，因生计问题而铲除土著，至今此风未泯，其在旧金山坎拿大澳大利亚者尤为酷烈。据人土地而自主之，谓后来者为客籍，深闭固拒，不使染指，即此一端已足证欧人政治的开明以排外为职志矣。今日欧洲之政治开明蔓延大地，势若燎原，日以排摈异己，仇视非类为事，敲剥人之脂膏，以厚自封殖，攫取人之利源，一口吸尽而后快。蹂躏异族，使之永沦于九渊。有微露锋芒者即目之曰祸（如黄祸）。封豕长蛇，不足拟其贼戾，吾无以名之，名之曰□开明。①

夫争地杀人之事，古亦有之，然其为祸之烈，不及今之什一也。今之政治的开明，张其馋吻，鲸吞大陆，厉其爪牙，决裂人类，强凌弱国，蚕国，贪得无厌。饰诈示信，所谓罪不容于死也，而行其道者，恬不知耻，方且自诩为爱国。呜呼。天道有知，必不容其终古横行也。盖世间道德公例无二，不以个人团体而异其用。何物世人敢以个人冒团体名义，破坏道德公例，而阴享其利乎？今之政治开明，惟不见容于道德，故于不知不觉中自暴其短，引起社会上之疑虑，衰象已徵，毁坏之日其不远乎。一日权去势尽，机械散佚，虽仁爱如天，且无力挽回。盖其为物残酷不仁，逆天者也。几曾见逆天而可以永久者乎？

吾东方优美理想之产地也，其历史上有光明之时代，亦有阴惨之时代。今日虽在后之时代中，不妨静待，吾不朽之东方将来必能一再自显于世。今日者西方骛于功利，狼奔豕突，溢气坌涌，去蹶不远。譬之贵人驾驷马乘高车，疾驰而过秋田，视

① 原文此处不清。

田中人如无物,自娱于车行之速,以为农人濡迟而迅退。日暮途穷,蹙蹙靡所骋,乃翻然悔悟。向之风驰电掣者,不知何所谓,而饥肠辘辘不可复耐,乃逡巡而退,乞食于彼优游田下俯首拾稻之农人。夫势厚不常,盛气易竭,世间持久之物,有过于慈祥仁爱者乎?有过于刻苦坚贞者乎?有过于信天道法自然者乎?吾东方所以万古常存者,即此道也。

东亚之冥心孤往也久矣,与世界异趣,未尝苟合。我东方自造之文化本乎彝伦,非今之欧化可比。盖吾之文化民生之文化,而非政治之文化也;养性之文化而非噬人之文化也。在昔锁关之世,我东方人性命问题,自解决而自履行之,未尝蒙朝代改步,外寇侵略之影响。洎东西媾通,锁开之局一破而不可复全,东亚遂暴露于世,然吾人固无所用其懊恨也。譬之树木,其始也生机隐伏于种内,酥雨润之,骄阳暴之,于是脱种而出,始而甲坼敷荣,终而枝干夭矫,则破种正所以成材,何所用其怨艾乎?今日者时机已熟,吾东方人当自任以天下之重,用吾东方文化之精神消融各国历史上之畛畦,不当傲岸自矜,私其所有,而靳不与人。吾亚东文化经数千年酝酿,以有今日,吾人可不发挥而光大之乎?天假手于西方,振亚东之键钥,预为东方文化脱颖之地,甚矣。其厚我也。

日本为亚东诸国之前驱,打破一切障碍,与世界相见,于是诸国为之歆动,始觉昔者蛰伏不动之非,今后盲从欧化之误。佥欲建树活泼的事功,以宣泄亚东久郁之生气,日出国唤醒东亚之功,吾人永矢弗谖。然东方应尽之责任尚多,尤望日人始终不懈焉。

(发表于《金陵光》第八卷第一期,1916 年 12 月)

六书要恉

古人造文字以济言语之穷，寄声音于形体，寓意义于声形，有一言即造一字，初未尝预定类例以为制作之准则也。后贤董理文字，始立名目，区族类，依类象形者谓之文，形声相益者谓之字，镂于鼎彝者谓之名，（名古文作铭）箸于竹帛者谓之书。此皆文字之通称也。三代以上，谓文字为文，或曰书，或曰名，不言字。字之名昉于周代，与文书名三者并行于世。论语曰必也正名乎，左氏传曰于文止戈为武，中庸曰书同文，韩非曰仓颉作字，自营为厶。周秦之际，群言淆乱，故文字亦无定称。秦并天下，官师合一，文字之名乃定，故琅琊碑曰书同文字。汉世承之，合而言之则为通称，分而言之则成专名。专名之立，自许氏始。文字之名称，至是始一成而不变。若夫文字之类别，周以前盖未尝有也，地官保氏以六艺教国子，五曰六书，六书之名始见于此。书分为六，所以类聚而教子弟，后人因得窥见古人造字之奥赜，保氏可谓大有造于斯文矣。

六书次第，周官未尝明定，后儒遂生异同，其最著者有班许二家。汉书艺文志六书一象形，二象事，三象意，四象声，五转注，六假借。说文解字序一指事，二象形，三形声，四会意，五转注，六假借。班固以象形为首，许慎则先指事而次象形，二家部次虽异，实则同本于易，惟取于易者不同耳。班氏于易取象，以为八卦文之始，乾坤等卦皆象形字，故定象形为六书之首。许书序文开端即引庖牺画卦之文，及仓颉见鸟兽蹄远之迹初作书契等语，可见许氏明认象形为造字之本。而后文复曰保氏教国子，先以六书，一曰指事，是必有说。夫许书部居文字之书也，既欲部居文字，即不得不取文字缔构最简者以引其端。一字缔构最简，蕴义极宏，故始一终亥。此许氏于易取数，谓六书始于指事之苦心也。至其次会意于形声，则有乖文字创造之先后，盖会意字所会合者，大抵皆象形指事二类，未尝有会合形声字而成者。形声字则不然，有合会意字而成者矣，则形声之后于会意，不辨自明。且象形指事形也，古人先取已具之形，以造会意字，形不足而后取形之声以造形声字，其事至顺，形声复不足而后转注假借起焉。转注以恣文字之孳乳，假借以节文字之孳乳，一消一息，制作之能事毕矣。班固所定六书之次第，庶几所谓纯出天然者与？

许氏六书次第虽未允当，其六书之界说则精确绝伦，包举一切义例，后之治小学者莫能轶出范围。不明其界说者，所说往往无据。例如转注一类，后儒持异说者多至数十家，转形转声，莫衷一是。良由未得许氏界说之要领，故愈说愈歧。不知六书精意尽包括于许氏十二句界说之中，赅简详明，一字不可易，本之以究六书，有左右逢源之乐。今先标许氏之界说，而后疏证之，或亦初学所乐闻乎？

象形

画成其物，随体诘诎，许氏所下之界说也，"日"、"月"是也一语。许氏所举之例也，既曰体矣，则独体可象形，复体亦可象形，不可泥于许氏之例。于独体象形则以为象形字，于复体象形则误为会意字。"山"、"水"等独体字固象形，"林"、"朋"、"夏"、"夒"等复体字亦象形也。奚以知其然，请证之许书。林下云平土有丛木曰"林"，叠文以象丛木，与独体象一木，无以异也。以视人持弓助孝子驱禽兽为"弔"，合两体之谊别树一谊，则固有间矣。朋下云劲饰也，直画成其物耳。门下云"闻"也，从二户，象形，尤足为吾言之证。上所举诸字与"弜"字迥异，"弜"下去彊也，合二体以生一新谊，所谓会意也。夏从"臼"从"夂"，"臼"两手，"夂"两足，合四体以象人形，未尝有异义特起。如西方牧羊人为"羌"者，且"夒"，母猴也，"夒""魖"俱从"巳"止"夂"，象其手足，谓造字人独私"夏"字，与以全人之形而寄其种族之思想则可谓此意即"夏"字各体所会合而生，因目为会意字，则大不可。凡此皆复体象形字，非会意字也。许氏举独体以赅复体，故止言日月，后人囿于斯例，谓象形无自复体字固矣。

（发表于《金陵光》第八卷第二期，1917 年 2 月）

编辑教科书之原则

学校所用教材，除教师随时搜辑所得外，强半出于书籍，而尤以教科书为主要。欧陆教师受较充分的训练，于所教学程研究较透彻，教材可运用自如，不必受教科书拘束，故教科书在教学上无根本关系。美国则不然，平常教师训练不及欧陆教师，教学上颇仰仗教科书。教育家鉴于市上教科书内容价值有可疑者，于是主张政府监视。如甘没斯加里福尼牙州设教科书编辑印刷所，如密纳所脱州之规定教科书，纽约州之规定学程纲目，此实行政府监视者也。近年来教育家有从事辨析教科书者，从内容形式方面定种种标准，使采用教科书者有所遵循；此主张办学者与教者自动者也。二者各有眼光所在，惟其承认教材与教育关系深切不得不加以批评的研究，则为共同之点。

吾国教师训练未足，学校设备不完，为不可掩之事实。教学上之须借重于教科书当视美国教师为更甚，即谓吾国今日教育为教科书的教育殆未为过甚。教科书在今日教学上位置既如此重要，其内容之须明辨而慎择也审矣。自前清以还政府即有审定教科书办法，试问一经审定即足了事乎？抑采用教科书者于该书编辑人所拟该书使用方法，及其所依据而编辑之原理尚有研究之余地乎？更进而言之，编辑者应否有少数根本原则，以为选择教材及其排次之标准乎？

编辑兼选择排次而言，为事极重要，其有待于正确原则以为标准盖毫无疑义。其主要者有四：关于选择方面者二，曰在选择某学程之前须决定该学程之特殊目的；曰在选择某学程前须定该学程应有之至少最要教材。关于排次方面者亦有二，曰排次教材须以少数要点为组织中心，统率一切连类的教材，成为少数大准个；曰排次教材须以学者学习便利为主体，而相传名理的秩序次之。

一学程有一学程之普通目的与特殊目的。普通目的此学程容可与彼学程共之，如心向习惯理想欣赏是。至于特殊目的则甲学程不得与乙学程共之。编辑某学程教科书，非先认清该学程之特殊目的无从着手。请以中学国文为例，文学为人的兴趣与感情之表现，国文应有养成学者用美术解释生活之观念，学者须能领会人生与自然之理想的分子,因以提高企望陶冶情操;此国文学程上应有特殊目的之一也。编辑者此而不知,其所选教材必无当。再请以中学代数为例,代数须有养成学者以平常语言译符号语言,以图形法表现数之关系之能力等特殊目的。此而不知,其所选教材必有缺憾。

一学程之特殊目的皆根据于该学程社会性作用与心理作用而定。即以历史为例,从本国史社会性作用上说,其特殊目的为(一)领会本国现状;(二)重度古人生活,因以引起己群觉心。从西洋史社会性作用上说,其特殊目的为(一)领会西洋现状;(二)重度西洋古人之生活,因以引起大群觉心。从心理作用上说,小学历史应以激起想象为特殊目的,中学历史应以养成学者寻绎因果能力为特殊目的。不知此类目的,或忽视之者,皆不足与谈选择历史教材。推而至于其他学程,莫不皆然。

自斯宾塞氏倡相对价值之论,教育家渐悟教材当以相对价值为取舍多寡之标准。价值愈大分量宜愈多,小者反是。通常选择教材往往忽略此点,应详者略,应略者详,遂成通病。学生在校年数有限,徒知何种教材为最有价值尚不足以了事,必通盘筹算某学程在某年限内应含有几何至少之最有价值的教材,通常称为至少精粹。一学程之至少精粹定,而编辑者得免遗重取轻之诮,而收详略中肯之效。不宁惟是,编辑者知一学程之至少精粹,而后得斟酌情形照相对价值之标准,增损本学程至少精粹外之教材。

定夺一学程之至少精粹教材,照吾国今日情形尚可用两种方法:一曰标目发现次数定相对价值法。例如定地理教科书上之至少最要教材,可拟地理教科书上应有之标目若干则,取十余年来数十种较有价值之报纸杂志,检查逐各个标目在各报纸杂志上所发现之次数,发现次数愈多之标目其价值愈大,所有标目可依发现总数而次第之。编辑教科书时得择其尤要者,依年限长短、学生程度高下而支配分量之多少,记载之详略,此一法也。二曰专家同意定相对价值法。将所拟标目送交地理专家(多多益善,在十人以下此法即不适用),请其照己意用数目定各标目之价值,照大小次第之,并指明地理教材内必要之各标目,得最多数专家同意者为至少精粹。用二法所得之结果照理想应相符,如其不符,以从第一法之结果为较稳。总之，非用科学方法则教材之相对价值无从定，非依据用科学法得来之标准而编辑教科书，其内容不适用者必多。

选择教材固应有标准，排次亦应有标准。学术之须有系统学者所共认。教材组织之宜有纲举目张之妙亦应具之条件，然此中亦有区别焉。同一有系统也，而有适用与不适用之分焉。设有二教科书于此，一则含无数纲目极简练之致，系统则有之，惜其徒具形式的轮廓耳；一则有少数确定的中心，可附丽无数之小纲子目，成为数大准个，而各大组又有互相联络之妙，是亦有系统者也。具有前之性质者为类书的教科书，嫌简略零碎，应有尽有，而语焉不详，读者苦其枯燥无味；其具有后之性质者以数大中心统率连类的纲目，其于数大问题洪纤毕举，言之有物，足以一矫流行教科书徒具轮廓之弊。子目应选其能以一例余发明主旨者。主旨往往为概括之词，子目须有阐发抽象主旨从实见玄之妙。至少精粹的标目可为组织中心，于是至要的教材得较充分之时论。设学者尚有余力，教者得就兹数大中心加以连类的教材，中人于最要智识可得充分的了解。而颖才亦有驰骋之余地，固不必以至少精粹限制教学自由为诟病也。

教材如何排次便适于学习，此亦编辑者应研究之问题。旧式教科书，如几何代数等先下定义而后举例；如文典上之先举规条而后举实习问题，皆不合学者心理。实则须先从学者平日经验上举例，暗示原则，经久而后提出概括之词，此为普通教学原则之一，而排次教材时所当应用者也。一种教材有其学习上特别困难之点，惟教者随时注意，能发现之，非毫无心理学智识闭户著书者所能喻。教材未经试教，其性质与排次方法是否适于学习，概置而不问，由少数编辑人师心自用，编辑成书。标其书曰"新体教科书"，新则有之，适用则未必。吾以为未经试验之教科书其冤苦儿童之处必多。吾国今日全国教科书由一二公司操纵，该一二公司须设附属学校，聘请受充分训练之教师，用拟出版之"新"教科书试教，用精密方法检查学者对于新教材之反应，准试教结果加以修改，而后出版。既出版后尤当虚怀延纳用为教本者之意见，以为再版时修订张本。近来美国教科书颇多教师与专家合著之作，或由有经验之教师试教后再编辑成书。良以教科书纯以唤起学者适当反应为主旨，非试教无以见教材之适合与否也。

　　总之,吾国今日教科书在教育上位置极重要,编辑教科书者不可不审慎从事。何种教材为国民必具智识,此社会的标准上之问题也;何种教材,如何排次,方适于学习,此心理的标准上之问题也。有志于解决编辑上之二大问题者,吾知其必能于本篇所举数原则及其适用上更加研究焉。

　　　　　　　　　　　　　　　　　（发表于《教育汇刊》第一集,1921 年）

教育上之国家主义

（徐养秋先生演讲，张绳祖、诸葛龙笔记）

两年前的今日（十一月十二日）德国向协约国提出求和条件，历史上最大战争，于是结束。此次欧战，以维也纳会议，与柏灵会议为导线，盖二会皆破坏国性者也。比利时以蕞尔小国，而敢起而与雄长世界之日尔曼民族抗者，亦以其破坏其国性故也。则此次大战，直可谓为国性之战争。盖各国之所以战，牺牲生命财产，而不顾者，无非欲发展其国性耳。自十五世纪以还，战争大抵因国性问题而起，关系既如此之大，国性两字，亦值得吾人之研究。国性（Nationality）蕴蓄甚繁复，有如热带之森林，一时实难下一适当之定义。今试从土地、宗教、语言、人种、文化，各方面言之。

自土地方面言之：说者往往以为有公共土地，可为国性存在之标准，此说实不足恃。盖世界人种，固有无土地而其国性存在者也。犹太人散居各国，无自主之土地，然其国性，仍能保持勿失；小亚细亚之亚米利亚人，无自主之土地，亦不失其固有之国性，此皆土地不能为国性标准之明证也。

自宗教方面观之：以为有公共宗教，可为国性存在之标准，此说亦无成立之理由。如俄国有二百万之回教徒，而英国亦有各派教徒，见笑于 Voltaire，法有教会与自由思想派之争，然此三国各有其国性。

再以人种言之：则国性亦不以同一人种，而始能存在。总世界计之，由同一人种组织国家，而保持其国性者，惟北极之冰岛一国，千年前诺曼士（Normans）人自欧洲大陆，迁居其地，至今未与外族混杂，其余各国，莫非杂种。

公共语言，亦不能为国性存在之标准。如瑞士一小国，而有三种；英国数万人操盖列克语（Gaelic，即在国会亦能用之）；法之巴斯葛（Basques）人，不操法语，加拿大人民（Canadians）反有操法语者，故公共言语，亦不能为国性存在之标准。

由上言之，土地、语言、宗教、人种，均不足为一国国性存在之标准。然则国性以何者标为准乎？曰"文化"（culture）。"文化"该括公共思想，遗训，习惯，风俗，以及希望诸端。国性标准既定,试研究其演进之迹。其演进程序,可用下列二律以解释之。

第一为接近律。国以宗为原生细胞,宗有血统关系,信仰同习俗同所居近,易于结合,合而成族,初为机械结合,患难来遂成精神结合。患难有二类:(一)自然界之凌虐;(二)外族之侵略。一战自然,而经济范围定;再战外族,而政治范围定。民族之政治,范围之界限,以血画成,一度因外强而流热血,则国性坚定,一度加以遗训统一思想之势力,国性于是乎成立,于是一国有一国的"文化"。

第二为变动律。原初之民,国性单纯,强吞弱,则吸收其国性。于是由单纯而复杂,如此递变,历时既久,遂成近世各国复杂的国性与"文化"。

此种国性,古代有之,罗马哲人,亦自觉之,日耳曼族侵入欧洲部落之见极深。历中古时代,欧洲民族不知国性为何物,至丹特氏出,始有国性观念。后各民族,亦渐觉悟,至十八世纪,而国性自觉心大起,各民族群起而争国性,于是乃悟国性上之两大原则。

(一)一国"文化",即国性之所寄托,欲保存国性,须将"文化",由少数贵族传于一般平民。

(二)"文化",由民族陶铸而成,初以"文化"定现存的国性,即可根据现存的国性,改铸"文化",为将来国性所寄托。

问题即如何使国性实现?盖除教育无他法也。明此理,首推普鲁士。德人与法皇拿破仑战而败,丧师辱国,拿翁条约,非常严酷,普人常备军,不得过四万二千人。于是 Scharnhorst 首创用征兵制,名虽实践条约,实则通国皆兵,其兵始不为条约所限,此以武备求国性者也。而费希氏以为武备,非养成国性之良法,深信欲强国,非教育不为功,以教育造成国性,费氏实首创之。德意志帝国统一以后,教育宗旨,纯以养成国性为事,其教育中含有以下的分子:(一)爱祖国;(二)爱皇室;(三)传布德之文化,以德为欧洲文化之渊薮,故德人应尽传播条顿文化之责任;(四)希望更大的日耳曼帝国,以日耳曼版图,应包括神圣罗马帝国的版图,苟德人有侵略野心,则此等土地,决不为外人所侵占,此种思想深入人心,故一九一五年有德国女子与美国友人通信云:"德人从未抱侵略主义,苟我国有此种主义,则呵尔斯泰因阿尔塞斯洛伦比利时波尔的海岸俄罗斯省不至入人之手矣。"一九〇二年，德皇提倡爱国、爱皇室教育，小学儿童所诵习之课本，即有"Kaisar loves us；He has a large army. We love him too."等语。从前德国学校功课语言一门，一八九二年前每学期习拉丁文七十二小时，至该撤时，一九〇二年减至六十余小时，以其时间练习德文。其教地理，则教以德之疆界及德与邻国工商业之关系，谓德之境外有土地，应属德国版图，而仍在他人掌握中者不少，藉此唤起其民族雄心。故其提倡战争也，均借口于自卫，以实行其侵略主义，少而习之，壮而行之，有不感慨奋发，以谋自效于国者乎？

深知教育可养成国性之原则，继德而起者有法国。普法之战，（一八七〇——一八八一）法人一败涂地，其致败原因，为军事无准备，国民无国性、自觉心。一八七〇年普法开衅时，法将密书 Mahel，驰往 Berort 部署，抵其地后，与法政府电云："寻不着我军队将官，不知哪里去了，怎么办？"法国军队之无纪律如此，宜其败也，其后法人始知国性之重要。一八八二年，实行征兵制，以为自卫之具，更竭力提倡国性教育，以养成国民爱国精神。其最注重者，为公民知识，其中所包，有（一）国家观念；教时以家庭为喻，谓若有人侮其家者，则一家之父兄子弟，必将群起而自卫。国家亦然，设有外人侵其国境，能不群起御敌，为国家牺牲乎？（二）勇敢；公民知识教科书中，选择不畏死之故事，教之，如儿童为父兄冒死御敌，儿童保护其弱弟，击死瘈狗等，以资模范。（三）恢复其旧版图；以亚尔塞斯、洛伦两省为其"失掉了的天国"，恢复两省，即法人之天职云云。

又在地理上，讲国防，以边疆形势教示儿童，如某处有炮台，某处有重镇，均足以自卫。并有一教科书，反复致意于其国之东北一隅，地势平坦，易为敌人所乘，极宜注意云云。一九一四年之战，德人竟置公法于不顾，犯比利时中立，由此而攻法。

其引起人民纳税之热忱，则使儿童看军队操练，教师即从傍诏之曰：此军队，即我法之父兄舍身为国者也，一旦国家有事，保护我法人生命财产者，维持此种军队是赖，公款浩大，非国人大家分任，则款不易筹，纳税即是为此。使儿童明白纳税为人民之义务。

其仇恨德人之心，亦竭力提倡。拉盎（Laon）师范学校前有纪念铜像三所，以纪念此校之教员三人，在普法之役为国捐躯者。学生瞻仰铜像，有不低徊往复而生敬仰，因敬仰而图报复者乎？

总之，法国自一八八一年后，教育莫不以养成为国性的自觉心为鹄。故一九一四年之战，能从容出师，与普鲁士军队相见于疆场，始终不屈。或谓其得于协约之助，然较之一八七〇年之役屡战屡北、望风而走者，其相去何止天壤？而原其所以至此者，皆三十年来教育之功。

由此可知国性可改铸，改铸之效率最大者，莫若教育。德之国性在爱国，并爱皇室；法之国性，惟在爱国。军国主义（Militaristie）之国家，战在自卫；好斗（war loving）之国，在侵略，两者相衡，法胜于德矣。且法之提倡爱国，亦自有其理由在。谓业尔塞斯、洛伦两省，多法人，应由法治，若德强取而有之，则以此二省之关系，二国永久猜忌，而互增军备，终必扰乱欧洲和平，此即其所持爱国之绝大理由也。

美国四十年前之教育，偏重个己主义，学校大都为私人或教会所设。近四十年来，始有国性可言，重公共习惯，及公共希望，又以国内多外侨，如波兰人、希腊人、意大利人、日耳曼人之侨居于美者，其子弟多不谙美国语言文字，美国人以为其与其国有关，乃有所谓美化教育者（Americanization）其宗旨在使侨民子弟与美国"文化"同化。课程所注重者，为美国国史、地理、文学、语言，等，且防止过激主义，乃教之以工业原理，使儿童明白实业为公共生活，互助则共受其福，捣乱即自相残害，可知时势变迁，国性中须随时增加新分子。教育本非一成不变之物，随时熔铸国性，俾新旧交融，此则教育之事也。

德法美三国教育，皆以提倡国性为归，而美国则更进一层，提倡大群思想，以各国风俗习惯，编成小册，教导儿童，使有一种廓大态度，表同情于世界。是于提倡褊狭国性之外，更提倡大群之主义者也。较之德法，仅拘拘于一隅者，倜乎远矣。

今试反而求诸中国，兴教二十余年矣，有人人能唱之国歌否乎？除国语外，有提倡联络国内感情之工具否乎？课程上有特别注意公共思想企望之养成者否乎？有提倡大同主义者乎？二十年来办学无广大的宗旨，无通盘筹画的计划，枝枝节节，故有今日之教育现状。教育无宗旨，故教材教法，都无根据。欲教育改良，须即定宗旨，以养成吾国"文化"，为国性之寄托。同时并提倡大同主义，以救其偏。宗旨定,则选择教材,遂有标准,如历史资料之取孔子大统一主义,岳飞之激昂报国等事实;国文资料,取文天祥之《正气歌》,郑所南之《心史》,史可法之《答清睿亲王书》等;以地理言,则在可以搜集此类资料。中国自胜清以来,所有赔款割地租港开商埠等,无不可纳之史地范围,以唤起国民之国性自觉心。但根据此等事施教,有激起学者怀恨之心之流弊,故教者须提倡超出人上之心,以矫正之。工业上,商业上,学术上,如能超出人上,则国势自强,不必处心积虑,以复仇为事也。此则提倡国性教育者所应三致意者也。

（发表于《教育汇刊》第一集,1921 年）

欧美之最近教育趋势

孟罗著教育史,以教育为永久问题作结,言外即有解决教育问题之方法随时变更之意。其书行世已十余年,中间欧战经一大震撼,西洋社会经济状况教育本身都有变更,教育界谋所以适应之方,于是教育的概念组织方法变、变、变,——至于今日而教育上有数大新趋势为十数年前所未尝闻者。社会主义在欧北欧东战胜而俄德教育有社会主义的色彩。战前工商业之竞争,战后经济之改造,资本家及浅见的教育家,主张专艺训练,而教育有资本主义的臭味。个性差之说迭经试验今已证实,教育家欲求速效而免消耗,教育上有允分发展特殊儿童之趋势。心思能力之应用之优劣以意识中之真实的意念多寡为准,教育家病从前教育之偏重符号,于是提倡感觉的教育。治教育学者向犯臆度冥索之弊,今则根据事实研究教育问题,以数学之正确矫蹈空之弊,于是教育学有科学精神。

申言之,今日欧美教育问题有五大中心:社会主义派之问题曰教育如何谋劳工之幸福,如何使教育上无阶级作用。资本家式之教育引起专艺教育与开放教育之争,主张陶养教育者之问题曰如何补救专艺教育之褊狭的流弊。其他如颖才教育之如何设施,感觉教育之如何组织,教育学上如何不失科学精神,是为今日西洋教育上之五大新趋势。请依次论列之:

(甲) 社会主义派的趋势

自 1917 俄国革命造成后,社会主义之在欧陆,如大浸稽天,而以俄德两国为尤甚。二国社会生活,各方俱蒙其影响,其见于教育上者,尤可注意。革命初期,俄之教育政策为 Lunachursky 所定,一扫从前政治专制经济专制所控制之教育,而以谋农工两界之幸福为主要目的。苏维埃政府成立 Lepeshinsky 长教育,其教育政策有三大纲:职业教育、美术教育、人格教育。列宁得势后,教育实施上之波昔维克臭味愈浓厚,公立学校收生不问种族别宗教别男女别,废除中学入学考试,免费等,皆过激主义之见诸教育者也。1918 全国教育联合会开于莫斯科,宣布社会主义派学校之原则，其重要者举于下：

一、社会主义派学校，以一切个己不问智愚得经过一学识圆周自普通至于专门学识为目的。

二、儿童应由社会教养，设市中育婴院 communal nurseries 以抚育婴儿，设幼稚园以教 7 岁以下儿童，设小学社 school commune 以教学龄儿童，设大学以教青年。

三、小学社时期较长关系尤巨，故宜并重总合的学识与和谐的交际，小学社当为实行训练社会生活之试验室。

四、同作的社会上，一切人民应具有各科学之最要精粹之智识，兼有一二专艺，故教育当以养成此类有指导能力的人物为目的。

五、小学教育注重普通学识，中学以上教育须注重专门学识，以养成专门人才，以发展天然富源，惟须打破从前劳力劳心二阶级之成见，生产教育之第一期，应取多艺式，更高则注意养成专门学者。

六、旧学校为国家主义官僚主义之学校，此后学校固须用本国文字语言以研究本国自然及社会的状况，成为真正国家的学校，一方更须于原则上方法上实行提倡国际精神。

过激主义既为抗资本主义的潮流，其见于教育上，当然注重劳动界之教育。苏维埃政府中，有美术教育一股，（Art Sections of the Soviets of Workmans' Deputies）以训练工界审美能力为职志，其宗旨有五：

一、美术之社会化。一切人民，均得享受美术，是为美术之社会化。办法如开辟公园，竖铜石像，建造壮丽公共屋宇以壮城市观瞻，如借公共纪念日为提倡美术音乐之机会皆是也。

二、造成平民的美术。借美术提倡平民主义社会主义，办法如戏剧表演劳动界之力争解放，五月一日之意义，劳工革命之精神。借平民俱乐部开会机会，用劳工革命之音乐，造成社会派的文化。

三、城中工界审美教育。目的在使一般劳动家，能领会美的价值。办法如发行俄国及西欧美术史单行本，俾读者知古今重要名画家雕刻家；翻印关于农工生活名画铜石像影片,以廉价散布民间。此外如举行美术讲演,开办美术馆,皆审美教育上应有之举也。

四、培养美术家创造审美价值之作品以应新社会心理,开办图画学校模型演剧学校,以造成不独能领会美术且能创造美术的人才为目的。苏维埃政府以戏剧动人最深,故尤重戏剧。莫斯科城内设有戏剧学校一所,分两级,高级称为 Theatrical Academy,研究戏学原理,其次则有中等剧学学校,以研究戏术为主,兼及各种科学。并设有戏学教师养成所,课程为(一)戏剧原理;(二)布景;(三)戏剧用品;(四)舞台艺术;(五)舞台电气舞蹈法。此外如美术院 Art Collegium、美术社等,皆以养成新美术为职志也。

德意志革命以前之教育,贵族臭味极浓,学校显有阶级的性质,由平民学校 vorschule 转入文科中学者,势有所不能。革命后教育精神迥异,一去从前贵族臭味,宪法第二章第四节第一百四十六条云:"……儿童照资禀情性入学校,不受家属经济宗教信仰及社会位置之限制。"小学称为均等学校(Einhiestsschule),共八年毕业,毕业后得自由转学,毫无障碍,实行教育机会均等之原则。第一百四十二条云:"美术学识及二者之教育,均不取费,政府担保保护教育提倡教育。"又一百四十八条云:"一切学校目的,在养成道德人格,公民觉心,自身及职业效能,德意志精神,与国际精神。"凡所规定,皆实行革命初起时社会党所有教育计划,如学校脱离教会关系,废除阶级的学校,教育上禁止褊狭的爱国主义等。当时社会党且有体育废军事性质大学教学自由之计划,此皆社会主义之见于教育上者也。

(乙)陶养教育之趋势

俄德新教育趋势,偏在解放方面,于限制的教育,适成背驰之势。限制的教育之潮流,起于近今经济竞争、工商竞争烈而社会上希望增高人类效能者,移其责备于机械者责备人类,提出专艺人才之需要。教育界应之,于是有专业教育,易言之,即资本式的教育,以造成社会上生产单元为目标。其于个己社会,诚有一种利益,然其限制青年,使不得享受充分生活,流弊亦大。专艺教育施之过早为害益多。其补救方法有二:一则在职业学校课程内加入人文学科目,以收调和之效,而救过偏之弊；一则展缓专艺教育，俟陶养教育根底固后，再施专艺教育；请以欧美诸国教育近事证之。

德意志民国 1919 年所定宪法第二章第五节第一百四十条云："全国实行强迫教育，小学八年，补习学校四年，教育及教育用具不取费。"又一四八条云："……学校课程公民教育与专艺教育并重。……"上所谓两种救偏方法，俱规定在德国新定宪法内。

法自参战以后，职业教育与人文教育之争极烈，欧战期间有主张尽改平常学校为职业学校者。国中持重之流，则以为原有教育制度不善，有改良之必要，然反对偏重职业教育之主张。以为普通教育之失败，非教材之咎，乃教法不善所致。认定如何改组普通教育，以应社会需要，为教育问题，而以偏重职业为非是。二十世纪是科学时代，普通教育中应注重科学，然科学无良心，可以为善，可以为恶，故注重之点，当在科学与人类幸福关系上。并主张改组中学教育，使人文科目与科学并重。普通中学课程，应包括法文、古文学、外国语、历史、地理、数学、哲学，专艺教育当以此为根基，愈晚愈善。中学教育，当以调和教育上文化主张与功利主张、人道与科学并重为目的。

停战以还，法之教育主张，不若战期间之激烈。从经济方面着想者，以教育为经济改造之基础；从人道方面着想者，以教育为建设道德之工具。今日虽仍有赞成极端职业教育者，然势不大，最奇者主张人文教育派中，有著名工程师在内，均以为充分之普通教育，为专艺教育不可少之基础。战期中法之中学学生入伍者，经数月训练，即尽得炮队射击之秘，此为军事上专门之学，然受过普通教育者，经短期训练即得之。其他工艺之可学，又可想而知。故法兰西工程师，认定延长普通教育，以立专艺教育之本，盖极有经验之谈也。

今日法之教育趋势，在调和职业与人文教育，观赖倍氏（Lapic——教育局小学股主任）之计划可知矣。赖氏以为学校当适应地方状况。乡村学校，应有农事试验场，种子肥料农产展览所，其课程应重乡村经济农业化学动植物学土壤学。城市学校应附设工场陈列室，陈列本区制造品及其原料，须有场所可作运动及露天学校之用；其课程应有初等机械学、物理学、化学。一切学校，无论其经济环境如何，应设一种共同课程,含有不可再少之普通人文训练。一方以有限制之专艺教育增加教育效能,一方以人文教育救偏狭之弊。至于强迫教育,年限提高至十四岁,亦注意普通教育之端也。

英格兰之注重普通教育,尤为显著,费些尔议案(Fisher's Bill)定强迫教育年限,普通延长至十四岁,照地方情形,得延至十五或十六岁。十四至十八岁入补习学校,每周功课八小时,在十六岁前不得行专艺教育,十四至十六之补习学校,功课仍是普通教育性质。延缓专艺教育,英德所见相同。费些尔氏提出议案之前,英人之讨论普通人文教育与专艺教育问题者,以1917年人道学派及科学派会议结果为最要,议决重要款项有三:

(一)教育在养成学行兼优之人类,自由国之公民,专艺教育须与此相符。

(二)十六岁以下儿童,教育应系普通性质,不应为专艺性质。其课程包括英文(语言文字)外国语之文学、历史、地理、数学、自然科学、美术手工。

(三)十六岁以上学生学专艺,须渐进且不得纯粹治职业科目。

1918教师联合会议,亦认定中学所以为普通教育而设,工艺知识非教育本体。工人教育会所见亦同,以为无论为教育的效能或为经济的效能,普通教育确是专艺教育之基础,故职业教育只得视为中等教育之辅助品。英人对于普通教育之意见,以为"学识是生活之必要,学校须教学生使领会环境中事物,课程须丰,应包括科学文学数学美术及其他切用知识,因此类功课,能陶养解释生活之能力故也"。

由此可知费些尔议案,确能代表民意,其通过亦舆情所渴望。三百年来,英之古文学教育,垄断一切,为少数而牺牲多数,至今而教育意义渐渐廓大,既不偏重职业,亦不限于古文学教育,以普通教育立基础,以展缓的职业教育应经济需要。此则英格兰今日教育之趋势也。

美国资本式的教育,至斯密斯会议案通过,而进行更速。据1918年中央职业教育局报告,四十八州共有中央资助职业学校1741所,普通学校之设职业学科者,更不可枚举。职业指导尤为学校所重视。职业指导工夫分为:(一)职业调查;(二)学生职业天质之测验;(三)指导择业与改业;(四)职业准备之指导;(五)就业后之观察;(六)更改学校设施以应职业之需要等目。著名大学教育科,无不设学程以研究职业教育者,美国教育界之重此也可想而知。学校有偏重职业之趋势,亦甚显著。观中学教育改组委员会所定中学教育七大则中,职业居其一,可概想矣。教育家抱杞忧而思矫正之者,大有人在。杜威论陶养教育(culture education)及专艺教育(specialized education)之言,散见于其所著《平民主义与教育》一书。大致谓陶养教育之功用,在陶养个己,俾能领会思想美术,及其他人类广大之兴趣,生活之意义,其结果即社性的效能,与所谓以特殊技能为效能者迥别。教育倘以训练特殊效能为目的,恐终不能达到。盖今日实业状况变更极速,有过专的效能者,反失其活泼适应之能力,不如少受特艺训练者之能随时适应也。且今日实业在社会上独厚,偏枯之处特多,教育不应助纣为虐。实业教育限制个己,使就预定的范围,教育失其超拔个己之主旨,此非共和国之教育也。其他如哈佛大学校长伊黎夏德等,亦斥教育造人类的机械之非;哥伦比亚师范学院教师康颓尔(Kandal)主张展缓专艺教育至十六岁以后;皆美国今日资本式教育所引起之反响也。

(丙)教育选择颖才之趋势

交战国之战后再造,尤感颖才之需要。德意志民国,颇注意此端,谓社会的阶级及经济的状况,不过限制国家奇才,使不得发展,甄别方法:(一)均平等学校以普通课程鉴别才与不才的儿童;(二)补习学校以才具为类别之准,选择职业尤须注重个己平时谈话。且在功课上成颖才者与在生活需要上成颖才者不同,故学校成绩以外,道德、雄心、能力均可为选择个己之标准。德政府主张,凡庸个己,不令其自己为凡庸,以沮丧其志气。

德人主张学校既经选择,即可以才不才分组。惟期间有一困难焉:分组过早,则天分高者得尽力前进,不必俟八年而后小学毕业,故有一派主张小学最后两年,始照学生才具分组;一派则主张颖才得尽力前进,早一日毕业,则国家早收一分效果。

英格兰教育,亦有选择作用,费氏案规定优秀学生得免学费补学额或受津贴,皆所以奖励颖才,俾得深造,以成国家有用人物也。

苏维埃政府实行社会派之主张,打破阶级制度,然《社会派学校之原则宣言书》

云:"因今日经济必要教育不得不选择原则,但选择不得以资望门阀为准,当以学生之禀赋才具为鹄。"

法之中学教育,亦有选择性质。选择优秀分子 élite 加以造就,俾成社会领袖。1911 斯梯(Steeg)提出教育预算时,演说曰:"优秀分子共和国所必要,指导社会全仗若辈,故中学教育应以优秀分子之知慧的训练为目的。"

自知慧测验之结果宣布后,美国教育家始深信儿童有上知下愚之别,于是主张学校中设颖才级。其理由为一国文化之进,系乎颖才,学校应破格相待,以造成颖才,俾为国大用。主张最烈者有斯丹佛大学教育科教授特萌(Terman),特氏研究知慧有素,著有《知慧测验》及《学校儿童智慧》两书,教育界认为确有根据之作。特氏谓上智儿童与下愚儿童,其数相等。国家之前途,视上智之儿童为转移。国家在科学政治美术宗教上,有独创的思想家,则国家之文化进。惟颖才能指示途径,中人但能附和耳。社会上颖悟的儿童,因经济的、康健的、恶教育的障碍,而失其照常度发展之机会以埋没者,不知凡几。国家不善用才,致自失科学政治等方面之领袖,可惜孰甚。学校宜设法发展真才,与以照智力程度升级之机会。微柏尔(Whipple)亦同此主张,著有《上智儿童学级》一书,讨论组织上智儿童方法。今日美国中小学,设有优秀儿童学级者渐多。如何培植优秀儿童,使得尽其天才,已成今日美国教育界所极注意之问题矣。

(丁) 感觉的教育之趋势

学校之以文字的教育误儿童久矣,赫胥黎、斯宾塞等虽曾施以攻击,然晚近教育,仍注重文字,但取符号而不求实念。欧战期间法兰西教育界,一致承认法之教育过重书籍,不切实用,改组普通教育,须从科学方面入手。英人亦甚感科学知识之缺乏,主张人文与科学并重,以立完善普通教育之基础。美国之提倡感觉的教育最力者,为哈佛大学校长伊黎夏德(Eliot)。1916 年南北科学会议时,伊氏在该会读论文一篇,题曰《中等教育应有之改革》,谓美国学校,向来偏重文字的教育,故感觉训练异常缺乏,中学课程急欲改组,多设图画、木工、缝纫、烹饪等功课,增加学生手、耳、目运用之机会;化学、物理、生理、地质学的人文的地理等诸观察的科学时间应加多;乡村学校则宜重农艺;城市学校应以重要位置与手工一科,以养成身体活泼精神贯注手目灵敏之人物。

小学亦宜注重感觉的教育,以免儿童受人云亦云之教育。感觉教育行之得法,高小毕业而辍学,其受用处与中学毕业同。中学毕业而辍学,其受用与入大学者同。感觉训练,确系基本训练,不论入何界,俱有用处,不若文字教育之徒以符号误人者可比也。

(戊) 教育学变为科学之趋势

科学一字,泛言之一切学识皆科学也。严格的说,用已成立之学术(technique)为共作的有条理之研究,得专家之同意,而成有法之学识,谓之科学。十八十九两世纪以还所并办立之学术,如生物学化学等皆是也。科学有四种特征:(一)无我执;(二)重客观;(三)求数的正确;(四)非证实不信。此种精神,自然科学先有之,后转入一切社性的学识,而后者亦卓然自立为科学,如政治学法学社会学等是也。教育学之受科学影响也独晚,其先受生物学之影响,斯宾塞开其端,郝尔(G. Staing Hall)遂极端采生物学原则,以研究教育。继而受数学之影响,送戴克为开山祖,继起者有后尔斯(Ayris)、鲁格(Rugs),数学的教育家,遂风靡美国。至用科学的方法,以研究教育各方面的问题,例不可胜举,其重要者如下:

(一)研究某学科目之实施上之演进;(如美国小学算术之发达)(二)除试验目的外,并行状况相等组之成绩试验;(三)用统计法以研究个性差;(四)知慧测验;(五)各科至要最少精粹之研究;(六)校舍标准之研究;(七)各种成绩试验衡等——此皆科学精神之表现于教育上者也。

诸欧研究教育方法之精神如何,著者未尝研究,不能断定,惟在美国方面,以科学精神研究教育,确已成潮流,而教育学确在变成科学之过程中。其目的在(一)搜辑今日学校种种实施之起源,及其演进过程之事实;(二)发现今日社会确实需要;(三)用严密方法检验,比较今日学校之实施;(四)用试验及观察方法,以分析今日学校种种办法;(五)研究社会生活及个己本性,以定课程研究所得之确定的结果。今虽尚少,然研究方法上正轨,而渐成艺术矣。

本篇所用参考书如下：

（1）I. L. Kandel：Education in France. Washington，1919.

（2）I. L. Kandel：Education. Great Britain and Ireland. Washington，1919.

（3）Report of the Commissioner of Education For the Year Ended June 30，1919. Washington，1920.

（4）Theresa Bach：Educational Changes in Russia.

（5）G. Young：The New Germany 1920.

（6）Terman：Intelligence of School Child. New York 1919.

（7）Terman：Measurement of Intelligence of Children 1916.

（8）Eliot and Nelson：Needed Changes in Secondary Education. Washington，1916.

（9）Cubb：Public Education in the United States. New York，1919.

（10）Cardinal Principles of Secondary Education. Washington，1918.

（11）Art and Education in Russia. Chicago，1921.

（发表于《教育汇刊》第二集，1921 年）

历史教学法

（徐则陵先生讲，潘之赓、卫士生记录）

历史不是数千年来的陈迹，是活的，除非不承认现在生活是活的，那末可说过去都是死的。否则，吾人既承认现在生活是活的，那末过去的也必是活的。因为没有过去的文化，哪里会有今日的文化？教历史的人，须认定过去是活的，有了活的教材教法，便有了有生气的希望。倘教材是死的，教法断不能有生气的。但是历史活不活，就看你取材的眼光了。

历史非专讲爱国主义的，爱国主义固然要提倡，但此不过历史所包含的一种，倘使偏重此端，就有流弊。所以历史应该一方面提倡大同主义，一方面保存爱国主义，两者不能冲突。须知国家乃世界国际团体的一员，a member of the family of nations，即为国际团体的一员，所以一国有一国应尽的责任。世界各国应以人道为公共目的，应设法求达到这个目的，始与大同主义不想背谬。要提倡大同，必须在教历史时养成学生对世界民族的同情，拿国家主义附属在大同主义之内，国史上提倡国家主义，就没有流弊了。

历史非为激刺或养成想像而设，"历史所以训练想像"一语，此乃因果倒置。想像是教历史的工具，有了想像，而后学生方能领会过去的生活。教历史必须用想像，但却不是因要训练想像而后教历史。我们为什么要教历史？就教授历史的目的而论，有二条件：

1. 要使学生重度本国古人的生活，因而引起己群的觉心，所以要教本国史。

2. 要使学生重度外国古人的生活，因而引起大群觉心。有己群觉心而后知爱国，有大群觉心而后能与世界民族表同情。

有此二重目的，用想像为主要工具，学生始能心领神会，与古人共同生活，而后能晓得古今生活如大河一般，长流不息。现在的生活上承过去的生活，下起将来的生活，互相继续，绵延不断。

历史教材有了宗旨，那末可以选教材。选择教材，必须有线索，使上下古今贯穿起来。历史教材的线索可分为三种：

1. 以公共思想为线索，即唯心史观（Psychological interpretation of history）；

2. 以经济发展为线索，即唯物史观（Economical interpretation of history）；

3. 以科学思想为线索，即科学史观（Scientific interpretation of history）。

以上三种眼光，教历史的都可拿来选择教材，有时三者并用成一大汲古绠，亦未始不可。惟大学以下学校，不能三者并用，只可采取最适合学者心理的一种。此种为何？即用经济发展的线索，以组织历史的教材，所以采取此种，有下列三层理由：

1. 古人经济生活与现在的经济状况，相同之处甚多。以经济的发展为组织的中心，则学者可用已有的经济生活经验，去领会古人的经济状况，教学上有许多便利。

2. 关于吾国经济状况，有两种生活，最为紧要，即农工是。其余的经济事业，都不过附属而已。此二者在教室内，最能与学生自表 Self-expression 的机会。学生学历史时，可演出古人的生活。如国民三四年级，可用黄河流域古时农民的生活，或汉人造砖的方法，作为教材。学生表而出之，在教历史上可用体动的表白（Motor-expression）。

3. 用经济的史材，则可将校内许多功课与历史联络（Correlation of subjects），如图画，手工等，都可与历史贯通起来，一例之内，有多数学科目之位置。（麦克麦雷 Mcomarry 说举例教法 Teaching by types）惟经济史料内隔 type 最易觅得，有了隔，学生就可以以一反三了。

现行普通历史教科书中，此种材料甚少，所以历史教员，责任极大，要自己负搜集材料的责任。此种办法，亟宜实行，高等学校教师、学生，也应当做这种工夫，去搜集经济史材料，为中小学校的参考书。如以经济眼光为中心，所取来的材料，儿童必能领会，很有兴趣，不似从前读那些盈篇累牍的战争史，毫无兴味了。

历史教学法中，有许多心理的困难。第一种即唤起想像的困难。想像为读历史的特色，有具体想像，分人与物两种，如古物之想像、古人之想像、人物之自然的社会性的背景之想像，皆教历史时教师所应注意的，使学生有正确的想像尤为紧要。

1. 时间问题。普通对于时间的观念，Time perception 乃由一件一件事体联络起来的，空空洞洞的时间（empty time）非人所能领会的。小孩对于时间观念很短，因为没有长时间的经验，不能推想，所以国民四年级以前，我可说断不能用时间长的教材，如说某年有某事发生。换言之，即编年的历史，这是极不适宜的。至少须到国民学校毕业，进了高小，才有较长的时间观念。（过学龄者，不在此例）但亦只能用高小初年时间，亦不宜过于注重，时间宜渐渐引长。

2. 空间问题。又有空间观念的困难，此种观念，学地理上亦用得到。譬如讲几千里以外的人物，要用这个观念。此种观念的教法，可以实地练习。到三四里路以外的地方，观察古迹，使学生先有此经验，然后再教以某处为三里或四里之几倍，如此就可以练习空间观念。

此外古人的心理状态（mental attitude）最难领会，恐非青年期以下的儿童所能。所以青年期以下的历史，不宜用古人心理态度的教材。古人经济生活的教材，较易领会，因为经济生活，可用最具体的方法表白出来，心理态度却做不到。

除此几层以外，教法上常犯杂碎的弊病。换句话说，就是没有教材的组织，使学生强记零碎事实（isolated facts）。如每年每月每日有某某事，没有中心点，也没有线索。须知，有组织的有条理的教材，容易记忆；合逻辑秩序（logic order）的教材比较杂碎的教材，容易记得。历史教材，尤宜有中心。现行历史教材，犯杂碎的很多。历史教材，有一种情形，与其他学科目不同，算术教材有一定的次序（sequence），学者必须顺序渐进，不能随意超越。而历史则不然，可以分期研究。教历史的，可以用近今为起点，亦可用远古为起点，程度深浅，看教材繁简与学的过程性质之难易为标准，没有次第关系，这也是选教材时候应该要留意的地方。

怎样可以激起学者的想像？方法很多：（一）例如讲到一件事情，就叫学生做某古人的行动，说古人的语言，所谓（dramatization）即是。与其正式做戏，毋宁用白描的戏（pageant）。正式的戏太详尽，夺学生想像之机会，白描戏学生有想像的余地。（二）用图画或模型以激起想像，亦可。惟二者亦有流弊，就是学生把图画模型当作原物看，以假作真，容易误会，不复再用想像，那就糟了。譬如讲埃及的金字塔，学生把图中的金字塔，作为真的，以为不过是这么高这么大啊！又如看荆轲刺秦皇图,以为地图与匕首就只有那么大啊!又有以图画为主体,不去再用想像之弊。怎样可以免了这些弊呢?要使学生知道图画非古物照样的尺寸丝毫不错的构造,Reproduction 乃是古物缩小的代表。Representation 图画模型,都是有用的教具,倘图画模型不与原物大小相等,应该使学生知道是原物的几分之几。所谓以假作真,国民小学学生最易犯此病,在中学就没有这种流弊了。教员从图画上发问,引起学生想像,可免学生以图画自身为主体之弊。

历史教学,务使过去活现出来,成了一个真实的事情到学生的眼前来(make the past real),能使过去事实活泼泼的涌到眼前,有"今朝都到眼前来"之概,已尽一部分教历史的能事了。

教历史须使过去活现,尤须使过去与现在联络。兼教时事史,即有联络机会,将时事新闻做材料,揭示几个标目(topic)出来,如"劳动问题","国际重要问题","本国经济或教育的状况"等等,叫学生在日常报纸上去收集,使几个学生担任一个标目,各个分工去做,担任什么标目的,就专心采集那类的时事。要在教室中分组报告,教员随时指点古今关系之处。此种教法,极有兴味,历史便非过去的陈迹了。高小三年级及中学俱可用之。

中学历史,宜用暗射地图。历史而无地图,就无从讲起。故校中宜置有单张暗射地图,叫学生填,且应与学生笔记夹在一处,可以不致散失。又中学教历史,应与学生做历史的文字之机会。譬如出一题目,就指点图书馆中某书某书,可以参考。作成纲要,示以应行讨论的事情,叫学生自己去读书,教师则随时督促之,不时询以读了多少,笔记如何,读完后就可以做,做的事实须皆有证据,宜注明从某书某页中参考来的,并须有参考书目录,载作者姓氏,及出版时期、地点。这也是所以养成研究历史的一种法门。

历史材料,有原著(source material)及述著(secondary material)的分别。原著如郑所南的《心史》是;述著如司马迁的《五帝本纪》是。述著是采取前人材料重做一番,间或加以自己的意见,故述著不可信之处,较原著为多。如欲养成学者有"为历史而研究历史"的一种态度,如欲求真正的古人生活(real picture of the past),须从原著中找出来,不得已而借重述著,方免虚假不真(false picture)之病。在中学校做教师的应该介绍学者数种史学原著,叫他们知道什么是原著,什么是述著。

上课的时候,应该温习上次所讲的事实,然后再提起本日所讲的功课。教法可用问答式或报告式,就是先给学生几个题目,叫他们自己去研究,到上课的时候来报告。报告有错,先令其他学生改正之;报告不完,可令其他学生补足之;报告完,可令一个学生总结一下,提出纲目,使全体整理一番,然后可清楚了。

指定新课,须分上中下三等次。上等是有天才的,可以任他们尽力研究上去。中等是平常。下等应该叫他们学到最少的限度。此外尤宜要有纲目,就是下次所欲讲的,用纲目表示之,叫学生去预备,本次所讲的,下次又须温习。那末有次序,有头绪,温习自修,均能提纲挈领了。

对于历史教学法一个问题,中国现在很乏人研究,可说才有动机。国史教材,真是如一盘散沙,教法可改良之处,亦很多。所以,这个事情,很可以着实去用功夫,好像一个未辟的境界,奇遇正多着呢! 希望正大着呢!

（发表于《教育汇刊》第二集,1921 年）

史之一种解释

史学有一根本问题,曰人类活动有何意义?哲学的史家所谓"史之哲学",近人所谓"史之解释",名虽不同,实皆学者对于人类活动意义之研究也。除海格派精神史观已成陈言外,[①]自然物质史观(Naturalistic-materialistic interpretation of history)至今势力尚在。孟德斯鸠著《法意》据气候及其他地理势力以解释风俗制度,开史之自然解释之端。英人柏克(Buckle)著《英格兰文化史》,耶鲁大学教授恒丁登(Huntington)著《气候与文化》皆推阐气候与人类活动之关系,遂成史之自然解释派。史的物质主义(Historical materialism)创于马克思,氏据人类物质需要以解释史象,是为史之经济的解释派。二派各有所见,然偏而不全,非根本之谈也。

自然派谓人类活动受自然环境之影响,其言也有至理。然谓据此一端即可解释人事之变更及发展则未免武断。印第安郡岛之气候与澳洲同,然居民之种族迥异,文化亦殊,自然派将何以解释之?更进而以北美为例,北美气候土壤,数百年来未尝变也,然而土人之文化与美国之文化,相去不可以道里计,自然派又将何以解释之?[②]柏克谓气候与土壤性质定民族之强弱,又曰:"从人类与外界接触上着想则人类活动与自然界之公例有根本关系焉。"[③]自然界与人生诚有关系,然气候与土壤二者不足以尽自然界之公例也。况自然界影响及于野蛮或半开化,社会与其及于文明社会者有深浅之别乎?

马克思解释人类活动之意义,其言曰:"社会之经济的组织起于生产关系,政治法律起于是,社会之意识亦寄托于是。人类社交的政治的精神之过程视物质生活上生产状况为转移。人类意识不能定生活状况惟生活状况能定人类之意识。"马氏认为人生物质需要为活动之唯一原因,然埃及人之建石陵、古希腊人之建柱式庙宇、柯伯尼克斯(Copernicus)之创日中心之说、皮推克(Petraich)之搜集古籍、清教徒(Puritans)之入北美、秦之焚书、汉之建承露台、张衡之发明地震仪、清之修四库全书,凡此种种史象其主要原因出于人类之意识,唯物史观派将何以解释之?人类活动起于精神需要者不胜枚举,欲求一切人类活动之源于物质需要,其说有不可通之处。

自然史观派、物质史观派俱不能解释人类活动之意义使无遗憾，其误在偏重客观而抹煞主观方面。殊不知人类活动以主观的势力为主要原因。④穆勒（Mill）曰："史象之解释，须在人心公例中求之。"海巴脱（Herbart）曰："社会势力起于心理。"⑤裴其过（Bagehot）曰："人群进化起于心理作用；志愿操纵习惯；创始者之用功造成继起之精神；前人从劳苦中得来者影响后人之倾向。"史也者研究人心所造身体所传的倾向之公例之学也。⑥盖人类活动各有其究竟及其达到究竟之方法，激起活动有内部的外部的势力。有活动斯有意识，其中有感情有知慧人类，有冲动有习惯有其遂欲满意之方法，舍此无以求人类活动之意义，即无由得史之真谛。从心理作用上求人类活动之意义是谓史之心理的解释。此派有二支焉：曰人群心理派，德国史家主之；曰个己心理派，法国史家主之。

赖普扯些（Leipzig）大学教授郎勃雷赫德（Lamprecht）谓史之本体非他，即应用心理学也。赖氏认史学为"人群心理的科学"（Socio-psychological Science），赖氏著《日尔曼民族史》一书，即本此眼光以研究日尔曼民族进化之迹。氏之问题即为文化演进历程中有无一种心灵的机械（Mental Mechanism）。如有，其性质如何？一切心灵之总绩如何？氏乃据心理学之公例，如"类似联合"、"经验联合"、"印象与受承力之比较"等律，以求人类活动之意义，以解释史。⑦人群心理与群众心理名目相似，而实则其区别甚大，不可并为一谈。人群心理所研究者，皆以个己心理为出发点，更推而及于个己心理之交感作用。通常群众心理学家（crowd psychologist）往往视群众心理（the psychology of crowd）为自成一物，吾惧其为中古抽象派（realists）误人之谈不足为据。骈骊氏著《大社会》一书，其中一章论群众心理，谓群众心理学家以综合的名词误人；并引吕朋（Le Bon）"群众知识特别薄弱"及"群众永远无意识"等语，以证一般群众心理学家思想之疏。⑧氏主张从模仿同情暗示诸方面研究个己处人丛内之心理，故与人群心理二而一也，固无所谓特别一种之群众心理也。从根本上着想，作者认个己心理之自成一物，而否认群众心理之自成一物。换言之，有个己心理而无群众心理。盖人群有德，德由个己而成；分量加多而性质未变。罗稠（Lotze）曰："个体心思即历史活动之点。"史之真实曰个己，群众

(crowd)盖玄名耳。史象须从个己心理上求根本的解释。

古今一切史象无论其为战争为革命为民族迁徙为其他团体运动，如众怒破法，如集股开公司，无一非少数个己抱同一宗旨而活动之结果；彼少数者皆能号召徒众者也。政治之组织、宗教、商业、阶级制度、家庭制度其源皆出于心理作用。社会之彻底研究，舍个己而他求，即为舍本逐末。从人心上求人类活动之解释，概称为史之心理的解释。分言之，则有个己心理史观，人群心理史观，实则前者注重分析方面，后者注重综合方面，其本质则一也。哲学的史家于本质以外另立一天定之说，用演绎法以解释史，不知史之公例惟有因果律一条，无所谓天定。史家主张人物造史者，误认一二杰出之士为史家究竟，亦非探本之论。盖所谓颖才者，亦有其与常人共同之心理，如感觉本能感情情绪等皆是也。惟能于常人生活⑨之心理方面留意者，始可希望得史之究竟意义。

常人所共有之心理而演为史象者约而言之，大纲有三：（一）人类一切活动起于需要，需要莫大于保生。（二）人类活动皆起于适应需要，而其适应方法，常向阻力最小方向进行。（三）人类活动以逃痛苦为究竟，为"最多数人求最大幸福"即逃痛苦之究竟的伦理化。以此为目标，则不言逃痛苦而痛苦可免，人类即因而进化。请依次论列之。

保生，本能也，人类与其他有生之物同具之，同感此需要。万物处于不仁之自然界内，无时不与自然争存。生物之下焉者藉物理的化学的公例而生之本能，(Tropism)以应其保生之需要，如枝叶之向阳，茎之就水皆是也，因需要而生非意识的活动。人类之生，介两冰期之间，其时气候各处不同，有热带性者，有半热带性者，生活问题甚易解决。大冰自北而南，自然以危害逼有生之物，毁灭者不可胜计，其他能生有机变化以自保者，则幸免于难。人类乃用其心思自造生活之具以保其生命⑩是为有意识的活动。何以有此有意识的活动？曰人类避意识中及身体上之痛苦有以致之耳。饥寒逼人，则人类猎取禽兽，食其肉而衣其皮。饥寒，痛苦也，驰逐搏攫，亦痛苦也，后者可忍而前者不可忍，两害当前，权其轻重，则毋宁避重而就轻。稼穑苦于渔猎，然而不耕则不得食。政治组织夺个己自由，然而不为政治的公同生活，内则有攘夺之虞，外更有侵略之患，其痛苦大于丧失无限制之个己自由，则毋宁就政治范围矣。诸如此类例,不胜枚举,即此亦足以证明人类活动之起于保生一需要矣。治史者果能得其要领,即足以贯通一切有生之物而见其同。

保生之需要虽出于本能,至于所以保生之法即人类所以适应此需要之方法,自有人类以来,即向最小阻力方面进行(law of least effort)。初民活动之不背此律已见上文,今请更言社会已有组织者。无论其为部落社会,抑为国家,社会终不脱寄生主义一现象。生活莫易于寄生;强凌弱,众暴寡,元首寄生于部下之众庶,家长寄生于妻孥,战士变为贵族,教士变为优先阶级,更进而有今日资本阶级,皆寄生主义之实现者也。吾人苟认治术为文化之准绳,则寄生主义即文化之实质。智出侪辈之寄生者,复利用礼教以养成凡民思想情绪之习惯,使视被治为分内之事,效忠安分为天经地义。在嗜杀的,民族希望转而寄生于邻族,在和平的民族惟希望秩序不乱,共享太平。"日出而作,日入而息,凿井而饮,耕田而食,帝力何有于我哉?"习故常,蹈旧辙,安于寄生主义之下者,忍剥削之小痛而求苟免流离之大痛也。不幸而剥削过甚,痛几等于死,则别有非常人乘机取原有寄生者而代之,其人及其徒党之出众者,遂变为新寄生者,于凡民原状未尝有根本变更也。颖才利用凡民忍痛之心理而行其政治的寄生主义;教士利用贪生及逃精神痛苦二种心理而行其宗教的寄生主义;资本家利用凡民必应物质需要之心理而行其经济的寄生主义。夫寄生主义,人类适应方法之最不足道者,然而今日人类仍行之者,致力少故也。虽然,文化愈进,普通人民智识增长不安于寄生主义之下,则寄生主义愈不易行。民族文化程度之高下,可视其社会上寄生主义之衰盛为准。

寄生主义与个己主义互为消长,社会上少一分寄生主义,则社会上增一分个己自由。自西方文化复兴"Renaissance of Western Civilization"[①]至于民本主义之兴起,个己价值逐渐增高,而寄生者之价值逐渐减低。新人权价值之标准,盖人类力争而得之者也。通都大邑皆有革命也,罢工也,皆抗此寄生主义之活动。柏格(Buckle)曰:"学识与自由之间有密切之关系焉。文化之进,视民本主义为准。"民本主义即抗寄生主义之道。今虽未能尽除寄生主义,然人类已知寄生主义之外,另有更高适应之方法,而力求其现实焉。

至少致力之公例引起寄生主义,人类错觉亦起于是。幻境者,人类逃痛苦之地也。化感觉印象为意念，为断裁。俾意识能于至短时间致至少精力以总揽环境，发现现象之关系，预定与生活有关之活动，使自身处于优胜地位。为保生计，人类不得不求事物之真相。其为事甚难与人生用力至少之趋势正相反。更进而言之，据知觉造意念毫不参以我执，从记忆中搜集已成意念之知觉下断语，断语中所用诸词，一一加以考虑，力求精密适当，此未受特殊训练者所视为苦事也。于是去而他适，出真世界而入幻世界。人类往往自造幻境，作茧自缚，聊以慰情。逃真入幻，合于用力至少之公例，故幻境势力常大于真实境界。幻境之起，始则由于观察之不密，继而以我执作用自铸大错。用类似方法以解释一切，用一部分类似之现象以解释绝不相同之现象，以自圆其说，如谓社会为机体等说是也。更有用离奇之联想以造幻境，且从而为之辞者。谓病由于鬼物作祟，符咒可以祛之；死为身体变形，上界有永生之国；祸福神灵操之，祈则得福，禳则除祸。古今各民族之宇宙观，神话、神学、形上学，皆人类解释自造的幻境之说也，亦人类感于需要而生之活动也。方法虽与寄生主义不同，其为适应向阻力最小处进行则一也。

久之错觉主义与寄生主义同不可行，错觉终不能成为持久的适应之方法。巫祝符咒不能去病，祈禳不能为社会求幸福除祸患。少数聪明睿知之士恍然悟服从权威不如明白权威性质之为愈，畏自然不若知自然之有裨益于人群，于是暗中摸索复入真实世界，观察研究，思索试验，以发明真理。幻境中人则不然，自误误人，且多方建立权威以强人久居幻境。如西洋中古时代卫道家之恶异见，教会之迫害异端；十六十七世纪宗教之争，与近今耶教科学派（Christian Science）之执迷不悟，皆安于幻境而无意于真知者也。求实派研究自然，发现其公式以造福于社会，即得天不厚者亦得同享，盖常人亦能利用积累之知识学术以遂欲望，此其所以异于寄生主义之自利者也。求实派发现自然界之知识，常人受此智识之训练，注意愈集中，思想愈精，是非愈明，见得透澈，故不易轻信人言，亦不盲从权威。寄生主义惟权威是赖，权威之势力灭，则寄生主义必倒，此真知所以不能与寄生主义并存也。

虽然，求真之士，亦未能全脱错觉，惟其知幻之为幻，终与自安于幻境者有别。知幻之为幻者，能以想像消遣情怀，而不以幻乱真。科学未兴以前，美术上能与人类以极大的想像自由。即科学发达如今日科学家，仍不欲其知幻之幻，终自夺其在美术上慰藉之权利。美术家不受真的限制，能纵其想像以造一特别之天地，逍遥其中；寄托一切意念，抒写其豪壮幽艳之情怀于人物风景之内，不容丝毫怨毒鄙俚淫亵于其间，以中正仁爱率一切痛苦忧患。人生不能得之于真实境中者，能一一得之于美术界。人类于此不必反致力最少之趋势以求适应自然界，而能造自然界如其所欲。天地不仁，不适应者死。人类几经严酷训练，始得渐达真知之境，不得已而弃其幻想之乐，固未尝不思一逞也。得美术而人类受实界凌虐之愤，到此方得一洩。自造乐境以避痛苦，美术亦人类适应方法之一也。所以异于错觉主义者，美术活动明知其为幻而为之者也。

人类活动依上文推想其大别有四：曰政治经济的活动，曰宗教的活动，曰学术的活动，曰美术的活动。凡此种种活动有一究竟，曰好生。乐莫大于有生，然有生中有无限痛苦，避痛苦而后得有生之乐。避痛苦而用寄生主义错觉主义为适应之方法，始终为向阻力最小处进行一趋势所操纵。迨悟幻境不可久留，造幻自娱之误事，乃入于研究真象之一途，而求学术的活动兴起。一理不明，一事不得其确解，求之者意识中之最大痛苦也，既得之则大乐，此即有生之最高乐趣。少数聪明睿智之人得此种有生之乐趣，而常人并受其福。非常之人发现真理，据以为概念之根本，如"最多数人民享最高幸福"，实足为促进人类之具。然究其起源，则经几许避痛动作始得发现此类概念以为人类活动之标准。学识正确，始能定此类标准以指导人类活动，文化乃益进步。就活动过程上言之，可曰史也者，研究个己求生适应之过程，见于保生动作，见于寄生主义，见于造幻境自娱，见于力求真知各方面之学也。⑫

注释：

① Robinson：New History，p. 99.

② Ragehot：Physics and Politics.

③ Buckle：History of Civilization in England，Vol. I. p. 31.

④ Mill：Logie.

⑤ Herbart：Works.

⑥ Bagehot：Physies and Polities. p. 7.

⑦ Lamprecht：What Is History，pp. 1 – 35，201.

⑧ Wallace：The Great Society，pp. 133 – 134.

⑨ Robinson：New History, p. 132 – 153.

⑩ 请看 Osborn："Men of the Old Stone Age. "

⑪ 出 H. G. Wells 新著《世界史》,包括通常所谓文艺复兴、宗教改革而言。

⑫ Nordau：The Interpretation of History.

（发表于《史地学报》第一卷第一期,1921 年 11 月）

初级中学之功用及其课程

（徐养秋先生演讲，官廉、卢殿宜笔记）

在未讨论此问题之前，先将学生学龄及中国与美国学制之比较，绘表于下，俾便讨论。

我國新制	我國舊制	就學年數	學齡	美國舊制	美國新制
高級中學	中學	17	12		高級中學
高級中學	中學	16	11		高級中學
高級中學	中學	15	10		高級中學
初級中學	中學	14	9		初級中學
初級中學	高小	13	8		初級中學
初級中學	高小	12	7	高小	初級中學
小學	高小	11	6	高小	小學
小學	初小	10	5	國小	小學
小學	初小	9	4	國小	小學
小學	初小	8	3	國小	小學
小學	初小	7	2	國小	小學
小學	初小	6	1	國小	小學

（一）功用

照新制观之，学生年龄达十二岁，即为初级中学之第一年，许多心理学家，考得学生在十二岁，正当青年初期，此时之性情与前期迥殊。第一，自觉心之发达；第二，对于练习之功课，易生厌恶；第三，有理解之能力。若仍照旧制，则此时正为小学之第七级，方法不更变，且无特设之课程以为青年之准备，是明知不适合于儿童之心理而一意孤行，其不以儿童为主体也明甚。美国教育家，有鉴于旧制之失策，乃迎合儿童之心理，而改为六三三制，创行至今，仅十余年于兹耳，此初级中学制之功用一也。

又欧美行旧制之时，十二岁之学生，因学校不合其心理，多发生退学之举，至于学生之父母，见学校方法之毫无更变，并无准备青年实用之课程，以为纵学至八年级终了，亦不足供谋生之用，乃多不令其子女继续修学。有此二因，七八年级之学生，退学者甚多。苟行六三三制，则在十二岁之时，功课变，教法新，适合学生目前及将来之需要，实足以增加学生入校之吸引力，并免去学生辍学之趋势。此初级中学制之功用二也。

第三种功用，即便利于教课之分门（departmentalization of teaching）。所谓教课分门者，即一教员认定教某种功课，于是此教员在是校，即完全担任此课程。夫教课分门办法，在四四制除少数小学第八级采用外，其余七级，大率不用，何以不用？第一，即因学生人数少，教员聘用时有困难之点；第二，因分门教授，则设备需多，小学经费少，不易办。而初级中学经费较充，易增设备，学生人数因将第十级学生抽下为初中学生之故而加增，于是教员之聘用亦便。由此可知，教课分门制，在初级中学实能办到。或问曰，教课分门，果有何益乎？则应之曰，第一，教员专精，其对于取材及教法，易适应学生之性情；第二，教员分担，则学生所接触之教员多，可于各教师之品德，兼取其长。然分门教授亦未尝无流弊，即专任之教员，眼光易于偏向，不能顾及其他课程，行此制时，不可不慎也。

第四种功用，即在适应学生之个性差。大凡基本原则成立以后，可以引起许多实施方面之进行。夫初级中学为实施方面，而其根本原则，则在适应学生之个性差。近世经研究心理者之调查，始知学生之智慧能力，实不相等，如照旧制，则分别智慧，殊不便利，即以升级而论，如有一七级儿童，其程度已达第八级或第九级，则其升级仍按部就班，则必发生种种流弊。第一，此学生对于功课不起兴味，敷衍塞责；第二，社会少用人才之机会，例如一学生已达毕业程度，而不使之毕业，即少若干时期替社会做事，殊为可惜。初级中学制中，可用三法以适应个性差：1. 连升二级,(double promotion)2. 论功课升级(promotion by subject)以一学程为单位,视学生对于此功课程度达何年级而升入何级。3. 论成绩之优良,而加学生分数,使便于升级。例如,甲学生得 87 分,而全级平均分数为 85 分,则此学生之分数当加至 87+85/100×15,同时乙学生得 83 分,则此学生之分数,当为 83-85/100×15。择分数最优,从各方面证明其确有能力而升级。

初级中学尚有第五种功用,即七八年级学生,至青年初期时,若强其与未成年之幼儿同处一校,则甚不满意,盖彼等自觉程度较高,易于发愤上进,故当依心理年龄而区别之。

概括言之,初级中学之目的:(1)为谋公共教育之发展。夫凡为公民,即当受普通教育。因有学生无机会受公共教育,甚或于七八级逃学者,故特创此法,使其有兴趣。盖一校中,添设一校舍,则初级中学学生之心理,自觉有一种新气象,每见儿童之挂戴新徽章,或增一新设备,均较满意,此盖有特别吸力者也。(2)学校得发现学生特别兴趣,才干,能力,而施以相当之设备与教育。(3)学生对于课程,得正当之尝试,尝试功课之过程,必由渐进,非突如其来。旧制小学教法,自成一局,忽至中学,骤行尝试,毫无基础,往往失败。而初级中学,在第七级时,即与学生有尝试之机会。

（二）课程

美国初中有五组课程者。(1)普通组,如本国语、外国语、代数、几何等,为预备升学之用;(2)工业组,如工业数学、图案等,系就普通科学中抽出者;(3)商业组,如薄记、买卖论,及商业应有之知识;(4)农业组,如农业化学、植物学、农业知识、农业教育、乡村状况等;(5)家政组,因男女同学故,特设家政组。

每年 30 学分,共修 90 学分,内有 54 分为必修科,余则在五组中,任选一组之课程而修之,其学级愈高,选修愈多。三年内既有 36 学分为选修,但必须依其所认定之一组选修,不可时常更改。如此三年后,至高级中学,则可继续尝试修学矣。然欲实行初级中学制,课程宜如何排列,三年内应如何养成求学兴趣之习惯,于此遂发生一问题,即第二年选修某组,第三年可否改选他组? 余意新学制既以适应为主旨,第二年亦可改选他组之课程。他若实行新学制,选课指导尤宜留意,其余附带问题正多,时间匆促,不暇细述,如欲知详细情形,可参考以下诸书报。

Bridge：Jenior High School.

15th Year Book.

Educatioal Review.

School Review.

(发表于《教育汇刊》第四集,1922 年)

近今西洋史学之发展

西洋史学至十九世纪而入批评时代。史家乃揭橥真确二概念以为标鹄，搜集典籍古物以为资料。其方法则始于分析，成于综合，鉴别惟恐其不精，校雠惟恐其不密，辨记录之剿袭，审作家之诚伪，不苟同，无我执。"根据之学"（Documentary 乃 Science）自有其不朽之精神。本此精神以号召史学界者，自德之朗开氏（Ranke1795—1886）始。史学之根据并世之原著（Contemporary Source），内证旁勘等原则，皆自氏所创。自氏以还，西洋史学家始有批评精神与考证方法，史学乃有发展之可言。本篇所述限于近百年来史学界之发现，及德英美法四国学者之贡献，其史观之派别则从略。

近百年来社会科学勃兴，与史学相关最切者即后进之人种学。历史不独取材于是，本人种学家研究所得解释史象者，亦不乏其人。自 1849 年在直布罗陀发现尼项夺托（Neanderthal）人种躯骨，至 1914 年在德国发现克罗芒宁（Cromognean）人种躯骨，中间陆续发现原人骸骨者 15 次，证据确凿，足见文字兴起之前，人类有甚长之历史。五十年前以六千余年前为远古史者，今乃知人类史之长且百倍于是而有余。近来欧洲所发现之石器、湖上村落、洞中壁画、食余蚌壳、祀神石柱，史家因得窥见原人生活之一斑，而再造过去。此人种学之有造于史学者也。然史学亦有蒙其害者在焉。

史学家滥用人种学家研究所得之种族差别，张大其词，扬自己民族而抑其他民族。其流弊乃至于长民族骄矜之气，自视为天纵之资，负促进文化之大任，引起国际间猜忌，而下战祸之种子。如过平罗（Count Gobineau）之著《人种不齐》（L'Inegalité des Races Humaines）一书，张白伦（H. S. Chamberlian）之著《十九世纪之基础》（The Foundations of the Ninteenth Century）一书，皆史学中之种族狂派也。其徒力宣欧洲各种中以洛笛种（Nordic race）为最优，宜执世界人种之牛耳而管辖之。见解褊狭，遗祸无穷。史学家从人种学上所得者只原人生活之片面观，而不善用人种学之发现，乃造成民族谬见，史学界诚得不偿失也。虽然种族关系本足以解释文化进退之故，审慎如麦克陀格（William McDougall）者，庶乎可免流弊与。

史学自身近今之重要发展，大率与古文字学有关。埃及神书（Hieroglyphics）巴比伦之形楔书（*Cuneiform Writing*），最近发现之赫泰书（Hittie Hieroglyphs），皆古代文化之秘钥，得之即窥见其奥窍。向玻灵（Champollion）借径于希腊文而识罗色他（Rosetta Stone）石刻，而埃学（Egyptology）门径始开。至柏尔嘻（Burgsch）能读埃及草书而埃学乃自成一种学问。精于此者始克研究埃及史。马斯披露（Masbero）发现西蒲斯（Thebes）之石陵而埃及之宗教思想美术等始大露于世。裴德黎（Flindeis Petrie）发现埃及王室，与其强邻奄锡王室之通牒，而埃及史更多一章。锡加过大学教授白拉斯泰于埃及人之宗教思想发现尤多，1895 年以前，世之言埃及史者人率自第四代起，然今日之白拉斯泰言埃及史者，能推而上之至于石器时代。此皆近年掘发之效果也。以麻更氏（de Morgan）之贡献为尤著。自英人劳苓荪（Rowlinson）能读楔形文字而巴比伦史始得下手研究。1838 年劳氏初译裴赫顿（Behiston）石刻文后研究廿年，巴比伦文字上障碍始尽去。1877 年沙尔善克（de Sarzec）在巴比伦平原之南部泰罗（Tello）附近之土墩内发现非先密的民族之文字，研究之余始知先密的民族未侵入巴比伦平原 Bayownia 之前，有苏墨人（Sumerians）据其地，其文化影响于巴比伦者甚大。同时有美国掘发队在巴比伦平原北部之聂泊（Nipper）发现砖书以万计，巴比伦史料益多。欧战前德人发掘巴比伦（Babylon）城，战事起遂中辍。巴比伦发现最有价值者，莫如 1901 年法人戴马更在苏沙（Susa）所得之解谟纳丕法典碑（Code of Hammurabi）是为成文法之最古而今尚保存者，史家由此得知当时种种社会问题及制法之意义。奄锡城址内亦有所发现，得种种史料，于是知四千年前两河流域之文化已灿然可观，而犹太人宗教思想之受其影响者正复不浅也。

近二十年来，小亚细亚两河间地北部陆续发现赫泰人石刻，及其他遗迹，十年前大英博物院掘发队在加悭密些（Carchemish）略有所得，悍克勒（Winckler）在波加斯居（Boghaz Keue）发现藏书馆一所，现存君士但丁陈列室，尚无人能读。1915 年奥国学者郝更黎氏（Horgny）宣言云中有砖书二万板，中有砖书二万板，赫泰语言非印度欧罗巴语。前此研究赫泰文字者，苦于拓本恶劣及方法不合，俱无结果，惟舍思氏（Sayce）研究四十余年略窥门径。继舍氏而起者有高留氏（H. E. Cowley），1918 年在牛津大学讲赫泰学，据云其文字之意义可辨者已有百余字。沉沉长夜，微露曙影。异日有人能读其书者，定能弥补古代史乘之缺陷也。

以发现城垣宫殿等古物而揭破希腊古代史之黑幕者，则有英人爱芬斯（Evans），在克黎脱（Crete）岛上拉沙（Knossos）之发现。掘地五年，发现宫殿一所，壁刻精绝，当时女子之服饰，即置诸今日巴黎社会上亦无逊色云，金器之雕刻亦精美绝伦。克黎脱文化上承埃及，下启希腊，其文字虽无识者，然从古物上考察，其文化程度甚高，腓尼辛字母即出于是。西利芒（Schliemann）之发现梅西尼（Micenea）文化，亦于希腊古代史有所发明。然梭伦（Solon）前之希腊史，仍少铁证。以真伪莫辨之何墨史诗尚据以为史材，则事实之缺乏可想见矣。

近人之研究罗马史者，以芒森（Monnson）所造为最深。初著该撒前之罗马史，名震全欧，后复专心研究法律币制等。其拉丁原著史钞之纂，体大思精，盖其毕生精力所萃。晚年著罗马刑法考、罗马法典论，亦研精覃思之作。德有芒森而史学自成一派，后起研究罗马史者，莫不受氏之影响。费雷罗（Ferrero）著《罗马兴亡史》（*Greatness and Decline of Rome*）以经济与心理的原因解释民国之亡，耸动当世。嗣后研究罗马史者，如甘米叶（Camille）、哈佛费（Haverfield）等皆有所发明。惟因资料缺乏，民国初年史终无敢问津者。芬留（Frank）《罗马经济史》（*Economic History of Rome*）（1920 年出版）盖最近罗马民国初年史之重要贡献也。近来罗掘罗马古物者，以德人及意大利人为最勤。夏登（Jordan）《罗马形势之研究》，蟠尼（Boni）《议政厅及白拉丁河畔之发现》，效果至大。米尔（Maer）在彭坡所得，尤可惊喜。考古有获，而曩之罗马雕刻纯系抄袭之谬见，今已祛除。兹事虽小，然尚确之精神则可取也。

中古史自其大体言之，可简称曰教会史，则教会史在西洋史学界之重要可见矣。十九世纪中学者即有著中古教会史者。1881 教皇黎河十三世公开公牍保存处，而旧教教史始免资料难得之患。然公牍充栋，非有专门训练者，不克任整理之责，非数十年整理，其资料亦不能供史家之用。旧教教会史事，尚在五里雾中。旧教教会之是非，遂不能论定。新教史重要处在宗教革新一潮流，朗开氏之宗教革新史,足称十九世纪之巨著。最近作者施密氏(Smith)亦能戛戛独造,氏著有《宗教革新时代》(*The Age of the Reformation*)诚名著也。

学术无国家界限,有同情者得共求真理,谓之学术共作。此十九世纪特具之精神也。读者从上文所述,可下一断语曰:近今史学界亦有共作精神。学术固贵通力合作,然国家不可无分别贡献。殊途同归,各竭其力,学术乃进。此作者所以概述近今史学之概况,而复有欧美诸国近今史学演进之分论也。

十九世纪德之史学,有两大变迁,朗开而后,德之史学界,力矫轻信苟且之弊,一以批评态度为归,嗜冷事实而恶热感情。史学何幸而得此。孰知近四十年来,普鲁士因人民爱国思想而统一日耳曼。史学蒙其影响,顿失朗开派精神,而变为鼓吹国家主义之文字,自成为普鲁士史学派。国家超乎万物,为国而乱真不顾也。视国家为神圣,以爱国为宗教,灭个己之位置,增团体之骄气。其源盖出于海格(Hegel)世界精神(World Spirit)争觉悟求自由之史学哲学,及尼采之强权学说。

斯派之健将有三,曰卓哀孙(Droyson)曰锡被(Sybel)曰蔡志凯(Treitscke)。卓氏倡国权无上之说,锡氏著以推崇普鲁士王室,蔡氏鼓吹大日耳曼主义,著有《十九世纪之德意志》(*Germany in the Nineteenth Century*)一书,共七大册,包罗宏富,主旨在说明集中与离析两种势力之冲突。集中势力普是也,离析势力日耳曼诸邦是也。其书字里行间,有刀剑相撞弹啸炮吼之声,使历史作用在振作民气。则三人诚大手笔,如时作用别有所在,则三人堕入史学魔道,不足为法。蔡氏以 1896 作古,自是以还,德之史家渐脱普鲁士派之火气而复宗朗开氏,史学乃仍上正轨。如摩立氏(Moris)罗色氏(Roser)史泰因(Stein)马格氏(Marecks)之著作,皆断裁谨严,考证详明,不失为史学界巨擘。

英国史学界以研究制度别树一帜。施泰布(Stubb)自 1866 起,讲学于牛津大学,著《宪法史》一卷,共二千页,字不虚设,论必持平,有法学家精神,故不信史有哲学,合费黎门(Freeman)格林(Green)二人而成牛津派。费氏之近世欧洲史学地理、比较政治、英国宪法史,俱以历史一贯为主旨。惟其所谓一贯,指行为而言,不及思想。格林氏之《英吉利民族史》(*A Short History of English People*)(1874)以研究文化为主旨,略于王侯将相之战功政绩而详于平民生活,此史学上之民本主义也。

剑桥大学之有梅铁兰（Maitland）犹之牛津之有施泰布也。梅氏所著英格兰法律史，以1895年出版，力主盎格鲁撒克逊民族法律出于日耳曼民族法，而以罗马法影响英法之说为无据，见前人所未见。其以法律习惯解释国民性之处，尤为别具会心，历史眼光亦广大，尝云"人类所言所行所思皆史也。三者以思为尤要"。以为法律史即思想史，思想者人类行为之动力也。史之注重思想是为剑桥派之特征。

以史学论美利坚本后进。十九世纪初年，美国人始留意于高深学术，留学于旧大陆研究史学者，大率在柏林及赖布扯些（Leipzig）。美之著第一部国史者，曰彭克洛夫（Bancroft），毕业于哈佛，后游学德意志，心折普鲁士派之历史观念，归而著美国史。1874年充柏林公使。朗开氏晤彭氏时，语之曰："学生以尊著见问，我告以尊著者，共和党人目光中所谓最善之美国史也。"亦云善谑矣。美之史学界诚不免蒙大陆史学派之影响，然亦未尝不略有贡献。如马汉（Mahan）之《十七十八两世纪之海权史》（*Sea Power in the Seventeenth and Eighteenth Centuries*），在史学上创海军史一门。以世界眼光论海军关系，马氏盖古今来第一人也。白拉斯泰之于埃及史，劳宾生之欧洲史，皆能卓然自立。（劳之开西罗马亡之说，道前人所未道）劳佛（Laufer）研究中国古代史，著《土偶考》（*Chinese Clay Figures*）《玉器考》（*Chinese Jade*）《植物西来考》（*China Iranica*），皆极有研究之作。美国人之注意远东史，亦新起之趋势也。

十九世纪思想界受浪漫主义之影响，法之史学界亦然。十九世纪上半期法之史家可称为浪漫派。笛留（Thieny）谓过去未死，学者乃恍然于古今无鸿沟之间隔。又谓情感意志古今人无异，古人虽生千载以上，千载不过瞬息，想象中不知有过去。浪漫派长于叙事，其言人情处每能使读者神与古会，不啻"重度过去"。然重情感乃忘事实，其流弊遂为附会臆造。如密锡留（Michelet）之著《世界史》，以历史为人类奋斗之记载，为争自由之戏剧，可谓断章取义矣。

格伊莎（Guizot）之法国文化史，继福禄特尔（Voltaire）李尔（Richl）之见解，扩大历史范围，使后起史家知历史非政记一门可了事。举凡人类一切活动皆属于历史，历史家责任在寻绎其贯通之处耳。格氏著作主旨在表扬法兰西民族之一贯精神,氏尝谓史学有三事:搜集史事辨其真伪,发现其关系。一也;发现社会之组织与生活,求其公例。二也;表白个性史事,以实现其状态。三也。其论史学虽未必尽然,然其著作可为史家模范。其整理史实也一以理性为主,条理井然,苛求秩序,因而失实,则未免可惜耳。

十九世纪晚年,法之史学界尤形活动,第一流史学家有七人之多。其中拉佛斯(Lavisse)芒罗(Monod)为最著。法之著名史学杂志《Revue Historique》及史学社(Société Historique)皆芒氏所创。拉氏以谨严见称,不以国家主义而曲护法兰西也。法史学界对于世界史兴趣尤厚,北菲法属安南等处俱设有史学社。史学社在王政时代只十余所,而今日则十倍于是,专以搜罗原著及掘发为事。近年来法史学界活动之盛固起于学者研究态度,其得政府奖成之力者亦独多。何谟奕(Homolle)之掘发 Delpi 也,国会议决津贴 10 万元,即此一端,可见法政府之关心学术矣。(德人在巴比伦亦得政府津贴,惟英美史学界活动大率皆出于民间自动。说者谓德法政府注意史学有政治作用焉)

综而言之,百年来史学特征之可举者有二:曰任情,曰崇实。二者皆十九世纪两大思潮之表现。盖浪漫主义(Romanticism)与实验主义(Experimentalism)影响及于史学之效果也,浪漫主义以想象感情本能解释人生,轻将来而重过去。其见于史学者则有法兰西史家之打破古今界限,从今人性情上领会古人。普鲁士史家之爱国若狂,感情浓厚。实验主义惟事实是务,无征不信,其见于史学者则有朗开之倡考订之学,与各国学者之罗掘古物,搜辑典籍(原著)。史学性质与其他科学不同,其适用实验主义也亦有程度之差别。方法虽殊,然精神则一也。惟史学较易于流入浪漫主义,故今日直接方法之科学上,浪漫主义已失其势力,而在史学界则尚间有堕入此道者。使史学家能引以为戒,祛除情感,以事实为归,则史学之有造于研究人事之学术,固未必多让于其他社会科学也。

(发表于《学衡》第一期,1922 年 1 月;《史地学报》第一卷第二期,1922 年 3 月)

论中国新学制草案

（孟禄著，徐养秋译）

大凡一国要定一个教育制度，其中必须要有几种特长。这些特长非经过若干经验与试验不能发现。其为事殊不易，而在有特别情形之境遇中者尤不易。新制度既与习惯不同，又要在短期间发展，且是取法于外国的经验，这些皆是特殊情形。它们能引起两种流弊：一方面有墨守形式，不能活化之弊；一方面有更张得太快，不容新制度自显其长之弊。

此次中国全国教育会联合会所议决的新学制，规定小学六年，中学六年，与外国今日试行六三三学制相同。小学六年分两期：前四后二。中学则分为初级中学三年，高级中学三年。并闻有人主张凡不能设中学的地方得保存三年高小之旧制。

我们对于这新学制有认为有利者，有认为有害者。新学制也有他的困难所在。利是什么？

（一）行政的活动。新学制的活动程度较高。中学一期尤应当有活动余地，有些地方能办课程划一的初级中学，而不能办高级中学，尽可只办初级中学。这是一种便益。高级中学的课程种类多，选科机会大，课程有的是职业准备的性质，有的是专门准备的性质。学生可以随意选。又是一种便利。既可以应付地方特别情形，又可以顺应学生的个性与兴趣。这就是活动的便利。我以为中小学校之开设何种学程，选用何种教科书，其权皆应操之于地方。或以省为主体，或以县为主体均可。然政府所规定的必要根本学程各学校皆宜遵从而设施之。

（二）课程中的渐进。现有学制其中虽有渐进之便，而课程则嫌太少。新学制则不然。课程种类多而又有渐进之便。照新学制看来不独中学课程分组，即小学课程种类也很多。至于中学一期内各组中之渐进，新学制显然规定之。设有一地方觉得有职业教育的需要，他可以在初级中学里及小学里设职业性的课程。高级中学之课程尤觉得活动。根本的课程分文艺组、科学组（后者可分为医学准备、工程学准备）、农业组、商业组、工业组。定学制的原意并非要各学校同时开设这五组课程。不过学校能斟酌地方的需要与学生的兴趣而设一二组，这种办法不但是有活动的便利，而且学生能照著预定宗旨（职业或专门）化几年功夫在一组课程中循序渐进。

（三）中学期之延长。学生在中学期内应当确立近世语数学科学的根底，为将来专门工夫之预备。对于这三种课程如果不能深造至相当程度，后来能实地应用，不如不学。这三种课程不是继续学习数年，不能深造至相当程度。这就是中学期所以应当延长的原因。而且学习这三种课程最好是分作二期，第一期研究他们的基本的知识，第二期研究他们在职业准备及专门准备的需要上如何应用。新学制优于现行学制就在这一大点上。现行学制注重在升学，然而没有贯通之妙，其中重复架叠太多，除非是为学校中教法不良补救起见，本来用不着这种办法。

（四）激励学生。新学制中课程分别设组，学生得选组，故学生能自觉学习一门功课之目的。学生既知该一门功课内容之得失于自己目的有关，无形中即受了激励。现行学制于鼓舞学生求学之精神，未尝注意，课程中缺乏激励，加上教法不良，所以今日学校常起风潮。这虽不是惟一原因，风潮因此发生者谅亦不在少处。中学课程内如果有充分的专门与职业上的激励，当能解决许多今日学校的困难。

（五）注重个性。现在中国的中学校用同样方法待学生，大抵不问个己的兴趣与能力，虽有甲种实业学校，然其注意个性差之程度，断不能与新中学制相比。今日之新学制之主要目的在学制之活动，与教育种类之繁多，故甲种实业学校仍可保存，不必以严格遵行新制度故，而取消一切与新制度不合之学校也。

以上所说都从乐观方面着想，然对于革新事业亦有数点不可不注意者：

过于信任新学制亦不相宜。毋以为新学制定便能解决中国教育问题。中学教法不根本改良，恐怕就行新制也无益。变制度而不变方法与精神，即所谓"徒法不足以自行"。新学制之改变专门与职业的课程，自然要引起方法的改变。然而最要者教育家须有改良教法之觉悟，起而致力于改良教法。过信制度是一种普通的危险。而在急于改变的国家，教育宗旨与实施既不出于自己的经验而教育制度急行发展之需要又大的国家内，尤有势力。社会学上有一个原则说，凡个己或国家采用或借用外国习惯与制度，始则模仿外表，及经验既久，始能移植外国制度之精神。

故中国今日的问题是用力修改教育方法的问题。徒改学制不足以了事。

第二种流弊即出于过信制度之流弊。时常改制，那末新学校种类、新课程、新方法，试用未久，其价值未显著，见异思迁，动辄更易，这是革新事业上最忌的行为。现有学校即在新学制行后，尽可听其存留，一方面要看它们的最后效果，一方面因为特异是进步上的必要的东西，故不妨听其存在。

自由大，特异多，这是新学制的特色，然而一地方不应当举办一切新法。所有特异皆去尝试，恐怕就要引起混乱了。行政上困难就大不可言了。自由愈大，办学人愈应当审慎。

以上三层在县镇办教育者格外应当注意。设使有一个地方能办一个三年的高小，但没有能力办一个初级中学，如果因为新学制的原故硬要把现行的七年小学缩短一年，来符合新制，那就最不幸了。中国现在小学教法较中学佳，如果为一年不良的中学教育而牺牲一年好的小学教育，恐怕得不偿失呢。总而言之，设备适当的地方，行新学制而不至于缩小儿童因无力受中学教育而损失的教育机会，则新学制可行。惟能改善教法之处，方能试用新学制。换而言之，教学时学生能参与学习过程来发展应付实地环境的能力，能用他所学的来改善社会，或用他所学的来达到他的专门的或职业的目的，有这种教法的地方方可用此新学制。中国教育界能注意这些条件，那末新学制庶几乎能改良中国的教育。

（发表于《新教育》第四卷第二期，即第十七期，1922 年 1 月）

两月以来国外教育新闻

美国增设中央教部之运动

美国教育界之运动增设教育部也，已数年于兹。因地方不愿放弃教育自治权及其他障碍故，迄今尚无中央教育部。现政府拟改组行政机关，教育界乃乘此时机，谋添设教育一部。上月内美国全国教育会会同十四公团呈请总统乘时设立中央教育部，内阁中增教育总长一席，使教育事业与农工业并重。惟该部是否能实现，当木可知也。

美国不识字人数之最近调查及军人会之教育

十年前美国调查户口，不识字人数占全国户口百分之七点七，与各文明国相较美已落后。惟据欧战期间陆军测验结果推算，则不识字人数当远过于此数。1920年户口调查，不识字人数只占百分之六，约五百万人，散布于各州，南方尤多。战后教育局长戴克突（Tiget）报告中云："美国兵士在战场失败，其咎在士兵不识字。"颇受军人会非议。近则该会已觉悟，愿与全国教育会携手，运动增高公立学校程度。定于本月四日至十日在各地举行教育问题讨论会，以研究教育上应兴应革事宜。军人关心教育者，诚美国教育前途之幸也。

比利时之不常儿童特别教育

比国之白洛彭（Brabant）省现已实行不常儿童之教育，其用意以为国家于聋哑教育固宜特别注意。即儿童因智力薄弱而不能受普通教育，或为学校之障碍者，亦应有特别教育。其办法先从审定不常儿童入手。（一）凡儿童入学时经过考验与观察确定为无能受普通教育，且显然于同学有害者，即归入不常儿童类。（二）已入学而后发觉有上述情节者，亦归入不常儿童类。（三）凡儿童因心理生理之障碍，且因上学不时，或致程度落后至两年之多者，亦视为不常儿童。主张不常儿童特别教育之医生蒂克罗勒曾提议之："乡间应有特别学校以安置此类儿童。各村独办，或数村合办，可斟酌而定。分级以前不常儿童须受极严之审查。如，成绩，前此所在学校办事人及教员之意见，及其家庭之意见，均应作为参考资料。调查其向来所处之环境，施以体格检查，心理及教育阅验。据各生感觉的、知识的、感情的、体动的，状态之正确事实以分级。"白省且设有教育医学检验所。

比国之体育

十月内比国教育总长戴斯推（Destree）提出强迫体育议案云："一切公立学校及受公家津贴之学校须实行强迫体育，已出校之青年应在政府所承认之机关内报名，受体育训练。并规定教育部附设体育参事会以研究体育课程，教法，教师之资格，以及拟定体育指导员之课程。该会有促进体育事业，及审定现有体育机关是否合格之义务。乡村居民在五千人以上者，为便利学校儿童及其他体育社社友计，至少设公共游戏场及操练馆各一所。其力能设游泳池者设之。公共游戏场等设备亦得由数村合办。"

（发表于《新教育》第四卷第二期，即第十七期，1922 年 1 月）

孟禄教授《古代教育史原著会纂》

Source Book of the History of Education(*Greek and Roman Period*) *Monroe*，一千九百〇一年 Macmillen Co. 出版。共五百一十五页。

原著（source）者，史学之术名，并世人记当时史事之著作也。取以别于述著（secondary work）而言。史学性质与其他科学异，理化等科学以自然现象为原料，史学家之研究，过去人群现象也。则不然，古物而外，其惟一研究之资料即古人之著作。古人目击当时史事，笔之于书，其事之"可能性程度"当然较高。即耳闻其事而记之，其可能性程度亦较之后世人以传闻为据而述其事者为高。据多数原著再造过去，其增益附会之处即精于考订者亦在所不免，况鲁莽从事者乎？此史学所以重原著也。

教育史专史也。治教育史者之应守史学以原著为据之原则本不待言，其能切实领会过去之有待于原著之正确解释也，亦与通史无异。著教育史者研究原著，排次事实，使前后贯串，成一继续的叙述，手笔高者不失为过去教育现象之逼真影像。然其显晦之点一视作者之所见为准，读者苟不旁求，则精神活动受其限制，此一切教科书性质著作之同病，不独教育史教科书然也。

教育史教科书虽能示学者以研究古今教育演进之途径，然作者所揭出之普通时代表征，教育活动与其他社会性活动之关系，及一时代之教育特征、宗旨、方法效果等，皆作者所见与其所得之概念，读者未尝自得之也。非自得之概念，即彻底明了，充其量但能尽表白之能事，保守旧知之责任耳。

非自得之概念初视之未尝不可爱，惟历久即厌之，终不若自得者之亲切而可喜。教育家知此理故教育重"自取"，教育史之用原著，盖为学者自得各期教育状况之概念而设者也。

概念在教育上之大患曰抽象。抽象之谈不佐以具体事实则空洞无物。即领会矣，而指归不定，少活现色彩，此非所以固定观念之方法也。当人之于过去，无切身经验，故所得过之观念，往往不切实。教育史教科书限于篇幅，但能提纲挈要概括言之，其详尽本末，非研究原著不能补充；以原著激动想像，使抽象之词实现，是即教育史用原著之作用。惟原著散见于各书，非经济不充之学校所能罗致，则择要辑为一书办法之便于学者也明矣。

孟禄氏之纂《古代教育史原著会纂》也，其要因大率不外乎上所举数端。其书共分七章，所选皆希腊、罗马人之原著，分期排次，章首有导言，说明希腊罗马教育史各期教育之精神，及其与社会各方面之关系，并历举所选原著之由来，及其性质，兼及所选以外尚可参之原著。孟氏自言凡所说明可为学者研究之纲领，（见序文）其指导后学之意可想见矣。于此亦可见孟禄氏研究教育史之方法。其书出版在《教育史教本》四年前，则其在未著教育史以前搜原著之勤可想而知。其书只包括希腊罗马两期，研究教育史者于此书外，更用卡勃来氏所辑《教育史参考书》（Readings in the History of Education by Cubberly，Houghton Mifflin Co.），则不患罗马其以后教育史之无原著为参考矣。

（发表于《新教育》第四卷第四期，1922 年 4 月）

孟禄《中等教育之原则》①

美国自十九世纪晚年实业革新之后,民间财力骤增,青年之求学于中等学校者日多,于是中学勃焉兴起,至今日而公立中学有一万一千余所,其目的与方法随地而异,纷纭杂沓,莫衷一是。办学者亦各有所见,固未尝明定中等教育之原则也。夫中等教育范围甚广,包罗宏富,即老于教育事业及研究教育有素者均不能窥中等教育全局之蕴,初学更有无所问津之苦。教育学之分设中等教育一部,本属晚起,途径纷歧,问题复杂,其有待于开辟与指点也明矣。

孟禄教授有鉴于斯,析中等教育为种种方面,请国内专家分任著作,辑成《中等教育原则》一书,其思想之统一虽不及应格立所著之《中等教育原则》(*Principles of Secondary Education*)(Inglis),然集各家之言以讨论各方面,亦未始非免偏执之一道。况中等教育发轫伊始,试验期间,所有论断半属临时性质,与其由一家武断,毋宁任多数学者各抒意见之为愈,正不必以思想分驰为孟氏书之诟病也。

是书分二十一章,首定中等教育之意义及范围,次言中等教育之演进,次论英法德三国之中等教育,次述美国之中学制度,次论中等教育之组织,次私立中学,青年期之心理及卫生,次宗教及德育;言中学教材与教法者凡八章;论职业教育,学校卫生与体育,运动者各一章;论中等学校与社会之关系者一章;以中等教育之改组一章作结。

凡中等教育之重要方面,皆有所论列,惟初级中学制度,监察学习,及中学课程之测验均置而未论。三者皆今日重要问题,坊间均有专书可读。希用是书者留意焉。

是书有纲目式之总目,除最后一章外,每章俱附有参考书。篇中亦有附注,为有志深究者指示途径。书后亦有尾目,便于检查,凡善本书籍应有之优点无不俱备,于是书之形式方面吾无间焉。

(发表于《新教育》第四卷第四期,1922 年 4 月)

---

① 孟禄教授编辑,1914 年麦克密伦公司出版,全书共 790 页。

历史教学之设备问题及其解决之方法

历史所研究者,时事史而外,大率皆过去人类生活之状态。生活自身过去即无遗迹,后人惟借经于图籍古物得以窥见一二,不幸并此而无之,则古人生活湮没无闻。即幸而有所保存,古人生活表白于世之程度,亦以遗迹遗物保存之多寡,与学者推想之当否为准。此好古之士所以有古事不可尽知之叹也。以本国人治本国史,古事犹不可尽知,况外国古代名物制度风俗习惯,与中国迥不相同乎?以见闻博洽,研究有素者,尚觉考古之难,况经验不充,见闻有限之中小学学生乎?宜其视历史为秕糠,而历史教师同感引起兴趣之不易也。

此其原因,虽不可以一言尽,然学校关于历史一学科设备缺乏,至少亦须代教师分任一部分之咎。试问今日学校,为历史一学科,设历史陈列室,罗致模型标本,图表画片者,举国有几?教历史时可用之原著,各校又有几何部?历史大部分功夫,在过去之生活,学校既鲜设备,教者既少一种再造过去之工具,以使学生神与古会。教师既善于辞令,叙述尽致,一时动听,亦不能引起常存之兴趣。盖为学不自得,终嫌疏远。历史教材本有疏远之患,教学尤应力求沟通学生与教材之法,此非数册教科书所能为事,必须选择相当原著备学生随时参考。原著者古人目击或耳闻当世事实,笔之于书,流传于后世之著作也。其言较详赡,读者细心体会,往往神驰,于想象中亲见史象,而觉过去之亲切有味。原著者,历史教学上不可少之设备也。此设备之属于书籍方面者,然尚未足以尽再造过去之能事,此外必须有实物之设备。

教育事业发达之国,通都大邑皆有博物院、美术馆,供众游览。学校老师即可利用陈列品或幻灯片以教历史。即僻在乡里之学校,亦附设历史陈列室以为教学之助。吾国既鲜博物院美术馆,学校之附历史陈列室者,复不数觏。教历史者,不独古物无从觅处,即其图画模型亦不可多得,此而欲再造过去,不其难乎?今日学校不希望历史在课程上尽其应尽之效用则已,如其有意于设一种学科,即收一种效用,则学校不可不附设历史陈列室或史地陈列室,尽力设备图画模型,以为示教之具。图画如画片信片影片幻灯片,考古书籍之附图者;模型如石膏模型,纸木模型,皆历史设备实物方面之必要者也。用此类实物示教,其便有二:

一曰易得正确之观念。人类领会事物,以观念之原质为根据。缺乏此种原质,即易滋误会。文字之记载史象,即尽文章之能事,使读者无相当观念之原质,则所得之观念有不正确之患。设有人于此,从未见汉雁足镫,并其图亦未尝寓目;读汪容甫《汉雁足镫槃铭文释文》,能得汉镫之正确观念乎?又设有人于此,从未见周秦古物,并其图亦未尝寓目,读《西京杂记》至广川王去疾发掘冢藏数则,能想象而得其所记明器如铜钩铁镜等之正确观念乎?更推而远之,至于外国史,读希腊史至乃克庙宇(Temple of Nike),能推想其建筑作何形式乎?读罗马史至彭沛石屋,能知其作何形状乎?吾知其推想必有错误,或觉有抽象不切实之遗憾矣。是可见学校因无设备而使学生暗中摸索而失望者,盖不知凡几。使附设历史博物陈室中,有中外古代器用服饰建筑模型之图画,教历史时得举以示学生,则误会当可减少矣。

二曰易于引起美感。吾国今日教育之不重视审美也,稍有留心者无不知之。教育长此因陋就简,则已,如欲以教育扩大人生,则美育断不容忽视。历史既以研究人类全部生活为主要目的,则美术当然有其相当之位置。此即历史对于审美教育,可贡献之处也。美术之为物,非可以空读了事者。试读吾国古今论画之书,便知斯言之不谬。讨论中外古今美术之变迁,精神之异同,而欲使学生实地领会;非实物示教,其道无由。今日学校历史教学上于古今美术方面,率皆从略;因设备不完,而历史遂不克尽其一部分应尽之责;此事之至可惜者也。学校苟欲希望历史于美育有所贡献,则历史教学上所应有之标本模型等,不可不尽力设备。

顾或者谓教育经费支绌,学校一切设备均不完善。理科仪器尚简陋不堪,遑论其他学科之设备。然今日学校理科尚有所谓设备者,至于历史,除略置书籍及三数地图外,竟无所谓设备。学校既设历史一种学科,当然不应视为点缀粉饰之具。历史与生物理化等学科,于学生之陶养上各有作用,未可偏重。学校支配经费,允宜兼顾。为理科设试验室,即应为历史设陈列室。为前者购仪器材料,即应为后者购模型标本等。况历史设备所需不及理科设备之大乎。兼顾并重,方不失为宏通之教育家。否则,难免于一孔之诮矣。或者又谓经费缺乏,不克兼顾,不过困难之一方面耳。本国古物待考订搜辑者甚多,已发现之古物,其拓本影片虽不全,尚有购处;至于模型则竟无觅处;虽欲购置,亦不可得。此诚一困难之点,然非不能解决之问题也。一种学问之成立,必经几许研究,学术共作尤为今日当务之急。吾国应有一考古学社罗致国内外好古积学之士,一方采集古物之已发现者,审定其历史价值;一方赴各处调查史迹,并调查古物之流传于外国者,分途摄影铸型,附设发售部以备学校采用。是亦暂应学校需要之一法。若更进而从事发掘,得古物之完整者,固可以保护而谨存之。即断砖残瓦,亦可以供史家意匠之缔构(Restoration)。庶几吾国人得真知吾国过去之文化在世界古代文化上所占之地位,关心吾国文化者,岂可不加之意乎?

至于外国史,幸各国史家及考古家搜讨之勤,古物之发现者已不可胜计。其模型画片,出售于欧美各大博物院美术馆营业公司者,美不胜收。国人不知购处,遂无从购置,兹择要分录其种类出售处于左,备有志于改良历史教学者采择焉。

1. 模型类

圣杰孟(St. Germain)与曼士(Mainz)博物院收藏模型甚多。联合二三十学校,即可备价托该博物院管理员代造石膏或软木模型。多数学校同时购办,价值较廉,且必得。通信时可直接寄与主干 Hon Sec. J. Meek, University College School Hampstead 维也纳之 Messrs Pichler 有关于罗马古物十余种之木模型出售,每种约值十先令。出售希腊古物模型者有 Moritz Diesterwig, Die Ziel 两公司,地址在 Frankfurt-am-Main。大不列颠博物院中古物模型可在 Brucciani & Co. 购买。法之 Louvre 博物院之古像模型可从 M. Baarré 处买。柏林之 Städliches Museum,瑞士舒立希之 Historiches Museum,皆自行发售模型。意大利各博物院中之古物模型,由 Sig. Vergilis Gheradi (76 Via Lungaratta)发售。设于之英国公司,H. Chilgnell Italian Marble Co. Carara 有白石模型出售。乃伯父尔博物院中铜像之模型由 J. Chiurazzi & Son Naples 公司出售。

2. 古物印片类

不列颠博物院有图画目录,画片取价极廉。巴黎之博物院(Palais du Louvre)古物画片有一百六十种,影片八寸阔十一寸长,每张六法郎。平常信片,法币二十五分。意大利有两大公司,转售古画印片,各有千余种。其名称如下:(1)Alinari Bros., Corso Umbuto Primo, Rome ; (2) D. Anderson, 7 Via 3 alairia, Rome.

3. 影灯片

英之希腊罗马学社(Hellenic& Roman Society, 9 Bloomsbury Square, London)制有影片出售。罗马城内之 Vasari, Via della Mrseede 亦有各种历史影灯片出售。巴黎学校博物馆(Musée Pedocgiqnue, Paris)有电影片卷出售。

4. 考古附图书籍

考证西洋古物之书籍,多不胜举。取其附图可资学校参考者如下:

(1)Saloman Reinach 著有 Catelogue Illustri of St. Germain Museum (Vol. II) 2 法郎,Guide Illustri, St. Germain 价 2.50 法郎。

(2)R. Oldenburg (M? nchen Berlin), "Bilder aus dem Romisch Germainischen Kulturleben",价 12.5 马克。

(3)乃博尔博物院目录(Catelogue of the Capitoline Musuem)价十二利拉。

(4)加批多林博物院之目录(Catelogue of the Capitoline Museum)共二卷,由 Clarenden Press 出售。

(发表于《史地学报》第一卷第三期,1922 年 5 月)

爱尔兰问题

（徐则陵教授讲，仇良虎记）

爱尔兰问题，为近今世界最大问题之一。此问题迄今尚未得完全之解决，近者又有所谓南北之争。此其因果之纷繁，实非数语所可尽。今略溯其已往之情形，则近日情形之所由生，自不难知矣。

爱尔兰南北之争，由来已久。期间经济关系，各不相同。北方为乌尔斯脱，注重工业，有工党之组织。南爱尔兰则重农业，无工党之组织。而所谓新芬党（Sin Fein）则由南爱尔兰之抱国家主义者所创。至其种族，亦复不同。北为苏格兰人（Scotch），南为西尔的人（Celtic）。以宗教言，则北为新教，南为旧教。此爱尔兰南北不同之点也。至其与英国相持不下者，已五百年于兹。当欧战前 1912 年至 1914 年间，英人承认爱尔兰之自治。1914 年欧战发生之前，自治议案（Home Ruled Bill）亦经国会通过。后因战起，未即实行。当战时，德人之敢于宣战者，亦预知英人如参与战事，则其内部必将有分裂之一日也。

1910 年至 1914 年间，爱尔兰人争自治最烈。欧战猝发，自治遂搁置。爱尔兰之国家主义派（Nationalistic Party）与北爱尔兰工党（Unionist），举视德为公敌，一致助英战德。其后自治议案，久不实行，爱尔兰遂不自治，而径求独立。主此说者，实惟新芬党。新芬党者，起于 1905 年。所谓新芬，意即自主。主张爱尔兰人不出席于大英议会，攻击国家主义派及北爱尔兰工党。其国家主义派，始则主张出席大英议会，至 1916 年，见自治不实行，遂一致援助新芬党。1916 年，新芬党遂革命，揭绿金二色旗帜。当未革命前，爱尔兰人凯斯门（Casement），潜与德国交换意见，德人即怂其革命，并允用潜艇输入军火。事为英人所觉，军火为英之巡洋舰截获。凯斯门上岸时，英人捕而枪决之。然革命不因此而中止。1916 年 4 月，新芬党在杜柏林（Dublin）起事，计杀千二百人；英军被杀者，亦五百人。革命未成，临时总统皮尔斯为英人所杀。翌年，英人复许其自治，惟爱尔兰南北不相一致，南则要求自治，北则反对之。盖恐其既得自治权之后，对于北人或有歧视也。1918 年，英政府许爱尔兰组织临时议会,制定宪法,后因条件不合解散。新芬党益知英无许其独立之诚意,遂欲排斥英之势力,建立新国。乃不顾英之压制,径行宣布爱尔兰共和国成立,举华列拉(Valera)为大总统,葛利斐士(Griffith)为副总统。惟葛氏与华氏,虽属同党,然其意见,亦有不同。建立共和国之后,至1919年,和会开会,爱尔兰亦有代表赴会。爱尔兰人归化美国者多,美上院亦赞成爱尔兰独立。威尔逊在巴黎时,并接见爱尔兰代表,讨论爱尔兰问题,惟劳合乔治不接见。其后美不签字于凡尔塞和约,一部系因爱尔兰问题,未得圆满解决之故。美上院议员,曾有"爱尔兰问题不解决,则不签字"之宣言。

自1918至1921之三年间,纯为新芬党争自由时代。期间新芬党牺牲甚大,惟终未能有成。迨至去岁12月间,此问题始得暂时之解决。盖当12月之先,英曾邀爱尔兰代表(华列拉亦在内)至伦敦,讨论爱尔兰问题。至12月6日,双方议定。其办法则承认爱尔兰为大英属国(Dominion)之一部,内政完全独立,惟外交须经过英政府;自有国会,行政司法独立;自有法庭,警察亦独立;自设海陆军;出入口税及国内税则,均由其自定;货币亦由爱尔兰自铸。(加拿大澳洲均如此)惟此外有附数条:

1. 爱尔兰国会议员,当宣誓效忠于英王。"Faithful to the King George Ⅴ and his successors."2. 爱尔兰之总督(Governor-General),由英政府委任。3. 遇有战事,英海军可使用爱尔兰之海军根据地及其一切便利。

此外爱尔兰宗教自由。外交政策,须得英政府同意。英上院为爱尔兰最高审判机关。其最为爱尔兰人所不满意者,即海军根据地任英军使用,以及司法未得完全独立之二项。至于南北分合之问题,任北方于一月内决定以公文通知英国。(其结果则不赞成合并,其原因即由于宗教种族之不同也)此条件议定后,旋即签字,惟尚未得最后之解决。现新芬党召集全国会议,俟会议后,始能解决之。惟华列拉与葛利斐士二人,意见不同。华列拉主张独立,反对新约,葛氏则赞成爱尔兰属于英国,为其领土之一部。新芬党内部,盖亦不一致矣。

自现今之情势观之,所谓爱尔兰问题者,一方即南北分合之争议,一方即新芬党分裂为二派。若长此迁延,则英或将用激烈手段以对付之,亦未可料。故以现状而论,此条件实无不可接受之理由也。

　　至英人之不允爱尔兰独立者,亦自有故。英人每自称大英帝国为国家之集团,其意实望所有多数属地与之合作。如或不然,则经济势力以及海权,立将崩裂。现今英国粮食,全恃属地之供给。若海权崩裂,一旦发生战事,与世界隔断,即将饿死。其不允爱尔兰独立者,亦因其地处英国肘腋之下,若任其独立,一旦有事,其海港为敌国所利用,则英将立受其害也。

　　　　　　　　　　　　　　　（发表于《史地学报》第一卷第三期,1922 年 5 月特载）

战后欧洲学校教学法之新发展

百年前,普鲁士教育家拂雷勃尔,发现两大教育原理,大旨云教育而欲收发展学生心思禀性之效,所用教材必须从学生当前生活,及其自身经验上取得。是为当前生活之原则。教学时当使学生从当前生活关系上自动,如是则教育于个己社会双方有益。是为学生自动之原则。拂雷勃尔氏在克尔浩斯创办学校,实行此主张,成效卓著,一时闻风兴起,取法于克尔浩斯学校者遍普鲁士。后因王室专制,禁止拂氏式学校,普之小学教育遂不复重视学生个性与社会生活。非惟普之小学教育然,其他欧大陆专制国如俄奥等国之教育亦莫不皆然。欧战既起,继之以革命,德奥政体由专制而变为共和,压制既去,民气复伸。教育与政治息息相关,政治既变,教育精神亦随之改易,教育法上尤足以见教育精神。

今日德奥两国之新教学法盖时代之产物,其根本原因仍百年前拂氏所揭出者也。

奥之新教育家如葛卢克尔(Glöckl)等鉴于学校生活之不真,思矫其弊,欲改伪的学校生活为自然有实际的学校生活。谓鸟兽未尝入学校,然所学亦不少;亚拉伯人不入学校,其心思之敏锐有过于学校毕业生者,故主张以受过教育之教师带同学生从实际生活上学习。换言之,即从当前生活中取教材,指导学生在当前生活上自动。

通常学校之固定课程表足以窒碍此种主张之进行,故今日奥国首都小学不为课程表所缚。国民小学仍用级任制,每级人数不过多,级任教师预知一年中该级学生所应学之功课及其标准。教法则由教师随时自定,以能贯通各种科目为主旨。教学不限于教室以内,随地皆可教学。有以出游上课者,例如旅行至某火车站,观旅客之往来,货物之上下;或至市间观察买卖,或至轮船码头观察装卸货物。都会如维也纳,生活复杂,小学生观察之机会随在皆是。出游之前,教师学生先行讨论应注意之事物,学生分组认定之,归校逐一讨论。出游一次,儿童往往满载问题而还。例如至火车站参观,所发生之问题如下:来往列车载客几何? 一小时内来往火车几次？共车几辆？是为算术问题；铁路直达何地？中间经过何地？地理知识可由此扩充；货车中载有何货？经济问题可由此引起；发明火车者何人？火车未发明前人类如何旅行？历史知识可因此增益；何物使机头扑扑作响？是可为研究浅近科学之资料。一游而贯通学科五种，此教学之最便者也。

市场尤足以供给教材：花果蔬菜可供教科学之教材；家庭日用，可作算学教材；绘图以说明市场所处之位置，是为地理练习；巷语街谈可作语言教材；市场货物之来历及其生产者之互相利赖，可以教共作之意义；以泥土仿造水果，以纸仿造商业用具，以颜色笔绘市间之形形色色，是为绝妙之手工图画教材。一种生活足以为教学之一组，学校所设学科每能完全收罗于研究一种生活之历程内，教材皆出于学生自身经验上，故学生能自动而注意所愿注意之问题，兴趣勃然，不待教师督促而学生自能勤奋矣。

学生家属对于此种教法不满意者谓儿童新奇观念过多，头脑太复杂，酷好图画手工，而拼法错误，乘法表不能背诵如流水，度量衡制度亦不烂熟，举此以责备教育界。奥之新教育界则以为学校最大作用在养成学生独立观察之能力，激起热衷求知之兴趣，心思敏锐之学生，较之但能记忆背诵者造就必多，故主张教育学偏重训练思想，各是其所是。使学校能注意操练思想与精熟兼顾，则争点自去而流弊益鲜矣。

德意志自 1918 革命后，教育上顿改旧观。前此德之教育以造就爱国公民为主要目的，今则以养成世界公民资格为主旨；前此以充塞知识为能，今则欲使学生自悟为一小世界个己与社会国家并重。此今日德意志之教育精神也。至于实施方面，则有浮蟹地方之林下小学，浮蟹（Wegscheidc）去佛兰克福不过数里，其地有森林，战时设有营幕多所，现作为临时小学校舍之用。佛兰克福市立学校当移到此间，勾留经月，谓之林下小学。

市立学校教师率领学生来此上课，其目的在使城市儿童与自然界接触，陶铸自治习惯，涵养合群精神。儿童旅外时，略出经费，约占每人用费五分之一，其余用费由热心教育者捐助。学生分组各住一营幕，即各认为一家庭。幕前有特殊之标识及寓意图画格言等，幕中装饰亦各有特色。各家庭分认一种活动，饮食起居由学生自主,训练秩序等亦由学生负责。逐日书本功课占极小部分,工夫以操作为重。林下所见,据以为讨论之资。

此外如团体音乐,团体舞蹈,游戏亦占重要部分。学生一律平等,无首领附从之区别,然对于社会上应有之人格则竭力提倡陶养。去岁英国人赴德国调查教育者曾至此间,见教员学生均精神充满,面有喜色,盛称其精神之可取,谓佛兰克福小学之办法,足以代表德意志民国之新教育精神。

由是可知奥之新教学法根本原理:(一)从实际生活上取教材;(二)教学以知觉为本;(三)教学以儿童自得之问题为出发点,随机加入新知;(四)破除学校相沿的学科间之界限,而以生活统率学科,尽量包罗。至于德之新教学法注重之点则有:(一)利用自然界为采取教材之地;(二)设造实际社会环境以引起儿童全神的反应;(三)从儿童生活中陶养国民应有之群德;(四)从做事上学习。

总两国教育性质而言之,可称之为唯实的新趋势,亦教育上反抗形式之新潮流也。

(发表于《新教育》第五卷第一、二期合刊号,1922 年 8 月)

今夏中华教育改进社关于史地教育之提案
及历史教育组地理教学组之会议记录

（甲）历史教育组

中华教育改进社以研究教育学术为宗旨之一。鉴于教育学术所包者广，非罗致国内关心教育之士分门研究无以收专精之效。非开会研究，交换意见，无以收贯通之益。故在本届开年会数月前，即邀请国内专家分组研究提出议案，在举行年会时分组讨论。历史教学即其中之一组也。该社年会于七月三日在济南举行，并开分组会议。历史教学组出席者有：梁启超、何柄松、朱经农、柳翼谋、徐则陵五人。议案五件，梁启超、何柄松、徐则陵、陈衡哲、朱希祖各一件，开会讨论者三次，记录另详。除陈衡哲女士所提方案，业经否决外，余均俟中小学历史教学研究委员会成立后，汇案从长讨论。盖以问题复杂，非短时间所能解决也。现闻该社以各组讨论结果，议决设委员会者甚多，规则参差办事不易，拟由董事会先行拟定委员会总则，以谋各委员会根本上之统一，而后著手组建分组委员会云。兹将历史教学组会议记录议案等汇录于后。

徐则陵识

议案一　（徐则陵提议）

"主文"：历史一科，关于陶养公民至为重要。吾国中小学历史教学各方面，亟宜加以研究，以期改善而收历史一科应有之效果。兹请提议组织委员会，研究关于中小学历史教学之问题。

（1）中小学历史教学之宗旨。

（2）中小学历史课程之种类及其支配。

（3）选择中小学历史教材之标准。

（4）中小学历史教学法之纲领。

（5）中小学历史课程之衔接（中学大学历史课程之衔接附后）。

（6）历史地理公民学之汇通。

（7）中小学历史教员之培养。

委员会应由历史教学组同仁发起，其组织方法，应开筹委备会共同酌夺。

【理由及办法】

教学之目的不一，以发展学生之社会效能为最大。学科之内容于发展项效能，有特殊贡献者，首推历史。盖社会效能之教育，含有知识兴趣习惯能力等方面，一切学科，皆可用以养成学生有益于社会之兴趣习惯能力，惟关于社会之知识方面，如社会现状之由来、政治经济学术及其他一切社会状况之相互关系、因果关系、今日文化上之重要问题之性质与原委等，皆历史一门所特有之内容。学生对此有充分知识者，始能参与群的活动，使社会日进。教育家公认历史一门，于发展学生社会效能，有优越之机会，其理由甚充分也。虽然，学校设一科，未必即能收一科之效果，历史一科，有因宗旨乖戾，而贻学生以谬误观念者；有因目的浮泛而成效难必者；有因教材取舍不当，无关领会社会演进之理者；有教材之排次不适于学习过程者，教法有过于抽象，学生不得正确观念者；有偏重记忆而置思想想象懂理事实能力之训练于不顾者，流弊甚多。此第就最普通者言之耳。犯此则学校虽设历史一科，历史一门，虽有教材，而发展学生社会效能之效用不可必得。学校设科，而至于徒具名目，此事之至可惜者也。

吾国今日学校设历史一科，有无明定之公共宗旨？中小学各级教历史，有无特定之目标？选择教材，有无根本标准及用科学方法而定之详细标准？编纂历史教科书者，所定之标准，以何事实为根据？排次教材之标准，是否合乎学习心理？已有教材，曾否用精审方法？（控制不相干涉之原子在单纯状况下试验之谓以试验其效果）？历史、地理、公民科性质相近，何以高小以上必采分科办法，而不能合为一科，收以融会贯通之益，以免枝枝节节勉强牵合之弊？凡此诸点，今日皆未解决，故学校现有历史教材，不得视为有发展社会效能之效用。盖社会生活未经分析，则需要所在，不可确知，凭主观以选择教材，其无当也明矣。今日不欲解决中小学历史教学问题则已，如欲稍稍致力于是，必须先有彻底研究，而后拟议，始稍有准则。其问题荦荦大者有八：

一、中小学设历史一科，应以何者为宗旨？

二、历史教学各级应有特定目的,历史学程亦应各有特定之目的。凡此详细目的应如何确定之?

三、选择历史教材应以何者为根本标准及详细标准?

四、历史中之至少最精教材应如何审定?

五、排次教材应用何种原则?

六、历史地理公民科有分科教学之办法,亦有消除界限合并教学之办法,二者孰优?如采用合组办法,教材应如何组织?

七、中小学历史课程应有几种?如何支配而新旧两种学制下之学校皆可采用?

八、照所定课程而培养教师应如何进行?

凡此种种问题非详加研究难期彻底解决。鄙意以为宜组织中学历史教学委员会,集合国内史学家教育家分部研究。尤宜预定研究之计划逐渐进行。其可循之途径略举于下:

一、调查今日历史教学之状况。

(一)调查现在历史教学之目的。

(二)调查各学程时间之分量。

(三)分析教科书、参考书、讲义之内容,统计其结果。

二、参考今日各国试用之编制历史课程之方法。

三、制定试用之历史课程与教材兼定可用之教学方法。

四、设法实验试用之课程及方法,统计其结果。

五、确定历史课程应有之内容。

六、新教材试教后应用测验方法以考察其成绩。

七、报告研究结果于国内教育界,共同讨论,以便推行。

历史在教育上所处之地位既共认为重要,而关于历史教学之问题又亟待解决,则陵以为组织委员会共同研究诚为今日当务之急,幸历史教学组同人加之意焉。

(发表于《史地学报》第二卷第一期,1922 年 11 月)

历史教育上之心理问题

三十余年来,学者之研究教育心理学,不为不力,然其成绩尚渺焉不足道。普通学习过程之性质,学者虽略有发明,然对于各科之学习过程,研究未彻底。故论列某科心理之专书尚不多觏,关于历史一科心理之著作有价值者,更寥若晨星矣。何以讨论学习历史心理过程之作独鲜?其最大原因,在历史一科学生所应学习者为何一问题,尚无共认为满意之解决。甲派教师以为学生研究历史应记忆事实,多多益善。乙派教师则以为学生研究历史应养成解释人群大事之意义之能力,记忆则不必注重。各走一端,截成两橛。丁是分析学习历史之心理过程,遂无标准。盖教师主张既不同,则所提示之教材各异,而学生学习过程因而亦分歧矣。吾侪平心论事,甲乙两派所持意见,未免偏重,实则记忆力与解释力当同时注重。若然则学习历史者记得人群重大事实,且识其意旨之谓也。

吾侪假定此为中小学学习历史之正当主张,说明学习历史上心理过程之普通性质如次:

设有学生如此:读史至"一五八三年(万历十一年)利玛窦到肇庆"一句,正文共计不过十言,有人物行为年期地点,学生习之而能记得此事,识其意义,其心理过程可分析而言者有七种:

(一)关于本事中间之人物行为地点三者,在心目中先绘一幅画图。

(二)想定时间位置。

(三)用一二两种心理过程以推想前于此事之史事。

(四)用一二两种心理过程以推想后于此事之史事。

(五)揣摩利玛窦到肇庆之动机,及决断其所以到此之外缘状况。

(六)揣摩到肇庆一事对于利玛窦原有动机之影响,及继利玛窦而来中国者之动机之影响,决断复于本事之史事上的外缘状况。

(七)记得以上所举心理过程之六步骤,自然能记得"一五八三年利玛窦到肇庆"一事。

学者在此七大步骤中所用之心理过程,括而言之,共有四种。自一至四所用为想象,五六两步所用为断裁与理解,第七步所用为记忆。学习一句历史文字所用心理过程复杂如是,慎勿谓历史教学是易事也。盖谓一五八三利玛窦到肇庆一句文字,因文见义,不求甚解,过眼云烟,不久即忘,诚易事也。然读此而能知利玛窦所以能来华即欧亚及中欧交通之结果,科学之渐入中国,义和团之肇祸,吾国人今日犹负重大赔款之原因,在儿童则非易事也。故学生读此句能明了其意义,识得此事之前后关系,久忆而不忘之,则其所用心理过程之性质,有非上文之解释所能尽者,请更申说之如下:

(一)读者关于利玛窦之容貌服饰行装,海船之形式,海水之颜色,登陆时之情形,须有活泼之想象。

(二)读者须有时间之概念,一五八三距今有几何年,在时间上位置于何点。

(三)读者关于笛亚士之发现印度,葡人之到澳门,耶稣社教主之遣利玛窦来华,及利玛窦之到澳门等事须作活泼之想象。

(四)读者关于利玛窦抵肇庆以后,学习中国语言文字译天算诸书,须作种种想像。

(五)关于耶稣社教主遣利玛窦之用意,及其自身航海来华之动机,须作断裁。利玛窦所以能来华之理由须索解,是即所谓关于外缘状况之理解。

(六)关于抵肇庆一事所发生之影响,如译几何原本等书之用意,往来南京、北京识王应麟、徐光启诸名流,讲学传道,及后来耶稣教社友相继来华等事,须作种种理解,下种种断裁。

(七)平常学生读此句史文一过,未必能永记勿忘。惟前后在此事之关系上复习之,而后能牢记此一件重大史事。

学生读此史文时,上所举七种心理作用,未必一一发现。即发现亦未必按此步骤,惟欲充分理会此句史文,非步步俱到不可。如何激起学生思想使经过此种步骤,此则教师之事也。

(发表于《史地学报》第二卷第一期,1922 年 11 月)

学校设历史一科应以何者为目的

人群保存礼教,适应外缘之努力,见于教育者,最深切著明。此中意识亦分外充足。惟其有意识,故有目标以示努力之方向。学校设种种学科,皆所以实现教育目标者也。则学科目的之与教育目的相成也,固不待言。然二者之性质,究有区别。教育目的,包罗广大,而措辞简赅,譬之总纲也。各科目的,含蕴有限,而范围固定,譬之细目也。细目对总纲而言,已处于特殊地位。惟各科按年级分设学程,学科有目的,学程亦有之,二者相对复有普通特殊之分。故吾称历史一科之为普通,历史学程之目的为特殊。兹篇所论为历史教学之普通目的。

历史一科,大言之,关于世界;小言之,关于一国一人。故吾侪确定历史教学之目的有三大条件。

一曰个己之群性效能宜增进也。个己脱离社会则生活无意义。因为扩大个己生活能力而兴教育。生活能力之大小以其人之所知、所好、所能、所抱之理想,是否有益于社会为准。其人之知识与兴趣习惯能力理想有益于社会者,谓之有群性效能。学生研究历史,应理会何事,欣赏何物,应发展何种兴趣习惯能力理想,而后群性效能增大。此确定历史教学之目的者所宜注意者也。

二曰国家需要适应也。吾国地大人众,种族复杂,宗教歧异,此皆离析之潜力也。国家之历史虽长,国性观念未尝深入人心。政治分裂,仅属一时之患。精神涣散,实根本之忧。处今日而欲为吾国立永久统一之基,道在用教育涵养国民应有之公共理想与上达之企图。吾国自汉唐以还,民族精神,苶疲不振,挽颓起懦不可无积极哲理以激起国民猛进精神。吾国政治棼乱,社会窳败,其最大原因,在国民无协作习惯,故缺乏团体生活之能力。国民能为有组织的正当的活动,而后政治社会始得改良。统一、精进、协作,皆吾国今日之重大需要也。历史一科,其何以适应之。

三曰世界需要兼顾也。为发展国家生活计,学校有陶养公民人格之责任。然"国家之上有人道",学校为保障人道计,不独须陶养本国公民,亦须训练国际观念。

近世国际祸乱大率起于各国国民无国际正谊之观念。而学校用历史一科为工具，养成袒护本国之偏见，亦与有责焉。欧战以后，国际行为，仍有不合于正谊者。此人道之蟊贼也。战后教育，仍固步自封，不欲提高标准则已矣，如其欲提倡国际正谊之思想，以矫正国际为我之行为，则历史一科，因内容性质之特异，对此能为特殊之贡献焉。此亦定历史教学之目的者所宜觉悟者也。

各国学校，无不有历史一科。讲授历史，亦无不明定目的，以期成效者。然所定目的，未必适当。政府有一定政策，遂借学校为工具，教师为机械，以实现之。如1870年以来德意志中小学历史一科之惟一目的，为推崇王室，鼓吹独逸文化，附会宗教，颠倒史事。知其妄而为之，将以愚民也。日本维新以还，至于今日，学校设历史一科，专以忠君爱国为目的，用神话为史实，以证明王室之为日神后裔，维持其万世一系之尊严，而引起国民崇拜之心理。中小学校教本，既经审定，教材一如政府之意旨。大学教授，用考证工夫，以研究日本国史者，不得安于其位。伪造历史，颠倒事实，至此而极。若此之目的，吾无以名之，名之曰妄。古今社会情势不同，问题亦异，古人适应当时所处之环境，解决其所发现之问题。其行为在当时可行，而在今日则未必。设历史可以为资鉴之具者，此泥古之谈也。人类记忆之能力不完，史文遂不免残缺。直道既亡，史有秽德，历史上所谓善人者，未必真善；所谓奸佞者，未必真恶。古之圣贤豪杰，可以为后生模范；巨恶大憝，亦有不良之暗示之能力。设历史可以训练"道德断裁"，养成道德观念者，非故意抑扬有为而褒贬，则不可能也。若此之目的，吾无以名之，名之曰虚。妄与虚皆定历史之目的者所当引以为戒者也。

学校教历史之目的，须适应个己国家世界之需要。又须不犯妄与虚之弊。兹本此旨拟历史教学目的十四条于左，并附说明焉。

（1）发展领会人群现状之能力。现代人群的活动，状况，制度，问题，不起于起之日，皆有所由来。源委不明，即难言真知现状。治史以领会现在为究竟，研究过去则其方法也。

（2）发展生活贯通文化演进之观念。生活之性质，囫囵而不可分。其贯通也，纵彻时间，横彻空间。纵的关系，见于因果之内。横的关系，见于相互之间。二者复有参互错综之象。学者理会此层，始知生活之意义。教师注重此层，可免偏重生活一方之弊。文化者改善生活之工具与究竟也。人群生活，以全体言之，确有演进之证。生活之演进，起于变易。生活无变易，则无所谓历史。治史者舍留意变易外，亦无第二途径。虽然变易之观念不一，有视为循环发展者，有视为向上发展者。前者以文化比生物，谓文化有发育、壮盛、衰老、腐朽四级，合成一运。终而复始，不稍改进。持此种观念者，意志消沉，无上达之趋向。后者视变易为渐近性质，谓人类之标准，赓续提高。人类赓续努力，以求实现增高之标准，而文化日进。惟民族自信努力有效果者，对于世界文化始有所贡献，而国家始有进步。吾国学校果有意于振作国民迈往精神者乎，请从历史上发展文化演进之观念始。

（3）陶养关心社会之倾向。倾向即习惯之作用。惟有留意社会情状之习惯者，能知需要之所在，发现问题而解决之。国人对于国事，向采不管主义。平素不关心社会，临时虽欲管而无此能力。民主也，自治也，非国民关心社会，无由实现。此种倾向，学校可用乡土史时事史以养成之。

（4）发展对于过去之同情。吾国文化与西洋文化接触以后，优劣互见。国人震于西洋文化之效率，有自馁而轻本国文化者，此教历史者亟宜矫正者也。学者须知古人处彼之环境，持彼之见解，为彼之活动，不得绳以今之标准。但须加以体贴，明了其不得不然之故。知中原苦于兵祸，中央强而秩序可复，加以历代相传之君臣观念，而后知孔子大一统尊王室之用意。知戎狄蛮夷之猾夏，而后知其攘夷之说之用意。正不以劝忠排外为孔子诟病。此之谓同情。有此同情而后可与读史，否则群觉无由发生矣。

（5）涵养公共理想上达企图以激起己群觉心。一国之理想，有先烈发明而传之后世者，有吸取他国之理想融化而成为国有者，皆历史之产物，而国民所应共有者，谓之公共理想。国民而有公共理想，则精神团结。盖国民引抱此公共理想者，为同群故也。宗教不可为统一中国之具，语言文字不必统一中国，惟公共理想能统一吾国民精神。

（6）发展正当国家观念。英国诗家韦治伟斯有言，国家保障人道，故国民宜爱国。康德云，世界国家尽成强盛民国，国际和平，始得实现。近人亦云，世无弱国，而后侵略主义始熄。国民有使祖国强盛,与各国共图不朽盛业之责。爱国即所以保障人道,此正当国家观念也。

(7)发展国际正谊之观念与国际同情。近世列强之颠倒正谊,使国民战死而不悟者,不可枚指。使平日学校教史,注重国际正谊,资本家恶政府宣不义战之时,国民何至于为之效死而不悟。近世国际战争,除经济原因外,大率起于国际之猜忌与民族之自骄。学校平时教史,苟能以说明各国特有之文化,以提倡国际谅解,是亦免去国际冲突之一道也。

(8)涵养知识活动之兴趣使之常在。史籍非常浩瀚,吾人慎重攻读,可得知识。随时浏览,足以陶情。游名山古刹,究其来历;睹旧瓷古画,赏其形色,或对于学术有所贡献,或对于个己足以怡情,此皆关于历史之知识活动也。活动生于兴趣,在校时养之有素,出校而兴趣不消,谓之常在的兴趣。正当兴趣愈多,不良兴趣愈少,好古敏求,得不谓之良好兴趣乎。

(9)训练整理事实自下结论之能力。历史一科有称为"事实之学"者。自回讲历史性质之故事,至于参考各书作有条理之文字,皆有待于整理。此就为学一方而言。至于应世之有待于整理事项,亦显而易见。故整理事实之能力,须从早训练,下结论一层,系整理事实之自然结果。

(10)训练解决问题之能力。人之一生皆问题,个人社会效率之高下,以发现问题之迟速,解决方法之当否为准。此种能力之重要,可想而知。学校各科注重此点,则解决问题之能力,自可养成。解决问题之性质,在能认清问题中之关系,时当练习,分清关系,是即所以增加解决问题能力之道。历史上问题皆古人生活上之问题。教师苟指点学生注意古人如何解决问题,即所以练习分析关系,较之偏重记忆,其成绩相去不可以道理计矣。

(11)训练判断力。编辑教本者,于叙述史事之余,加以论断,谓学生习此,即能增加判断力。此真自欺而不悟之谈。学生判断力之养成,断非拾人牙慧之谓。必须自求因果,自行关系,辨别真伪,练习判断,而后能力效生。

(12)发展想象力。科学之原理(如原子论),重要的发明、瑰丽美术、高尚理想,皆有待于想象。拿破仑曰,"想象宰制世界",洵笃论也。世界进取之民族,无不富于想象。学者领会过去,用想象之处独多。此教史所以须注意于发展想象力也。

(13)训练协作精神。顾亭林有言:"以天下之私,成天下之公,而天下治。"盖个己之一人之幸福,寄托于公共幸福之内,而后知群起而谋公益。然知之未必能行,故必须有同力合作之习惯,而后有公而忘私之行为。历史教材,于养成协作精神,虽不可必,惟教史之方法,确有足以养成协作之习惯者,是在常用之耳。

(14)培养美感。教育之忽视美感,莫吾国若。群众之不能审美,亦莫吾国若。学校科目之能发展美感者,除美术外,首推历史。过去美术生活,亦历史内容之一部,使教学时有标本模型以说明美术之原理精神,学生由欣赏而至于应用美术,则其生活之范围扩大,内容加丰,较之偏枯生活,不可同日而语矣。

凡此十四点,有中小须继续注重者,有可分别注重者,是在教育家及历史教师斟酌而适用之。目的为虚悬,抑能实现,视教师努力之程度及恒久与否为准。历史教师,果视此为应有之目的也,请出其全力以实现之,则历史一科,对于教育有特殊贡献矣。

(发表于《史地学报》第二卷第二期,1923 年 1 月;转载《教育汇刊》第四集,1923 年)

高级中学世界文化史学程纲要

（徐则陵教授拟）

一、授课时间及学分：每周授课三小时，一学期授毕共六学分

二、纲要

Ⅰ．治文化史者应具之概念：

1．文化起于人心与自然及人为环境之互感，其动力则出于观念之实现与开展。

2．文化史资料之性质有五，研究文化之途径有四：

史事之性质 / 研究之途径	宗教的	知识的	经济的	社会的	政治的
活动	生活一体				
状况					
关系					
组织					

3．文化史宜用重要潮流或时代特征以统率史事，无取乎博而寡要。

4．史象有因果可寻者，以因果关系说明之，否则不牵强附会。尤不宜误认两事偶然同时并现者为因果。

Ⅱ．教学上应注意之点：

1．本学程注重研究世界文化之源头，及其同流交感之效果。

2．本学程以说明世界文化之性质，及现代文化问题为主旨。

3．本学程以领会现代为归宿，由是可得二原则：

a．凡史事能解释现代文化者可选为教材。选取教材时目光须注射现代。

b．近世期教材须占全部三分之二。

4．教材以用纲目式分配为宜。每课教材当自成一单元。用一个以上之单元讲习一大潮流之起源、特征、影响等。

5．指示研究途径，多予学生自己研究之机会。学校为本学程应有相当之设备。教员应斟酌学生程度指定必读之参考书。

6. 教法可用二种以上之教科书为研究之始基,但教员说明一时期历史局势之概观,为研究引端时,得用讲演式。此外,当以学生分纲共同研究式为正轨,并参用问题式以维持兴趣。

Ⅲ. 兹拟本学程之内容大纲如次:

世界文化史纲目

第一课　自然环境与文化之关系

第二课　人心与文化之关系

第三课　古代地理及人种

第四课　前后石器时代之文化

第五课　尼罗河流域之地理气候及人种

第六课　埃及文化

第七课　西亚地理及人种

第八课　两河流域之文化

第九课　印度欧罗巴与散迈人种之竞争

第十课　希伯鲁文化

第十一课　地中海东部之地理

第十二课　爱琴文化

第十三课　希腊政治史概观(公元前七五〇至三〇)

第十四课　雅典之哲学及科学

第十五课　雅典之美术(柏拉图之哲学、雅里思多德之科学)

第十六课　雅典之史学及文学

第十七课　雅典之教育

第十八课　雅典民治之性质及其发展

第十九课　雅典人之市民观(附斯巴达之市民观)

第二十课　希腊市府之经济组织及其活动

第二一课　希腊化时代之文化(323B. C. —123A. D.)

第二二课　希腊文化与中亚诸国之关系

第二三课　希腊文化与印度文化之关系

第二四课　意大利半岛之地理及民族

第二五课　罗马史史局一（自王政成立至民治消灭）

第二六课　古罗马人之家族制度与教育

第二七课　罗马宪政之发展及其性质

第二八课　罗马之农业及其他经济状况

第二九课　罗马史史局二（自帝国成立至帝国分裂）

第三十课　帝国时代之中央与地方行政制度及国防状况

第三一课　罗马之建筑及其他美术

第三二课　罗马之文学

第三三课　罗马之哲学

第三四课　罗马法之发展

第三五课　帝国之经济生活（农工商业）

第三六课　帝国晚年（五世纪）之教育与学术

第三七课　帝国晚年（五世纪）社会之腐败

第三八课　耶教之发展

第三九课　耶教教会之发展

第四十课　北欧及中亚之地理及人种

第四一课　匈奴日耳曼亚拉伯三大民族运动之概观

第四二课　日耳曼民族精神（法律家庭宗教等观念）

第四三课　日耳曼民族迁徙之大势及其影响

第四四课　刹拉逊人政治势力之扩大及其文化上之贡献

第四五课　夏理门帝国之分裂与封建制之兴起

第四六课　封建制之性质及骑士制

第四七课　封建制度下之农民生活

第四八课　神圣罗马帝国及政教之争

第七六课　十八世纪有权阶级

第七七课　农业革新一——中古农村制之消灭

第七八课　农业革新二——农艺之进步

第七九课　英格兰工业革新一（其性质）

第八十课　英格兰工业革新二（机器之发明）

第八一课　英格兰工业革新三（资本与工厂制）

第八二课　英格兰工业革新四（其效果）

第八三课　十八世纪思想之发展一（人本派）

第八四课　十八世纪思想之发展二（理想派）

第八五课　十八世纪思想之发展三（浪漫派）

第八六课　美国革命

第八七课　法国革命

第八八课　维也纳会议以后诸欧抗民治潮流之运动

第八九课　十九世纪中叶欧人政治革命运动

第九十课　一八七〇年后之英国经济史略

第九一课　一八七〇年后之法国经济史略

第九二课　一八七〇年后之俄国经济史略

第九三课　一八七〇年后之德国经济史略

第九四课　一八七〇年后之意国经济史略

第九五课　诸欧政治势力之侵入非洲

第九六课　美国近今经济史略

第九七课　日本维新后之政治经济史略

第九八课　十九世纪之科学一物理学

第九九课　十九世纪之科学二生物学

第一百课　十九世纪之科学三地质学

第百一课　十八、十九两世纪之重要发明

第百二课　十九世纪之经济学

第百三课　十九世纪之史学

第百四课　工业革新后之社会运动

第百五课　煤铁与新帝国主义

第百六课　欧洲大战一（其因子）

第百七课　欧洲大战二（其经过情形）

第百八课　欧战之财政

第百九课　欧战中之发明

第百十课　俄国革命

第百一一课　德国革命

第百一二课　凡尔塞条约之内容

第百一三课　战后新建诸国之国势

第百一四课　战后各国之经济状况

第百一五课　太平洋会议及议决案

第百一六课　今日太平洋之形势

第百一七课　现代劳动潮流

第百一八课　现代社会主义一（法之同业工团主义）

第百一九课　现代社会主义二（俄之过激主义）

第百二十课　现代社会主义三（英之基尔特主义）

第百二一课　现代之美术趋势

第百二二课　现代之文学趋势

第百二三课　现代之思想概观

第百二四课　十九世纪以来之宗教思想

第百二五课　一八七〇年以来之政治民本主义

第百二六课　一八七〇年以来之国性主义之教育

第百二七课　教育与世纪民治

Ⅳ. 标准——应《世界文化史测验》之试验而能及格者为合标准。

印度之现状及趋势

（金陵大学 Bates 氏讲，徐则陵教授译，郑鹤声、沈孝凰记）

印度史迹，谅为诸君所洞悉，兹不赘述。此次所欲言者，为印度之现状及其将来之趋势。然欲求其果，必先明因。印度情形，可由社会政治两端言之。此两端者，各有其久远之历史，遂成今日之现况，述如下方。

Ⅰ. 印度社会方面

印度社会之情形，极为复杂。世界各国，殆莫之过。故其统一之希望，实难预料。兹就其人民，语言、教育、交通、宗教各方言之。

A. 人民。全印度人口，约为三万一千三百万，虽较中国为少，然其数亦不为不大。惟其人民住居城市达十万口以上者，仅三十处。其最繁盛之都市，若加尔各塔（Calcuitta）、庞培（Bombay）两城，亦不过在百万以上，其余多散处乡间。总计全国人口，农民占全数三分之二，而工人仅占十分之一。农民伏处乡曲，守旧者多，智识未开，故其观念不易变迁。其教育之不普及，颇与中国内地相似云。

B. 语言。印度语言，种类之多，颇足惊奇。据全国计之，总在百二十种以上，而无有一种语言有十分之一人民可通用者。余（毕氏自称）曩在其南方某城中居住，察其语言，已有四种，彼此不通，此实印度不即统一之原因。故印人之抱国家主义者，谓不若专学英语，较易普通。以英语早已通行于印度，或能收统一之效也。然能通英语者，亦仅占全国人数二百分之一耳。

C. 教育。印度男子之识字者，约占全数百分之五，女子占二百分之一。虽大致与中国相似，然印度有不与中国比者，即中国有统一之文字，而印度则否。自英政府治理以来，教育方面，颇有起色，惟仍远逊欧美。其男子大学，仅二十所，学生约二万人。女子大学，十六所，每所在千人以上者极少，足见其女子教育较逊男子也。中等学校，亦不甚多。小学生约达五千五百万人，期间女生约百二十万人。其印刷品如杂志报章之类，不过百二十种。由是可知印度于教育问题，极关重要，虽有学校，未臻普及。

D. 交通。英政府治理印度以来，其成绩之最佳者，厥为交通之发达。其铁道之通行者，已有三万六千余里。通行汽车之路线，亦较中国为多。

E. 宗教。印度社会之最重要情形，莫若宗教。印度宗教之混杂，为世界各国所仅见，实出吾人意料之外。其教派极多，印度教者，占全国人数三分之二。教中阶级甚严，有二千余等之多。其阶级观念，至为深刻。苟非同教，至不能同行一街；共作一事，恐为人所污也。故印度往往以宗教语言之不同，社会上不能谅解之程度，亦日以深。其奉回教者，占五分之一，其信仰力极坚，非如中国人之奉行回教者然。印回二教徒，不能并处，战争暴动，时有所闻，恒赖英国守兵为之镇压。印人亦自言若英兵一旦退出，则印度宗教上之冲突，即应之而起矣。回印两教外，更有三字教佛徒各千万，拜物教徒三百万，耶稣教徒三百万。又有 Seak 教，为一般红头巡捕所奉行，其教虽殊，其人好武，道德亦颇高尚。在印度最有势力之教为波斯拜日教所遗。其余奉行教旨尚多，惟不及此数教之盛。此种宗教之冲突，于印度政治社会上，俱深受影响也。

Ⅱ. 印度政治方面

印度自被治于英，英政府极力经营，不数年间，其势力之发展，殆遍全印。其治理之经过，余辈类能道之，然英人之所以能达其治理之目的者，亦有二原因：

（1）占领沿海要地为根据地。

（2）夺取全印度商业握经济之中权。

英人之东来也，于印度之发展，即极注意。既占领沿海各要港，复同时经营印度商业。其商业之经营，颇有可述者。初英人设东印度贸易公司，无关政府事也。其后商业日益发达，不能办理，乃归其政府。英政府因乘机收吸印度商业，遂进而攫其统治之权。六十年还，英政府在印度所设施之事业，如交通、教育、卫生各方面，俱有起色。于宗教种族极复杂之社会，其治理不易着手，而英人处之裕如。故英人之治印度，虽未能尽善尽美，然较印人自治，则不可以道里计也。

印人抱国家主义者，时怀革命思想，其人皆出自印人自立学校。印人之稍有智识者,以为从历史之经验上观之,其社会有改进之可能性,故有独立革命诸运动。至英政府对于印度治理之方法,英内阁有印度政务大臣,其下有参事会,参事十一人,以久住印度之英人及印人之老练者充之。政务大臣不能顾问印度政府行政,但设施须得其同意。直接管理印度者,则有印度总督,其职权与前二百年驻苏格兰者相当,声势喧赫,几拟英王。至于立法机关,有中央与地方之别,中央国会分上下两院,上院为国家参事会,期间二十人为英国官吏,得由印度总督委任。其余则印度本人。下院为立法院,有议员一百四十四人,英国官吏占四十一人,其余印度人占一百〇三人。印人大部受团体之选举,所谓团体,如学校公会等,皆为印度中坚优秀分子,与英人一体并视,无所轩轾,亦足见英于印度有改进之决心。惟当此试验期内,困难尤多。故遇重要之事,总督仍有特权,平时则代表亦甚重视。总督以下,亦有参事会,参事十一人,分部理事。至于地方自治范围,近颇有扩充。各省有立法议会,各省议会,关于一省工商及交通与社会上应兴之事务,皆有讨论权利。至关于政治方面,则其权犹握于中央参事会。至印度国税、地方税,总督均有独立管理权限。此外更有独立小国,不属英人治理之下。小者数千人,大者亦不过一千万人。期间印人占四分之一。此等小国,内政虽系独立,惟(1)无独立军队;(2)无对外自由订约之权。且于较大诸国京城中,时驻英国委员,时进忠告,但不过顾问性质而已。

至于英人对印及印人自谋之方针,亦可约略言之。英人对于印度之态度,分为两派:

(1)国家主义派,即侵略主义派。主张印度附属英国,英人从中取利。

(2)和平派,以英之治印完全为印人谋幸福起见,不宜使之附属,亦即人道主义派也。然二派俱不愿意印度独立。惟后者则丞望治理印度者力谋改进。近来对于印人自治问题,亦颇有讨论云。近六十年以还,英人亦以笼络手腕,对于本地官吏,多用本地人士。而印人则更进而要求政权矣。1917年印度政务卿Mantagn氏,在英国国会中,曾有印度自治之宣言,谓英政府最近目的,渐以归还印度政权,希望印度将来能成为英国联邦之一,与加拿大同视云云。然英国国会内对于治理印度问题之研究,固大有其人在。

Ⅲ.印度将来之趋势

英人对于治理印人之根本原则,其设施已有端倪。即渐次以自治权归还印人,将来得成为英国联邦之一,与加拿大等夷也。惟印度人士,则反其议,其独立党之势甚张,设计立谋,与英人相周旋,期在反对联邦制度。暗潮起伏,正未有已。惟印度商界,以为英之治印,有益无害,宜相互助,毋生阻心。由是则教育可望发展,自治精神,亦得深固。颇以英人主张为然。惟望英人能否贯彻其主义耳?而英人对印人改革困难之点,转在英商及军人之在印度者。然则此次所以不殚烦言,实望诸君对于印度改进之方针,有所计划焉。

（发表于《史地学报》第二卷第五期,1923 年 7 月）

五十年来世界进化概论

近世人类活动复杂几不可究诘。其散漫无系统者无远大影响。惟其循一定途径且致力者众，则人事上掀起潮流，始则鼓荡限于一隅，继则掩被及于世界。积数大潮流，参互错综，同时演进，而成一时期之史象，光怪陆离，变动叵测。其显著者往往前后一贯，如五十年来世界文化演进之自成一局者是矣。以政治论，本期开始以国际悲剧，其结局也亦然。1870 年有普法之战，1914 年有欧洲大战，期间列强之纵横捭阖，弱国之发奋图存，莫非受侵略国性与主义之驱使。五十年来政治潮流之因果显有线索可寻，主要动机亦始终一贯，政治史象之纯，在历史上殆不数觏。以社会状况论，改善运动以本期最为活泼。自社会有不均不平之罪恶以还，人类就有改善之思想，惟实行改善之运动至近百年间而实现。始则一二有不忍人之心者代社会上不幸者谋，继则平民起而自为之谋。其机动于本期开端之际，逐渐发展至今日而声势益盛。龚脱（Comte）著《西方民团》一书以劳工界之合作道破数十年来社会改善之精神。勒斯庚（Ruskin）著《究竟》一书揭出人生以融合优美健康为究竟之主旨。马克思（Marx）倡劳工与资本不两立之说，赖西罗（Walther Rathenau）创基尔特社会主义，皆近年来改善社会之理想也。改善社会之计划以本期为最详瞻，改善社会之行为亦以本期为最激烈。以科学论，本期可称为科学革新时代。自达尔文（Darwin）《物种由来》行世后，思想界莫不带几分天演原理之臭味。学者称 1859 年以后为达尔文时期。彭生（Bunsen）与葛起和夫（Kirchhoff）分析光景秘蕴学宣，引起近数十年来物理化学上之重要进步。二者皆科学界之大革命，前者革新人类对于生物之观念，后者革新人类对于物质之观念。自海尔此（Hertz）发明电浪原理，甘黎（Curle）夫妇发现镭，安斯坦（Einstein）提出相对律，罗素（Russol）韦汉（Whitehead）重组数理哲学以还，科学界之概念大变。五十年间科学革新之速盖前此所无者也。哲学在本期间亦新辟途径，斯宾塞（Spencer）所著《心理原则》一书以 1872 年出版，是为近世综合的哲学最后之致力。1870 年以前之哲学家如窦介脱（Descartes）、龚脱、斯宾塞诸氏皆以综合各种学术求一根本方法为职志，斯氏而后，学术界重在专精，不以组织各学集成一系统为能事。哲学家虽有综合之举，率皆从精神统一上著手，无复以一系统包罗各学之梦想矣。本期宗教亦改旧观，近数十年来研究宗教者，一方受生物学之影响，故视宗教为人类演进之一部分，一方受心理学之影响故，以为宗教之由来与现象皆出于心理。用历史方法与科学精神研究宗教惟本期为最盛。十九世纪上半期东西洋文化直接接触处甚鲜，即有之其影响亦甚浅薄。乃自十九世纪中叶以还，西洋文化侵入远东，东方人震于西洋文化之效能，而尽力吸取之，以图适应世界潮流而谋所以自存之道。日人于五十年之间用西洋文化而变其国，自维新至于战胜强俄，为时不过一世，努力革新，遂成世界列强之一。吾国人之竭诚采取西洋文化，也在日俄之战以后，十五年来国人益知西洋文化效能之大，推翻专制，建设共和，改造教育，革新工商。此皆东方人吸取西洋文化之明证也。

凡此数端皆最近五十年间世界文化特异之点。历史不分期则已，如尚沿分期习惯，则 1870 年确足为划分时代之年度。前乎此，东西文化各有分统自成整个，后乎此东西文化相互感应，孰优孰劣，孰操最后胜算，论者各有所见，莫衷一是。然此后世界关系日密，一国之举动不仅为一国自身之事，世界且蒙其影响，此则可断言者也；前乎此，资本劳工区别不显，后乎此二者之阶级觉悟极盛，冲突至于今日而未已；1870 年以前科学畛域自封，彼此深闭固拒，近则科学家知科学孤立之为害而力求沟通，物质之学与生命之学乃有相通之处；前乎此之哲学家意在组织各种学术成一系统，后乎此则但求一公共精神；前此人类活动趋于分，后此人类活动趋于通。凡此种种，皆近五十年来共同构成一时代之普通特征也。特征者，一时代之表，其里则有精神在。五十年间时代精神果何在乎？

一曰科学精神。19 世纪下半期以来世人之有科学精神者益众。科学之进步盖由于此种精神之发展，其特征有四：一曰酷嗜事实，然不为科学而牺牲生活之乐。二曰无征不信。非证据确凿，不下断语。三曰痛恶模糊影响之观念。四曰认识万物之交互关系。本期社会与学校提倡科学最力，故具有此种精神者较多。科学的搜讨骎骎侵入各种智识与活动，而本期科学最足以与前代标异者，厥惟此种精神所引起之科学觉悟。科学家知科学之进步有四大条件：（一）生活一贯。科学脱离生活便无意义;(二)科学互相贯通。一种科学有时不能自圆其说,而有待于他种科学原理之印证;(三)科学分析系方法而非究竟。使生理学专重器官功用,而不以领会生命为究竟,则生理为无用之学;(四)科学艺术之改善。使化学物理上无测量化电精力(chemical energy and electrical energy)之方法,社会科学不用统计法,五十年来科学之进步能如是之速乎?

二曰实行精神。思想实验之趋势至本朝而益盛。何代无思想?惟近数十年来人类不独思想,且欲以实行试验之。受验之思想既多,人类遂欲本此以改善人事。思想而欲实验之,人事而欲改善之,则其必出于批评也明矣。本期批评精神所以异于前代者,在其能以实行救破坏的批评之弊耳。科学昌盛之世,批评精神之风靡一世也,本意中事。科学故意使人发问,人类于是不满意于社会现状,而有改善之心理,同时又有受验之思想为之用,于是改善社会之运动本期独多,其成效亦最著。教育较前代为普及,无产阶级生活标准较高,故求进步之觉悟易于激起,改善社会之举动易于收效。

三曰进步觉悟。近世之进步概念至窦介脱而有新意义。氏尝谓科学与人类以操纵自然之术,人类用之以享受生活,以改善身体而求精神上之进步。进步与人类乃相提并论,进步以人类为本,社会环境中有进步可求,个人意识界内亦有进步可求。前者为事实,后者为概念。进步概念常在事实之前。人类概念中有求进步之分子,世界文化乃无止境。本期世界文化有无进步诚为疑问,惟人类求进步之觉悟独盛,此则彰彰甚明者也。

四曰组织精神。西洋文化自 18 世纪晚年以还,机械色彩益浓。机械之为物也,合部分而成整个。一部有一部之专用,组合分工,二者兼备,能力始见,此欧人组织精神见于物质方面者也。社会制度方面至本期而机械作用愈发展,机械日精,社会制度之组织亦日密。钢铁的机械与社会性的机械其进行也,自 18 世纪末年至于今日常成两平行线。政党之组织有精密于本期者乎?资本之组织有如今日托拉斯公司之详备者乎?劳工之组织有如今日工团之团结者乎?商业组织有如今之大商店部分之多策应之灵者乎?推而至于交通输运莫不组织完备。西洋人知能力起于组合与专精,故社会的活动无不向组织一方进行。其结果则今日文明国之社会如一大机器,合机件而成无数小整个,合小整个而成一大整个,配置极妙,平时效率固高。设有一小整个因倾轧而停止其作用,则全机停顿,而小整个亦不得不失其作用。数十年来人类蒙组织精神之害更有大于此者,资本家政治家合组帝国及侵略之工具,内以敲剥平民,外而蹂躏弱国。前者引起工团主义,后者引起国性运动,以组织抗组织,数十年来历史惟此而已。

五曰团结精神。组织盖人类进化必经之阶级。组织而但有形体与作用,谓之机械。机械无良心,夫社会组织而但求效能,则亦与机械等耳。一旦而有良心,则顿非冥顽之机械可比矣。政府为少数野心家所利用以侵略,则政府如机械;工厂商店为资本家之工具以牟利,则厂店如机械;工团徒为劳工界宣战之武器,则工团如机械。设使社会上既有组织复有良心,以谋大多数幸福为主旨,则超出丁机械之上矣,否则组织下之个己皆小机械耳。既超出机械范围,则其中个己各有机会以自由发展其个性,此之谓民本主义。人类精神发展个己时,断不能久处于机械地位。(如德人之建设共和)本期人类用机械式之组织造无穷祸患,恶大悔深,此出侵略主义而入国际主义之心理也。惟世界各民族均能自起而组织独立国家,国际劳工团组织完备,严守公共目标与理想,而力求实现;惟世界各种组织关系亲切,而后国际主义始得实行。本期人类组织不可胜数,其关系亦日见密切,国际觉悟乃大发展,此即人类团结之征兆也。

六曰国性觉悟。本期之始世界民族有已构成国家,国性已坚定者,有国性觉悟已发动而尚未成国家者,惟五十年来世界民族无此种觉悟者殊不多觏。建国运动入后愈烈。日本维新以还,自建国运动而入于国家主义。吾国自 1900 年以还至于今日,建国之致力亦屡见不鲜。巴尔干半岛诸民族争国性实现而促进欧战,战事告终亡国民族群起而要求恢复故土,顿成世界潮流。朝鲜、菲列宾、印度、亚列伯、小亚细亚、尼罗河流域、巴尔干半岛、中欧、北欧、爱尔兰等处还我故国之呼声一时并起。近数年来盖世界民族国性觉悟最浓厚时代也,此其一时乘机活动者也。若夫已构成之国家,聚精会神用教育以发展国性,尤此种觉悟之有实现办法者也,且此种觉悟与世界进化关系尤巨。惟世界各民族之国性不受摧残,各自成国,有自立之能力,知国际权利义务之所在,而后侵略主义无所施技,而后世界和平始得持久。

七曰世界精神。与国性不两立者曰侵略主义。五十年间世界民族建国运动与侵略政策赓续冲突,造成武装和平之局,危机四伏,终以欧战一大悲剧发泄之。期间反抗之势力,如非战民意,国际仲裁,与国际联盟之计划,皆世界精神之表现于政治方面者也。其属于社会方面者则有国际邮便会、版权会、保险会、卫生会,余如科学社医学界之不分国界,红十字会之一视同仁,万国耶教学生同盟,资本家之投资于异国,设学校以研究特殊疾病,私人立会以促进国际了解,此皆本期世界文化上可乐观者也。

八曰民治主义。世界精神以民治主义为基础,奚以知其然?盖惟国家实行民治,国民各有均等机会以发展其个性,不受社会上特殊势力之压制者,始能希望其有推己及人之世界民治精神。此与政治的民治主义、工业的民治主义均异。政治的民治主义以人民参政为要旨,工业的民治主义以劳动界参与生产支配为指归。1870年以后,世界立宪国国民之参政权逐渐扩大,工团皆经政府认为合法团体,得参与政治活动。虽然本期之政治的民治未能超出国家种族阶级之范围,吾人不能视此为真民治也。工业的民治亦未尝实现,真民治精神须在本期各国教育中求之。本期各国皆扩大人民受教育之机会,然亦有借教育以灌输帝国主义者矣。则普及教育非即民治主义也明矣。教育能以灌输民治精神为目的,而后真民治有发达之日。惟教育能造文化,世界各国教育以建树民治为目的,则世界文化乃真有民治精神。惜乎今日各国教育纯粹以此为目的者尚不多觏耳。

八种精神见诸人类活动,遂构成本期复杂之文化。吾于叙述本期文化进行状态之前,请先立三大标准以觇本期文化之进退。一曰智识加多,二曰能力增高,三曰人道扩大。以人道统率智识与能力而益求发展谓之进步。本期人群活动合于此者,吾人视为进步,与此背驰者视为退化。虽然本期文化有无进步一问题可从科学一方面求一部分之解决,科学是否进步——其社会化之程度是否增高,盖皆先决问题也。

科学可分为两大类:物质的科学与生命的科学。五十年来二者之趋势益重讨源。物质之源曰原子,生命之源曰细胞。物质科学中之原理在近今最有关系者曰原子论。物理化学家研究之公共点曰物质,曰电,曰精力,三者皆有分量可求,惟须用测量之单元耳。物质与电之可测量尽人皆知，精力自 19 世纪中叶，仇尔（Jaul）潜心研究，而后知其亦可测量。精力之种类甚多，动也，热也，吸引也，化分化合也，射光也皆有精力可求。精力变相之理至 1847 年而完全成立，谓之精力保存原理。精力而可以一种单元量其多寡，则凡事无不可量者矣。此量的科学所以为近今科学之特色也。夫测量物质、电、精力三者之准个，不待人定，自然久已自定之矣。惟待至 19 世纪初年达尔登始发现之耳。氏发现原子之理而后人类知原子即自然所以量物质者也。自此理出而近今化学家始研究原子分析之程序，而化学中有化分一门。研究原子合组之特性而化学中有化合一门。原子分合之中即见今日炸药之可怖能力。化学家亦能用化合法改善钢之性质，创造颜料以增绸布之色泽。今日化学师所能造之物品已超过二十万以上，且原子未尝不可再分，惟分后失其原有之特性耳。如镭之一原子裂而为二，其一为氦，氦之为物也不燃，近有人拟用之于飞艇中。科学于人类影响之巨可想见矣。

镭为原子中最为奇谲者。1898 年巴黎大学教授甘黎及其夫人在沥青矿内发现镭，知其射光能力十万倍于铀，一吨沥青矿内有不纯镭七分之一厘。（全世界现有一百厘）其生热力亦最大，一厘镭能使一厘水自冰点升到沸度，而其消耗又最缓。经一千五百年其所耗去者约居原分量之半。此皆镭之特性。然最奇者镭之原子能变化为新原质，世界无机物质之发现，安知其未经过与生命演进相类之过程乎？自《物种由来》一书出版而人类生物之观念变，自镭发现而人类对于物质有新概念。生命有演进之理，物质亦有演进之理，所以为演进之原因虽不同，要之物质与生命之学今更多一重沟通之因缘矣。此则科学于今人概念有关者也。

物质有原子，电亦有之。法拉豆（Faraday）用电分析液质时发演电感原子之活动及其性质，阳性原子向负极行动，阴性原子向正极行动。法氏尝与韦环氏（Whewell）讨论此种原子之名称，韦氏定为伊翁，译言动者，阳性动者称为安尔特，阴性动者称为加锁特，皆能用法制造。于是有近今之伊翁原理。阳性伊翁常处于中央，阴性伊翁绕之旋转，其密度与物质之密度成正比例，能传热及光，与他物接触则传动，谓之伊翁原理。法氏知一原子之动同时即有相当分量之电相随而动，相当者分量无准个之谓也。至 1881 年英人格罗克（William Crooke）始证明电子能自动,即今日所谓负电原子(Electrons)是,一切原子内皆有之,平常呈中相现象者因物质中有阳电故耳。近来科学家已能提取纯粹负电原子,格氏试真空管内负电子之流动,弯根(Röntgen)在真空管内发现负电子之射光作用,无以名之,名之曰 X 光线,后遂在医术上奏其大效。欧战时且有用以照飞艇内部结构中有无破绽者,X 光线出而人之见界大开矣。

电在金属线上流动亦负电子之作用,电灯之发光亦由于负电子之作用。发电机动,负电子出发过泡线上,增高热度而生光。负电子之作用加以磁气活动遂成电磁浪,而无线电报遂以发明,人类至此始知电之组织亦原子性质且能驾驭电之单元(负电子)矣。所谓精力者亦原子性质中事也。原子之说于人类概念及行为上之影响显不大与!

物质科学以研究原子为极则,原子之性质功用愈透彻,而物理化学之效用愈宏大。生命科学以研究细胞为要旨,细胞之性质功用愈显著,而生物学与人生愈关切。1838 年德之植物学家西乃登(Schleiden)西望(Schwann)断定一切有生物以细胞为本质,其后佛尔超(Virchow)断定惟细胞能生细胞(1858)。翌年而达尔文《物种由来》一书出版,不有细胞,焉有天演? 此说一出而生物学界有一大统率一切之原则,生物学遂不以描摹生物为能事,而以研究生物之关系为归宿矣;此说出而吾人对于生命之概念乃大变;此说出而与人类最有关系遗传性之一大问题亦随之而起。达尔文以为积原生细胞之微质点而成生殖细胞,故后裔生殖细胞之原质来自祖先身体中各部之原生细胞,故性可遗传。韦斯芒(Wiesman)则以为祖先身体中原储生殖细胞,后裔直接得之,并非集合祖先原生细胞之质点而成。鸡出于卵,然鸡所生之卵,非鸡身之原生细胞质点所成,乃预储于鸡身中者。从前之说则后天习得者可传,从后之说则不可。此三十年来学者相争未决之问题也。近年来韦氏说已占优胜。此争一日不决,则天演说中物化之原因一日不得确定。固未尝因皮得生(Peterson)1900 年再现孟台(Mendel)遗传公例而物化为天演原因之说遂成定论也。凡此皆属于遗传性之生理方面,英人加尔登(Galten)丕尔生(Pearson)增加智慧道德一方面,遂自成生命测量一学派。此派以为智慧道德之遗传其情状范围与生理之遗传同,此则与教育及其他社会问题极有关系者也。

以人道统率物理化学,二者进步而人类受福不浅。生物学进步而医学乃有根据。1862 年法人白斯德(Pasteur)发现细菌,迄 1892 年中间提出微生物发酵腐朽致病之原理,英人黎斯得(Lister)同时亦发明外科术上之止痛法。1879 年发现瘟热症之病菌,一切危险症之原因皆赓续发现,且各有其相当治疗方法。工程学与医学协作而公共卫生益进,本期医学最发达之国(德)国民年龄平均延长岁数最多。因医学进步而人类身体上之痛苦大减,此非生物学统率于人道主义而造福于人类者乎!

吾人既称 1859 年以后为达尔文时代,则天演原理势力之大可想而知。天演之说起而人类历史观念益浓,有已往之经验而又有现在之历史者谓之生物。达尔文自信一切有生之物皆积久发展之结果。氏盖以历史观念治生物之学者也。孰知自氏以还即研究社会科学者亦本此观念,以为不知一制度一思想一习惯之过去者,无以明其所以有此现状之理由。天演说之于人类思想之影响其大可知矣。此尚属观念与态度方面者,其及于本期政治活动上者更有甚焉。吾于述侵略主义时当更详之。

五十年来自然科学之进步昭然若揭,知识加多,已成事实,然则世界文化界果进步乎? 如以纯粹科学论吾应之曰然,如以科学之社会化论则吾之答语必附以条件。自然科学家发现一原理或一种原质,大率对于人类祸福初无所容心,一旦应用于人类生活上,其结果即有善恶之区别。发明磁电浪者未尝知军事上可用以传递消息,发明镭者未尝知可用之以检查掷炸弹之飞机。然无线电可用以通和平之消息,飞机可以用以运载邮件旅客,科学之为善恶惟人是听。五十年来人类用科学以济恶者不可胜数,衡以用人道主义统率知识与能力之标准能无遗憾乎?

科学与近今经济生活关系最大者莫如力学,18 世纪末叶英人阿克来(Ark Wright)发明水轮纺机;加得来(Cort Wright)发明纺机,美人韦脱尼(Whitney)发明轧棉辊子机,无一不据力学之理而成有实用之机器。瓦特(Watt)创蒸汽机,工厂制度始得盛行。自 18 世纪晚年开端至于今日,工厂制度引起一大工业革新潮流,其先本所以适应户口加庶土地不加腴之需要,孰知末流竟成剥削贫民之利器,引起数十年来久悬而未解决之劳工问题。不宁唯是,工业革新生产价值降低,国有余货则寻外国市场以销纳之,商业盛而国富,有剩余资本则去而之国外求投资之所。工业发达之国,因争国外商业而互争市场,乃不得不出于侵略。抗侵略者争民族自治,侵略者不得不黩武。知黩武之流祸无穷,乃生渴望和平之心。资本式政治专制,平民乃争民治。瓦特 1764 年修牛可孟(Newcoman)原有蒸汽机而创凝缩蒸汽机(Condensing Steam-engine)时,固未尝知其机一出而最近五十年来震动世界之工业革新、资本主义、劳工运动、侵略主义、国性运动、世界主义、民治主义等潮流,皆随之而起也。

工业革新一潮流起于 18 世纪晚年,英格兰为之倡,法兰西次之,美德又次之。至 19 世纪晚年,俄、日工业始革新。近二十年来吾国亦渐见工业革新之端倪。工业革新正未有艾也。其性质可概言之曰生产单位由简单而趋于复杂。工厂制度初起于英格兰时,本属局部性质,与世界无关。然因工厂制度能增加生产之效率,减小生产之代价,国际竞争以家庭工业立国者遂不能与以工厂制度立国者争衡。法与英相去最近,故步其后尘也最早。美、德、俄等国亦相继采用工厂制度。远东自与西洋经济生活相接触以后,知非用工厂制度无以图存,日本与吾国乃亦起而步武欧美,于是工业革新一潮流遂变为世界性质矣。

工业革新之效果甚多,其远大者有二:一曰劳工之集中。手工工艺时代家庭即工场,工既无须细分,技术亦不求专一,劳工可以散处。工厂既起以后,因经济原则上之必要,工厂不得不聚于一隅,劳工亦不得不聚集于工厂所在地点,于是都市生活乃大盛。自 18 世纪晚年至于今日,工业发达之国都市居民之数无不超过于乡村居民者。劳工既有集中之点,朝夕相处,"同类之觉悟"油然而生。既有阶级觉悟,乃组织为团体,以与资本阶级对抗,于是有今日阶级交斗之现象。二曰资本集中。自工业革新一潮流起后,资本之发展似常循一公例,实业、商业、输运业、矿业、金融业,均趋于集资一方向。公司因协作精神与共守规则,而自由竞争之害减少,资本愈觉集资之有益,愈趋于资本集中之一途。自 1900 年到 1913 年,英美各国资本总和之半均为集资公司事业所吸收。如德之公司联合(Cartels),英美之协作公司(Corporations),美之大公司(Trust)皆 20 世纪以来资本集中之特征也。同时复有资本过剩,在国外别寻发展区域之现象。欧洲各国银行在世界各处设分行者甚多,在南美者百余所，在亚洲者三百余所，在非洲者四百余所，在澳洲纽西兰太平洋诸岛者七百余所。资本充斥之国，如英格兰、荷兰、德、美，皆在国外设银行以调剂商业，而开拓所在地之天产，其影响所播，即侵略政策。资本集中乃有近今工业组织，其所收物质之效果远不如其所造社会性的罪恶之大。欲节省佣资则用儿童及妇女，损害健康，败坏道德。即成年男工因佣资过低，工时过长，工厂不卫生，而受害者，亦不可胜数。此近数十年世界所以有劳工运动也。

顾或者以为工业革新之后，工厂之生产代价降低，物价跌落，工界之需要遂易于满足，殊不知此不可以一概论。廉价之利益，惟良工能享受之，而无专艺之劳工则否。技术愈精者人数愈少，故无争工之患，工资增高而物价跌落，良工界遂独受工业革新之赐。今日美国所以有土著工人即资本家之情状也。无专艺之工界，人数常多，往往供过于求，工资不易增高，工资低则物价虽廉价仅敷生活所需耳。且良工所得工资既多，而工时较短，无专艺之劳工适反是。前者系瑕自得，益知所以善用其收入。劳苦过度者工竣乃纵情以求娱乐，金钱所失益多。故有益于知识精神之货惟良工能得之，而无专艺之工人则不能得也。更有过者，机器生产之于零售之物价或竟无影响，即有之亦甚微。其原因有二：（一）专卖则物价可任意自定。（二）工业组织精密之社会上，分布货物之阶级增多，重叠取利，消费者乃受累。盖瞽（）买可得廉价而零售则否。零售虽有竞争，但减价云云，已抬高之价耳。使工业革新而同时又无此种经济障碍，物价降落当不仅止于此。物价虽跌，无专艺之劳工实际上仍未受益。欧战起后，物价腾跃，劳工界要求加薪，资本家因加薪而生产价格增高，惟有加高物价耳。劳工界因物价更高，而益要求加薪。辗转煎逼，复加以思想之势力，劳工运动遂至愈趋愈烈，成为今日世界亟待解决之一大问题矣。

劳动潮流之精神出于马克思之强悍社会主义，劳动潮流之成为世界潮流也亦马氏所激起。氏犹太种无国家而有国性者也，惟无国家者世界思想偏浓。当其游英格兰时，目击工业革新时代，资本家之残酷，劳工之痛苦，而又知资本主义之根深蒂固，非奋斗不能推倒其势力，于是主张阶级搏击，合世界劳工阶级为一大团体以战工业界暴君——资本家，于是创国际劳工。马氏生时，"国际劳工"虽一度开会，天末风微，未能立即鼓动壮阔波涛。然其势力再接再厉，至过去一二年间"第三国际"声势之大,已非"第一国际"所可同日而语矣。

马氏思想之影响先及于德意志。德自 1869 年即有社会民治工党(Social Democratic Workingmen's Party),党势之扩张与德之实业共进。毕斯麦(Bismarok)当国之际(1880—1890),十年之间摧残该党无所不用其极。然国内工团密布,势力日增,毕氏乃转而采用收买手段,颁布工界保险法令。如 1883 年之疾病保险,1884 年之意外保险令,1889 年老恤金等法令是也。法虽未尽善,然各国群起而效之,以买劳工界之欢心。德之工界独强项,并不感激政府。毕氏致仕,反对工党政策亦与之俱去。德皇改用调和方法,尝召集劳工会议,冀以爱国主义化除国内阶级之争,未得要领。自是以还,皇室及中等阶级遂视工界为国仇矣,终帝政期,互相水火,未尝稍息。

"社会民治工党"之精神见于 1891 年在哀尔富脱宣布之党纲,严守马克思学说,以维护阶级觉悟为主旨,采多数专制原则,兼有国际精神。(1911 年摩洛哥问题起,德有与英法开衅之意,全国工界游行示意反对构兵)该党组织亦具军事训练之精神。(推布叨会议到者数十万人,赤日下静立听党魁演讲,秩序井然,不劳巡警)该党初本坚持不用政治手段以改善工界状况,后因南部工人向来参政,1891 年巴伐力亚代表竭力疏通而党纲稍变。1912 年下院中有工党党员为议长者,党人素不赞成扩张军备,然 1913 年竟通过国防议案,此德之工党采国家主义之开端也。欧战起,党人慷慨从戎,以保卫德国文化为天职,若忘其党纲中有世界主义之信条者然。

战前德国政府因工党有国际主义,故视党人足以危及宗国,法禁工党中人入官,除大学外,教师表同情于工党者不得安于其职。工党之排外也亦极严,劳工不入党终必至于失业,或遭谋害而身体残废。可见阶级觉悟,以德国工界为最盛。党人之反对专制与宗教也,亦以德工界为最烈。1918 年 11 月之革命即工党所运动,其中心在工业最盛区域之内,军工两界,同举革命之帜,其中坚人物皆工党之首领。德皇室平日视工党为国仇,至是竟成事实矣。俄国之社会主义可迳称为马克思之强悍社会主义之化身。20 世纪以来,俄国社会党分为两派,(一)社会急进党(Socialist Revolutionary Party),酷爱俄国古代社会制度,志在推翻地主建设农民共产制。（二）社会民主党（Social Democratic Party）系马克思之遗传，主张与马氏无异。1903 年后分裂为两群，右翼曰少数派（Menshevik），左翼曰多数派（Bolshevik）。少数派以为俄国之社会主义化，须从政治经济改革及教育平民入手，主张渐进。多数派则不谓然，严守马氏学理，以为社会主义的政治须以迅雷不及掩耳之国际无产阶级之革命实现之。1917 年 3 月俄国革命时，临时政府中人皆社会急进党，少数派之中坚分子，而多数派不与焉。盖当时中等阶级中人握政权，忌若辈故也。多数派之健将有列宁（Linon）与查志克（Trotsky）者起而攻击之，以煽动军农工三界为出发点，其宣传之要点如下：（一）三界就地方苏维埃合组进取的政府，指导无产阶级以谋幸福；（二）收没私产，农民组织苏维埃国；（三）政府操生产与分佈之权，国有专卖权；（四）否认国债；（五）工人据工厂，与工业专家共同管理之；（六）停战；（七）战时损失由资本家负责。宣传酝酿至 11 月而推倒中等阶级之政府，夺回政权。临时政府提出民族自决及无割地赔款之讲和条件，而协约国拒绝之。俄人不信任其政府，故多数派得乘机倒之。至 11 月 8 日而全俄人民代表参事会（Council of People's Commissioners）开会，多数派之革命至此告一段落。此次革命特征有四：（一）用恐怖政策；（二）以破私产制度，及谋无产阶级之幸福为目的；（三）失政治民本主义之精神。（宪法俱在，可明证焉）苏俄宪法规定凡为谋利而雇用工人者，及有私产与其他资本而不屑作工作者，皆无选举权，私人经商及充当教士者亦然。凡经苏维埃认为不诚或自私者，即失其选举资格。（四）革命后法律荡然，司法之权操诸中央非常委员会，与其所附设之地方非常委员会，二者均得捕人，亦得宣告死刑。据此可知俄之社会主义，即少数人专制耳，多数派之专政已数年矣，是非功罪，言人人殊。据斯巴哥（Spargo）1920 年之报告则自多数派当国后经济状况纷乱万状，今列宁等有转而采用资本方式经济制度之宣言。教育不普及即民治主义尚不能实现，况共产主义乎？

1877 年后法兰西社会主义重行活动，党派分歧有政治社会党（Parliamentary Socialist），有共产的无政府党（Communist Anarchist）。政治社会党至 1882 年而分为槐斯夺派及白罗斯派，此派又分为阿累孟派及独立派。党派既多，意见乃不一致，工团涣散，遂不能用政治方法，而趋于激烈一途矣。于是法兰西工团遂带革命性质,谓之革命的工团主义(Revolutionary Syndicalism)。是盖发现于20世纪初年者也。1902年国内工界联合七百同业工团而成一总机关,称为法国劳工联盟(Confederation Genrale Travail)。此外有地方工联与劳工联盟并而为一大团体,全国工界呵成一气,散之足以各自解决地方工业问题,合之足以谋全体之幸福。劳工联盟以同业工团为单位,中央止负责顾问之责,不干涉地方工团之行动,故一同业工团即一战斗组,劳工联盟即革命的工团主义之中枢也。劳工联盟亦主张阶级搏击,以工业手段为战术,如罢工暗损资本抵制货物等是也。视政府为资本家之机关,故赞成无政府主义,然大战期间工团中人但知有法兰西。

美国劳动问题以工业团结主义(Industrial Unionism)为焦点,分业团结,支派复杂,其重要者如世界劳工团(I. W. W.)矿工会等是也。其精神与法人之革命的工团主义相同,目的在彻底的改革现有之经济制度。所用方法亦与法之劳工联盟如出一辙,以为工界解放惟有用罢工等法以与资本阶级宣战耳。然法美国情迥异,美之托拉斯公司势力较大,美之劳工界客籍极多,而美之本国工人会(American Federation of Labor)复助资本家为虐,故工团中举动之激烈为诸欧工界冠。客籍来自欧洲,于法不得立即享选举权,用政治方法改良之望既绝,益信阶级搏击之说为不刊之论,于是北美常闻罢工之举动矣。美之政府为资本家操纵,常用军警以弹压工界风潮,工人政府势不两立。盖一日侨民问题不能解决,资本家势力不收敛,则美国劳工问题即少一层解决之望,风潮之起正未有艾也。

英人素以渐进为政策,工界虽受美法两国工团主义之影响,然过激主张终非英之工界所乐闻。近今所倡之工社(基尔特)社会主义即其表征也,其原本出于英之工团主义(Trade Unionism)。英之工团自1871年之工团令公布,后即取得法团资格,自1867年改革案(Reform Bill)通过而后英之中等阶级忌工界之心已稍戢矣。工团初起(1840—1870)本为自卫计,但求提高佣资与过时佣资之标准,初无远大目标(□□),至1878年国内重要工团乃相率而结成一大机关,有中央部亦有支部,团员中皆有专艺者,平常工人及女工不与焉。以艺组合者称为同艺工团(Craft Union.),故同一工厂其中工人分属于各艺团,以一大工业分团者谓之工业工团,以一种专艺分团者谓之同艺工团。此英之工团与美法之工团不同之点。英之工团中人所用以改良工界状况者为政治手段,故竭力谋在国会中造成势力。1874 年国会中有工界代议士二人,是为英之工界用政治手段之开端。1893 年以后,独立工党(Independent Labor Party),非宾社(Fabian Society),社会民治同盟(Social Democratic Federation),均主张以政治手段改良工界状况。20 世纪以还,英之种种保护劳工法令皆政治手段所收之效果也。大战前英工界呈骚扰之象,1911 至 1912 两年间英国有经久而极严重之罢工,继复有三角同盟(矿工、铁路工、输运工、合组),三者同时罢工,则社会活动可立止,故英人皆懔懔焉。(欧)战期间幸未有此类大罢工,英工界之爱国未尝稍逊于德法之工界也。

20 世纪英之社会主义与新旧大陆派迥异者,惟工社社会主义,起于 20 世纪初年,盖一方鉴于同艺工团之不能改良经济的组织,一方鉴于国家社会主义日盛之反响也。工社以同一工业中之平常工人及有专艺者组织之,范围则奄有全国。换言之即全国某种工业中工人合组一种工社,工社社会主义之要旨曰资本及其他工业必需之物归社会所有,公家已办之工业如铁业、铁路、船厂、电气厂则仍归公有,政府操其管理之权,由工人、技师、会计、书记及其他员司监视之,资本家不得与闻。此外一切实业应各由工社管理。总理及工头均由社选举,佣资物价息率亦由社酌定,有余利则资本家共分之。工社社会主义之精神可一言以蔽之,曰经济生活劳工与社会共之,惟其承认一部分国有,此则异于法之工团主义者也。

自工业革新以来,劳工受经济势力之压制,失其经济的自由,盖自工界觉悟以后种种运动,无非为解决此问题而起。工社社会主义亦解决方法之一。1915 年工社同盟成立,其会章云本同盟以取消佣资制度建设劳工之工业自治,民治的工社与民治的国家协力共作为目的。彼主张工社社会主义者固自认此种制度能恢复工界自由,今孟都斯德等处已实行此制矣,得失成败,将有事实可证。此吾所谓以实行总理想之精神也。

英国民族性中有善于调和之特征,证以韦德留(Witley)参事会而益信。欧战期间韦氏欲消弭工祸,主张用雇主团及劳工团会议,以解决劳工问题,。1919 年两界会议,议决组织全国工业参事会,会员二百人,雇主劳工之代表各居半数,一年至少开会两次,以工部总长或其代表主席,一案得双方过半数赞成者即通过,政府认工业参事会为工业问题顾问机关，此又英政府与工界调和之态度也。

五十年来劳工运动起于工业革新所引起之资本主义，即五十年间世界政治潮流亦何尝不出于是。数十年间举世蒙其祸之政治潮流曰侵略主义，论者谓侵略主义之原因一部分属于思想，其言诚是。然使列强国内无资本剩余，货物过多，储能原料缺乏之患，则国际何至有竞争商业，垄断市场，攘夺天产之祸？即有侵略举动，其流祸必不至于如近数十年来之烈也。户口过庶，需要加大，自然界不能供给，工厂乃起而调剂之。孰知一国工厂之生产能力积久即远过于国人消费能力，厂主因其生产价格之低获厚利而成巨富。盖在工业社会上财产分布与需要无关，有财产远过于需要者，有日用所需而无力自给者。佣资既以生活代价为准，劳工之消费能力即有限制，大资本家为数既无多，其生活任如何奢侈，其所耗亦有限制。故在工业社会中货物生产有过分之虞，而资本之储蓄亦有过多之患也。资本家始则在国内竞争引起经济界之恐慌，知其无异于自杀，于是乃组织大公司以限制竞争上之暗耗及出货过多之弊。然而仍不能禁止剩余资本之不作祟也，国内既不能容纳过剩资本，又不能使工厂尽其生产之能力，将任其闲散乎？抑另辟途径以谋发展乎？放利的资本家必出于后之一途无疑矣。故以国际关系言，资本主义者实业家因国内无消纳过剩货物及资本之地，而求市场于国外，以宣泄货余资之主义也。

一国之资本家至国外谋过剩货物与资本之属国，各国共起而图之，得一属地或一势力范围则各据为特殊利益之区域，不许他人染指。不宁唯是，工业托命于储能（如煤及煤油、水力等）及重要原料（如铁、棉、麻等），二者国内之供给有限，取之能尽，世界产此之区域甚多，资本家乃借重政治势力据而有之。此五十年间侵略主义所以如野火燎原而世界遂无宁日也。侵略家之言曰"吾之工业日精，熟货日多，资本充斥，必须有国外市场以消纳之，以发展吾国人过剩精力"。英之资本家云然，德法俄日之资本家亦无不云然。然而世界之市场有限，抵抗力弱者易乘，捷足者先得，自1880年迄于欧战三十余年间列强奋臂攘夺属地及势力范围，皆资本主义所驱使也。

资本集中势必至于实行侵略主义，益以思想界为之推波助澜，而侵略主义之壁垒益坚。资本家之言曰世界人口日庶，一切天产应归人类应用，今世界土地大部分皆不幸落于不善开发天产的民族之手,大足为适应人类需要上之障碍,有发展天产能力之民族应取而有之,使所投资本无恙,实业得自然发展,而不至受土人之损害。英之殖民家曰:"劣等民族天生以为优等民族之用,倘其人不受命,是自取灭亡耳。"彼以为天留世界以待优等民族,知识浅道德薄者直应归淘汰。误用天演原理,一至于是。德意志武断哲学家及史学家亦以为惟优秀民族负传播文化之责,必要时得用兵力,自认势力即优适之征象,文化之责惟强者负之。普鲁士人以传播德意志文化之大任自负,英法等国国民亦各可以传播己国之文化为天职。经济利益文化思想互相冲突,构成 20 世纪开幕以还,除侵略史外,无事可记之现象。

列强实行侵略主义之政策极诡谲,不可以一言尽。然其荦荦大者可得而言也。(一)曰握海权。1870 年以前,除英国外,欧陆诸国大率偏重陆军。国外商业人盛,属地加多,乃知非有强大海军无以御侮,无以逞欲。西班牙因海军弱而失其属地,英人素以维持本国海军力量两倍于世界最大之海军力量为标准,盖有由矣。海军须有煤站与根据地,英之航线自地中海至于南非东亚,在在皆有重重保障。自直布罗陀(Gibraltar)、马达(Malta)、奢布勒斯(Cyprus)、埃及(Egypt)、阿登(Aden)、销可叉(Sokotra)、香港等处皆有海军根据地及煤站。而各属国之各建海军,又英国海军势力优点所在也。德意志自统一以还即以侵略为事,知其利益与英人冲突,故自 1889 年起竭力扩张海军,欧战前德之海军仅次于英耳。日本海军自 1882 年而后即有具体计划,至 1886 年而海军军港有六处之多,1888 年而有高等海军军官学校,至 1916 年日本海军力竟与美国海军相埒。美国因太平洋上殖民利益及远东经济利益,虑为日本所乘,亦力行扩大海军。华盛顿会议以前,日美相竞扩张海军,惟恐落后,一若欧战前英德间之竞争设置海军。二十年间列强之以海军为侵略武器而累国民也可谓甚矣。(二)曰筑铁路。侵略主义之有赖于铁路也为事至明,无待费辞。五十年来之例证亦极多。俄有野心于东亚,故敷设西伯利亚铁道。英人窥我长江流域,故拟筑非川铁道(自好望角至开罗折而东过阿拉伯、波斯、印度而达川郢),德则有柏林波斯湾铁路之计划。日本亦有类此铁道计划。列强侵略政策之远大,足令人色变。(三)曰开拓殖民地。各国之殖民政策各有偏重。俄以农业为主;德则并重农商;英除澳洲外,均重工商;日本则上自农工下至于不堪之贱业皆优为之。政策虽不同其侵略则一也。（四）曰划定势力范围。政府借手于资本家在弱国所得一区域内之工商利益专享权，划定一想像范围，不容他国之资本家立足。此原有势力范围之意义也。其施于中国也，意义略有不同。列强从前在中国之势力范围皆预定以为日后实施敲剥之区域也。资本派之侵略主义末流乃至于号称国家者行同强盗而不知耻，国际良心沦丧尽矣。列强从前在中国之势力范围今因公认（两字不清）原则而消灭，惟其为过去事实，故终成为物质文化不磨之玷。

　　列强之侵略政策引起之反应有三：一曰侵略者之大帝国主义。俄国处于巴尔干半岛而有大拉斯夫主义之运动；英人以为世界如听命于盎格鲁撒克逊民族之思想与方法则世界状况必改善；德人自视德意志文化最高，应宰割一切民族，故倡大日耳曼主义；近日本军国且有大亚细亚主义之论调。侵略成功故民族自大，自大故愈思侵略，相互促进。土地之欲炽而至于自焚，如德意志帝国者是矣。侵略当亦知所警惕矣。二曰黩武运动。国际行侵略主义，列强遂互相猜忌，五十年来无日不在张脉奋兴，振顿军实之紧张状态内生活。畏邻国之乘我也，造无畏葸以自慰。19世纪晚年至于欧战，备战状态如怯者夜行，疑鬼之蹑其后，喘息狂奔，自扰而无所底止。五十年来国际心理，可一言以蔽之，曰国际猜忌。德法猜忌而有三国同盟，俄法同盟；英俄日猜忌而有英日同盟；英德猜忌而有三国协商。此为本期新均势之局。列强一方恃外交灵敏，一方恃兵力强大，孰知兵力所维持之和平终不可恃。积恨既深，势必发泄。外交愈秘密，愈复杂，则战祸益延蔓。此欧战所以成为世界战争也。历年四载，战死者七百四十五万零二百人，战费一千八百六十亿金圆，惟资本家酿成此惨酷之大战，亦惟资本发展之国能共支需款若是浩大之战局。（三）曰国性运动。国性原理与侵略主义势不两立，侵略之国挟其武力以灭人国，或割人地，而破坏一国民族之统一，或攫取一国经济权，使之失其自由，或以教育强改一民族之文化，皆摧残国性之举动也。受束缚之民族，奋斗而求恢复故国，或至死保守其原有文化，思乘机以发挥而光大之，以及用种种方法推倒外力以恢复自由者，皆国性运动也。五十年间列强破坏国性之举动不可胜数，其遭摧折起而反抗者亦不一而足。1890—1904 年之间英法德意葡萄牙西班牙比利时之瓜分非洲，奥匈之割取巴海尔州，美之割取夏威夷与菲律宾群岛，英俄在波斯之均分势力范围，德犯比利时中立,皆摧残国性之举动。列强之侵犯我国性者也始于 1840 年,英人因鸦片之役而割我香港,取得治外法权。1870 年以后列强群起而争租界地及势力范围,日本之割我台湾,灭我属国朝鲜,要求特别利益,皆侵犯我国性者也。欧战一大原因起于破坏国性,然而列强未尝悔祸也,法兰西据沙尔盆地(Sarr Basin),波兰并坡僧(Posen),意大利据阜梅(Fiume),南斯拉夫国并茶里布落(Tsaribrod),布西骨拉(Bolsegrad)及斯拨密查区(Strumiste Districs,原属布加利亚),英人占美索波泰米亚,建势力范围于波斯,英法分建势力范围于叙里亚(Syria),即今日破坏国性之举,即将来国际扰乱之原。至于争国性之实现者在本期亦数见不鲜,其在非洲者有波尔人(Boers)争自由,战后埃及人之要求独立;其在欧洲者则有巴尔干诸国,欧战期间波兰、捷克之奋起,战时战后爱尔兰新芬党力争独立,芬兰抵抗红军,恢复其故国,黎锁厚尼亚(Lithuania)之抗波兰,爱宋尼亚(Esthonia)、辣特维亚(Latvia)之拒俄而自立,匈、奥之分立,亚彭尼亚之拒意大利与南斯拉夫之侵略而独立,乌克利(Ukrain)人之建国运动;亚西则有阿米尼亚之要求自主,亚宾倍顷(Azerbaijan)之建民国,乔治其亚(Georgia)人之建民国,叙里亚人之要求自主;其在亚洲者则有阿富汗人抵抗英俄而维持其独立,战后印度人之自治运动,朝鲜人之独立运动,菲律宾人之独立运动皆最近数年间发扬国性之举动也。若夫我国在此五十年间因列强屡侵犯我国性而百计保全之始终不懈者则有戊戌变法、排外运动、立宪运动、辛亥革命、云南护法,最近则有拒绝签约五四运动。国民除少数败类外,稍有知识者无不觉悟而共同致力,以发扬国性为天职。大哉国性,惟自助之民族能使之历万劫而不灭。犹太人亡国数千余年,印度人亡国亦数百年,其国性皆巍然尚存。英之于埃及,俄之于芬兰,俄德奥之于波兰,无不用教育以渐移默化其国性,然而时至则受压之国性跃起而求自由。过往事实,彰彰俱在。自 19 世纪以还,所有国际战争大率以破坏国性为主要原因,吾人于此得一概括之语,曰破坏国性者国际战争之源也。战争者人道之蟊贼,破坏国性者蟊贼之尤也。世界各国不尊重国性原则,则世界无和平之望,今之强国蔑视世界民族之国性,犹之欧战以前也。国际同盟果何为哉!过去二世纪以战争开幕缔约必有一弭兵计划,1713 年有乌推黑之和约,是年圣皮埃尔(Ahbi de St-pierre)之《永久和平之计划》出版,1815 年有巴黎之约俄皇创神圣同盟,1919 年有凡尔塞和约,而威尔逊于前一年提出国际联盟之计划。大战以后有心人痛死者之无辜,惧后起之重罹浩劫,故有弭兵之策,然始终未能完全解决国性问题,吾惧战祸之终不可免也。惟近来国际间之谅解程度似较往日略高,以谋人类谅解为职志者亦渐多,此世界和平之一线曙影也。上所举劳工侵略国性等潮流之总因有一主要部分在。自 10 世纪晚年至于今日工业革新一大势力之内,19 世纪以来民治运动之动力亦起于是。工业革新中等阶级之金钱势力膨胀,遂起而与贵族争政权,为中等阶级争民治。自 1830 年至 1848 年英法比德意奥匈等国皆有争民治之运动,皆在其用工业革新已起之后。其他世界各民族闻风而起,建设共和,虽未经过工业革新一时代,谓其间接出于工业革新一潮流亦未尝不可。虽然民治精神本含有尊重民权、一切人民享有均等机会及权利、政治的与经济的自由、法律平等种种分子,一国人民有因为特殊势力所制不能享此种权利者,即不得谓之民治。19 世纪前叶欧洲各国之民治运动,中等阶级之民治运动而非一切人民之民治运动也。19 世纪下半期至于今日始有平民之民治运动,其动力则出于工业革新。盖工业革新劳工始集中,始有同类觉悟,始共争政治的经济的权利。19 世纪晚年俄国工商始发展俄之民治运动,20 世纪初年始盛。日本工业革新不过近三十年间事耳,今日日人之民治运动已活泼可观。吾故曰五十年来之民治运动出于工业革新也。尤有进者,工业革新民治益易进步,民治障碍经中等阶级一度奋斗而扫除一层,今日中等阶级之政治势力虽足以为民治进行之一部分障碍,然平民为民治而奋斗,已觉稍易于封建余毒尚存之时代矣。且自工业革新以后,报纸及其他之印刷品代价既廉,而交通输运方法又灵便,政治社会之消息易于传播,教育机会上亦较平等,智识愈普及,争民治者益多,此又工业革新促进民治之趋势也。工业革新促进民治运动殆无疑义,然运动者未定之词,五十年来世界民治果有进步乎?

五十年来平民争自治之运动,以工界为最激烈,政治的平等及政治的自由劳工界得之而不自足,以为非得经济的平等与自由无补于工界,于是有增加佣资减短工时之要求,用政治手段以要求义务教育、年老恤金、工作自由等权利,且组织工团以争经济的平等。劳动界言之曰:"我既为生产者即应与社会上一切人平等享受所生产之货物,资本家不得把持货物而使我向隅。"知重行支配财产之不能均富也,于是有改造社会之计划，其重要者有二：（一）国家管理生产、分配、交易三者之工具，化私人管理为公共管理；（二）破除私产制度均工共利，破坏资本，消除资本阶级，使社会上只有无产一阶级。前者为社会主义，澳大利亚、英格兰、纽西兰等处盛行之；后者为共产主义，盛行于俄、德、意、西班牙等国。美国民治虽早，工党之起最晚，在议会中无势力，侨民甚多，社会主义与共产主义兼而有之，资本阶级握政治权、经济权，工界愤其专制，恶其寡情，故于政治民治之外更力争经济的民治。

劳工界所用以争民治之武器不外于（一）政治手段；（二）同业罢工；（三）同情总罢工；（四）直接行动。组织工党在议会中设法通过有益于工界之议案，是为政治手段。战前澳大利亚、纽西兰、英、德之工界屡用之。同业中人罢工以要求雇主加薪减时，及不得用工团以外之工人，谓之同业罢工。全国劳工同盟罢工强私人或政府应其要求，谓之总罢工。职业性质相近之劳工团（如铁路、矿、电、输运工）同时罢工，迫使行政机关或议会使应工界对于外交内政上之要求，是为直接行动。一二两种方法确在民治轨道以内，三四两种方法实行少数专制，因少数人之利益，使一般国人受害，求经济自由而妨碍政治自由，尚得谓之民治乎？工团所以为争工业的民治而设者也，然在西洋今日工团已成专制之势力。如法之劳工联盟，澳大利亚之劳工同盟，美之劳工联盟，英之三角同盟，皆"民国中之民国"，选举时既有强大势力，罢工则能使全国生活停滞。工团"不动的革命"足以制政府之死命，社会上重要问题惟工团能左右之，社会惟听其宰割耳，是为今日民治崩毙之兆。

共产之说亦破坏民治主义之一大势力。持共产主义者因受经济的不平等恶资本家之专利，思淘汰社会上不劳动而坐享财产之利息者，以造成物质的不等之状况，挑起阶级之争，资本家自成一级，因群众心理而丧其天良，劳工自成一级，亦因此而丧其天良。资本家数十年来敲剥劳工。共产主义即劳工之报复主义也。赞成共产主义者以为劳工应享受其生产之效果，非社会全体共同管理生产及分配之工具不可。资本家有反抗能力，故无产阶级必须专政，非宣战不能取得经济权。苏维埃俄国已一度尝试矣。求民治而适得其反，未得政治的民治时，西洋人以革命争得之，既得之后今又有以革命摧残之现象。中等阶级争得民治而自身成为民治之蟊贼，劳工阶级争民治而自身亦成为民治之障碍，皆为阶级利害所累，非民治之罪也。

至于社会与政治方面亦有阻挠民治之进行者。近数十年来都市大兴户口过庶，1920 年纽约、芝加哥、费市人口皆数百万，平时秩序既不易维持，铁路工罢工时食料亦不易供给，且生活习惯大变，有成为前此世界所未有之危险之现象。此社会方面民治之障碍也。近数十年来行政职权之加大，英国议会之权渐移于内阁，美则渐入于总统及省长之手，法国舆论亦赞成总统权限之加大，阿真廷民国总统权大于国会，各国议员声望道德之堕落，皆足见西洋人民对于民治较前淡漠之趋势，此亦民治退步之现象也。

虽然时代趋势往往有冲突者，数十年来民治亦有退化之征，亦有进步之象。（一）选举权之扩大盖其尤著者也。今日世界各国女子有参政权者有英国、俄国、德国、美国、南澳共和国、芬兰、挪威、丹麦。（二）民主国之加多。欧战以还欧亚新建之国如捷克、奥国、波兰、黎锁厚尼亚、拉脱维亚、爱沙尼亚、芬兰、乔治亚、阿米尼亚、阿实倍顷皆民主国也，俱有宪法。最近十五年间世界民主国其数增多一倍，则世界民族信仰民治者正复不少。（三）教育之采民治主义。个己有机会各自发展天才，在社会一种生活中自用其长以谋群性的幸福者，谓之民治精神。社会之能实现此精神者，必须有平等机会。人类对于自然之公例与性质，及社会上所有机会之性质，有充分之智识，而又有适用机会之正当态度，方能享受平等机会而不至于滥用。此类知识与态度惟教育能扩大而陶养之，故教育为促进民治之惟一方法。以教育为巩固阶级利益之工具而不与一般国民上达之机会者，是为专制式之教育。五十年间世界各国之教育诚有属于此类者，然世界一二国之教育偏重于民治主义方面之趋势亦甚彰著。西洋保护童工之法令以 1850 年至 19 世纪终局，50 年间为最多。考各国义务教育之法令亦大率在此期间内颁布，禁止儿童做工，强迫入学，是为当然之步骤。惟义务教育之主要意义，即教育机会均等，不使儿童因家庭经济限制而失其上达之机会之谓也。近年来延长义务教育年限，展迟专艺教育，颖才及低能儿之各受特殊训练，多设课程任人选择，皆教育上之民治精神也。且教育为改进文化之重要工具，世界各国能从教育上灌输民治精神，则民治终有昌盛之日。近日教育界知陶养之重要，多方以实现此种教育者不乏其人。公民教育之注重经济组织之领悟，以消弭劳动界违背民治之举动，养成国际良心，以建设世界民治主义，皆民治前途之最可观者。

　　五十年间世界文化,进退互现,世人未能以人道统率知识与能力,故有资本主义、侵略主义、黩武主义,是皆破坏文化之势力也。科学精神,民治主义,世界主义,皆合于以人道统率知识与能力之标准,是皆建设文化之势力。二者互为感应,造成五十年来之史象,其源则出于人类之理想。人类为创造理想之动物,惟人类造理想,故文化能退步亦能进步。五十年来人类造害群的理想,故有互相残贼之行为;人类亦有造兼善的理想,故有促进人道之运动。法人江独库(Condorcet)有言曰"人性之能改善也无止境"。近日教育家亦信良善教育能改进人类之道德观念,对于人类之能进步深信不疑。从事实上论进步,则五十年间世界文化訾议之点极多;从概念上论进步,则五十年来人类何尝一日无求改善之意志,与改善之行为。一国国民能以实现进步,而享受其效果为究竟,采用进步过程以实现高尚企图,则国家进步,世界进步,此非一二国国民之事也。吾国人其勉旃。

参考书:

1. Ayres, The War with Germany, Government Printing Office, Washington, 1919.

2. Bryce, Modern Democracy, vol. II Macmilian, 1921.

3. Bowman, The New world, World Book Co. 1921.

4. Cheyney, Industrial and Social History of England, Macmillan, 1920.

5. Fife, The German Empire Between Two Wars, Macmillan, 1918.

6. Groat, Organized Labor in America, Macmillan, 1919.

7. Hayes, A Political and Social History of Modern Europe, vol. II, Macmillan Co. 1917.

8. Hayes, A Brief History of the Great War.

9. Hobson, The Evolution of Modern Capitalism, Scribners, 1917.

10. Marrin, The Century of Hope, Oxford, 1919.

11. Mcgovern, Modern Japan, Scribners, 1920.

12. Spargo，The Greatest Failure in All History，Scribners，1920.

13. Thomson，Progress of Science in the Century，W & R Chambers，1908.

14. Webb，History of Trade Unionism，Longmans，1920.

15. Willoughby，Foreign Rights & Interests in China，Johns Hopkins，1920.

附:五十年来世界大事表

（发表于《申报》纪念集:《最近之五十年》,1923 年）

华侨学校普通学科成绩品鉴别报告

华侨学校送会陈列之普通学科,学生成绩品共 338 件,教员自编讲义 1 件。国文成绩以缀法为最多,有作文周记日记国音拼字学生文艺刊物等。书法有大小楷习字本胶写字本。英文成绩有缀法书法。算学有算术演草混合数学演草。地理有学生笔记及绘图教师合编《南洋地理》教材一册。历史有学生笔记等出品。

各校出品,未能代表全体,故无普通现象为鉴别者论断之根据。然少数出品中,亦复有时见精彩。如巴双中华共和学校教师合编之南洋地理教材,其识见有足多者。盖国人侨居南洋者,大抵从事于工商业,子弟之继承父兄之职业者,应具有工商业地理智识,其理至显。华侨学校课程中,当为地理一科留重要地位。教学时,尤宜注意南洋与中国工商业之关系。国内书局所编地理教科书,其内容有所偏重,不适用于华侨学校。弥缝缺憾,责在教师。华侨远居国外,子弟耳目所濡染者,皆居留地之风俗习尚,苟无适当公民教育,则祖国立国之精神,未由窥见。此次出品中,关于公民教育者,地理成绩而外,有历史笔记数册。华侨学校,平日是否从历史教育上培养学生国家观念,不可得而知,然以菲律宾华侨中学送会物品木匣中塞满五色木屑一事而论,可知侨胞之念念不忘祖国矣。虽然此犹形式上之细事耳。国家观念,重在学校平素涵养,可用之方法不一。如国文一科之选读阐发国粹之文字,使学生稔知吾国固有而应行保存之理想,以养成公民之共同观念。史地或社会科之申明吾国过去历史之光荣,及民国前途之希望,激起学生改善国事,使中华民国屹立于世界国家之林,共同维持国际正谊之志愿。并注重社会科,使学生知现代问题之所在,且有解决此种种问题之基本智识。观念智识,兼而有之,始可与言爱国。此吾人属望于侨居国外之教育界,注意及之者也。

就此次国文成绩论,各学校颇能注重国文,惟应用文之练习,宜更加以注意。至于学生之国文程度,似较低于国内相等年级学生之程度。某校国音拼字之办法,虽独具苦心,惟消耗学生光阴过多,所得恐不足以偿失。习字宜加入行书练习一门,大楷过一寸以上者,不必使一般学生练习。练习小楷或小行书,宜用集贴字成句之范本，或由教师自书成句之石印范本。胶写法视为游戏翰墨则可，未必有教育价值也。算术演草极详细，整洁可爱。用练习四则速率之卡片方法者，则不多觏。华侨学校如尚未知此种方法，急宜注意及之。此次各校普通学科成绩品送会者不多，鉴别者因观察不全，难为概括之论断。姑就窥测所得者，提出一二意见，备侨居海外之教育同志参考焉。

（《附出品各校表》略）

（发表于《新教育》第九卷第五期，1924 年 12 月）

全国教育展览会之回顾

教育事业，非所以炫示于人者也。保持民族精神，涵养公共理想，推系人群制度，继承智识造诣，此教育事业之属于保守者。实现大群之企图，便利一己之自达，发扬学术，改善习尚，此教育事业之属于进展者。盖一国之教育，即其国民有意识有组织维持及改进大众生活之事业。主其事者沉潜切实，惟是之求，尚恐弗济。铺张扬厉，炫耀流俗，其去国家兴学之本旨不綦远乎？准是以谈，则教育何取乎展览？虽然，世界各国，举行大规模之博览会时，未尝偏废教育。去岁大英帝国博览会之设教育展览部，即其最近之一例。欧战以还，大陆各国盛行教育展览，如英格兰规定每年一星期展览学校成绩；斯达克呵姆不时开展览会，以表示学校课程之进步；维也纳设永久展览会所搜集教育品，陈示该城学校事业之各方面，及其日新之现象。然则办教育者但求事业进步，实际是以表示于人，固不必讳言展览也。况一国之教育事业，与国民有直接关系。其在国家教育昌盛之国，政府用人民所纳赋税，举办教育，成绩若何，优劣何在，政府有使民间明瞭之责任。其在人民自动发展教育之国，教育为民间事业，承办教育之当局，尤有使人民深知教育状况之义务。良以教育之盛衰，视社会人士教育趣味之厚薄。教育展览会之设，主旨在促进人民对于教育事业之兴趣。此次全国教育展览会之宗旨，亦犹是耳。本会筹备期间，不足四月，而应征踊跃，出品丰富。吾国教育界近年来自动精神于此可见一斑。所以唤起一般社会人士对于教育之兴趣者，亦足以觇从事教育者自身对于教育事业之兴趣焉。本会自筹备至于开幕，会务之处理，一以分工为原则，合力为精神。展览物品之征集整理布置等事，分三十组担任，组各有主干及干事。普通会务分三股，义务服务人员多至二百余人。其应征机关，筹备出品之人工，当数十倍于此。是亦教育界一大通力合作之举动也。会场布置，因实际上之障碍，未能照预定计划进行。展览期间，过于短促，未能从容研究会务之得失，此则至则陵今引为憾事也。惟本会筹备经过情形，各组各股组织及部署之概况，俱详干事报告、统计报告及鉴别报告。则斯编之刊,亦足以披露会务之大体,而供后之办教育展览会者之参考焉。

（发表于《新教育》第九卷第五期,1924 年 12 月）

中古大学及其精神

（徐养秋教授演讲，苏拯笔记）

大学制度为形成西洋近世文化之主要因子。其起缘与发展过程，不惟研究教育史者不当忽略，亦留心近代文明史者所亟宜知者也。考西洋大学之最古者，设于亚力山大城，（Alexandria）为希腊文化之结晶体，规模宏盛，近世治学之归纳方法，彼时已发其凡。惜此种精神不久即消沉，而大学亦解体。至中古之世，黑暗时期告终，大学潮流，乘机而起，发荣滋长，迄今弗替。夷考中古大学，最初称为 Universitas，系罗马法典中名词，即一种社团（corporation）之意。凡因共同兴趣而结合者，不特学术，亦经济社会团体，均可称为 Universitas。13 世纪大学本称 Studium Generale，其性质为分科大学，政府及教会致书于大学，封面及简端称呼皆用 Univeritas Vestora，（英译为 Corporation General）指教师学生而言。可知大学者，教师学生因共同兴趣而结合之团体也。嗣后删繁就简，去第二字而留 Univeritas 一字，此大学名称之由来也。

自十一世纪之末至十五世纪期间，西欧各邦重要城市大学，逐渐崛兴。其故何在？在教育专制势力减少，人类求知兴趣复活，社会秩序较佳，商业及经济状况亦较活动，中产阶级不复终日劳碌，得有余暇以研究学问，人生观因之改变。自五世纪至九世纪内，平民受教会封建制度之压迫，不复知一己尚有价值。至十世纪而还，独立的人生观（Be Yourself）始萌芽，个己排脱社会的智识的桎梏而求独立资格，始可言研究学问。非然者，个人人格且不存，尚何研究学问之足云？学问乃一己享用之事也。中古人生观之改变，实为大学兴起之一大原因。

思想解放之结果，特殊人才应运而生。精研法律潜心哲学之大师，各出心得，以号召青年。最早者为法律家伊勒吕（Irnerius），哲学家亚彼拉（Abelard）。伊氏最精罗马法，在包隆尼亚（Bologna）讲学，从之者如归市。亚氏在巴黎讲哲学，听讲者亦从，户限为穿。当时有豪杰之士，为大师硕儒，主持教坛。此大学兴起之第二因。

古学复兴,学者有研究之资料。中古学术,大抵自希腊罗马传下。然希腊哲学与罗马法之一部分,经黑暗时代,废弃不讲者有六七百年之久。十一世纪而后,始逐渐恢复亚里士多德之哲学。亚氏之著作至十三世纪内始有拉丁译本:一自亚拉伯文译出,一自希腊原文译出。亚氏之名学、物理学、生物学与伦理学等,至是始复活而研究。亚氏之学说,遂成中古学者智识威权之一种。法学至六世纪罗马皇贾士丁民宁(Justinian)招集法家纂修历来罗马皇颁布之律令,颜曰《民法会典》(*Corpus Juris Civilis*),中世纪一部分散佚。伊勒吕勤于搜集,复成完璧。至于教会法律(Cannon Law)之恢复,则以格雷兴(Gratian)之功为最大。维时神圣罗马帝国国皇常与属地都市及教皇争权,各欲拥法律根据以自卫,罗致学者搜讨法典,于是法学遂成一种最有系统之学术。哲学法学而外,七艺之内容,亦渐臻充实。是为大学兴起之第三原因。

十一世纪末年以还,哲学家法学家所用之治学及讲学方法,较之中古初年学者所用方法,已大有进步。当时之著名哲学家法学家所用之方法为“演绎名学法”(dialectical method),此法最适于研究法律。因法律最重条文,条文即举,再审案情。伊氏自己之研究法律,分析功夫最深。整理法律,分别部居,各如其分。其教人亦然。泥古时代学者所用方法,支离杂乱,以保存古学为目的,欠推理及整治功夫,伊氏乃一变其法。亚彼拉氏所用方法,与伊氏同。其教法尤能引人兴趣,激人思想。冲破古代束缚思想樊篱,始于亚氏。讨论事物,以怀疑为出发点,次之以反复发问,最后乃探求真理,彼实为中古解放个己思想之第一人。阅其所著书《是与非》(*Sie et Non*)之任一例,即可证其卓识大胆。当教会威权极盛之时,彼乃敢问“耶稣是否欺人?”“Was Christ a Deceiver?”亚氏讨论每先提出问题,并列是非两方面之理由,各寻证据若干,任学者自下断语,可谓循循善诱。当时教师不独有真实学识,且有新法以满足学生求知热忱,此大学兴起之原因四也。

大势所趋,匪惟万流景从,即教皇与国王,亦多方奖掖学者。封建时代法律带地方性质,甲城土著至乙城,即失其法律上之保障。游学者甚感困难,然君主乃颁特别保护游学者之法律。如腓烈赤髯皇(Frederick Barbarossa)1158年所颁保护波罗尼亚大学师生之法令,即一例也。且当时执政者咸以城市之得为讲学中心为荣幸,而当时学者亦大有贡献于政治法律。且大师所在,从游者动辄万人,一城骤增加如许人口,于工商业之促进,不无影响。于时教皇亦另眼看待其教区中之来学者,因彼与国王争权时,学者可援教会法典为之臂助。游学者得身体及财产之安全外,且可免一切杂税,即来自外邑为学者购用之货物,税亦可免,教师薪水,亦有由市政府供给者。国外学生费用匮乏时,得向当地贷金机构借款,利息较通行者为低。得教皇及国主之提倡,与地方政府之优待,此大学兴起之五因也。

此外原因正多,以上只就荦荦大者而言耳。要之,自十二世纪至十六世纪为各大学渐次勃兴之时代,除意大利之沙勒罗大学(Salerno)外,西欧大学,以波罗尼亚与巴黎大学为最早,均在十二世纪。英之牛津(Oxford)与剑桥(Cambridge)二大学亦在十二世纪内。西班牙之沙拉蛮卡大学(Salamanca)在十三世纪中成立。惟日耳曼各大学,则在十四、十五、十六三个世纪内,次第成立。中古大学内部之课程,亦大可研究:神学、哲学、罗马法、教会法、文典、修辞学、数学、音乐、几何与天文等均备。但各大学有其专长,如博洛尼亚大学之法学,巴黎之哲学是也。一大学中,仍分数科,如波罗尼亚之有法律、文学,及哲学;巴黎之有哲学、神学及医学是也。当时无理科,理科归入哲学。

中古大学研究学问之方法,亦大可注意。有合于今之修学法者,沙朋之洛基(Boger of Sarbonne)所倡修学之法,厥有数端:一曰每日必以一小时专注研读所爱读之课,读时不惟不可轻轻放过,必笔录其中之最精部分。二曰每人每日必记其视为最重要之思想一条,若是则年得三百六十五条,积之既多,终身受用不尽也。书中之思想既为我用,又恐其久而忘,为学贵乎互相切磋,故其修学之法第三点曰将每日研究所得材料,时与同学共讨论。沙氏亦注重读书时之思考力,庶免学而不思之弊。此数事者,在近世修学法中尚有位置,而十三世纪大学教师亦尝注意学生修学功夫。即此一端,已足见中古大学之重学者自动之精神。

中古大学以教师为中心,教师所在,学校随之。中古大学初起时,皆无一定校址,不若今之大学,受校舍之牵制而不能移动。教师或借礼拜堂,或在私人屋内讲学,而从之游者,并不因此减少。如亚彼拉在巴黎讲学时,学生有三万人多,内有教皇一人,教会重要职员二十余人,政界要人数十人,亦可见大学教师魄力之雄厚,影响之宏大矣。匪独学界,即一般社会中人,亦受感化。如市政府待遇不周,则教师学生数万人相率而去,此事为法律所承认,然城中人实不愿有此种事发生,故当委曲优待学界。夫大学既为教师与学生共同趣味之结合机关,维持费皆出于学者之脩金,而不仰给于公家之津贴。当时教师学生一德一心之精神,可以想见。

封建时代地方主义最盛,而大学则为代表国际主义之机关。大学学生,来自各国各地,学术公开,打破国界。教师多为国际人才,讲学亦不限于一隅,巴黎剑桥任意讲学。大同主义,惟大学中有此精神。

近世科学,最重"归纳法",然此法不起于近世,中古大学教师即有用之者。如十三世纪时牛津大学之培根(Roger Bacon),最重实际之观察,尝谓研究真理之障碍有四:一曰盲从不正确之学说;二曰盲从遗传公认之学说;三曰盲从无经验者之主张;四曰强不知以为知。若此四碍不除,真理终不可见。彼所最反对者,即因袭学说与主观见解。求学重实验,此种治学之科学态度,中古大学亦不多让后世之大学。

最后曰中古大学之自治精神,是即民治主义之先声。当时大学学生数目,有较东大学生多至三十倍者。聚千万学生于一地,而秩序不致紊乱,学生之自治力有足多者。但或有以塞门(Symond)所辑之《醇酒妇人与酣歌》(*Wine Woman and Song*)一书,形容当时大学生生活堕落之片面者,然亦不足为病。少数行为不检之士,累及全体,古今同慨,中古大学何独不然?

至于中古大学训育方面,亦自有其组织。至十三世纪初年,巴黎大学学生,分为四大自治区,名为国籍区(Nations),每大区又分为若干小自治区域。大区有学生代表四人,由各区选举,间有由教师与学生共同推举者,其职务为负校内一切自治之责。学生与市政府有交涉时,亦由区代表处理。新生按国籍入区,一切入学手续及膳宿问题,由区代表指导之。大区兼收附近各地学生,如英国区内有德意志及波兰学生。中古大学学生皆中等阶级之子弟,在学校时寝馈于自治精神,对于专制颇不满意,嗣后西欧人民与君主争民治者,由中等阶级发其端,其故可以深长思矣!

(发表于《史地学报》第三卷第五期,1925 年 7 月)

美还庚款之分配

半年以来，国内骚然。时事之惹人注意者，率皆自杀及破坏性质。惟上月二十六日中华教育文化基金会董事会议决分配美还庚款一事，含有建设性质，差强人意耳。建国事业，本在学术，政府昏聩，社会麻木，不知学术为何事，致本国文化事业，乞灵于含有耻辱历史背景之庚款。假令美政府不允退还，则教育文化事业且无此特款以资促进。所谓建设者，尚非纯粹出于国人之自动。吾思之，吾重思之，分配庚款一事，教育界对之应有余痛。慰情云乎哉。

本届董事会集中外贤达，尽三日之力，议决用途，分配款项，确定办法。据近来报纸披露之消息及该会宣布之文件，知董事诸君举措具有深意焉。该会宣布之分配款项补充原则六条中，列有科学研究及科学应用两项。前项用款，总额定为八万一千元；后项用款，总额定为四十七万九千元。前者当后者六分之一而弱。该会重视科学，灼然可见。然科学之应用，与其学理之搜讨，则未能并重，显有轩轾，亦为不可掩之事实。而科学基本之数学，曾不足当董事会诸君之顾盼，邀一金之分润，是亦足以见该会对于纯粹科学之态度矣。虽然此无足怪也，试分析本届出席董事诸君平日之学养与事业，即知轻重之所由来矣。

该会此次分配款项，有旗帜焉曰平允，有精神焉曰融洽。高等师范学区现成区域也，故准以设置科学教席。国内教育学术界宜兼筹并顾也，故得补助之公私机关共二十三所，得款多者六万余元，少亦万金。收蓄之广，分配之细，蔑以加矣。余以见该会希冀博得教育界皆大欢喜与自身免授人以口实之苦心。成绩可观宜邀补助者，岂独天津长沙二三中学，于是谓成立二十年之标准以寓限止。董事诸君固明知中学之优劣，不能以成立年限为标准；亦明知学校设备之须补助，新学校或较甚于老学校，然而不能不如此规定者，为自身立足计耳。且科学教席及科学研究两项，实际上有某种科学受两重补助者，孰谓平允之帜不可易乎？抑更有进者，政治上轨道之国家，奖进学术，往往有一种事业年费数十万金而持之数十年者，故研究透澈，效用宏大。今该会议决事项除图书馆及科学教育两项计划尚远大外，余皆苛细琐碎,力分效微,殆不能免。此则力求各方融洽之自然效果也。然而苟无美还庚款,并此区区者且不可得,科学研究科学教育等事业且将因陋就简,无由促进,则承领补助者固不可以其微细而不思所以善用之也。

吾读该会科学教席分配要则等文件,知该会对于会务主张集权。换而言之,即该会委托国内学校及学术机关代办事业,实权则该会自身操之。即以设置科学教席一项言,承任教席者,义务既明白规定,聘请之权亦属诸该会,条件严密,承领之学校须负筹措至少与教席薪金相等款项之责,而学校行政之权反因此受损,与普通赠送大学教席之办法大有迳庭。说者谓该会有法家精神焉,然名实是否相符,视执行何如。认条文为具文者,未始无人。该会果欲实现其改进中学科学教育之目的,须进一步而聘请专员,逐年考查,综核名实,未可厚非。若夫行百里五十而止,则吾无取焉。

(发表于《东南论衡》第一卷第三期,1926 年)

谈谈幼稚教育

今日从事于大学教育事业的人往往叹息中等学校毕业生程度不佳,归咎于中等教育之不良;办中学的人说小学毕业生程度"江河日下";初等教育界中人说小学一年级学生的教育最困难。儿童在家庭中,六岁以前未受相当准备入校的教育,突然进学校,经验崭新,不易适应。按成绩说,应当留级的很多,但是因其他关系随便升级,教育上就酿成一种浪费,设使将这种浪费计算起来必定着实可惊。由此看来,教育事业应当注意全部,自大学至幼稚园各段教育息息相关。严格说任何一段教育均独立不起,任何一段教育亦不能单独办得特妙。世间不明此理的人往往有侧重某段教育的主张,而该段教育遂呈畸形发展的现象。殊不知全部教育倘有一阶段无适当的办法,其他各阶段必受影响,见于受教育者智识与技能上,或见于理想与态度上,或见于身体上,情状虽不相同,受影响则毫无疑义。我们主张教育建国,更主张以各阶段有适当办法的教育建国。所以东大教育科近来注意到第一段教育,目的在实地研究出幼稚园实施各方面的办法,供国内从事幼稚教育者采用。

求一段教育有办法,谈何容易。实际上的经费问题姑置而不论,即以该段教育本身之设施各方面说,非经过有系统的、有主旨的长时间观察与实验,不能得确实有把握可实施的办法。即使计划详明,可按步进行,教材齐备,完全适用,但没有训练彻底,精神纯正,兴趣深厚的教师活用所有制定的计划,及所备的教材,这一段教育仍是没有办法。所以我们主张将幼稚教育彻底做一番有系统的有主旨的观察与试验,建立一所幼稚师范专修科,招收志愿从源头上建设教育、从根本上建设国家的青年,前来肄业。一方面培养养正便是建国的精神;一方面练习,用引导儿童的手段发展他们的优美天性,观察儿童反应的方法,改善自己教学的能力;一方面学习些能从自然环境及社会环境中随时随地选择教材的基本学识。毕业之后,充当幼稚园教师,期望他们能从教师与儿童共同生活中培养健康及利群习惯的基础,维护儿童的情绪,使免于愤怒、自尊、猜忌、孤独、冷酷的趋向,而增长其和乐、坚毅、自决、愉快的态度,并养成儿童热烈吸收新经验的嗜好作求学的始基。我们希望这一所未来幼稚师范专修科培养出的人才，能负人格教育的责任，换而言之，真能做养正的功夫。这理想的实现，一大部分要依赖实验幼稚园的试验。东大教育科所以在预算中拨一部分经费请心理教授陈鹤琴先生主持试验幼稚教育，便是创办幼稚师范专修科筹备的工作。

吾国幼稚教育极零落可怜，这也是无可讳言的事实。非有大批胜任的幼稚园师资，不能推广及改善。至于需要一层那却不足虑。非受经济压迫的家长，谁不愿意他们儿女自二岁至六岁之期间能得受教育的机会？国内争地杀人的战事息了，国人从大梦中醒来，政府知道替人民谋教育普及，国人明白教育全部须注重，不得任何一段教育偏枯的时候，幼稚园无论在城市或有十五个六岁以下的儿童的乡村都应该设立，彼时必感到幼稚师资的缺乏，各省必有在教育科之大学中附设或单独设立幼稚师范学校之举，届时必有有心人提出幼稚师范专修科应当如何办的问题。东大教育科所以拟设幼稚师范专修科，一方面固注目于训练幼稚园之师资，一方面且将实验幼稚师范教育，研究幼稚师范的适当办法，以备将来各处创办幼稚师范学校或专修科者之参考与采用。

总之，我们承认教育问题是全局问题，教育阶段中任何一段枯萎不发达，或办法未妥善，甚而至于办法错误，全局必受其累。这层希望教育界大家觉悟，也希望一般社会人觉悟。大规模的教育事业上轨道与否，全赖有许多专门家放开眼界，收敛精神，悉心研究出办法来供一般人的采用。要免了教育上的虚糜，除用精审的研究专技在实际状况下，搜讨适当的办法，没有第二条路。今日办鼓楼幼稚园重在研究办法，将来办师范专修科亦然。我们的一切计划的最大目标，在增进办学的效能。

（发表于《幼稚教育》创刊号，1927 年）

亡友赵氏叔愚事略

　　君讳崇鼎，字叔怡，自号叔愚。世居河北大兴，寄居河南新乡。尊甫经济文章，声当世历□①督幕。游宦二十年，而家鲜蓄积。有子三人，君其季也。君幼年学，得之趋庭，年未弱冠，勤学攻苦，于书无所不窥，尤喜新籍。戊戌政变后，在鄂就学，丁未随官来宁。余之识君也，在南京汇文书院。君状貌魁岸，性情纯挚，同学咸以笃实君子称之。然君德比玉，温而能栗，有慷慨悲歌之风。辛亥武昌起义，君□□欣然色喜，即去其辫。时南京尚未反正，君因无辫避难出城，为逻者所得，几遭不测，遇救而免。民国元二三年间，君于政治饶有兴趣，尝辍学，游京沪宁鄂之间，以广见闻，于时局大势观察甚清。与友朋抵掌而谈时事，穷源竟委，娓娓不倦，动中肯綮。嗣倦游，重来金陵大学肄业。先习文科，于社会学科最有心得，后改习农科，专精殚思，造诣益深。君体素强，农科实习时，尤能力行不倦，尝云实习不独增进实际学问，且可锻炼身体。同学感动，益知奋发。民国七年毕业，任直隶实业厅农业视察员，巡察地方农业状况，洞见得弊，献议颇多。惜当军阀官僚勾结为政之时，当局不知政治□□之所在，□□不行，遂翩然辞职，而改就金陵大学秘书。然君自此次巡视乡间，目击农业不修、乡民贫困之情状，以自许农村事业之心愈切，而游美研究农村教育之志益坚矣。惟学费无出，迁延至民国十一年夏，尽力张罗，得师友贷金，乃克成行。先生在美国麻省大学、哥仑比亚大学专攻乡村教育，得硕士位。留学时往往经月不至餐馆，食面包白菜以充饥。我君勤学如故，未尝自馁。课暇即译书，成《乡村教育经验谈》一种，已出版。十三年秋，返国任国立东南大学教育科教授兼中华教育改进社乡村教育研究部主任。十五年任乡村教育科主任，学系宗旨及其课程，皆君所订定。君有志创办乡村师范学校，试验其理想主张，同时陶君知行亦有此志，乃托君草拟试验乡村师范学校计划书，（见君所编《农村教育学参考教材》，中央党务学校出版）改进社乡村教育之事业君多所擘划。晓庄试验乡村师范学校

---

　　① 　原件个别字迹不清，以□代替。

之筹设，君劳心力不少。盖自创办至于成立，君与陶君不辞劳瘁，始终其事。嗟乎，以理想而生活，生有乐趣；为主张而服务，虽劳不倦。君盖深知此中甘苦者也。君治学尚实际，尤能于实事上用其所学。十五年春，君曾为改进农村生活事，赴昆山徐公桥乡调查乡区社会状况，于地势人口职业农产佃制教育卫生等情状考察至详，具为报告，提出建议，亦切实易行。以（详见君所著《昆山县徐公桥乡区社会状况调查报告书》）其治事之精细，计划之周详，与夫关心农民痛苦之情感，流露于字里行间，至今展读，犹能想见其为人。设天假之年，使君所抱怀者——见诸实行，其造福岂独徐公桥一乡而已哉。国民政府建都南京，中央设党务学校，君受聘为教授，讲农村教育。一年来悉心讨论农工政策，知农民运动为时代亟有关系之社会问题，乃本其所学，悉心研究，著有《农民训练的理论与办法》一文（见《新生命民众运动》专号），主张训练农民宜用同时施行基本政治生产三种训练，以"唤起民众努力于革命建国具体的方案"，于"革命前的社会"及"革命成功后的社会"分析入微，关于施行农民训练之进行程序，亦有切实之建议，此为君党国□代根据三民主义之教育主张，而其实施方案，则具于君所拟中央大学区民众教育院之组织大纲及细则。盖君于本年七月间受聘为民众教育院院长，院址原在苏州，鉴于其他不宜于施行朴实耐苦之训练，因请改设于无锡之开原乡，自是君遂于炎夏往来于京锡之间经营规划，辛劳备至。六月间君丁父忧，呼号有余哀，而君妻刘氏卧病经年，适于是时劳益加剧，辗转床第，惨不忍睹。君固处人生极难堪之境也。八月中旬余自皖过京，造访于其寓，知君深于情，以不为境挫而移情于事相慰藉。君首肯，相对黯然而别，别未经旬，而君夫人之讣至，又数日而君殁之耗至。呜呼痛哉，君竟以忧患劳苦而丧其生耶？君病肺炎以九月三日卒，兄在新乡，子名小平，尚幼。身后萧条，几无以殓，交游闻之，咸欷歔不置云。

（发表于《乡教丛刊》第十八期，1928 年）

中外友好通商航海新约之缔结

引 言

国民政府成立以来，决定以废除不平等条约，恢复国权，为对外政策之总纲。建都南京，完成统一，中央政府益臻巩固。外交当局本坚毅之精神，运灵敏之手腕，按定步伐，愈逼愈紧，展开外交局面，厉行对外政策。列强观望不前之态度，一变而为开诚协商之表示。自民国十七年七月外交部王部长到任，迄今不足三年，中外所订条约，除吾国参加之国际公约外，共计有二十四种之多。此中外交孚之象也。兹依条约性质及签订先后，列表如下：

（甲）：关税条约

整理中美两国关税关系之条约。

中德条约。

中那关税条约。

中比友好通商条约。

中美友好通商条约。

中丹友好通商条约。

中和关税条约。

中葡友好通商条约。

中英关税条约。

中瑞关税条约。

中法关税条约。

中西友好通商条约。

中日协定。

（乙）：恢复法权条约

甲项内有五种条约除规定关税自主外，并订定法权为我国固有之主权。以其兼有特殊性质,故另立本项。

中比友好通商条约。

中意友好通商条约。

中丹友好通商条约。

中西友好通商条约。

(丙)：关于收回租界及租界地之条约

收回镇江英租界中英双方照会。

收回天津比租界协定。

收回厦门英租界换文。

中英交收威海卫专约及协定。

此外有收回汉口英租界协定及收回九江英租界协定,系在民国十六年二月签订。

(丁)：协定及换文

上海公共租界中国法院之协定。

中美公断条约。

解决中英庚款换文。

(戊)：友好通商航海条约

中国波兰友好通商航海条约。

中希通好条约。

中捷友好通商条约。

中法规定越南及中国边省关系条约。

本文范围以戊项所列之四种条约为限,先言前列三种新约签订之经过及其内容之要点,次述中法专约签订之经过,并说明专约内各项规定之意义焉。

中国波兰订约经过

欧战告终,波兰复国,政体改为共和,领土襟带欧亚,1926 年被举为国际联合会行政院常任理事,国际声誉日臻隆盛。其人民侨居江省者近三千人,原隶俄籍,祖国再造以来,已恢复原有国籍,亟欲与吾国订约保护侨民。民国十七年五月间,与前北京外交部签订友好条约,未经批准。嗣由波兰驻日公使请我驻日公使声请国民政府批准该约。外交部以该约有未尽合相互平等原则之处,故不予承认。十八年,波兰政府,商得外交部同意,派遣专使来华,商订新约。同年五月间,波兰代表抵京,与外交当局会议新约。先后谈判十五次,至九月十八日双方签订《中国波兰友好通商航海条约》二十二条,藏事议定书一件,内含声明文件三件,换文一件,经国民政府于十八年十月十六日批准,其附加议定书闻亦经立法院审议通过。照本约第二十二条之规定,本约应由两缔约国按照各本国根本法律批准,而波兰国会中途因故解散,批准手续迁延未办。去年(十九年)九月二十二日波兰驻华代表致照会于外交部,声称本国亟欲使是项条约不再迟延,本月十日国务会议已将此项条约予以实行云云。本年(二十年)五月一日波兰总统业已批准本约及其附属文件矣。

中国希腊订约经过

中国希腊订约之议发生于民国二年,惟未有成议。民国八年,旧事重提,会议亦无结果而罢。希腊之于中国遂为无约国,其在华侨民,则托法国政府设法保护。国民政府建都南京后,希腊人民之来华者仍在驻华法国领事馆注册,由法领代为保护。嗣因国府声明对于希腊在华侨民以无约国人民一律看待,希腊侨民鉴于环境之不便,要求本国政府与吾国政府订约。乃由希腊驻法公使于民国十七年五月二十六日与前北京外交部所派驻法公使签订《中希友好条约》共八条,声明文一件。是项声明规定:"在中国领土内希腊人民诉讼案应由新设立之法庭审判,并有上诉之权,得用正式之诉讼法办理。希腊律师及翻译经法庭正式准许,得于讼案期间充为顾问。"同年七月,外交部王部长到任,以是项声明文件违背国民政府完整法权之政策,不予承认,力主撤销。十八年九月三十日,国民政府派驻法公使与希腊驻法公使重签《中希友好条约》,经国民政府于十九年二月一日批准,希腊国会于同年二月二十八日批准,批准书已于同年六月十四日互换矣。

中捷订约经过

捷克共和国，亦欧战后新兴之国也。其民族久受德奥蹂躏，欧战将终，故国再造，国势蒸蒸日上。其地东接波兰，西北与德国毗连，南与奥国及匈牙利为邻，欧洲主要铁道横贯其境者有三大线。农业极为发达，铜铁纺织及制革等工业尤为进步，商业与吾国关系日臻密切。与吾国向无条约之关系。民国十六年九月捷克代表来京与外交当局商订条约。捷克代表先请订立友好条约，外交当局为免于最近期内再订通商条约起见，提议商订友好通商条约，草约由我方提出。九月二十日双方代表开始谈判，捷克代表要求关于民刑诉讼案件，捷克籍律师有出庭辩护之权，我方未予承认，并提出得照所在国法律自由选任律师，或代理人之规定以代之。我方提出彼此工人享有进入所往国领土之便利。而捷克代表因其本国对于工人入境一节，除工厂用合同雇佣工人外，不许多数工人入境，故对于我方提案，反对甚力。其他各点，双方互有争执，会议多次，悬而未决。延至十九年二月十二日始签订《中捷友好通商条约》廿一条，经国民政府于十九年四月二十五日批准，捷克政府于同年七月廿四日批准，双方于同年十一月二十日互换批准书。本约自去年十二月五日起，已发生效力矣。

上述三种新约内容之要点

波兰、希腊、捷克三国与国民政府向无条约关系，外交当局对于有约国既厉行废除不平等条约之政策，对于无约国订立新约当然须顾及废约策略，而另定政策。是项政策维何？概括言之，一曰一切新约必须绝对合于国际互尊主权及相互平等之原则，树之风声，而为废除不平等条约之张本；二曰国际法上所公认独立国家应享有之主权——如法权、关税自主权、沿海贸易及内河航行权、领海港湾不容外国军舰自由驶入等项——在向未受不平等条约之国家与外国订时，原无明白规定之必要，而在吾国不平等条约尚未完全取消之时，则必须规定于新约之内，以示旧条约中各项不平等之规定，在党治政府之下，绝不容其存在，籍以促进享有不平等条约权利各国之觉悟；三曰华侨一切利益，在可能范围内，新约须详细规定，以求保护之周到。此为外交当局订立新约之基本原则。兹将三种新约各项规定之内容，加以说明,读者试衡以基本原则,当知其若合符节也。

一、外交代表在所驻国得享受照国际公法所承认之待遇,权利优例,及豁免。溢出此项范围即非所驻国所应允许。吾国因《辛丑条约》承认外国使馆划界设卫,实属辱国丧权,故新约规定,彼此外交代表在所驻国,互相享受国际公法所承认之待遇及特权,所以防新缔约国之援用外交恶例也。(参阅中波、中希、中捷新约第二条)

二、领事在所驻国得享受国际公法所承认之待遇,行使国际通例所承认之职权。外国领事在吾国有所谓领事团者,非国际通例也,外交当局采取不予承认之政策,故新约内明白规定领事之待遇。(参阅《中波新约》第三条,《中希新约》第二条,《中捷新约》第二条)

三、法权为独立国家最重要之主权,因条约关系我国容许外国领事行使裁判权,条约之不平,此为最甚。外交当局秉承国民政府对外政策,限期撤废领事裁判权,故与三国订约,规定彼此人民及其财产服从所在国之法律,及其法院之管辖,即所以促进领事裁判权之撤销也。(参阅《中波新约》第六条,《中希新约》第三条,《中捷新约》第六条)

四、内河航行及沿海贸易权。世界各国均以保留于其自国人民为原则。外人在吾国享受此项权利,肆行经济侵略,久为国人所痛恶。故新约规定此缔约国人民不得在彼缔约国领土内享受内河航行及沿海贸易权,以示吾国具有收回此项权利之决心。(参阅《中波新约》第十四条,《中捷新约》第十五条)

五、自中英《天津条约》第五十二款创恶例后,各国相继效尤,要求以条约规定兵舰得自由巡弋吾国领海,驶行并停泊于吾国内河。此亦不平等条约损及吾国国权者也。《中波新约》第十七条规定彼此军舰及输送军队或军用品之商船,非得所往国政府之特许不得驶入其领海港湾及口岸,主要用意亦在促进不平等条约之废除也。

六、保护旅外侨民,为政府应尽之职责,况吾国侨民旅居于各国者较任何国为多,尤其宜妥筹保护办法,俾不致遭受虐待。而在外交部则职有专司,义无旁贷。故与各国订约时,于保侨民一端三致意焉。华侨利益可用条约保护者,以关于入境、居留、做工、身体、财产、经营工商业、缴纳税捐、遗产继承、教育子弟等项为最重要。惟是项权利之保护，除采取相互优遇之主义外，国际间不容存有其他奢望也。即相互优遇，国际间亦以不妨碍各本国全国之利益为条件。华侨在外，消极方面，果能不受所在国政府之歧异待遇；积极方面，其权利果能在最惠国待遇或内国待遇条件下，谋得相当保障，不独差强人意，抑亦堪优越矣。然此均非能片面享受者。新约中关于侨民各条件之规定，大抵皆合于上述之普通条件。读者试细按之即可了然。而吾国在外侨民常识不足，依法律应享之权利，因手续疏略，而引起纠纷，丧失权利者，往往有之。如遗产不立遗嘱致继承管理处分等方面发生问题是。故中波、中捷新约内关于遗产各项事宜，规定甚綦详。此则外交当局斟酌华侨本身情况，以条约详细规定保障其利益之用心也。（参看《中波新约》第四、第五、第八等条，《中捷新约》第四、第五、第七、第八、第十、第十一等条）

七、波兰、希腊、捷克等国在国民政府建都南京之后，先后派遣代表与吾国商订条约，其主要用意不外乎便利商务及保护侨民。波兰人民侨居东北者大抵在中东路沿线，而以哈尔滨为其活动中心。商店而外，设有学校教堂，故波兰代表要求中国政府继续承认是项权利。我方则采取相互在本国法令范围内予以保护之办法焉。（参看《中波新约》双方换文）

八、关于关税一项，此次订立新约仍采民国十七年与各国订立关税条约之政策，原则上极少变更，姑不具论。（参看《中波新约》第十条，《中希新约》第四条，《中捷新约》第十二条）

中法订约之经过

中法越南旧约如《中法陆路通商章程》（前清光绪十二年三月二十二日西历1886年4月25日签订），《中法续议商务专条》（光绪十三年五月初六日西历1887年6月12日签订），《中法续议商务专条附章》（光绪二十一年五月二十八日西历1895年6月20日签订），均为民国十五年八月七日同时满期，经前北京外交部于同年二月四日声明届期失效。法政府当时托词要求展限一年，未经承认。民国十六年前北京外交部与法国驻华公使会议订约，未有结果。而华侨在越南遭受当地政府苛刻待遇四十余年,迭经前北京外交部交涉取消未遂,此中法亟须商订新约之缘由也。十七年七月九日外交部王部长照会驻华法使馆代办,声明自八月七日起废止上述三约,提议另订新约,并声明在上述条约已废,新约未订以前,由国民政府颁布临时办法七条以维持中法陆路商务关系。叠经外交部催促,法政府派遣代表开议新约,十八年一月驻华法使始奉派来京会议。

自十八年二月开议至十九年五月十六日签字,双方各有争点,而法方对于通过税坚持尤力,会议濒于破裂者数次。往复磋商,最后始签订《中法规定越南及中国边省关系专约》,正约十一条,附件四件,换文三件及议定书一件,惟均尚未经双方批准也。

中法专约各项规定之意义

此次中法另订规定越南及中国边省关系专约之议,发动于我方,法方经一再催逼始允开议。我方要求废除《越南旧约》,另订新约,其主要原因有二:是项越南旧约加损害于吾国者,不一而足,举其重要者言之,如束缚我边关关税自主权,约定通处所法国领事得行使裁判权;中国货物通过越南者,约定征收值百抽二之通过税,而法方实际征税竟至值百抽二十;干涉我边省矿政路政电政;法方因 1887 年吾国声明暂缓设领之照会而拒绝吾国在越南设领之要求等皆是也。是项不平等条约既届期满,当然乘机交涉废除。此其一。越南华侨受当地政府之苛刻待遇,不胜枚举。以其最甚者言之,人头税之独重,营业税之横征,此税捐上之歧视也;华侨诉讼无一定法律可遵,法兰西法律或越南法律由法官任意择用,法庭上不许华侨用法语述供,必须由翻译员传述,此司法上之歧视也;华侨非领过埠证不得由此埠赴彼埠,由北圻赴中国者,一律须领取出口护照;在越南警法之外,华侨须兼受《华人移居条例》之支配,取缔独严。华侨当住东京者须领取居留证,须向中华会馆报到。会馆不为担保者,由警察监视,认为品行不端或无正当职业者,动辄驱逐出境,此警察法上之歧视也;而华侨历来在越南享有之土地权、内河航行权、渔业权,现均岌岌可危。故亟须另订新约,解除华侨所受之苛刻待遇,而保障其享有之特权。此其二。我方订约之主要目的既明,则中法专约各项规定之意义更显。兹分析说明于后:

一、中法越南三种旧约均有条文规定我国边关减税，损及吾国关税主权，现是项条约均经本专约订明废止失效。法方货物运进云南、广西、广东，除第六条第七项特别规定者外，均照吾国海关税则纳税。关税主权，益臻完整。

二、照 1886 年《中法陆路通商章程》第二款吾国本可在河内海防两处设领，而翌年订立《中法续议商务专条》时，双方互换照会声明是项领事暂从缓设。嗣后吾国要求设领，法政府一再推诿。越南至今尚无吾国领事，保护华侨事宜遂乏专员就近办理，侨务发生问题时由吾国驻法公使向法政府交涉，遥领遂失机宜，侨民深感痛苦，越南商情政况亦无由知悉。故新约规定吾国政府得派领事驻河内或海防及西贡。河内为东京首府，西贡海防皆商业经济之中心也。（参看《中法规定越南及中国边省关系之专约》第三条）

三、越南华侨所受内地通行证及出境证之苛例，上文已言及之。本专约第四条第二项以依照缔约国各本国法律章程，互相给予最惠国待遇之条件，解除华侨此项痛苦。

四、本专约第五条亦以互相给予最惠国待遇之条件解除华侨在越南所受华人移居条例之限制及其他警察法上之歧视待遇。其第二项则为解除华人在越南所受税捐上之歧视待遇而设。

五、华侨历来享有之特权，如土地所有权，内河航行权，渔业权，法政府近年来有加以限制之议，且有从实际上摧残之举动。现经法政府承认无意撤销，惟声明保留向来征收关于是项特权之税捐。而我方则声明在最惠国待遇之条件下承认是项税捐其用意在免受歧异待遇。（参看双方关于特权之换文及附件三）

六、越南华侨诉讼事件，照《中法陆路通商章程》第十六款，原可享受最惠国待遇，而越南政府托词延宕否认履行致华侨备受越南法庭之蹂躏。屡经交涉，迄无效果。本专约附件二声明华侨在越南关于法制管辖、民事、刑事、税务，及其他各项诉讼程序，得享受照吾国待遇。四十年来之苛遇，今始约定刷除。

七、中国货物每年经过越南者几占越南通过贸易之全部，其共总额在四万万佛郎左右。严格照约值百抽二，通过税收其数已属不少，况实际有征至值百抽二十者，则通过税之为越南政府大宗岁入可知矣。而吾国因交通关系，货物运进，滇粤桂三省,及由三省出口者有必须经借道东京之势。在此情形之下,法政府坚持征收通过税之办法,亦奚足怪? 此次订约我方要求免除一切通过税,而法方则坚不承认。双方相持,会议几番停顿,迁延一载有余。其争执之烈,可概见矣。最后法方让步通过越南之中国货物照值百抽一纳税,我方要求此外不得另加关于进出口及通过之禁令及限制,免后来法方巧立限制,致值百抽一之约定税率等于虚设。法方则以在约定区域相互不加禁令及限制为对案。以是有第六条自第一项至第四项,及第七条第一项之规定。

八、《中法陆路通商章程》第十六条规定华侨在越南所有赋税诉讼等事得享最惠国待遇。后因越南司法机关藉口于此项条约未在越南公布,不能援用为词,拒绝华侨享受此项待遇。为杜绝类似之流弊起见,故本约第十条规定本专约及其附属文件批准互换后应在越南公布云。

中法之战,清廷无能,丧失越南宗主权,而越南遂沦为法兰西之殖民地,嗣复与法政府订立关于越南及中国边省关系之不平等条约,大错铸成,挽回不易。此次外交当局竭其智能,废除三约,另订新约。是项专约生效后,吾国边关主权遂得完整,通过税约定照旧税率减轻一半,越南华侨历来享有之特权,法政府声明保障。关于是项特权之税捐,照最惠国待遇缴纳,华侨在税捐上、司法及诉讼上、警察法上,可免歧视。是皆中法新约我方所得之效果也。

（发表于《时事年刊》,1931 年）

未刊稿

读书方法及研究报告

——"以德国宗教改革前夜的政治经济宗教情况"为例①

以下的讲稿是一九五三年二月我因为班上学生要求指示读书方法,根据了他们的作业、期中考试的报告之分析(我在各报告上批了批语,集中批的各点)而做的讲稿。

这一项约花了我二十余小时。

这讲稿约花了三小时。报告题为"德国宗教改革前夜的政治经济宗教情况"。这题目不太好,应该说分析"情况"而研究宗教改革之本质。

讨论读书方法

一、阅读参考资料须形成你自己对这一个问题的本质的明确的认识,用判断方式表达出来。例如为什么研究德国宗教改革前夜的经济政治宗教情况?为的是要认识运动的本质,还要认识德国宗教改革后的教育之本质。因为这运动的本质决定了教育的本质。我看你们,的报告大多数认识了这运动的本质,恩格斯的著作启发了你们,认识到:1. 这运动是一个反封建制度的运动,是在天主教工会的形式下进行的集中火力攻击教会、擒贼擒王、打击封建制度的要害的办法。2. 这运动是阶级斗争。3. 这运动代表资产阶级首先发难向地主僧侣阶级进攻。农民及手工业者怀着比资产阶级更广泛的改革的动机参与攻击封建贵族如德国的诸侯,自由城市的资产阶级后起响应,从中取利,利用了这运动发泄了资产阶级意识。这运动初期,农民手工业者及其他无产者的行动损害到地主贵族的利益,地主贵族就起来镇压农民,扑灭了农民革命而走上温和改革宗教的道路。这是一次资产阶级的思想领导的阶级斗争。形式是反罗马的加特立教教会的运动。农民没有能领导,

---

① 该题目为本书作者所加。

胜利不属于无产阶级。而且这一运动从许多方面来看,主要动机是因罗马教会搜刮德国人民的金钱,霸占德国的大量土地,挥霍德国人的金钱而起的。所以宗教改革运动的特征是资产阶级的思想意识领导的与地主僧侣的斗争。诸侯封建贵族城市布尔乔亚响应了都去用实力进行了这运动,都是受资产阶级思想支配,就是民族主义也是褊狭民族主义的思想意识。

你们对于这运动是资产阶级思想意识领导向地主僧侣阶级斗争的认识大致不错,但有些报告内只说是阶级斗争,希望你们对此清清楚楚明明白白下这么一个判断。

这判断下了有什么用? 如果孤立起来看,那不过是一次智力的练习。我们是在德国宗教改革及它的教育的本质之研究中提出一个问题,所以必须与教育联系起来看。

罗马教会势力是打倒了,可是民族形式的路德派的教会起而代替了罗马教会。路德派的教条代替了天主教的教条,一样的宗教武断。

路德派的牧师代替了加特立教僧侣,但一样的独断教育。教会办教育新旧教会是芦苇混地上。

高等教育内容之贫乏是一样的,只有中等教育得到相当的重视后,才能改观。在德出现了双轨学制,仍然是双轨学制。教育是统治阶级的武器工具,德国新教教育宗旨仍旧是培养新教教会的领袖人材,资产阶级的干部。新教德国教育对于人民大众没有益处。

我们可以得到另一个结论:德国宗教改革运动本质是:以剥削阶级的新教会代替了一个旧阶级教会,与剥削阶级同一个立场上来办教育,教育的本质不会有什么大的改变,不过是教育权的换手而已。所以:

二、从一个判断中须要引起另一个判断。这样联系起来我们才可以领会当今教育实践理论之发展。这样你就用了马克思主义的思想方法读书了。不联系你就看不出德国宗教改革前夜经济政治宗教情况之分析与当时的教育有什么相干。

三、有所为而读参考资料。那就是想解答某一个问题。既然有一个一定的目标,那么参考时我一定要从中提出要点。边读边提要点,另纸写出:1. 打击教会即打击封建制度；2.阶级斗争；3.资产阶级反地主阶级的斗争。

在读中世纪史时，我们晓得德国政治是封建割据的政治，没有中央集权的政治。又看德国农民战争，我们得到启发，地方分权的政治是孤立的以省为单位的地域性经济的反映。这是不少同学都能抓住的要点。

阶级矛盾这要点同学们是抓住了的。

阶级关系之复杂性你们也抓住了。

地主僧侣阶级是各阶层之公敌，也抓住了。

四、要点之中要选择一个最重要的一点，以这个要点为主导的思想来贯穿整个思想体系。一篇报告是一个体系。这体系要有一个主干，中心思想，其他要点是一个中心的支柱。

五、一个要点是一个判断，必须用很确实的词句表达出来，使它毫不含混。随读随写出判断。

六、要点已经提出了，然后排序。这是最初第一步的思想轮廓的结构。

七、每一个要点之下有它的分点。例如政治的不统一性之下（一）有诸侯波恩的独立；（二）自由城之自主独立；（三）骑士领地之离心趋势等分点。一个分点是一个思想单位。这些思想单位服从于一个较大的要点，是由较大的要点率领的。所有分点起了一种充实判断之作用。有些报告是有这现象的，作者意识到这样的作用。

因此我们阅读资料时要在各个要点和它的分点的指挥之下吸取事实。这方法是用一张纸写一个要点及其分点为标题，把事实写上，一张一张纸按照次序排好。写时对照这些材料，写出来就有条理了。

这些个请总结，是在适当的标题（要点分点都是判断）、适当的判断之下吸取适当的资料。有些同学没有做到，所以条理不清。

八、分清参考资料中的资料主从之性质。主从不可并列起来。例如有的同学写了（5）一项，工商业零星散布发展不平衡，并列的第（6）项（商业）东方与西方又没有关系。这是零星散布之事实，从属于第五项，不可与第五项并列。

凡是我在报告中批了"有芜杂现象"字样者都是指出犯了这种在一个项目之下

（判断之下）所吸收的事实不是适当的事实。或者经济标题之下吸收政治性的事实，反之政治性的判断之下吸收了经济性事实，毁坏了一个小思想单元的一致性。不少同学的报告有这样的毛病。违反了这个原则。

在适当的标题之判断之下吸收适当的事实，排斥不相干的事实。事实须以类相从，以保持纯一性、一致性。紧紧地解释资料——历史。

九、罗马教会有中央集权的政治机构，大主教区、主教区、教区三个分级的行政区。这机构的理论根据是世界教会不分民族界限。用这理论为根据在宗教上统治欧洲人民，以施行经济上的榨取人民血汗。宗教改革后的各国设立了民族教会，不独打垮了罗马教会的统治机器，而且推翻了它的理论根据。这是很重要的一点。在宗教项下可以提出。这是与教育有关的。德国要求民族教会从而就促进了国语的小学。对于这一点有些补充的材料。

一切的一切须从联系中看。归根到一点上，经济单位孤立造成分裂。政治的分裂给予教会的便利乘便搜刮德国人民的金钱。（不像英国有一个中央集权的政府，多多少少能制衡罗马教会）这是从联系中看的。多数报告是揭示出了这种内在的联系，才能好好地解释历史。

概念之了解清楚。中等阶级这一名词表述的概念要搞清楚，介于贵族僧侣和农民手工业无产自由的市民之间的一个阶级，所以称为中等阶级。搞清一个概念须从它的构成成分上仔细考究。这阶级包含的成分主要是城市资产阶级自由职业者（知识分子）、小资产阶级。只有两篇报告吸收了这样的分析，提出构成成分。搞清概念还有一个办法，即找出例子。有了这具体例子，概念就比较清楚了。在看书的时候遇见概念不要囫囵吞枣。

十、总结是一个思想单元的纲领。思想线索须在此中提出，以醒眉目。竭力避免再提细枝末节。一个报告后有这样的毛病，呈现了芜杂的现象。

其他

＊用词须求准确，语法上毛病应该注意。

＊行文的过渡方法。从前一段渡到后一段，思想次序好过渡不愁，用词句揭示

出来后更显文章的技巧。

　　＊"批判"之下注出参考书的页码是写历史文字的很好的办法。

　　＊世界史上的大运动发生的时期联系到本国史上的情况，也是很好的。有一篇报告是很好的。

448

徐养秋先生美国伊利诺伊大学硕士毕业论文

UNIVERSITY OF ILLINOIS

THE GRADUATE SCHOOL

CHINESE POLICY OF THE UNITED STATES DURING THE SECRETARYSHIP OF JOHN HAY

BY

TSEH LING TSU

A. B. The University of Nanking, 1914.

THESIS

Submitted in Partial Fulfillment of the Requirements for the

Degree of

MASTER OF ARTS

IN HISTORY

IN

THE GRADUATE SCHOOL

OF THE

UNIVERSITY OF ILLINOIS

1918

UNIVERSITY OF ILLINOIS

THE GRADUATE SCHOOL

May 27 1918

I HEREBY RECOMMEND THAT THE THESIS PREPARED UNDER MY

SUPERVISION BY *Tse Ling Tsu*

ENTITLED *Chinese Policy of the United States*
during the secretaryship of John Hay

BE ACCEPTED AS FULFILLING THIS PART OF THE REQUIREMENTS FOR

THE DEGREE OF *Master of Arts*

H. S. Robertson.
　　　　　　　　　　　　In Charge of Thesis

Laurence M. Larson
　　　　　　　　　　　　Head of Department

Recommendation concurred in*

_____
_____   Committee
_____   on
                                   Final Examination*

*Required for doctor's degree but not for master's

408209

CHAPTER I.

CHINESE POLICY OF THE UNITED STATES
DURING THE SECRETARYSHIP OF JOHN HAY.

Contents

CHAPTER I.

EARLY AMERICAN POLICY IN CHINA.

All intelligent students of the history of America's inter-course with China must be impressed with the fact that the policy followed by the government of the United States in dealing with Chinese questions has passed through two stages in its development. The first stage covered a period of about one hundred years from the arrival of the ship The Empress of China at Canton in 1784 to the proclamation of Secretary Hay's first circular note in 1899. The second stage, opening a new era in the history of American diplomacy in China, began with the twentieth century. It was in this stage that the American government put its Chinese policy into a definite shape and exerted unusual effort to maintain it. With this policy the present paper will deal.

The policy that the United States adopted in its early dealings with China was the traditional foreign policy pronounced by Washington. It was based upon the principle of peaceful commercial relations and the avoidance of entangling alliances. The early American diplomats and consuls in China did what they could in protecting lawful American merchants and citizens in that country. To open China's doors to the world's trade was the aim of the United States which was in common with the European Powers engaged in the Far Eastern trade. To co-operate with them in obtaining the aim not by force but by peaceful means was the policy of the United States. Its attitude towards China was marked with peace and

452

prudence, and evidently it was passive. But it began to change in the later part of the last century.

The foreign policy of a nation is a thing everchanging. Territorial expansion, commercial and industrial development of the nation or a new international situation to which it must adapt itself often calls for the reshaping of its foreign policy. The annexation of the Hawaiian groups and the Philippine Islands brought the United States into closer relations with the Far East. America's Chinese trade grew to such magnitude and importance that the American government could not but pay constant attention to the interests of the Americans in China which were impaired by other Europeans. All these led to the change of America's policy in China in the closing years of the nineteenth century. The American government could no longer assume the passive attitude. It had to resort to new measures in keeping China's door open,- a door which certain Powers attempted to shut against others.

What were the developments of the affairs in the Far East, especially in China that made the United States change its attitude towards Chinese questions? Why did Secretary Hay announce the policy known by his name? How did he try to carry it out to its fullest extent and to defend it? In order to throw some light upon these questions let us examine the history of America's intercourse with China and those of the general history of the Far East.

Before 1844 there was no treaty relation between China and the United States, all relations being purely commercial. Since the first American vessels arrived at Canton in 1784, American ships visited that port from year to year by way of the Atlantic and

3

Indian Oceans or by way of Cape Horn. In 1788 the ship Columbia,
laden with seal and other skins in the vicinity of Cape Horn, reach-
ed the port and there bartered for tea. This was the starting point
of the fur trade which later became almost an American monopoly in
China. The trade grew so fast that in 1789 there were fifteen Amer-
ican vessels at Canton. Two years later about 427,000[1] seal skins
were imported to China where there was always an insatiable market
for the fur. "The profits of this trade were very large amounting
in successive voyages to one thousand percent every second year."[2]
Yet we must keep in mind that the fur traffic was one of the items
of the Chinese trade.

Although the trade was of considerable magnitude, it was
under terribly exposed conditions. Many American merchants called
the attention of the government to the necessity of better protec-
tion. John Jay, secretary for foreign affairs of the Continental
Congress, recommended to the Congress on January 20, 1786, that the
United States should appoint consuls to the ports in China. Congress
consented to his proposal and Mr. Shaw was made consul at Canton.
The first American consul to China according to the custom of the
time established himself in Macao where all the European representa-
tives to China resided. There he took up the task of protecting
American interests. His successors saw the American commerce with
China going on without any disturbance until the war of 1812 which

[1] Pitkin, A Statistical View of the United States, p.149
and Appendix VII.

[2] Foster, American Diplomacy in the Orient, p. 100.

suspended the trade entirely. When the war was over the trade was resumed and it showed unusual activity. The American government and its representatives in China never failed in affording encouragement and protection to this trade.[3]

The European Powers and their representatives were equally energetic in protecting their commercial interests in China. However ruptures between the Europeans and the native government spasmodically broke out on account of the exclusive policy of the Manchu government. "The Manchus were on account of the smallness of their number in the midst of the vast empire, compelled to adopt stringent measures to preserve this conquest. For fearing that foreigners should be tempted to snatch their prey from them, they have carefully closed the parts of China, against them, thinking thus to secure themselves from ambitious attempts from without."[4] Accordingly the Manchu government adhered firmly to its policy of seclusion which was conflicting with the policies of the Powers that sought commercial expansion in the empire. It was the British that first attempted to break down the "Chinese wall". In 1834 the British government sent Lord Napier to China to negotiate a treaty of commerce. The Manchu government refused to open negotiations with him and ordered him to leave Macao. Upon his disregarding this order, the former stopped the British trade with Canton. British warships bombarded the fort near the port. A truce was agreed upon by both the local

[3] Johnson, America's Foreign Relations, Vol. I, p. 458.

[4] Huc, The Chinese Empire, p. 124.

5

authorities of the city and the British, and the trade was renewed.
Lord Napier waited at Macao for further instructions from the home
government. A war between China and Great Britain seemed imminent.[5]

   Mr. Shillarber was then American consul at Canton. He
sent a detailed report of the situation in China to the Department
of State, suggesting that the United States might ally herself with
Great Britain or take independent action in showing force formidable
enough to make the Chinese government concede America's demands as
to sharing in whatever privileges might be granted to the British.
The United States government did not manifest its attitude towards
this proposal because the British did not resort to force against
China though the conduct of the Manchu government justified war.

   The British did not declare war against China until the
Manchu government resolved to stamp out the opium trade. The trade
to the British government was a source of revenue. During the five
years before the Opium War Great Britain and her Indian possessions
had drawn from the Chinese empire thirty to thirty-five millions
of dollars in gold and silver and forty to forty-five millions of
dollars of teas, raw silk, etc., in exchange for the drug.[6] The
Manchu court sent a commissioner to Canton to see to the abolishment
of the trade. The commissioner wrested from the residents at the
port upwards of 20,000 chests of opium valued at more than ten mil-
lions of dollars.[7] He caused all the drug to be burned, and it was

  [5] Johnson, America's Foreign Relations, Vol. I, p. 463.

  [6] Doc. No.40, House Ex. Docs. 26th Congress, 1st Sess.
Vol. II, 1839-40.

  [7] ibid.

spark to tinder. The British government immediately took up arms
against China. The war known as the Opium War was brought to an end
by the conclusion of peace of Nanking in 1842. The treaty of Nanking
was signed on August 29th in the same year. It stipulated that the
ports of Canton, Amoy, Foo-chow, Ninpo, and Shanghai were to be opened
to foreign trade and residence, that HongKong was ceded to Great
Britain, and that future intercourse between the two nations was to
be conducted on terms of equality.

The United States did not participate in this war but its
representative was shrewd enough to share the fruits of the victory
gained by the British. As soon as he learned that the treaty in ques-
tion would include provisions for new tariff and trade regulations,
Commodore Kearny, keeping a squadron on Chinese water during the time
of the war, addressed a communication to the governor of Canton,
asking that American citizens should enjoy the same privileges as the
British, that is to say, the principle of the most-favored-nation
clause should be included in the treaty. He received from the local
authority the assurance that the United States should have whatever
trade concessions which were to be made to Great Britain. He not
only asserted America's rights in China but also secured an open
door therein for all nations on equal terms. His communication
marked the starting point of treaty relations between China and the
United States.[8]

The signature of the Treaty of Nanking prompted the Amer-
ican government to take measures for establishing treaty relations

[8] Johnson, America's Foreign Relation, Vol. I, p. 464.

7

with China. On December 30, 1842, President Tyler sent a special
message to Congress then in session, recommending that a mission
was to be dispatched to China to negotiate a treaty of commerce.
Congress made an appropriation of $40,000 for the mission and Caleb
Cushing, a representative from Massachusetts, was appointed on March
8, 1843, envoy extraordinary and minister plenipotentiary to China.
The commissioner, his secretaries, and attaches, were conveyed to
the empire on a squadron of four warships.

　　　The principal objects of this mission were explicitly
stated in the letter of instructions prepared by Secretary Webster.[9]
They may be summed up as these: first, the government of the United
States did not aim at territorial aggrandizement or aggression;
second, it and its representatives in China would not encourage or
protect American citizens who were found violating well known laws
of China regulating trade; third, it would insist upon intercourse
on equal terms; and fourth, a treaty of trade was to be made. "Let
it be just. Let there be no unfair advantage on either side."[10]
Friendship and justice constituted the spirit of the mission.

　　　Mr. Cushing and his suite arrived at Macao February 24,
1844, and established the American legation in a palace of a former
Portuguese governor. He addressed a communication to the viceroy
of the two Kwang provinces announcing the intention and purpose of
his mission and his desire to deliver the President's letter to the

　　[9] Webster's Works, Vol. II, pp. 467, 469.
　　[10] President's letter to Emperor of China, Senate Doc. 138,
28th Cong., 2nd Sess., pp. 1, 8.

458

Emperor. In reply the viceroy asked him to stay at Macao and to wait for a commissioner sent by the Peking government to take up the matter of treaty negotiation. The commissioner Tsiyeng arrived at Canton June 16, and five days later opened negotiations with Mr. Cushing at the Portuguese settlement. As a result of the negotiations, a treaty of commerce was signed on July 3. When the main object of the mission was obtained, Mr. Cushing entrusted the President's letter to Tsiyeng and returned to America.[11]

Throughout the course of his negotiations with the government of China, Mr. Cushing adhered to the principles set forth in Mr. Webster's letter of instructions and to the principle later known as that of equal opportunity. These principles were embodied in the treaty of 1844. In order to see how Mr. Cushing worked out these principles into the treaty let us examine its main provisions.

For the purpose of protecting the American's rights in China the treaty provided that "citizens of the United States who may commit any crime in China shall be subject to be tried and punished only by the consul or other public functionary of the United States thereto authorized according to the laws of the United States";[12] and that "all questions in regard to rights whether of property or person, arising between citizens of the United States in China, shall be subject to the jurisdiction of and regulated by the authority of their own government ......"[13] In other words,

[11] Moore, A Digest of International Law, Vol. V, pp. 418, 420.

[12,13] Malloy, Treaties and Conventions between the United States and the other Powers, Vol. I, pp. 187, 202, 203.

9

in criminal cases the offender was to be disposed of by his own
government, while civil cases between the Chinese and the Americans
were to be adjusted by the joint action of the Chinese and American
authorities. The principle of extraterritoriality had been in-
cluded in the Treaty of Nanking by the British. Mr. Cushing follow-
ed the example, because his conviction was that the United States
ought not to concede to any foreign states under any circumstances,
jurisdiction over the life and liberty of any citizen of the United
States, unless that foreign state be a Christian nation.[14]

As an example, I will cite a case during the Chino-
Japanese War in order to show how the American government made use
of the principle of extraterritoriality. Two Japanese charged as
spies were arrested in the French concession in Shanghai. The
French consul handed the Japanese over to the American consul and
the latter had them kept in the American custody. The Chinese
government demanded their surrender. As to this, the American
consul asked for instruction from his home government. Secretary
Graham thought that these Japanese were not entitled to the extra-
territorial privilege and that they should be delivered to the
Chinese authorities. These spies were handed over and executed
by the Chinese government. Thus we see that the American govern-
ment did not abuse the privilege secured by Mr. Cushing.

Further than affording protection to Americans' rights
in China the American government aimed at the protection of
America's lawful commerce in that country. In regard to the opium

14 Cited in Foster, American Diplomacy in the Orient, p.88.

trade, legalized by the treaty of Nanking, the treaty of 1844 pro-
vided that "Citizens of the United States who shall attempt to trade
in opium or any other contraband articles shall be subject to be
dealt with by the Chinese government without being entitled to any
countenance or protection from that of the United States"[15] The
American government has held this attitude towards that trade up to
the present time. In 1858 Mr. Reed was instructed to say to the
Chinese government that "the United States would not seek for its
citizens the legal establishment of the opium trade nor would it
uphold them in any attempt to violate the laws of China by the intro-
duction of that article into the country".[16] By the treaty of 1880
no citizen of the United States was permitted to import opium into
any of the open ports of China.[17] In this respect the principle
of American diplomacy in China was based upon humanity and it was
different from the British policy in China which had mercenary
motives behind it.

But the American and the British policies in China had one
point in common, that was the idea of equal opportunity. In the
supplementary treaty of commerce and navigation concluded between
the British and the Chinese governments in the year 1843, the most-
favored-nation clause was for the first time introduced. Queen

[15] Malloy, Treaties and Conventions between the United
States and the other Powers, Vol.I, p. 202.

[16] Cited in Foster, American Diplomacy in the Orient, p.120.

[17] Malloy, Treaties and Conventions between the United
States and the other Powers, Vol. I, p. 239.

11

Victoria held that "equal favor should be shown to the industry and commercial enterprise of all nations"[18] in China. Mr. Cushing agreed with this idea and introduced the most-favored-nation clause in the treaty of 1844.

Twelve years after the signature of the first treaty between the two nations, another treaty was concluded. It was the outcome of the second Anglo-Chinese war. About the year 1854 the British government wished to have the Treaty of Nanking revised but the Manchu government refused to take up the matter of the revision of the treaty with the British commissioner. The British government at last appealed to force in order to bring the Manchu government to terms and declared war upon China in 1856 on the ground that the English flag was insulted in the incident of the Arrow lorcha. The British captured Canton and got ready for a campaign to the north of China. France joined Great Britain.

Dr. Parker, the American representative in China, was in favor of the coercive measure of the English and the French but the policy of his home government was peaceful. Secretary Marcy instructed him that "The British government evidently have objects beyond those contemplated by the United States and we ought not be drawn along with it however anxious it may be for our co-operation",[19] and the United States would rather have its representative and naval officer in China to do what was required for

[18] Victoria's speech quoted by Mr. Cushing cited in Moore, A Digest of International Law, Vol. V, p. 418.

[19] Moore, International Law Digest, Vol. V, p. 422.

462

the defense of American citizens and the protection of their proper-
ty without being included in the British quarrel or producing any
serious disturbance in its amicable relations with China.[20] Such
was the nature of American policy in China at the time of the second
Anglo-Chinese War. Since this policy was not in accordance with
Parker's views he resigned. Mr. Reed succeeded him as minister to
China in 1857.

Mr. Reed was instructed that he should aid his English
and French colleagues to attain the object of the revision of the
treaties signed after the Opium War. He was to co-operate peacefully
with his colleagues because his home government held that the United
States was not at war with the government of China nor did it seek
any other purpose than those of lawful commerce and the protection
of the lives and property of its citizens.[21] Clinging to this
policy he withheld from any hostile action against China.

The allied forces of Great Britain and France pushed their
way to Tien Tsien and the Manchu government was impelled to open
negotiations concerning the revision of the treaties. There Mr.
Reed went and entered upon negotiations with the Chinese commission-
ers as to the revision of the Treaty of 1844. As a result, Reed's
Treaty was concluded between China and the United States at the
same time that treaties between China and Russia, France and Great
Britain were signed. The general features of Reed's Treaty were
similar to the other four treaties. The treaty consisted of

[20] Foster, American Diplomacy in the Orient, p.230.
[21] Moore, International Law Digest, Vol. V, p. 424.

13

concessions: (1) as to diplomatic privileges such as residence of American minister at Peking and direct access to the imperial government through Chung-ti-Yamen; (2) as to privileges of trade and travel; and (3) as to religious toleration on Chinese Christians.

When the Manchu government was humiliated to yield to these demands of the foreigners, it was engaged in quelling a rebellion rising from within. The rebellion known as Tai Ping rebellion aroused in one way or another the interests of the United States. The leader of the rebellion Hung Hsiu Chuan knew an American missionary in Canton, the Rev. J. J. Roberts, and got from him some ideas of Christianity. The corruption of the Manchu government and the bread riot resulting from a famine encouraged him to start a gigantic movement against the existing dynasty. The Tai Pings for a time seemed to be able to overthrow the Manchu government. The American government instructed Mr. Mclane, its commissioner to China, that "Should the revolutionary movement now in progress in China be successful and the political power of the country pass into other hands, you will, at your discretion, recognize the government de facto and treat it as the existing government of the country".[22] He did investigate the insurgent court at Nanking and found nothing promising in it. Therefore he did not give the Tai Pings any political recognition. Later on the American ministers to China joined their European colleagues in the policy of protecting the treaty ports against the invasion of the Tai Pings.

22 Senate Ex. Doc. 39, 36 Cong., 1st Sess.

464

An American gentleman, Mr. Frederick T. Ward, organized a Chinese army under command of European officers and fought against the Tai Pings. The army was later known as "Ever Victory Army" and played a considerable part in repressing the rebellion.[23]

In the year 1861, when the rebellion was at its zenith, Anson Burlingame was commissioned to China. With a view of familiarizing himself with the general condition of the Europeans and the state of the American interests in China, he spent a few months in visiting the ports in the empire. Then he advanced northward and installed himself in the American legation in Peking which was opened to diplomatic residence in accordance with the conventions secured by the British and the French one year before. He came into contact with Prince Kung, then the head of the Board of Foreign Affairs, called Chung-li-yamen, already referred to elsewhere, and won his confidence. With frankness and sincerity he attracted his European colleagues. Thus his career in China made an auspicious beginning.

A review of his correspondence with his home government will reveal the principle of his action when in China. On the way to Peking he wrote to Secretary Seward saying "If the treaty powers could agree among themselves to the neutrality of China and together secure order in the treaty ports and give their moral support to that party in China in favor of order, the interests of humanity would be subserved".[24] It is very plain that his policy was to

[23] Johnson, America's Foreign Relations, Vol.I, p. 473.

[24] Diplomatic Correspondence 1864, Part I, p. 859.

15

secure co-operation among the representatives of the Powers in China, and he was successful at this point.

He succeeded in bringing these representatives to agree upon his policy which was stated in his letter to Mr. Seward on June 20, 1863. This policy was "that while we claim our treaty rights to buy and sell and hire in the treaty ports, subject in respect to our rights of property and person to the jurisdiction of our own governments, we will not ask for nor take concessions of territory of the Chinese government over its own people nor ever menace the territorial integrity of the Chinese Empire".[25] It follows that this policy was to maintain the territorial integrity of China by means of co-operation among the Powers in China.

The British and French ministers pledged themselves to this policy. The Russian minister to China, Mr. Balluzick, announced that the Russian government did not desire to menace the territorial integrity of China but wished to bring China into the family of nations.[26] No matter what real motives might be behind these ministers' diplomacy Mr. Burlingame's task was to work for the realization of his policy. He protested against the claim made by the French consul at Ninpo to acquire the concession of a part of the city for the French government and succeeded in making the French minister have his consul withdraw his claim. He obtained from the British minister, Mr. Brace, a circular to the British consuls defining British jurisdiction over the leased territory to China.[27] He in such fashion carried out his policy.

[25]　Diplomatic Correspondence, 1864, p. 859. Cited in Williams, Anson Burlingame, p. 250.

[26]　F. W. Williams, Anson Burlingame, p. 253.

[27]　U. S. Diplomatic Correspondence, 1864, Part I, p. 851. Cited in Williams, Anson Burlingame, p. 256.

Noticing his friendly and impartial attitude towards China, the Peking government could not but regard him as a true friend. When he was about to return to America in 1867, the Emperor of China made him envoy extraordinary and minister plenipotentiary of China to the treaty powers. The object of this mission was to persuade the Powers to abandon the policy of force, to treat China on an equality with other nations, and to let her work out the system of reform in her own way and time. Mr. Burlingame accepted the commission on the ground that "when the oldest nation in the world containing one third of the human race, for the first time seeks to come into relation with the west and requests the youngest nation through its representative, to act as the medium of such change, the mission is not one to be solicited or rejected".[28]

When the Chinese commissioner and his associates[29] arrived at Washington, the President and Congress honoured them with dinners. It was on this occasion that Secretary Seward suggested that the American convention of 1858 might be amended with the two purposes: (1) of adopting Mr. Burlingame's policy of more liberal treatment of China and (2) of securing a plentiful supply of Chinese labor for the western states where Chinese laborers were welcome by American capitalists. Burlingame favorably accepted Seward's suggestion and concluded a treaty between China and the United

[28] Burlingame's letter to Seward cited in F. W. Williams, Anson Burlingame, p.340.

[29] British - one
French - one
Chinese - two.

17

States. The treaty was signed on July 28, 1868, and proclaimed by
the United States government in 1870. Then as the Chinese commis-
sioner he proceeded to London, Paris, and Berlin. At these courts
he spoke for China in such a manner that attentive hearings were
time and again accorded to him.

　　　Upon his arrival at St. Petersburg he fell ill and passed
away, thus bringing the Chinese mission to an end. China lost a
real friend, a friend in need at the time when most of the foreigners
in the country were affected with anti-Chinese prejudice. She lost
a friend who desired that her autonomy might be preserved; that her
independence might be secured; that she might have equality and dis-
pense equal privileges to all nations.[30] All these desires were ex-
pressed in the treaty [31] he concluded for China with the United
States.

　　　The most important feature of this treaty is the stipula-
tion regarding voluntary emigration. Article V reads thus "the
United States of America and the Emperor of China cordially recog-
nize the mutual advantage of the free migration and emigration of
their citizens and subjects respectively from the one country to
the other for purpose of curiosity, of trade, or as permanent resi-
dents. The high contracting parties therefore join in reprobating

　　　[30] Burlingame's speech given at a banquet in New York City,
cited Anson Burlingame, p. 137.

　　　[31] For China's autonomy see Article I of Burliname treaty,
Treaties and Conventions between the United States and other Powers,
Vol. I, p. 233.

any other than an entirely voluntary emigration for these purposes, they consequently agree to pass laws making it a penal offense for a citizen of the United States or Chinese subjects to take Chinese subjects either to the United States or to any other foreign country or for a Chinese subject or the citizen of the United States to take a citizen of the United States to China or to any other foreign country without their full and voluntary consent respectively."[32] This stipulation had in view two things: (1) free emigration and (2) the prohibition of the so-called coolie trade.

The coolie trade in the eye of American statesmen was scarcely less excusable than the African slave trade. The American government regarded the trade as an inhumane practice. Dr. Parker when American minister to China issued a notice warning American vessels from engaging in the transportation of Chinese coolies to Peru, Cuba, and other places. In 1862 Congress passed a law prohibiting American vessels to carry Chinese to foreign ports to be held as coolies and forbidding American citizens to engage in the trade or to build vessels for the trade. American naval officers were authorized to seize any American vessel that was found carrying Chinese coolies. American consuls at the ports of China were to examine emigrants on ships bound for the United States and to see whether they departed voluntarily.[33]

[32] Treaties and Conventions between the United States and other Powers, Vol. I, p.235.

[33] Foster, American Diplomacy in the Orient, p.281.

19

　　　　On the other hand the United States encouraged voluntary Chinese immigrants. When the Burlingame treaty was concluded the favorable attitude of western states towards Chinese laborers was at its height because of the efficiency and cheapness of the latter. In 1870 there were more than fifty thousand Chinese employed on the western section of the Pacific Railway. Cheapness accounted for the welcome of Chinese laborers by the Americans at the beginning and it was the main cause that labor unions started agitations against their Chinese competitors afterwards. The revulsion of America's public sentiment toward Chinese labor led to the treaties concluded between the United States and China in the years 1888 and 1894. These treaties practically nullified the free emigration stipulation of the Burlingame treaty. In this respect one can not help agreeing with Prof. Mayo Smith in saying that "As a matter of fact it does not appear that the Burlingame treaty changed the actual condition of things very much". [34]

　　　　During the period between the signature of the Burlingame treaty and the appearance of Secretary Hay's first circular note most of America's dealings with China were those concerning the Chinese in the United States. It was engrossed in its internal development. Since Caleb Cushing set forth the principle of equal opportunity and Anson Burlingame added the principle of maintenance of territorial integrity of China, the American policy remained intact until the purchase of Alaska and the annexation of the

　　[34] Cited in Williams, Anson Burlingame, p. 159.

Hawaiin and Philippine islands changed America's position on the
Pacific and the policies of the Powers created a new situation in
China. Then the interests of the American government in Chinese
questions revived and its policy was reaffirmed. These topics will
be discussed in the next chapter.

21

CHAPTER II

FOREIGN AGGRESSIONS IN CHINA AND THEIR EFFECT UPON AMERICA'S CHINESE POLICY.

That the Chinese policy of the United States during the last decade especially the last lustrum of the nineteenth century was the outcome of the international complication in China is an established fact. The entangling situation developed in the most important period of China's relations with the Powers was due to two main factors: firstly, China's weakness invited in foreign encroachment, and secondly, the jarring interests of the Powers gave rise to their conflicting policies in the Chinese Empire. To meet this situation the government of the United States advanced its Chinese policy. In order to appreciate its inwardness, it is necessary for us to know something about China's position and the relative positions of the Powers in that country during the later part of the last century.

As a result of long isolation China was far behind those Powers with which she came into contact. Her troops were not well disciplined nor were they efficiently equipped. Until the late eighties of the nineteenth century she had no arsenals nor a navy. She could not protect her coast line if her enemy attempted to attack it. Moreover the Manchu government, a combination of the Mandarin bureaucracy and the Manchu monarchy was self-sufficient, corrupt, and unprogressive. Under such conditions it is no wonder that China was a field for foreign expansion.

The occupation of Hongkong by the British marked the beginning of foreign encroachment on the Chinese Empire. The British took the island not only for the purpose of having an entrepot of trade but also a place of armes. Lord Derby said "We occupy Hong-Kong not with the object of colonizing but of using it from a military point of view."[1] The possession of the island by the British secured Great Britain a unique position in China. With the exception of the Russians in North China, no other Power had a position in China so commanding as that of Great Britain.

She was not contented with it and fixed her covetous eyes upon the south-western frontier of China. Having obtained her supremacy in India she would from thence extend her influence into western China, the upper Yangtze valley, through Burma. In 1874 a British expedition set out to explore the Upper Yangtze region, penetrated as far as Mouninse, and was checked there. Six years later another expedition explored that region and a member of this expedition, Mr. Margary, was murdered by the natives. Profiting by the death the British minister at Peking extracted the Chefoo convention from the Peking government granting the British the right of sending an expedition from Peking through Kansu and Kokonor or by way of Szechulen to Tibet and thence to India. The British did carry it out. The British government gradually realized its designs on Tibet.

While the British were establishing influences in the South and West of China, the Russians were pushing their way into

[1] Cited in Colquhoun, China in Transformation, p. 304.

23

the north of the Chinese Empire. Russia's occupation of the Amur
province placed her in juxtaposition with the eastern border of
China. By the treaty of Peking in 1860 Russia got possession of the
maritime province of Manchuria with the fine harbor of Vladivostock.
She annexed the Kuldja district in the west of China. In the year
1882 the Moscovite government decided to build the trans-Siberian
railway and a few years later (1896) it secured permission from the
Manchu government to link the trans-Siberian railway with Vladivos-
tock through Manchuria.[2]

　　　　Meanwhile the French did not remain inactive. In 1861
France annexed Cochin-China. From this foothold, French expansion
in the Indo-China peninsula went forward in all directions. By 1882
the French government began to struggle with the government of China
for suzerainty over Annam. The strife finally resulted in the Franco-
Chinese war which was closed by the treaty of 1885. By this treaty
the government of China recognized France's sovereignty over Cochin
China and her protectorate over Cambodia and Annam.[3]

　　　　During the first period of foreign aggression upon China -
a period of about fifty years from the Opium War to the Chino-
Japanese War - the Powers encroached upon the fringe of Chinese
territory. Even Japan, a little island empire, once a pupil of
China, participated in the spoliation of the Chinese Empire. Her

　　　[2] Ross, The Russo-Japanese War, p. 20.

　　　NOTE: By this route through Chinese territory the length
of the railway between Lake Baikal and Vladivostok would be short-
ened some 500 miles and the period required for its completion,
proportionately decreased.

　　　[3] Hayes, A Political and Social History of Modern Europe,
Vol.II, p.569.

aggressive action will be discussed later in connection with the
Chino-Japanese War.

Let us see what development of America's relations with
the Far East took place during the latter part of this period. In
1867 the United States purchased Alaska, the Russian possession in
North America directly opposite to Manchuria. The possession of that
region by the United States extended the base of American commerce
with China. "To unite the East of Asia with the West of America
is the aspiration of commerce now."[4] Furthermore, the completion of
the Pacific Railway in 1869 secured the United States an important
position in the commerce between the Pacific Coast and China. Al-
though it had no foothold on the Pacific or on Chinese soil, the
development of affairs evidently pointed to the direction that it
could not hold aloof of Chinese questions. When the China-Japanese
War broke out in 1894-1895, the government of the United States did
a good deal service for the belligerents.

This war was the natural result of Japan's aggressive
policy concerning the possession of China. In 1874 Japan seized
the Liu Kiu archipelago and then turned her covetous eyes upon
Formosa and Korea. In 1876 she recognized Korea as an independent
kingdom. But the government of China would not give up its claims
to sovereignty over Korea because for thousands of years the latter
had been under a Chinese protectorate. When China sent troops to
Korea to reassert the claim, the Japanese government seized the
Korean king, who had invited the Chinese troops, and prepared for

[4] Charles Sumner, cited in Hart, American History told by
contemporaries, Vol. IV, p. 547.

25

war with China. The details of the war known as the Chino-
Japanese War do not concern us directly; it will suffice to notice
the diplomatic activities of the Powers interested in the War and
especially the attitude of the United States towards this conflict.

The American government held that the deplorable war
between China and Japan would in no way endanger American policy
in Asia. It declared that the United States would maintain
impartial and friendly neutrality. Throughout the course of the
war the American diplomatic and consular representatives in the
countries involved in the war at the request of the combatant gov-
ernments extended their good offices to the Chinese in Japan and
to the Japanese in China respectively. The ministers were instruct-
ed that their function was personal and unofficial and that they
should do what they could consistently with international law
and America's position as a neutral for the protection of the
Chinese residents and their interests in Japan and of the Japanese
in China.[5] The service was discharged cheerfully and with consid-
erable difficulty and to the satisfaction of the belligerents.

A few days after the declaration of war, Great Britain,
Germany, France and Russia contemplated to intervene in the hos-
tilities between China and Japan upon the basis that Korea's in-
dependence was to be guaranteed by the Powers and Japan was to
receive an indemnity for the war expense from the Chinese govern-
ment. The British ambassador in Washington waited upon Secretary
Gresham to ascertain whether the United States would join Great

[5] Mr. Gresham to Mr. Dun Foreign Relation of the
United States, 1894, pp. 372, 373.

476

Britain in the proposed intervention. Mr. Gresham replied that
"the President earnestly desires that China and Japan shall speed-
ily agree upon terms of peace alike honorable to both and not humil-
iating to Korea, he can not join England, Germany, Russia and France
in an intervention as required".[6]

Although the government of the United States declined to
co-operate with the Powers in the contemplated intervention of the
war between China and Japan, it made a separate effort to mediate
between these nations. Mr. Dun, the American minister at Tokyo,
was directed by his home government to approach the Japanese govern-
ment with a view of ascertaining whether a tender of the President's
good offices in the interests of a peace alike honorable to both
nations would be acceptable to the government at Tokyo.[7] The
offer of meditation was rejected by the Japanese government because
it did not feel disposed to entertain an overture of peace at the
time when it had not pressed its victories far enough for the ad-
vancement of severe demands.

The Japanese gained one battle after another over the
Chinese. In the early spring of 1895 the Japanese troops pushed
their way to the Liaotung peninsula, captured Port Arthur and
Talienwan and seized the naval base of Weihaiwei. Then the
Japanese government made its intention for peace known to the Peking
government through the American ministers at Tokyo and Peking.

[6] Foreign Relation of the United States, 1894, p. 325.

[7] Mr. Gresham to Mr. Dun Nov. 16, 1894, Foreign Rela-
tions of the United States, 1894, p. 345.

27

Through the mediation of the American diplomatic representatives negotiations for a peace were opened. The result was the treaty of Shemonoseki, signed on the 17th of April (1895). By that treaty the complete independence of Korea was recognized by the government of China, and the Liaotung peninsula and Formosa were ceded to Japan.

Six days after the signature of the treaty the Russian, German and French governments addressed a joint note to the Chinese government protesting against the cession of the Liaotung peninsula on the ground that it would threaten the safety of their interests in that quarter of the Chinese Empire. Ath the same time they advised Japan to relinquish her conquests on the mainland. She reluctantly withdrew her demands on the mainland and agreed to receive in return an additional indemnity. Thus Russia deprived Japan of her fruits of victory.[8] What was the motive of the Russian government in doing this?

The explanation is not hard to find. The Russian government's century-old ambition was to obtain an ice free outlet in the Far East. Vladivostok was not ice free all the winter but Port Arthur was. Had the Russian government not torn up the treaty of Shemonoseki, it could not have had its desire for an ice-free harbor in the Far East satisfied. It took the initiative in demanding the revision of the treaty because it wished to preserve Port Arthur for itself. By the Carsini agreement which

[8] Hayes, A Political and Social History of Modern Europe. Vol.II, p. 566.

478

the Russian government made with the government of China in 1896, the former obtained from the latter a concession for the construction of a railway through Manchuria thus connecting the trans-Siberian railway with Port Arthur and the lease of Kiao-chow to Russia for fifteen years.

Being alarmed by Russia's aggressive policy and prompted by selfish motives[9] Germany at once resorted to drastic measures, disregarding international comity. Before 1895 Germany had not played any prominent role in Far Eastern politics. But now she resolved to distinguish herself and to single herself out of the rest of the Powers by an act unprecedented in the annals of diplomacy. Upon the murder of two missionaries in Shangtun Province in November, 1897, German vessels of war anchored off the harbor of Kiao-chow, immediately landed troops, and seized the city of Kiao-chow. Then the German minister took up negotiations with the Chinese government. As a result a convention was concluded. "A zone of 50 kilometers surrounding the Bay of Kiao-chow at high water"[10] was ceded to Germany. The Chinese government also ceded to "Germany on lease provisionally for ninety-nine years both sides of the entrance to the Bay of Kiao-chow".[11] Kiao-chow was declared a free port on September 2, 1898.[12] Germany's mailed fist set the evil ball a rolling. Her high-handed measure marked the opening of the second

[9] NOTE: For Germany's motive for seizing the city, see Mr. Denby's report For. Rel. of the U.S., 1898, pp. 187, 189.

[10,11] Das Staatsarchiev, vol. 61, No. 11518. Cited in Moore, International Law Digest, Vol. V, p. 473.

[12] Cited in Moore, International Law Digest, Vol.V, p.474.

29

period of fierce land-scrambling by the Powers in China.

As soon as the German question was settled the Russian government complained to the Chinese government that the cession of Kiao-chow to Germany disturbed the political status quo in the Far East and that Russian interests in this quarter were affected adversely. On the 18th of December Russian war ships occupied Port Arthur and impelled the Chinese government to lease the port and Talienwan with adjacent waters, for twenty-five years, subject to prolongation by mutual agreement.[13] The Russians, like the Germans, declared Talienwan to be a free port but closed Port Arthur to other nations. Now the world saw the reason why Russia two years earlier interfered with the Shemonoseki treaty.

The gains of Germany and Russia were not without effect upon the French government. It demanded and secured the cession of Kwangchau Bay on the same terms as Kiao-chow had been ceded to Germany.[14] Kwangchau Wan, situated in the district of Keichow, Kwangtung Province served as a halfway station between the extreme East and Indo-China.

Great Britain watched the action of the Russian, German, and French governments with jealousy and apprehension. Their gains were her grievances. She would not remain a passive spectator. The British government made the Chinese government cede Wei-hai-Wei to Great Britain on the same terms that Port Arthur had been ceded

[13] For. Rel. of the U. S., vol. 1898, p. 182.

[14] ibid. 1898, p. 191.

480

to Russia. "Wei-hai-wei is an excellent harbor much larger and better than Port Arthur." [15] The British made Wei-hai-wei "a second or northern Hongkong"[16]- a naval base from which they could keep a watchful eye upon their traditional rivals, the Russians. Furthermore the British government secured the lease of Mirs Bay, Deep Bay and the adjacent islands near Hongkong.

As all the Powers except Russia announced that they would make their leased territories in China free ports open to international settlement and trade, their measures did not seem to the American government to menace America's interests in China.[17] But the President of the United States in no case was in sympathy with a power which sought a lease of Chinese territory and instructed the American minister at Pekin, Mr. Conger, to assume an absolutely neutral attitude.[18] Had the Powers not taken the measure of marking out the "spheres of influence" which evidently jeopardized America's interests and impaired her treaty rights in China perhaps the government of the United States would not have announced its Chinese policy in 1899.

The immediate cause of Secretary Hay's announcement was the doctrine of "Spheres of influence". Great Britain had the honor of being the leading figure in marking out the "spheres of

[15] Foreign Relation of the United States, 1848, p. 190.

[16] ibid, 1898, p. 190.

[17] See President McKinley's message, For. Rel. of the U.S., 1899, appendix p. 18.

[18] Sec. Hay to Mr. Conger tel. March 2, 1899. China V 649. Cited Moore, International Law Digest, Vol. V, p. 475.

31

influence" in the Chinese Empire. In 1898 Great Britain extracted
from the Chinese Government a pledge that the Yangtze valley would
never be alienated to another Power, thus marking out the vast
territories of central China and the richest provinces of the em-
pire as the British sphere of influence. France made the Chinese
government promise not to alienate to another Power the provinces
of Kwangtung, Kwangsi, Yunnang, and the island of Hainan. Japan
secured a similar promise as regards the province of Fukien. Ger-
many made Shangtung her sphere of influence and Russia would have
her sphere of influence include the whole of Manchuria. The Powers
took the first opportunity to seize special privileges in China
without paying any respect to China's rights or giving any thought
to international ethics.

    The actions of the land-hungry Powers were not destitute
of far-reaching effects. They called forth reactions both from
China and the United States. These reactions will be discussed in
order.

    The reactions on the part of China were of two types,
constructive and destructive. The constructive reaction found its
expression in the reform movement of 1898. The Emperor of the
Manchu dynasty seeing city after city leased to the Powers, the
spheres of influence marked in the Empire, and numberless demands
granted, was conscious of the helplessness of the government and
wished to carry out reforms suggested by a few enthusiastic but
inexperienced Chinese scholars. The well-intentioned Emperor met
obstacles of great resisting force. There was a group of Manchus
and Chinese who were enemies to the new order and western civiliz-
ation. The Empress dowager was at the head of the conservative

482

and reactionary party. She took over the reins of government from
the Emperor, whom she practically imprisoned, and had six of the
reformers executed. The leaders of the revolutionary movement man-
aged to flee to Japan. Thus a doup d' etat was affected with the
slightest disturbance. This coup d' etat sealed for the time being
the doom of the peaceful regeneration of China by means of reforms
and inaugurated the anti-foreign movement which culminated in the
Boxer Uprising. After the reform movement failed, the conservative
party in power resolved to stamp out foreign influence in China
by force.

The reactions on the part of the United States can be
better appreciated in the light of the new development of America's
position in the Pacific basin. As early as 1893 the question of
annexation of Hawaii to the American Union was brought before the
American government by the new government of the Hawaiian Republic.[19]
The question was not settled until after the close of the Spanish
War. From the military point of view the annexation seemed necessary
In July, 1898, Congress by joint resolution passed the bill that
the Hawaiian islands were to be incorporated into the American
Union.[20] At the close of the Spanish War, Spain ceded the Philip-
pine islands to the United States. These two momentous events, the
annexation of Hawaii and the cession of the Philippine group to
the United States changed its relations with the Far East. The
Americans began to realize that the future prosperity of the United

[19] For. Rel. of the U. S., 1894, appendix p. 645.

[20] Hart, The American Nation: A History, vol. 25, pp.
138, 139.

33

States was to be sought in the Asiatic trade and by having these islands as stepping stones to the Far East and as bases for commercial operation the Americans were in a position to compete with other nations in commerce and industries in China.

Yet the policies of the Powers in China darkened the prospect of America's commercial development in that country. They claimed the enjoyment of special privileges in their own"spheres". They might at any time carry out new measures of exclusion so that their own capitalists would be under conditions more favorable and that other nations could not compete with them. If such measures had been carried out American capitalists would have suffered the most because the United States had no sphere of influence in China wherein they could enjoy special privileges. That meant that China would no longer be a market for American products. At such a critical moment the government of the United States could not be a spectator but became an actor in the scene. In September,1899, Secretary Hay addressed circular notes to all the Powers having interests in China, requesting each of them to declare substantially to the following effect.

"First. That each will in no wise interfere with any treaty port or any vested interest within any so-called 'sphere of interest' or leased territory it may have in China.

"Second. That the Chinese treaty tariff of the time being shall apply to all merchandise landed or shipped to all such ports as are within such 'sphere of interest' (unless they be free ports), no matter to what nationality it may belong and that duties so leviable shall be collected by the Chinese government.

"Third. That it will levy no higher harbor dues on vessels of another nationality frequenting any port in such sphere, than shall be levied on vessels of its own nationality and no higher railroad charge over lines built, controlled or operated within such sphere on merchandise belonging to citizens or subjects of other nationalities transported through such 'sphere' than shall be levied on similar merchandise belonging to its own nationals transported over equal distances"[21]

On the surface this note was merely economical but in fact it was political. It performed a two-fold function. On the one hand it aimed at the protection of America's interests in China and on the other hand it aimed to prevent the Powers from taking a further step towards exclusive economic domination in their own spheres, thus preventing them from carrying out the plan of the political absorption of the spheres. As Secretary Hay knew that there was a conflict between the Powers and no agreement had yet been entered upon by them as to what should be done with China, he approached them separately with his notes. Great Britain, France, Germany, Russia, Japan, Italy, one after the other received a note. Accordingly each government was to give reply separately. From the replies we can see what these Powers thought of the propositions set forth by the famous American diplomat.

Great Britain declared in her reply to the United States that the British government had no intention or desire to depart

[21] For. Rel. of the U. S., 1899, p. 129.

35

from its traditional policy of securing equal opportunity for the
subjects and citizens of all nations in regard to commercial enter-
prise in China and that it would apply the three principles for-
warded by the American government to "all the leased territories of
Wei-hai-wei and all territory in China which may hereafter be ac-
quired by Great Britain by lease or otherwise and all spheres of
interests now held or that may hereafter be held by her in China,
provided similar declaration is made by other powers concerned."[22]

Germany's answer to the United States said that the German
government "practically carried out to the fullest extent in its
Chinese possessions absolute equality of treatment of all nations
with regard to trade, navigation and commerce;[23] and that it "enter-
tains no thought of departing in the future from this principle ....
so long as it is not forced to do so, on account of consideration of
reciprocity by a divergence from it by other governments"[24] and that
it was "readt to participate with the United States and the other
powers in an agreement made upon these lines by which the same
rights are reciprocally secured."[25]

The Russian government in its usual involved diplomatic
reply declared that in so far as its leased territory in China was
concerned, it had followed the policy of an open door "by creating
Dalienwan a free port" and "if at some future time that port al-
though remaining free itself should be separated by customs limits

[22] For. Rel. of the U. S., 1899, pp. 357, 136.

[23, 24, 25] For. Rel. of the U. S., 1899, p. 131.

from other portions of the territory in question, the customs duties would be levied in the zone subject to the tariff upon all foreign merchandise without distinction as to the nationality"[26], that Russia had no intention whatever of claiming any privileges for its own subjects to the exclusion of other foreigners in the ports opened or to be opened to foreign commerce by China, and that the question of customs duties belonged to China.[27]

The government of the United States also received from the French and Japanese governments favorable replies with the natural reservations. [28] It did not receive a final reply from the Italian government until Mr. Draper, the American ambassador to Italy, approached that government with the declarations of all the other governments. The Italian government then declared that it would adhere willingly to the propositions announced by the American government.[29]

Thus Secretary Hay with diplomatic strategy of a high order obtained from each of the Powers a formal assurance of its adherence to his enlightened principles. In order to make the Powers commit themselves to their pledge to maintain the open door policy he went one step further. On March 20, 1900, he instructed the American ambassadors at London, Berlin, Paris, St. Petersburg, and Rome and the American minister at Tokyo to inform the

[26, 27] For. Rel. of the U. S., 1899, pp. 141, 142.

[28] For France's reply see For. Rel. of the U.S.,1899,pp. 128, 129. For Japan's reply see ibid. p. 139.

[29] For the reply see ibid. p. 139.

37

governments to which they were accredited that the condition [30]
originally attached to the acceptance of the declaration suggested
by the United States had been complied with and the American govern-
ment would therefore consider the assent given by the government
to the acceptance of the proposals of the American government "as
final and definite".[31] Thus the subtle and direct American diplo-
mat brought the negotiations to a triumphant termination.

Thus far I have shown how the partition of commercial
and industrial interests in the Chinese Empire by the Powers called
forth Hay's Chinese policy. It remains for me to point out how
Mr. Hay carried out and maintained the policy during its trying
period, the first lustrum of the present century.

[30] See Supra p. 35, words underlined.
Also   p. 36,   "   "

[31] H. Doc. 547, 56 Cong., 1 Sess.

488

CHAPTER III.

HAY'S CHINESE POLICY.

In the preceding chapter we have noticed that the scrambling policy of the land-greedy powers, caused by mutual fears and jealousies, called forth reaction from China, the reform movement. Now we will turn to another phase of China's reaction to the encroachment of the Powers upon the Chinese Empire. Their atrocious actions made so profound an impression upon the minds of the Chinese people that they regarded all the Powers as nothing more or less than land grabbers. This anti-foreign feeling, manifested itself at first in mob movements against Chinese Christians, finally developed into a general anti-foreign movement known as the Boxer Uprising. The land-greedy Powers had a great share in creating the antagonism of the Chinese to foreigners. "Western injustice toward the East is the cause of much of the Eastern hatred of the West".[1]

The Boxer Uprising had its storm-center in the province of Shangtung. Up to the fall of 1897 this province wherein there were more missionaries than any other province was popular for its treatment of foreigners. How came it about that the people of Shangtung turned out to be truculent haters of foreigners? The answer is not hard to seek. It was the seizure of Kiao-chow by the Germans that worked an ominous change in the attitude of the people toward foreigners. It was the Germans who burned down two villages

[1] G. B. Smith, Causes of Anti-foreign Feeling in China, North American Review 171 : 184.

39

in a certain district of Shangtung that inflamed the people to mad-
ness.[2] The fanatic people overwhelmed by their anti-foreign feeling
gave vent to their vengeance in slaughtering Roman Catholics, burn-
ing churches, and committing other frightful excesses.

It was not a very hard task for the local authorities to
nip the anti-foreign movement in the bud. But they were instructed
secretly by the Peking government to encourage the movement instead
of suppressing it. Since the coup d' etat the reins of government
were in the hands of a crew of reactionaries, with the empress
dowager as guiding figure. They were drunk with antipathy toward
the foreigners, and it was plainly due to the Powers' attitude
toward China. "The various Powers cast upon us looks of tiger-
like voracity, hustling each other in their endeavors to be the
first to seize upon our innermost territories."[3] Because of this
they resolved to appeal to the last resort for stamping out foreign-
ers, a conduct lacking in tact and judgment. The Peking government
regarded the Boxers as patriots whom it instructed local authorities
to encourage. The fiendish work of the Boxers was allowed and the
Boxers increased in numbers. The diplomatic corps demanded their
suppression in vain. The Boxers gradually worked their way like
wild-fire to the southern Chihle province and finally reached Peking
in June, 1900.

[2] G. B. Smith, Causes of Anti-foreign Feeling in China,
North American Review 171 : 188.

[3] Empress Dowager's edict appeared in the Peking Gazette,
1898, cited in the Boxer Rebellion, Clements Paul Henry, p. 625.

490

When the Boxer outrage was developing in Shangtung the
property and lives of American missionaries were in danger and they
were endangered indirectly by the Germans. At the request of the
missionaries at Che-foo, the government of the United States in-
structed Mr. Conger, American minister at Peking, to say to the Ger-
man minister that the government of the United States would expect
that the German authorities in Shangtung would see to it that Amer-
ican citizens and particularly American missionaries in that province
should receive equal treatment with German missionaries in the matter
of necessary protection of life and property.[4] The reliance upon
the Germans for the protection of the Americans in Shangtung showed
that at the beginning of the troublous time the American government
had not yet formulated a rule for its conduct. Secretary Hay in-
structed Mr. Conger to do what he could for the protection of Amer-
ican citizens in north China.

When the diplomatic corps was taking measures for the
protection of the legations by bringing guards, Mr. Conger reported
to the Department of State the state of affairs and asked if he was
authorized to concert with the naval authorities on board the U.S.S.
Wheeling [5] measures for the protection of American interests and
the American legation in Peking. To this Mr. Hay promptly consented
and told him to "Act independently in protection of American interests
where practicable and concurrently with representatives of the other

[4] See. Hay to Mr. Conger, April 16, 1900, Foreign Relation
of the United States, 1900, p. 118.

[5] Arrived at Taku April 7, 1900.

41

powers if necessity arise".[6] A few days later he communicated with
Mr. Conger that "We have no policy in China, except to protect with
energy American interests and especially American citizens and the
Legation. There must be nothing done which would commit us to
future action inconsistent with your standing instructions. There
must be no alliance."[7] Such was the attitude of the United States
towards Chinese affairs at the time when the Boxer movement was
about to reach its climax.

  Meanwhile the admirals of the allied fleet anchoring off
Taku were not inactive. They prepared to send a larger force to
Peking to strengthen the legation guards. One of the Taku forts
opened fire upon the ships which attempted to make a landing. The
admirals held a meeting on board the Criturion and made an agreement
to attack the Taku forts. But the American admiral Kempff was
opposed to any concerted action of a hostile nature. He refused to
take part in the hostile action because he was instructed by his
government that he should use his force for the protection of
American interests and citizens in China not for waging war against
her. Moreover, he held that there had been no declaration of war
against China and "a hostile demonstration might consolidate the
anti-foreign elements and strengthen the Boxers to oppose the re-
lieving column".[8] However, the vessels of other Powers bombarded

[6] Hay to Conger June 8, 1900, For. Rel. of the U. S.
1900, p.143.

[7] Hay to Conger June 10, 1900, For. Rel. of the U. S.
1900, p. 143.

[8] President McKinley, annual message, Dec.3,1900. For.Rel.
of the U.S. 1900, viii.

492

the Taku forts on June 16th, and after two days' engagement, the forts fell into the hands of the Powers. Then the Manchu government declared war on the Powers and openly supported the Boxers. The Imperial guards joined them. The legations were besieged and "subject from June 21st to July 27th to a storm of shot, shell and firecrackers".[9] The Manchu government was at war with the Powers.

But the local or provincial governments followed a course of action entirely different from the government at Peking. The Yangtze valley viceroys Liu Kungyi and Chang Chi Tung, being aware of the fact that the central government was violating national comity and was going to bring disaster to China, formed a league and made a definite pledge to the following effect. "We, the viceroys of the Liang Kiang and Lean Hu provinces, undertake to hold ourselves responsible for the security of foreign life and property within our respective jurisdictions as well as in the province of Chikiang, so long as the treaty Powers do not land troops in either the Yangtze valley or the province of Chikiang."[10] Wu Ting Fang, Chinese minister at Washington, transmitted the telegram containing this pledge to the Department of State. The American government was in sympathy with these viceroys and Secretary Hay assured Mr. Wu that so long as these viceroys could maintain order in the five provinces and would afford protection to the lives and rights of the foreigners therein, the President had no intention of sending any troops into regions

[9] Conger's report, For. Rel. of the U. S., 1900, p. 352.
[10] For. Rel. of the U. S., 1900, p. 273.

43

where their presence was not necessary.[11] The Department of State
instructed the American consuls in China to co-operate with the vice-
roys for the preservation of peace and order. Mr. Goodnow, United
States Consul-General at Shanghai, had an interview with Lui Kun Yi
discussing the matter.[12]

The development of the seditious movement in Peking went
on. The legations had no communications with their respective home
governments. The German minister, Baron von Ketteler,was murdered
in Peking. The first relief column was checked at Anting and obliged
to retreat to Tien Tsien. At this moment, the Yangtze valley vice-
roys cabled Mr. Wu asking him to inform the United States govern-
ment that China had no intention whatever of breaking off relations
with the Powers and that these viceroys desired that the American
government would take the initiative in conferring with the govern-
ments of the other Powers urging them to give instructions to the
commanders of the allied force at Tien Tsien to refrain from further
fighting and to wait until Li Hung Chang arrived at Peking and open-
ed negotiations with the diplomatic representatives of various
Powers.[13] Under conditions in Peking as referred to already, the
American government naturally would not agree with the proposition
set forth by the Chinese provincial governments.[14]

[11] Sec. Hay to Mr. Wu, June 22, 1900. For. Rel. of U.S.,
1900, p. 274.

[12] For. Rel. of U. S.,1900, p. 252.

[13] For. Rel. of the U. S., 1900, pp. 274, 275.

[14] Sec. Hay's note to Wu June 25, 1900, For. Rel. of the
U. S., 1900, p. 275.

494

The American government, however, began to take a definite step toward the solution of the Chinese question, since it had communicated with these viceroys. On July 3rd Secretary Hay sent to eleven Powers a circular telegram proclaiming the attitude of the American government. The main points are these:

1. The United States would adhere to the policy, initiated by it in the treaty of peace of 1857 with the Chinese nation, of furtherance of lawful commerce, and of the protection of lives and property of the citizens guaranteed under extraterritorial treaty rights and by the law of nations.

2. The United States proposed to hold the responsible authors to the uttermost accountability, if wrong should be done to American citizens in China.

3. The United States regarded the condition at Peking as one of anarchy, and would remain at peace with the local authorities so long as they used their power in protecting the lives and property of foreigners in China, and it would regard them as representing the Chinese people.

4. The President's object was to act concurrently with the other Powers in opening up communication with Peking and rescuing the American officials and citizens in danger and in protecting all American legitimate interests in all parts of China and in aiding to prevent the disturbance from spreading to other parts of the Chinese Empire and to prevent the recurrence of such disorder.

5. The United States aimed at (1) a solution of the problem which might bring about permanent safety and peace to China, (2) preservation of Chinese territorial and administrative entity,

45

(3) protection of all rights granted to friendly powers by treaty
and international law, and finally the maintenance of the principle
of equal and impartial trade in China.[15]

　　This declaration received general approval from the Powers.
Each of them intimated that it intended to adhere to these princi-
ples.　The French Minister of Foreign Affairs, Mr. Delcasse', announc-
ed in the Chamber of Depute　that France did not wish for the break-
up of China but wished for concerted action on the part of the
Powers during the present trouble in China.[16]　Lord Salisbury, Pre-
mier of Great Britain, expressed his sincere sympathy with the
attitude of the United States.[17]　Even the Russian government, evi-
dently by working for its ulterior aims in Manchuria, announced that
it had "no designs of territorial acquisition in China".[18]　Thus the
Powers, with the exception of Russia in Manchuria, followed the
guiding principles, set out by Secretary Hay, and took concerted
action throughout the trying period of the Boxer trouble.

　　In the second relief expedition the Powers manifested
their attitude toward the principles, laid down by Hay.　An inter-
national force of 18,800 men was finally organized.　To this force
the United States contributed 2,500 soldiers who came from the
Philippines.　The international force was under the command of

[15] For Hay's note dated July 3, 1900, see For. Rel. of
the U. S., 1900, p. 299.

[16] For. Rel. of the U. S., 1900, p. 317.

[17] ibid.　p. 313.

[18] ibid.　p. 304.

Field Marshal Count von Waldersee. On August 4, the allied forces began to move toward Peking. Having defeated the Boxers and the Imperial troops who attempted to check the advance of the allied forces, they reached Peking, stormed and took it on August 13th. Then followed the raising of the siege of the legations, and the looting of the city by the troops of some of the Powers. The city was occupied jointly by them upon a definite understanding among themselves. The last attempt of the Manchu government for the expulsion of the foreigners from China was thus brought to an end.

Now the absorbing question, what should be done with China, invited the attention of every Power. China was in a peculiar situation. The Manchu court had fled to Shansi when the allied forces were near the capital. There was no central government but there was a league of local governments which would represent the Chinese nation. Li Hung Chang was appointed commissioner to negotiate peace with the diplomatic representatives of the Powers. Staring at each other they were at first at a loss as to the next step toward the solution of the Chinese question. Then the German government stepped forward with its proposal for a preliminary condition in peace negotiations. The condition was that the Chinese government should surrender such persons as were determined upon by the diplomatic representatives at Peking as being the leaders and perpetrators of the "crimes committed in Peking against international law"[19]. The German government communicated the proposal to the government of other Powers.

[19] For. Rel. of the U. S., 1900, p. 341.

47

Germany's allies, the Austrian and Italian governments, naturally agreed with the proposal. But the reply of the United States government did not sound agreeable to the Germans. It contained three points: firstly, the Chinese government itself should be allowed to work out the punitive measures, and the United States would not join the demand that the surrender of such persons should be a preliminary condition for diplomatic negotiation with China; secondly, the punishment of the responsible authors of wrongs in all parts in China should be provided for in the negotiation for final settlement; and, thirdly, the United States wished to open negotiations with China at the earliest practical moment with a view of bringing about a preliminary settlement whereby the Chinese government could exercise fully its powers for the preservation of order and for the protection of foreigners in China.[20]

Following the German proposal, the French government addressed notes to the other Powers, stating its proposals as basis of negotiations with the Chinese government. The proposals were these:

1. The punishment of the principal guilty persons who were to be designated by the representatives at Peking.

2. The continuance of the interdiction against the importation of arms.

3. Equitable indemnities for foreign governments, corporations, and individuals.

20 For. Rel. of the U. S., 1900, p. 34.

498

4. The organization in Peking of a permanent guard for the legations.

5. The dismantling of the forts at Taku.

6. The military occupation of two or three points on the road from Tien Tsien to Peking.[21]

As to these bases for negotiation, the American government held quite different views. It would not commit itself to a permanent participation in occupation of points on the road between Tien-Tsien and Peking and deemed "it desirable that the Powers should obtain from the Chinese government the assurance of their rights to guard their legations and to have means of unrestricted access to them whenever required".[22] By making this reservation, the government of the United States did not mean to present any obstacle to the initiation of negotiations but hoped that it would be found practicable to begin such negotiations at early days.

The French proposals were accepted by the Powers with certain reservations. But negotiations between the Chinese plenipotentiaries and the diplomatic representatives did not begin until the middle of October. During the period between the fall of Peking and the opening of negotiations the members of the diplomatic corps were busy in formulating their demands.

Meanwhile remarkable events developed in Northern China. After the capture of the capital several expeditions of retaliation

[21] For. Rel. of the U. S., 1900, p. 321.

[22] ibid. 1900, p. 323.

49

under the command of von Waldersee were made to Pao-Tingfu and Cheng Tingfu in the province of Chihli. For the purpose of securing peace, Li Hung Chang ordered Chinese troops not to interfere with the excursions upon any account. The incursion troops had done considerable damage to the people of Chihli. The American troops did not participate in these expeditions.

Tien Tsien, as already pointed out elsewhere, had been occupied by the allies since June 23. The city became a strong temptation to the Powers. At last they could no longer control themselves and indulged in struggle for permanent extensions of the concessions which they had established. Russia which had disavowed territorial designs in China, now had the honour of making the first move in a land-grab game on a smaller scale. In early November, the Russian consuls in Tien Tsien announced that the large tract of land on the left bank of the Peh River became the property of the Russian troops by act of war.[23] Then followed Belgium, Germany, France, Austria, Italy, and Japan, each taking a tract of land for the extension of its own concession.[24] Only a piece of land, which had been an American concession and abandoned in the year 1896, was left. Mr. Conger regarded Russia's movement as a dangerous precedent,[25] when Mr. Rogsdale, American consul at Tien Tsien, reported the Russian announcement to him. He maintained that all action in

[23] For. Rel. of the U. S., 1901, p. 42.

[24] For announcements for the occupation of the lands by the Powers see For. Rel. of the U. S., 1901, pp. 46, 47, 52.

[25] For. Rel. of the U. S., 1901, pp. 39, 40.

relation to securing new or extending old concessions should be deferred until a final settlement of the Boxer question was reached and the rights of all nations could be considered. He instructed Mr. Rogsdale to address a protest to the Russian consul but the reply of the latter was evasive. Then he addressed a note to his Russian colleague at Peking demonstrating that "Tien Tsien is an open port and the property under question is needed by and should be reserved for the use of all the Powers. If foreign occupation of it was necessary it should be occupied as an international settlement. Under the present movement of the allied forces in China, there are still stronger reasons why this large tract of land, including an important public railway station and other property necessary for international use should not be appropriated by a single power.[26]

The Russian minister's reply was very curious. It disclaimed any intention of acquiring territory by conquest, or of taking possession of railway station at Tien Tsien by Russian government. It made a poor evasion by saying "If the communication of Mr. Poppe contains any expressions which could be so constructed they have certainly been erroneously used by him."[27] Mr. Conger asked the Russian minister to instruct the Russian consul to have the error corrected but the note had no effect. The same was the case with his protests to the other Powers.

The next step which he took in regard to the matter at Tien Tsien, was to reserve that tract of land formerly the American

[26] For. Rel. of the U. S., 1901, p. 45.
[27] ibid 1901, p. 45.

51

concession for the United States concession or "preferably have it in-
cluded in an international settlement."[28]　He held that all the
foreign settlements at Tien Tsien should be the same as those at
Shanghai.　He instructed Mr. Rogsdale to communicate with his col-
leagues at Tien Tsien to the following effect:

　　　"For the purpose of preserving the tract of land known as
the United States concession in Tien Tsien, to be with other tracts
organized into an international settlement if possible, but if not
then at the proper time whenever it may legally be done to be oc-
cupied as a United States concession."[29]

　　　It was too much to hope that any of the Powers which once
got hold of territory would let it slip out of its grip.　As he re-
alized the attempt of rendering the settlements in Tien Tsien inter-
national was impossible, Mr. Conger telegraphed the Department of
State urging that it would be advantageous to the United States in
many ways to have an American concession at the port.　Secretary Hay
was fully in accord with his view and instructed him to make a de-
mand upon the Chinese government for the consideration of the rights
of the United States to a concession there.　When he brought up the
question of retrocession of the land before the Chinese government
troubles arose.　The difficulties were not from the Chinese but from
some foreign concerns which were deadly adverse to the restoration
of the land to the United States.　The Chinese government offered as

　　[28] Conger to Rogsdale, For. Rel. of the U. S., 1901, p. 51.
　　[29] For. Rel. of the U. S., 1901, p. 51.

502

a compromise a larger tract of land down the Peh River. Mr. Conger refused to accept the offer but insisted upon the restoration of the old United States concession. He reported to Hay that "Before the affair is concluded we shall hear some strenuous German opposition".[30] As Hay did not wish that the Chinese policy of the United States should deviate even slightly from its traditional and newly re-affirmed policy - the maintenance of Chinese territorial integrity - he replied, ".... it seems undesirable to press the matter further at present".[31] Thus the United States remained a landless power in China.

When the "grab game" was played by the Powers in Tien Tsien the peace negotiations dragged along in Peking. As Mr. Conger was allowed leave of absence from his post, Mr. Rockhill[32] succeeded him as representative of the American government in the negotiation. He acted independently but harmoniously in the concert of the Powers and exerted a salutary influence in the course of moderation, human-ity, and justice.[33] Like Mr. Conger he tried with vigor and pru-dence to check any measure that might "cripple or impede the ability of China in the maintenance of a stable government and its terri-torial integrity"[34] They strove to control the action of their

[30] Conger to Hay, For. Rel. of the U. S., 1901, pp.55, 56.

[31] Hay to Conger, Nov. 27, 1901, For. Rel. of the U.S., 1901, pp. 55, 59.

[32] W. W. Rockhill was appointed commissioner to China June 27, 1900

[33] Rockhill's report to Hay, For. Rel. of the U. S., 1901, appendix.

[34] Foster, American Diplomacy in the Orient, p. 432.

53

colleagues to that end so that the "open door" policy might not be placed in peril.[35]

The most complicated question of the peace terms was that of indemnity. It involved two phases, the amount of the indemnities and the manner of paying them, both requiring serious consideration. These questions were settled with difficulty and after much delay. The indemnities were to be paid in a lump sum and the sum total amounted to 45,000,000 taels. The claim of the United States was the lowest, being 32,939,055 taels equivalent to $24,168,367. The actual losses and military expenses aggregated about $11,000,000. In 1908 Congress passed a bill authorizing the President to modify the indemnity and to remit the surplus to China as "an act of friendship"[36] The remission began on the 1st day of January of 1909.[37] The Chinese government has since then used the money thus returned to send Chinese young men to study in American colleges.

The negotiations of ten weary months ultimately reached a conclusion. The final protocol contained twelve articles which may be grouped under four headings as follows: (1) preventive measures against the reoccurrence of anti-foreign movements, (2) the punishment of the leaders of the Boxer movement, (3) the indemnification and (4) improvement of diplomatic and commercial relations between China and the Powers. The protocol or peace agreement

[35] Foster, American Diplomacy in the Orient, p. 433.

[36] For. Rel. of the U. S., 1908, p. 4.

[37] ibid   p. 72.

504

was signed by the diplomatic corps and the Chinese plenipotentiaries
at Peking on September 7, 1901. The Powers agreed upon the evacu-
ation of the capital. The American troops were the first to with-
draw from the city and those of the other Powers remained a few
months after the withdrawal of the United States troops.

One of the important results of the Boxer uprising was
the occupation of Manchuria by the Russians. On the 5th of August,
1900, they seized the treaty port of Niu-Chwang and placed it under
the civil administration of Russian authorities. They garrisoned
some fifty points in the three eastern provinces. The Russian
government announced to the other Powers late in August that the
military occupation of Manchuria was temporary and that as soon as
order in the region was attained, "Russia would not fail to with-
draw her troops from Chinese territory, provided that the action
of the other Powers does not place any obstacle in the way of such
a measure".[38] The announcement served the purpose of allaying the
apprehensions of the other Powers but it committed the Russian govern-
ment to the evacuation of Manchuria. It became a diplomatic question
in the far East during the period from the Boxer insurrection to
the Russo-Japanese War.

Before taking up the diplomatic complications involved
in this question let us discuss the Anglo-German agreement of which
the main aim was to hold Russia's territorial designs on northern
China in check. The agreement was signed by the contracting parties
on the 16th of October, 1900. The second article of the agreement
reads: "The Imperial German Government and Her Britainic Majesty's

[38] Parliamentary Papers on China, No.1, 1900.

55

Government will not on their part make use of the present compli-
cation (Boxer Uprising)[39] to obtain for themselves any territorial
advantages in Chinese dominions and will direct their policy toward
maintaining undiminished the territorial condition of the Chinese
Empire."[40]

This agreement strengthened Hay's policy newly reaffirmed
in the note of July 3, but it was a blow to Russian ambition in
China. Moreover it supported the view of the American government
as to the opposition to any plan which contemplated the prolonged
occupation of any portion of China.[41]

But the agreement and announcement were to Russia nothing
more than "scraps of paper". She interpreted the doctrine of con-
certed action as not applying to her action in Manchuria. According-
ly she appeared on the one hand to be eager for co-operation with
the other Powers in sending the expedition to Peking and in peace
negotiations but on the other hand she acted independently in the
three eastern provinces. She steadily worked for the permanent
occupation of these provinces and tried to exclude other nations
by various concessions which she extracted from the Chinese govern-
ment in the years 1901 and 1902. In taking steps toward this end
she met with decided opposition from Japan, Great Britain, and the
United States. The protests of the former two Powers do not concern

[39] Inserted by the writer of this thesis.
[40] For. Rel. of the U. S., 1900, p. 354.
[41] Hay to Rockhill. For. Rel. of the U. S., 1900, p. 260.

us directly, let us notice how Secretary Hay proceeded.

In February, 1902, Hay addressed identical notes to eleven powers declaring

"Any agreement by which China cedes to any corporation or company the exclusive right and privilege of opening mines, establishing railroads, or in any other way industrially developing Manchuria can but be viewed with the gravest concern by the government of the United States of America. It constitutes a monopoly, which is a distinct breach of the stipulations of treaties concluded between China and foreign powers, and thereby seriously affects the rights of American citizens; it restricts their rightful trade and exposes it to being discriminated against, interfered with, or otherwise jeopardized, and strongly tends towards permanently impairing the sovereign rights of China in this part of the Empire, and seriously interferes with her ability to meet her international obligations. Furthermore such concessions on the part of China will undoubtedly be followed by demands from other powers for similar and equal exclusive advantages in other parts of the Chinese Empire, and the inevitable result must be the complete wreck of the policy of absolute equality of treatment of all nations in regard to trade, navigation, and commerce within the confines of the Empire.

"On the other hand, the attainment by one power of such exclusive privileges for a commercial organization of its nationality conflicts with the assurances, repeatedly conveyed to this government by the imperial Russian ministry of foreign affairs of the imperial government's intention to follow the policy of the

57

open door in China, as advocated by the government of the United
States and accepted by all the treaty powers having commercial
interests in the Empire.

     "It is for these reasons that the government of the United
States .... submits the above to the earnest consideration of
the Imperial governments of China and Russia, confident that they
will give due weight to its importance and adopt such measures as
will relieve that just and natural anxiety of the United States."[42]

     The Russian government tried to evade this by giving the
American government the assurance that international rights would
be respected. However it was compelled to change its attitude by
the formation of the Anglo-Japanese Alliance. The object of that
alliance was to protect the interests of the contracting parties
in China and Korea by means of maintaining the territorial integrity
of the two nations. The Russian government did not fail to see that
there were not a few obstacles in the way of its plan in Manchuria
and made an agreement with the Chinese government to carry out the
evacuation of the three eastern provinces in the following manner:
within six months after the signature of the agreement the Russians
were to evacuate the south-western portion of the province of
Mukden up to the Liao River; within the following six months,
the remainder of Mukden and the province of Kiren; and within the
six months following the second withdrawal all the Russian troops
were to leave the province of Hielung Chang.

    [42] For. Rel. of the U. S., 1902, p. 926.

508

In spite of this agreement, the Russian government would not carry out the evacuation without compensation. When the date for the first withdrawal came, it called back the soldiers from their stations and distributed them along the railway lines as guards In April, 1903, it made demands upon the Chinese government. The most important demands were: firstly, in Manchuria no new treaty ports were to be opened; secondly, no territory in that region was to be alienated to any other power; and thirdly, no new consuls without previous consent of the Russian government should be admitted.[43] But these demands were rejected by the Chinese government because the American and British governments warned the latter of the danger of accepting them.

In September, 1903, the Russian minister at Peking approached the Chinese government with the information that Russia would carry out the final evacuation if China would agree upon these conditions: no part of Manchuria was to be alienated to the other Powers; no concession would be made to England without equivalent provisions for Russia; the telegraph lines from Port Arthur and Niu Chwang to Mukden should be left in Russian hands; and there should be no increase in the import tariff on goods entering Manchuria by rail. All these stringent measures for closing Manchuria against the economic enterprise of all foreigners were in direct opposition to the principles laid down by Hay.

The persistent diplomat could not be beaten by such measures. He exerted efforts to put through a treaty of commerce

[43] Conger to Hay, April 23, 1903, For. Rel. of the U. S., 1903, pp. 53, 54.

59

with China. He thought it necessary to open ports in Manchuria to
foreign trade in order to beat Russia's policy of exclusion. The
treaty of commerce between the United States and China was signed
on October 8th, 1903. Its important provisions were: (1) the
Chinese government itself agreed to open Mukden, and Antung as places
for international residence and trade (Art. XV); (2) citizens of the
United States should have the right to carry on in Chinese territory
mining operations and other necessary business relating thereto
(Art. VIII); and (3) missionary societies of the United States should
be permitted to rent and lease in perpetuity, as the property of such
societies, building or land in all parts of the Empire for mission-
ary purposes (Art. XII).[44]

　　　　When the date [45] for final évacuation came the Russians
were still in occupation of the larger part of Manchuria with the
exception of the region outside the Liao River and still in control
of Niu Chwang. By the end of October they reoccupied Mukden. It
was estimated that the Russian soldiers then in Manchuria amounted
to 45,000.[46] The Russian government showed no intention whatever,
to carry out the provisions of the agreement. It became increasing-
ly evident that the Russians would not evacuate Manchuria unless
they were driven out.

　　　　Now Japan demanded that Russia should live up to her

[44] For the text of the treaty see For. Rel. of the U.S.,
1903, pp. 91, 99.

[45] Oct. 8, 1903.

[46] Hornbeck, Contemporary Politics in the Far East, p. 250.

510

promise. It was not because the Japanese government stood for international justice but because the occupation of Manchuria by the Russians was a menace to Japan's safety. Furthermore Japan had interests in Korea conflicting with those of the Russians therein. In 1896 the Japanese government proposed to the Russian government the partition of Korea, but the proposal was refused.[47] The Russians established a barrier in north Korea against Japanese political and commercial expansion. The Japanese government had forborne for a few years. Since the conclusion of the Anglo-Japanese alliance it was backed up by the British government and thus was in a position to reckon with the Russians. It sent the Russian government a series of proposals as regards the mutual recognition of their respective spheres of influence in Manchuria and in Korea. The Russian government refused to come to an understanding with the Japanese government. The latter thereupon broke off diplomatic relations and ordered its fleet to attack Port Arthur on February 8, 1904. On the next day the two countries declared war.

The war, known as the Russo-Japanese War, from the beginning to the end was fought on the Chinese territory which was rendered by the Russian occupation into a state of "double or ambiguous sovereignty"[48] The problem of maintaining the neutrality and integrity of China became a thorny subject confronting the diplomats of the world, especially Secretary Hay. He adhered to

[47] Russian Official History of the Russo-Japanese War cited in Ross, Russo-Japanese War, Vol. I, p. 22.

[48] Hershey, International Law and Diplomacy of Russo-Japanese War, p. 250.

61

his policy of the maintenance of the territorial integrity of China. He defended it during these troublous times with a view of preserving the integrity and neutrality of China proper and of limiting the area of hostilities. On February 10, 1904, he sent instructions to American representatives at the courts of Russia, China and Japan. The note reads thus:

"You will express to ministers of foregin affairs the earnest desire of this government of the United States that in the course of the military operations which have begun between Russia and Japan the neutrality of China and in all practicable ways her administrative entity shall be respected by both parties, and that the area of hostilities shall be localized and limited as much as possible so that undue excitement and disturbance of the Chinese people may be prevented and the least possible loss to commerce and peaceful intercourse of the world may be occasioned."[49]

At the same time Mr. Hay through the instrumentality of American representatives communicated his ideas to ten European Powers and invited their concurrence. With the exception of Spain, all the Powers gave favorable replies. The three countries concerned, Russia, Japan and China also accepted the principles.

Japan accepted the proposals of the United States with the reservation that "so long as Russia, making a similar engagement, fulfills in good faith the terms and conditions of such engagement."[50]

[49] For. Rel. of the U. S., 1904, p. 2.

[50] ibid p. 2.

512

The acceptance of the proposals by the Russian government was made upon these conditions: (1) neutralization in no case was to be extended to Manchuria; (2) China should observe strict neutrality; (3) Japan should loyally observe the engagement.[51] All the reservations made by the belligerents served as loop-holes by means of which they later escaped from their obligations.

As the war went on Japan won victory after victory over Russia by land and sea. It seemed there was no hope for Russia to retrieve the loss she suffered and furthermore a rebellion threatened her at home. On the other hand Japan was on the point of exhaustion though she tried hard to conceal it. At this psychological moment President Roosevelt approached the belligerents with proposal for peace and the proposal was heartily accepted by them. Negotiations were conducted in America and were closed by the Portsmouth treaty which was signed on September 5, 1905.

The treaty provided for (1) the transfer of Russia's rights in Liao Tung peninsula to Japan, (2) the cession of the southern section of the Manchuria Railway to Japan, and (3) the withdrawal of the Russian and the Japanese troops by their respective governments from Manchuria but the maintenance by them of railway guards. As regards the open door policy, it provided specifically that neither Japan nor Russia should obstruct "any general measures common to all countries which China may take for the development of commerce and industry of Manchuria".[52] In addition Russia declared

[51] For. Rel. of the U. S., 1904, p. 2.

[52] See Treaty of Peace between Russia and Japan, cited in Millard, Our Eastern Question, appendix C.

63

that she had "not in Manchuria any territorial advantages or prefer-
ential or exclusive concessions in impairment of Chinese sovereignty
or inconsistent with the principle of equal opportunity".[53]

Before the conclusion of the Portsmouth treaty a sort of
apprehension had existed among the Powers other than the belligerents
that in the eventual negotiation for peace between Russia and Japan,
claim might have been made for the concession of Chinese territory
to the neutral powers.[54] Secretary Hay communicated to the Powers
on January 13, 1905, notes declaring:

"The United States had repeatedly made its position well
known and has been gratified at the cordial welcome accorded to its
efforts to strengthen and perpetuate the broad principal policy of
maintaining the integrity of China and the open door in the Orient
whereby equality of commercial opportunity and accesses shall be
enjoyed by all nations. Holding these views the United States dis-
claims any thought of reserved territorial rights or control in
the Chinese Empire, and it is deemed fitting to make this purpose
frankly known and to remove all apprehension on this scare so far
as concerns the policy of this nation......"[55] All the Powers gave
favorable replies to the American government, stating that they
would adhere to the policy of the territorial integrity of China

[53] See Treaty of Peace between Russia and Japan, cited in
Millard, Our Eastern Question, Appendix C.

[54] Moore, International Law Digest, Vol. V, p. 555.

[55] Ms. Inst. Austria, V.144, cited Moore, International
Law Digest, Vol. V, pp. 554, 555.

514

and the open door in the Orient.

The circular telegram of January 13, 1905, was the last important document that Secretary Hay sent to the Powers reaffirming his Chinese policy and inviting their adherence to it. His sudden death on July 1, 1905, prevented him from doing something more for his policy in China during the negotiations for peace between Russia and Japan which was opened two months after his death. Ever since the announcement of his policy in the second year of his term as secretary, he assumed the leadership in the diplomacy in the Far East. He never failed in getting the Powers to declare their intention to adhere to his policy although certain Powers never lived up to their pledges. In defending his policy during the trying times such as the Boxer uprising and the troubles in Manchuria, it is safe to say, none of his successors has surpassed him in enthusiasm, effort and skill.

65

CHAPTER IV.

CONCLUSION.

As already pointed out Hay's policy was based upon two principles: first, the open door and equal opportunity; and, second, the territorial integrity of China. The former implies and is practically synonymous to commercial and industrial neutralization, while the latter fundamentally means the maintenance of political equilibrium in the Chinese Empire. If there is any need for an international policy that can harmonize the interests of the Powers in China and that can secure equally favorable conditions under which various nations engaged in the Far Eastern trade can compete with each other, that policy must contain these two essential principles. To promote these purposes, no other policy is better than the Hay policy. Its soundness accounted for the fact that the majority of the powers readily and sincerely accepted it when announced in 1899.

Besides this the success of the Hay policy finds its explanation in the manner in which it was carried out. Simplicity, directness, and openness characterized Hay's diplomatic procedure. At the so-called psychological moment he appealed with his principles first to those nations whose policies in China were in accord with his. Having gotten favorable replies from them, he then communicated his principles, together with the assurances from the Powers, to the power which tended to be antagonistic. The latter therefore could not help to shape its answer so as to appear advocating the policy. Thus Hay succeeded in bringing the Powers concerned to an

agreement upon his proposals whenever he brought them up before
various governments. To get support for his policy from the majority
of the family of nations, so that the rest could not but conform,
was the key note of his procedure.

The immediate results of Hay's negotiations in 1899 were
noticeable. In the first place the land-grabbing policy of the
Powers was held in check. By declaring that they would not expect
to have exclusive rights in their respective spheres of influence,
they claimed that they limited the extent of their future demands
and that they expressed an intention not to interfere thenceforth
with China's sovereign rights. In the second place the commercial
world was secured in the enjoyment of all its rights under treaties
with China.

During the Boxer uprising Hay's policy announced in the
note of July 3, 1900, served as a guiding principle whereby the
Powers, except Russia in Manchuria, agreed to take united action.
They took concerted action in all measures, such as the relief ex-
pedition and peace negotiations. This concurrence on the part of
the Powers saved China from dismemberment.

The first lustrum of the present century marked a struggle
between Hay's Chinese policy and Russia's policy in Manchuria. Hay's
measure to open up Manchuria to the world trade was flatly opposed
to the policy of exclusion of the Russian government. His protests
and demonstrations kept it busy with denial and explanation and at
last exacted from it the convention for the evacuation of Manchuria.
Though we can not say that this was solely due to his opposition,
we are safe to say that it was one of the factors.

67

Before 1905 the Russian government was the only opponent of the Hay policy but after the Russo-Japanese war the enemy of the Hay policy increased in number. By the treaty of Portsmouth both Japan and Russia gave formal pledges to respect the integrity of China and the open door. But none of them lived up to the pledges. Russia resumed her old policy in northern Manchuria while Japan in southern Manchuria took up measures as aggressive as that of its predecessor. The two governments seemed to have reached an agreement to break down the Hay principles.

Secretary Root and his successor Knox were earnest defenders of the Hay policy. In 1908 Root protested against Russia's attempt at establishing her control over Northern Manchuria but in vain. When the Russian demands were disclosed in 1909 Knox made an equally earnest protest but it was no more effective than that of his predecessor. In the next year a British and American syndicate secured a concession from the Chinese government to build a railway, known as the Chin-chow Aigun Railway. Secretary Knox proposed to the countries most concerned that the entire railroad system of Manchuria should be brought under an international administration and for purely commercial purposes.[1] He also communicated this idea to Great Britain, Germany and France.[2] His proposal did not receive warm support from the three Powers and met with emphatic rejection from the Russian and the Japanese governments. Thus the

[1] For. Rel. of the U. S., 1910, p. 234.

[2] For the correspondence with the Powers see ibid pp. 234, 269.

attempt at neutralization of Manchurian railways failed.

The reason why the Japanese government was opposed to this
arrangement was plain. No sooner than the signature of the Ports-
mouth treaty, Japan extracted from the Chinese government the secret
Komura treaty by which Japan was to enjoy special privileges in rail-
way building and other enterprises in southern Manchuria. Later on
the South Manchuria Railway Company was organized as an instrumental-
ity of getting hold of all the railways in that quarter of Manchuria.
The semi-governmental concern gave special railway rates to Japanese
traders. Such actions were absolutely antagonistic to the princi-
ples of equal opportunity and the open door.

Nineteen years ago Hay's declaration together with the
assurance of the Powers created a political and economical equilib-
rium in China. It was disturbed by Japan's seizure of Kiao-Chow
in August, 1914. The Japanese government went so far that in May,
1917, it declared that there was no obligation on the part of Japan
to return the place to China. It deliberately violated the prin-
ciple of the preservation of China's integrity.

Further still the Japanese government in 1915 pressed
the famous twenty-one demands under five groups upon the Chinese
government and forced it to acquiesce to the demands of the first
four groups. Japan thus secured direct, explicit special privileges
which are distinctly contradictory to the "equal opportunity". She
is not yet through with China. Her designs on the latter have been
increasing from time to time. Taking advantage of the great war,
she has extended her illegitimate ambition as fully as possible
while China is struggling for reconstitution and stability. When

69

the Lansing-Ishii agreement was disclosed last year, apprehension
existed among the Chinese that Japan might push her way in China
still farther. This she has attempted to do. Late in last month
we saw a statement in the Chicago Tribune, saying that Japan had
made severe demands upon China. Since the European War broke out,
the Japanese government has done what it likes without the slightest
regard to the Hay policy. Nay, it has openly violated the policy,
initiated by the American government and guaranteed by the leading
European Powers.

  Is the government of the United States going to let the
policy fall into obscurity or to try its best to defend it?

  If the United States were an isolated or hermit nation
in the West as it was a century ago, the preservation of the Hay
policy would mean very little. But it is a world power, a nation
of foreign trade. Its growth depends upon the maintenance of foreign
trade. The possibilities lying in trade between it and China are
certainly great. "China is at the beginning of a commercial develop-
ment which in its magnitude can not be estimated." If the Americans
expect to have the Chinese market open to the export trade of the
United States, they should pay special attention to the Hay policy.
Its downfall means the loss of a good market for American products.

  The United States has developed a consistent policy in
China and for about a quarter century has pursued it definitely there-
in as it has followed the Monroe Doctrine in South America. A
policy to a nation is no less important than its sovereignty. The
government in upholding and defending its foreign policy is under

the same obligation as in defending the territory. As the United States government never fails to maintain the Monroe Doctrine, there is no reason why it should assume a passive attitude towards the Hay policy. If this government will maintain the prestige of the United States in the Far East, and the weight of its voice in the council of Far Eastern Affairs, it needs scarcely to be told that it should do something positive for its Chinese policy.

Twenty years ago the conflicting policies of the Powers in China threatened a collision among them. Fortunately the Hay policy upon which the Powers agreed removed the sources of international irritation. Russia's departure from the policy destroyed the status quo in the Far East and thus led to the Russo-Japanese War. Since then the Powers, except Japan, have been trying to maintain the balance of Power in the extreme East. But during recent years Japan has disturbed the political equilibrium and she is evidently a menace to the peace of the Far East. If that menace is allowed to exist, it is not unlikely that a great war will be fought by the Powers in the Orient.

A readjustment among the Powers in the Far East seems as necessary as it is in Europe. It is highly desirable that the question of that readjustment will be taken up in the peace conference which sooner or later will close the European War. The writer of the present thesis is quite convinced that unless it is based upon the Hay principles, that readjustment can not restore the political and economical equilibrium, which has been totally disturbed by

71

Japan, and secure permanent peace to the Far East as well as to the
world. Would it not be wise if the government of the United States
in that peace conference should exert its influence in bringing the
Powers to an agreement upon the enforcement of the Hay policy?

BIBLIOGRAPHY

A. Sources

I. Books and Pamphlets.

House Executive Documents, 26th Cong.1st Sess., Vols.I & II, 1839-40,
Washington, 1840.

House Executive Documents, 26th Cong.2nd Sess., Vol. IV, 1840,
Washington, 1841.

Foreign Relations of the United States, 1890-97. Washington,1891-98.

President's Message and Foreign Relations, 1898-1900, Washington,
1891-98.

Foreign Relations of the United States, 1901-10,Washington 1902-1915.

British and Foreign State Papers, Vol. 92, London, 1904.

Parliamentary Papers, Vol. CIX, China No. 1 (1899) London, 1899.

Parliamentary Papers, Vol. XV, China Nos. 1,2,3,4 (1900) London,1900

Parliamentary Papers, Vol. XCI, China Nos. 2,5,6, (1901) London, 1901

Parliamentary Papers, Vol. CX, China No. 2 (1904), London, 1904.

Malloy, W. W., Treaties and Conventions concluded between the United
States of America and the other Powers since
July 4, 1776, Vols. I,II, Washington, 1909.

Moore, J. B., A Digest of International Law, Vol.5,Washington, 1906.

Webster, D. Webster's Work (in 18 volumes) National Edition,
Vol. XI, XII, Boston, 1903.

II. Magazine Articles.

Austin, A.B., "Recent Developments in China"
           in the Forum, 27; 730, New York, 1899.

Beresford, C., "China and the Powers"
           North American Review, 168; 530, Boston, 1899.
           "British Policy in China"
           Spectator, 82; 849, London 1899.

Crozier, W., "American Troops in the Light of the Peking
           Expedition".
           North American Review, 172; 225, Boston, 1900.

Dilke, C.W., "American Policy in China"
           North American Review, 170,642, Boston, 1900.
           "England and Lord Salisbury's New Policy"
           Fortnightly, 74; 227, London, 1903.

Gundry, R. S., "Sphere of Influence and the Open Door"
           Fortnightly, 72; 37 London, 1902.
           "Open Door in China".
           Outlook, 64; 530, New York, 1900.

Quincy, J., "The United States in China"
           Contemporary, 78; 183, London, 1900.

Rockhill, W.W., "United States and Future of China"
           Forum, 29; 324, New York, 1900.
           "Russia and the Open Door"
           Contemporary Review, 79; 188, London, 1901.

Smith, G. B., "Causes of Anti-foreign Feeling in China"
           North American Review, 171; 182, Boston, 1900.

524

B. Secondary Works.

Bashford, J. W., China an Interpretation, New York, 1916.

Clements, P. H., The Boxer Rebellion, New York, 1915.

Colquhoun, A. R.,China in Transformation, London, 1899.

Coolidge, A. C., The United States as a World Power, New York,1912.

Douglas, R. K., History of China, New York, 1899.

Fish, C. R.,   American Diplomacy, New York, 1916.

Foster, J. W.,   American Diplomacy in the Orient, Boston and New
                      York, 1904.

Hart, A.B.,   American History told by Contemporaries, Vol.IV
                      (1845-1900) New York, 1903.

Hart, A. B.,   The American Nation: A History, Vol. 25. New
                      York and London, 1907.

Hayes, J. H.,   A Political and Social History of Modern Europe,
                      Vol.I,II, New York, 1917.

Huc Evarists Regis The Chinese Empire, Vol. I, II, London, 1855.

Ireland, Allegue, China and the Powers, London, 1902.

Johnston, W.F., American Foreign Relations, Vol. I, II, New
                      York, 1916.

Knox, P. C.,   Spirits and Purpose of the American Diplomacy,
                      New York, 1910.

Krausse, A. S., The Far East, London, 1903.

Lalourette, K.S., The Development of China, New York, 1917.

Lorenzo, Sears, John Hay Author and Statesman, New York, 1914.

Millard, T.T.,   America and the Far East Question, New York,1909.

Millard, T. T., Our Eastern Question, New York, 1916.

Millard, T. T.,　The New Far East, New York, 1906.

Moore, J. B.,　A Review of Our Foreign Relations in the Far
　　　　　　East, Boston, 1899.

Moore, J. B.,　American Diplomacy, New York and London, 1905.

Smith, A. H.,　China and America Today, New York, 1907.

Thayer, W. R.,　The Life and Letters of John Hay, Boston and
　　　　　　New York, 1912.

Von Schierbrand, Wolf,　America, Asia and the Pacific, New York, 1904

Williams, F. W.,　Anson Burlingame, New York, 1912.

Wu Ting Fang,　Mutual Helpfulness between China and the United
　　　　　　States, Washington, 1901.

后 记 ※

　　徐养秋，这位在南京高等师范学校、东南大学，以及后来的中央大学、南京大学和南京师范大学校史上都占有重要位置的著名历史学家和教育家，由于其为人的谦和与低调，更因历史的原因其大量有价值的文献资料被销毁，沉寂有年，几乎处于被屏蔽状态。即使仅见的研究文章，也由于信息的阙如，在具体的史料上亦多有错讹，实为一大缺憾。

　　作者身为先生后人，自觉为外公作传，乃责无旁贷。故历时数年，广泛搜集，遍访亲友，得海内外亲朋、学生及相关学校协助，特别是在母亲徐畹芬的亲自指导下，终于完成本书。

　　本书从徐养秋先生的童年开篇，至先生逝世，凡八十六年，以十章分十个阶段全面展现先生一生原貌，每一时期的记述，均有大量珍贵的史料为据，翔实可靠，比较清晰地勾画出先生求学、教学与学术生涯的脉络，其中有许多鲜为人知的史料首次公布。作者严守史实，实事求是，力求客观公正，不溢美，不妄议，只求为志趣的研究者提供一些比较完整真实的"信史"资料。

　　所附40余篇文章，是我们花费大量时间，在南京大学和南京师范大学老师的鼎力支持下，从《金陵光》《史地学报》《新教育》《教育汇刊》《时事年刊》《东南论衡》《申报》《学衡》等杂志中搜寻所得，特别是南京师范大学的傅苏老师花费大量时间和精力，从南京高校图书馆、公共图书馆和档案馆大量还未数字化的民国文献中检索整理出徐养秋先生发表在《金陵光》上的11篇文章，弥足珍贵。在此，我们对傅老师表示深深的谢意。所附徐养秋先生的硕士论文，由美国伊利诺伊大学提供。时隔近百年，贵校仍保存至今，实属不易。在此，我们深表谢意。

　　相信仍然有大量珍贵的文章和资料被掩埋在浩如烟海的故纸堆和档案馆中没能得以面世，囿于时间和条件，我们只能以非常遗憾的心情结束此稿的写作。但搜寻的脚步不会就此停止，如有新的发现，将在以后的修订再版中予以补充。真诚地希望各界人士能够为我们提供相关资料或者线索，将不胜感谢。

　　本书的完成，得到了许多专家学者的鼎力相助，在此一并致谢。他们是：南京师范大学的张杰、倪传斌、高峰先生和韦希女士，南京大学的许钧先生、史梅女士，南京晓庄学院的顾维勇、彭小虎先生，辽宁师范大学的刘桂娥女士，陈鹤琴先生的儿子陈一飞先生,李小缘先生的儿子李永泰先生,金坛市政协的朱亚群女士以及作家许卫先生。广州市国际中华文化学术交流协会的赵宇先生为本书的写作提供了许多有建设性的意见和建议,在此也深表谢意。

在对外公和外婆家史资料的核实过程中,我们还访问了居住在上海和金坛的前辈和亲属。他们是:杨素雄、钱澄怀、张月琴、徐沅浦、吴楚和姚年生夫妇、徐汝梅和杨耀生夫妇、徐雪梅和李龙夫妇以及徐汝华女士。现居住在美国的远晖姨妈的女儿宏悦及丈夫大可和家人也在回国省亲时与我们多有交谈、提供了其父母的资料,并帮我们联系了外公在美求学时就读的伊利诺伊、芝加哥和哥伦比亚大学的有关人员。我们对他们所给予的亲情以及所提供的资料在此一并致谢。

最后,本书的出版得到了南京大学出版社领导的和编辑们的大力相助。没有他们的支持,我们的心愿便难以达成。我们对此表示衷心的感谢。

本书初稿完成后,母亲徐畹芬抱病通读全稿,对文中的许多史实和细节部分提出修改意见,保证了本书内容的翔实准确。虽然在写作过程中我们谨记母训,秉持客观冷静之态度,不臆测,不妄断,不掺杂个人情感评论过去之史事,但在行文当中,终究难免有情感的投入和情绪的掺杂,还望得到读者的谅解,也敬希专家学者不吝赐教。

作者

2013 年 10 月 12 日

参考文献　※

1. 本校中国文化研究所来历[J]. 金陵大学校刊, 1932(75).

2. 包仁娟. 中国文化研究所的成就[M]//金陵大学建校一百周年纪念册 1888—1988. 南京: 南京大学出版社, 1988.

3. 陈鹤琴. 陈鹤琴全集[M], 南京: 江苏教育出版社, 2008.

4. 陈裕光. 回忆金陵大学[M]//钟叔河、朱纯. 过去的大学, 武汉: 长江文艺出版社, 1988.

5. 常任侠. 战云纪事: 常任侠日记 (1937—1945) [M]. 深圳: 海天出版社, 1999.

6. 曹伯言. 胡适日记全编[M]. 合肥: 安徽教育出版社, 2001.

7. 冯煦, 等. 中国地方志集成·江苏府县志辑: 民国重修金坛县志·光绪溧水县志[M]. 南京: 江苏古籍出版社, 1991.

8. 邓嗣禹. 北大舌耕回忆录[M]//刘天. 回忆北大. 北京: 中国世界语出版社, 2003

9. 高维昌. 西洋文化史大纲[M]. 上海: 商务印书馆, 1926.

10. 郭廷以. 中华民国史事日记: 第4册[M]. 台北: "中央研究院"近代史研究所, 1984.

11. 胡适. 胡适日记全编: 1923—1927[M]. 曹伯言, 整理. 合肥: 安徽教育出版社, 2001.

12. 何成刚. 1922年中华教育改进社济南历史教育会议述评[J]. 历史教学, 2006(12).

13. 何庆先, 刘金喜.《云南书目》编纂钩沉[J]. 南京大学学报: 哲学·人文·社会学, 1993(3).

14. 洪银兴. 南京大学藏近现代名人手迹选[M]. 南京大学出版社, 2012.

15. 杭立武. 敬悼书琴兄. [M]//张其均, 等. 崔书琴纪念集. 台北: 传记文学出版社, 1967.

16. 梁鋆立. 纪念崔书琴先生: 并记战前哈佛研究院政治系及政校外交系[J]. 台北: 传记文学, 1978, 33(194—199).

17. 金陵大学秘书处. 私立金陵大学一览[M]. 南京：金陵大学，1933，6.

18. 金陵大学. 金陵大学六十周年纪念册[M]. 南京：金陵大学，1948.

19. 金陵大学概况[M]，南京：1935.

20. 金坛县地方志编纂委员会. 金坛县志[M]. 南京：江苏人民出版社，1993.

21. 蒋一前. 回忆李小缘，纪念李小缘先生[M]//李小缘纪念文集. 南京：南京大学出版社，1988.

22. 姜庆刚. 胡适佚信一封[J]. 出版史料，2011(2).

23. 康乐，彭明辉. 史学方法与历史解释[M]. 北京：中国大百科全书出版社，2005.

24. 课程教材研究所. 20世纪中国中小学课程标准·教学大纲汇编之历史卷[M]. 北京：人民教育出版社，2001.

25. 李良玉. 新编中国通史：第4册[M]，厦门：福建人民出版社，1996.

26. 李孝迁. 美国鲁滨逊新史学派在中国的回响[J]. 东方论坛，2005(6)，2006(1).

27. 陆费逵. 教育杂志[J]，上海：商务印书馆，1909.1(10).

28. 南京大学信息管理系. 李小缘纪念文集[M]. 南京：南京大学出版社，2007.

29. 冒荣. 持诚至善的校风建设[M]//郑立琪. 百年回望话精神. 南京：东南大学出版社，2008.

30. 彭明辉. 时代变局与史学动向：以历史地理学与现代中国史学为例(1919—1949)[J]. 台北："国立"政治大学历史学报，1995(12).

31. 彭明辉. 五四史学的方法与方法论意识[M]//台湾史学的中国纠结. 台北：麦田出版社，2002.

32. 泉芳，叶青. 忆父母亲[M].//徐纬英，徐畹芬. 徐养秋追思录. 广州：广东语言音像电子出版社，2006.

33. 商承祚. 我与金陵大学[J]. 东南文化，2002(9).

34. 司徒雷登. 在华五十年[EB/OL]. 周惠民，译. 二言堂文库：http://www.360doc.com/content/10/1030/18/2755414_65293917.shtml

35. 孙智燊. 述小事,怀大哲:东美先生逝世卅周年纪念[M]//,1973,23 传记文学:方东美专号. 台北:传记文学出版社,2007.

36. 沈子善,张宗麟. 柏克赫斯特女士在宁讨论道详记[N]. 申报,1925 - 7 - 23 -1925 - 7 - 24.

37. 申报:地方通信·南京[N],1921 - 9 - 12.

38. 申报[N],1921,12. 1926 - 5 - 4,1926 - 5 - 16,1926 - 7 - 7,1927 - 1 - 11.

39. 邵令宣. 著名教育家徐养秋先生[M]//南雍丽珠:中央大学名师传略续篇. 南京大学出版社,2006 年

40. 陶行知. 陶行知全集[M]. 成都:四川教育出版社,2005.

41. 翁之镛. 追思先生孙洪芬先生[J]. 台北:传记文学,1973.

42. 王德滋. 南京大学百年史 [M],南京:南京大学出版社,2002.

43. 王芸生. 六十年来中国与日本[M]. 香港:生活·读书·新知三联书店,2005.

44. 王一心. 最后的圣人陶行知[M]. 北京:团结出版社,2010.

45. 徐雁平,何庆先. 金陵大学中国文化研究所考述[M]//杰出人物与中国思想家. 南京:江苏教育出版社,2000,23(1 - 3).

46. 徐伟立. 与华老几次见面的回忆[J]. 金坛文史资料:华罗庚八十诞辰纪念专辑,1991(8).

47. 徐亮新. 情深义重,风范犹存[M]//徐纬英,徐畹芬. 徐养秋追思录. 广州:广东语言音像电子出版社,2006.

48. 徐鲁还,徐畹芬. 忆念我们的父亲徐养秋教授[M]// 徐纬英,徐畹芬. 徐养秋追思录. 广州:广东语言音像电子出版社,2006.

49. 许为民. 杨杏佛年谱[J]. 北京:中国科技史料,1991(2)

50. 杨维庆. 纪念李小缘先生[M]//李小缘纪念文集. 南京:南京大学出版社,1988.

51. 杨天石. 胡适与杨杏佛[M]//李又宁. 胡适与他的朋友:第 4 集. 纽约:纽约天外出版社,1997.

52. 张朋园,陈三井,陈存恭,林泉. 郭廷以先生访问纪录[M]. 台北:"中央研究院"近代史研究所,1987.

53. 张宪文. 金陵大学史[M]. 南京:南京大学出版社,2002.

54. 章洪熙. 社务报告[J]. 新教育,1924,8(3).

55. 中华教育改进社. 新教育[J],上海:商务印书馆.1924,9(3、5).

56. 中国陶行知研究会,上海市陶行知研究协会. 民主之魂:陶行知的最后100天[M]. 上海:上海教育出版社,2003.

57. 中国社会科学院近代史研究所中华民国史研究室. 胡适来往书信选[M]. 北京:社会科学文献出版社,2013.

58. 中国文化研究所消息[J]. 金陵大学校刊,1932,57.

59. 中央大学南京校友会,中央大学校友文学编纂委员会. 南雍骊珠:中央大学名师传略续[M]. 南京:南京大学出版社,2006.

60. 周承考. 一个平凡人的自述[J]. 台北:自由谈,1978,29(6).

61. 诸葛微文:记二十年代东南大学易长风潮[M]∥朱一雄. 东南大学校史研究,南京:东南大学出版社,1989.

62. 朱斐. 东南大学史:第1卷[M],南京:东南大学出版社,1991.

63. 朱寿朋. 光绪朝东华录[M]. 上海:中华书局,1958.

图书在版编目(CIP)数据

　殊光自显不须催：徐养秋传 / 赵永青，许文彦著
. 一 南京：南京大学出版社，2015.9
　ISBN 978 - 7 - 305 - 15500 - 0

　Ⅰ.①殊…　Ⅱ.①赵…　②许…　Ⅲ.①徐养秋
(1886～1972)－传记　Ⅳ.①K825.4

　中国版本图书馆 CIP 数据核字(2015)第 148715 号

出版发行　南京大学出版社
社　　址　南京市汉口路 22 号　　　邮编　210093
出 版 人　金鑫荣

书　　名　殊光自显不须催——徐养秋传
著　　者　赵永青　许文彦
责任编辑　潘琳宁　　　　　　　编辑热线　025 - 83592401

照　　排　南京理工大学资产经营有限公司
印　　刷　江苏凤凰通达印刷有限公司
开　　本　787×960　1/16　印张 35.75　字数 452 千
版　　次　2015 年 9 月第 1 版　　2015 年 9 月第 1 次印刷
ISBN　978 - 7 - 305 - 15500 - 0
定　　价　88.00 元

网　　址：http://www.njupco.com
官方微博：http://weibo.com/njupco
官方微信号：njupress
销售咨询热线：(025)83594756